"十三五"国家重点出版物出版规划项目

物流工程

第2版

主　编　齐二石　方庆琯　霍艳芳

副主编　王付宇　刘　亮　彭　岩

参　编　陈　荣　高举红　张洪亮　周　刚
　　　　韩　鹏　蔺　宇　黄建中

本书以物流为主线，在总体介绍物流工程的基本理论和分析方法的基础上，重点阐述了设施规划与设计、物料搬运系统与物料搬运设备、物流分析与物料搬运系统设计、仓储管理与库存控制、运输管理、物流信息系统、物流管理与控制、供应链与绿色物流、物流配送中心设计、智慧物流系统等内容。本书吸收了物流工程领域近年来的新成果，强调物流系统规划与设计能力的培养。

本书可作为高等学校工业工程、物流工程、物流管理以及供应链管理等专业的专业课教材，也可作为从事相关研究的教师、研究生和企业工程技术及管理人员的参考用书。

图书在版编目（CIP）数据

物流工程/齐二石，方庆琯，霍艳芳主编．—2版．—北京：机械工业出版社，2021.2（2024.7重印）

"十三五"国家重点出版物出版规划项目

ISBN 978-7-111-67367-5

I. ①物… II. ①齐… ②方… ③霍… III. ①物流管理—高等学校—教材 IV. ①F252

中国版本图书馆CIP数据核字（2021）第017687号

机械工业出版社（北京市百万庄大街22号　邮政编码100037）

策划编辑：裴　泱　　责任编辑：裴　泱　何　洋

责任校对：王　欣　　封面设计：张　静

责任印制：张　博

北京中科印刷有限公司印刷

2024年7月第2版第7次印刷

184mm×260mm・21印张・529千字

标准书号：ISBN 978-7-111-67367-5

定价：62.90元

电话服务	网络服务
客服电话：010-88361066	机 工 官 网：www.cmpbook.com
010-88379833	机 工 官 博：weibo.com/cmp1952
010-68326294	金 书 网：www.golden-book.com
封底无防伪标均为盗版	机工教育服务网：www.cmpedu.com

序

  每一个国家的经济发展都有自己特有的规律,而每一个国家的高等教育也都有自己独特的发展轨迹。

  自从工业工程(Industrial Engineering, IE)学科于20世纪初在美国诞生以来,在世界各国得到了较快的发展。工业化强国在第一、二次世界大战中都受益于工业工程。特别是在第二次世界大战后的经济恢复期,日本、德国等国均在工业企业中大力推广工业工程的应用,培养工业工程人才,获得了良好的效果。美国著名企业家、美国福特汽车公司和克莱斯勒汽车公司前总裁李·艾柯卡先生就是毕业于美国里海大学工业工程专业。日本丰田生产方式从20世纪80年代创建以来,至今仍风靡世界各国,其创始人大野耐一的接班人——原日本丰田汽车公司生产调查部部长中山清孝说:"所谓丰田生产方式就是美国的工业工程在日本企业的应用。"工业工程高水平人才的培养,对国内外经济发展和社会进步起到了重要的推动作用。

  1990年6月,中国机械工程学会工业工程研究会(现已更名为工业工程分会)正式成立并举办了首届全国工业工程学术会议,这标志着我国工业工程学科步入了一个崭新的发展阶段。人们逐渐认识到工业工程对中国管理现代化和经济现代化的重要性,并在全国范围内掀起了学习、研究和推广工业工程的热潮。更重要的是,1992年原国家教委批准天津大学、西安交通大学试办工业工程专业,随后重庆大学也获批试办该专业,1993年,这三所高校一起招收了首批本科生,由此开创了我国工业工程学科的先河。而后上海交通大学等一批高校也先后开设了工业工程专业。时至今日,全国开设工业工程专业的院校增至257所。我在2000年9月应邀赴美讲学,2003年应韩国工业工程学会邀请赴韩讲学,其题目均为"中国工业工程与高等教育发展概况"。他们均对中国大陆的工业工程学科发展给予了高度评价,并表达了与我们保持长期交流与往来的意愿。

  虽然我国工业工程高等教育自1993年就已开始,但教材建设却发展缓慢。最初,大家都使用由北京机械工程师进修学院组织编写的"自学考试"系列教材。1998年,中国机械工程学会工业工程分会与中国科学技术出版社合作出版了一套工业工程专业教材,并请西安交通大学汪应洛教授任编委会主任。这套教材的出版有效地缓解了当时工业工程专业教材短缺的压力,对我国工业工程专业高等教育的发展起到了重要的推动作用。2004年,中国机械工程学会工业工程分会与机械工业出版社合作,组织国内工业工程专家、学者组成编审委员会,编写出版了"21世纪工业工程专业系列教材"。这套教材由国内工业工程领域的一线专家领衔主编,联合多所院校共同编写而成,既保持了较高的学术水平,又具有广泛的适应性,全面、系统、准确地阐述了工业工程学科的基本理论、基础知识、基本方法和学术体系。这套教材的出版,从根本上解决了工业工程专业教材短缺、系统性不强、水平参差不齐的问题,满足了普通高等院校工业工程专业的教学需求。这套教材出版后,被国内开设工业工程专业的高校广泛采用,也被富士康、一汽等企业作为培训教材,有多本教材先后被教育部评为"普通高等教育'十一五'国家级规划教材""'十二五'普通高等教育本科国家级规划教材",入选国家新闻出版广电总局"'十三五'国家重点出版物出版规划项目",得到了教育管理部门、高校、企业的一致认可,对推动工业工程学科发展、人才培养和实践应用发挥了积极的作用。

随着中国特色社会主义进入新时代，中国高等教育也进入了新的历史发展阶段，对高等教育人才培养也提出了新的要求。同时，近年来我国工业工程学科发展十分迅猛，开设工业工程专业的高校数量直线上升，教育部也不断出台新的政策，对工业工程的学科建设、办学思想、办学水平等进行规范和评估。为了适应新时代对人才培养和教学改革的要求，满足全国普通高等院校工业工程专业教学的需要，中国机械工程学会工业工程分会和机械工业出版社组织编审委员会专家对"21世纪工业工程专业系列教材"进行了修订。新版系列教材力求反映经济社会和科技发展对工业工程人才培养提出的最新要求，反映工业工程学科的最新发展，反映工业工程学科教学和科研的最新进展。除此之外，新版教材还在以下几方面进行了探索和尝试：

（1）努力把"双一流"建设和"金课"建设的成果融入教材中，体现高阶性、创新性和挑战度，注重培养学生解决复杂问题的综合能力和高级思维。

（2）探索把创新创业教育、课程思政的内容融入专业教学，努力做到将价值塑造、知识传授和能力培养三者融为一体。

（3）探索现代信息技术与教育教学深度融合，创新教材呈现方式，将纸质教材升级为"互联网+教材"的形式，以现代信息技术提升学生的学习效果和阅读体验。

尽管编审委员会的专家付出了极大的努力，但由于工业工程学科在不断发展变化，加上我们的学术水平和知识有限，教材中难免存在各种不足，恳请国内外同仁多加批评指正。

中国机械工程学会工业工程分会　主任委员

齐二石

于天津

前　言

本书第1版自2006年出版至今，被许多大学工业工程类专业、物流工程类专业和其他相关专业用作教学用书和参考书，受到读者的广泛好评。本书于2017年被列入《"十三五"国家重点图书、音像、电子出版物出版规划》。原国家新闻出版广电总局在《关于编制〈"十三五"国家重点图书、音像、电子出版物出版规划〉的通知》中要求：加强科技创新和文化创新。紧跟科学发展趋势，与国家重大项目紧密结合，全面落实国家在科技、教育、人才等方面的中长期规划，努力提升全民族创造活力，推出一批符合国家长远发展目标，反映我国自然科学、工程技术和人文社科等各领域重要研究成果的出版物。为了落实要求，使教材紧跟时代的步伐，在机械工业出版社的支持下，编者对本书第1版进行了修订。

物流业是融合运输、仓储、货运代理、信息等产业的复合型服务业，是支撑国民经济发展的基础性、战略性产业。本书自第1版出版至今的10多年，正是我国物流产业蓬勃发展的时期，国务院先后颁发了《物流业调整和振兴规划》《物流业发展中长期规划（2014—2020）》等文件，支持物流业发展。近年来，随着物联网与新一代信息技术的快速发展，物流业的运行平台和企业的经营环境已进入新的发展阶段。在这种大背景下，新兴的智慧物流与物联网技术正在重塑物流行业，面向全产业链整合的智慧化变革正在引领智慧型降本增效新时代的来临。与此同时，物流与供应链管理理论也在不断创新和发展。顺应理论和实践发展的新趋势，更好地服务高校教学与物流工程实践，满足广大读者的需求，是本次修订的宗旨。本次修订力求将物流工程领域的最新需求与进展纳入本书的知识体系中，为读者提供更前沿、更全面、更系统、更深刻的物流工程技术方法，在完善知识结构的同时，适应经济发展和行业发展的要求。

本次修订内容如下：

（1）第一章，对内容结构进行了调整，增加了供应链相关内容，更新了物流的发展历程与现代物流发展趋势。

（2）第二章，补充了工厂精益设计和计算机辅助设施布置设计的内容，更新了部分案例。

（3）第三章，强化了"单元货载原则"和"集装技术"，精简了"物料搬运设备"。

（4）第四章，增加了互联网环境下物料搬运系统设计的内容。

（5）第五章，增加了仓储管理设备选择的内容、自动化仓储系统与相关案例，并调整和优化了仓储规划、库存管理与控制以及供应链库存管理等内容。

（6）第六章，修订了运输方式选择的技术方法、运输路径规划技术，增加了智慧运输的新内容。

（7）第七章，增加了物联网、云计算、大数据以及供应链协同等新一代信息技术支持下的物流新进展、新应用等相关内容。

（8）第八章，加入了与物联网环境、企业社会责任与可持续发展相关的内容。

（9）第九章，改为"供应链与绿色物流"。

（10）第十章，增加了物流作业区划分的论述。

（11）增加了第十一章"智慧物流系统"。

本书由天津大学管理与经济学部齐二石教授、安徽工业大学管理科学与工程学院方庆琯教授、天津大学管理与经济学部霍艳芳副教授任主编，由安徽工业大学管理科学与工程学院王付宇教授、天津工业大学刘亮副教授、天津大学管理与经济学部彭岩副教授任副主编。此外，天津大学管理与经济学部高举红副教授、周刚副教授、蔺宇副教授、韩鹏博士，安徽工业大学陈荣教授、张洪亮副教授、黄建中博士也参与了相关章节和内容的编写工作。具体分工如下：三位主编制定了本书的编写大纲；第一章由齐二石、霍艳芳编写，第二章由霍艳芳、周刚、蔺宇编写，第三章由方庆琯、王付宇编写，第四章由方庆琯、张洪亮编写，第五章由彭岩、陈荣编写，第六章由霍艳芳、陈荣编写，第七章由刘亮、黄建中编写，第八章由霍艳芳、韩鹏编写，第九章由高举红编写，第十章由方庆琯、黄建中编写，第十一章由刘亮编写。全书由方庆琯教授、霍艳芳副教授统稿，齐二石教授最终审定全稿。湖南省产商品质量监督检验研究院夏言博士对本书有关国家标准及行业标准方面的内容进行了审定。

本书在修订过程中得到了机械工业出版社的大力支持。在此，对机械工业出版社的编辑和发行人员表示感谢，同时也向为本书提供反馈意见的广大读者表示衷心感谢。本书在编写过程中参考了大量的相关文献资料，在此对相关文献的作者致以诚挚的谢意。此外，特别感谢天津大学管理与经济学部为本书修订提供的重要资助！

为方便教学，本书还配有PPT课件等教学资源，教师可登录机械工业出版社教育服务网（www.cmpedu.com）下载。

虽然编者对本书反复修改完善，鉴于水平有限，仍难免存在不妥之处，恳请专家、学者和读者批评指正。

编者

目　录

序
前言

第一章　物流工程概述 001
第一节　物流与物流活动 001
第二节　物流工程 004
第三节　物流的发展 006
第四节　现代物流的发展趋势 008
复习思考题 011

第二章　设施规划与设计 013
第一节　设施规划与设计的理论概述 013
第二节　设施选址（厂/场址选择） 015
第三节　设施选址的评价方法 018
第四节　设施布置设计 027
第五节　系统化布置设计（SLP） 032
第六节　工厂精益设计 042
第七节　计算机辅助设施设计 046
复习思考题 057

第三章　物料搬运系统与物料搬运设备 059
第一节　物料搬运概述 059
第二节　集装单元化设备 070
第三节　物料搬运设备 078
复习思考题 092

第四章　物流分析与物料搬运系统设计 093
第一节　物料搬运系统设计概述 093
第二节　SHA的物流分析 099

第三节　SHA的物料搬运系统设计 104
第四节　基于SLP和SHA的某配送中心分拣库设计案例 110
复习思考题 122

第五章　仓储管理与库存控制 123

第一节　仓储管理 123
第二节　自动化仓储系统 134
第三节　库存控制 135
第四节　物料管理 142
第五节　供应链环境下的库存控制策略 146
复习思考题 153
案例　京东的全球首个全流程无人仓 153

第六章　运输管理 155

第一节　运输管理概述 155
第二节　运输规划 164
第三节　运输成本与定价 171
第四节　智慧运输 175
复习思考题 177
案例　捷特公司加大创新力度减轻车辆空载 178

第七章　物流信息系统 181

第一节　物流信息系统概述 181
第二节　物流信息系统的功能和功能模块 185
第三节　信息技术在物流中的应用 188
第四节　供应链协同技术 199
复习思考题 206
案例　重庆铁海联运项目的智慧供应链系统 207

第八章　物流管理与控制 209

第一节　物流客户服务管理 209
第二节　物流质量管理 215

第三节　物流成本管理 220
　　第四节　生产物流的计划与控制 230
　　第五节　物流系统绩效评估 236
　　复习思考题 241

第九章　供应链与绿色物流 243
　　第一节　供应链管理概述 244
　　第二节　逆向物流 254
　　第三节　闭环供应链 258
　　第四节　绿色物流 260
　　第五节　实施绿色物流的建议 264
　　复习思考题 267
　　案例1　UPS为MBS提供的图书退货逆向物流服务 267
　　案例2　联邦快递：全球减排增速的践行者 268

第十章　物流配送中心设计 271
　　第一节　物流配送中心概述 271
　　第二节　物流配送中心系统化规划 275
　　第三节　物流配送中心模块化作业系统 283
　　第四节　典型信息模块介绍 289
　　复习思考题 294

第十一章　智慧物流系统 295
　　第一节　智慧物流的产生 295
　　第二节　智慧物流系统的结构与智能机理 299
　　第三节　智慧物流系统架构 302
　　第四节　智慧物流信息平台系统 306
　　第五节　智慧物流系统解决方案与应用 312
　　复习思考题 314
　　案例1　顺丰速运快递管理方案 314
　　案例2　中国电子口岸 316

参考文献 320

第一章
物流工程概述

 第一节　物流与物流活动

一、物流的概念

美国供应链管理专业协会（Council of Supply Chain Management Professionals，CSCMP）对物流的定义为：物流是供应链管理的一部分，旨在有效地计划、实施和控制正向物流与逆向物流，以及起始点和消费点之间的物品储存、服务和相关信息，最终达到满足顾客需求的目的。

这一定义明确了物流活动的基本目标或主要结果是满足顾客需求，通过物品的移动（Go）和储存（Stop）等关键物流活动，保证在合适的时间和地点向顾客提供需要的商品。这里物品的移动是指商品被移动或运输至顾客或者在逆向物流中返回起点，这是一个时间概念；而物品的储存则包括商品在加工或其他运作过程中的储存，或者是等待一段时间后交付给顾客过程中的停留，这是一个空间概念。根据经济学领域的效用理论，可以解释为物流为顾客提供的时间效用和空间效用。

我国于2006年颁布的GB/T 18354—2006《物流术语》中将物流定义为：物品从供应地向接收地的实体流动过程。根据实际需要，将运输、储存、装卸、搬运、包装、流通加工、配送、信息处理等基本功能实施有机结合。从中可以看出，我国对物流的定义是对物流基本功能的简单叠加，体现的是字面的直接表述，未涉及物流结果产生的社会效益及经济效益。国际上普遍采用的是美国供应链管理专业协会对物流的定义，它不仅涉及货物，而且涉及服务及相关信息，并且重在"以人（顾客）为本"的管理理念，是对上述活动的计划、实施与控制的过程。

二、物流系统的构成

物流系统的构成如图1-1所示。其中，物流运作系统是在包装、仓储、运输与搬运、装卸、流通加工、配送等操作中运用各种先进技术将生产商与需求者连接起来，使整个物流活动网络化，进一步提高效率。物流信息系统是运用各种先进沟通技术，保证与物流运作相关信息的流畅，提高整个物流系统的效率。将物流运作系统与物流信息系统组成一个物流系统的目的就是要以最有效的途径提供最满意的服务。

图1-1　物流系统的构成

1. 物流运作系统

（1）包装。包装可以减少物品在运输途中的损缺。一般说来，包装分为单个包装、内包装和外包装三种。单个包装是物品使用者拿到物品时的包装，一般属于商业包装。内包装是将物品或单个包装放在一起或放于中间容器中，以便对物品或单个包装起到保护作用。外包装是以方便运输、装卸、保护物品、标识为目的的一种包装形式。包装材料通常有纸质、塑料、木质、金属等。另外还有一些固定用的辅助材料，如黏结剂、捆扎材料等。随着物流技术的成熟与发展，包装逐渐趋向标准化、机械化、简便化等。

（2）仓储。仓储是物流中的一个重要环节，它起到缓冲和调节作用。一般仓储包括储存、管理、维护等活动。现代仓库除了具有上述传统功能以外，已经逐步转向流通中心型的仓库，即在上述活动的基础上还负责物品的包装、流通加工、配送、信息处理等活动。随着科学与管理技术的成熟与飞速发展，仓储的管理技术也在不断丰富，大量仓储业已经运用ABC分类管理、预测等技术科学地管理仓储、控制库存，以达到整体效益的优化。

（3）运输与搬运。运输是为了尽量消除空间的差异，它也是物流系统的重要环节之一。一般运输方式有陆运、空运和海运三种，这三种运输方式各有特点。随着物流的发展，对各种运输基础设施建设的要求越来越高，要想更高效地完成运输，就要形成一套成熟的运输网络体系，经济、合理、快速、及时、零缺陷地将物品送抵目的地。为优化运输方式，多式联运、越库等提高运输效率的新型运输方式正在得到广泛采用。

搬运与运输既相似又不同。一般说来，物料在系统工艺范围内的物料移动称为搬运，或者说在制造企业内部，物料还未成为商品之前，在加工、生产系统内的移动活动称为物料搬运。搬运涉及搬运路线、搬运设备与搬运器具及搬运信息管理等。

（4）装卸。装卸一般包括装上、卸下、搬运、分拣、堆垛、入库、出库等活动。可运用各种技术和工具消除无效装卸，提高装卸效率。

（5）流通加工。顾名思义，流通加工就是在流通过程中进行的辅助性加工。流通加工是生产领域的延伸，或流通领域的扩张。一般流通加工可以实现整个供应网络成本的降低，同时能满足多样化的市场需求。

（6）配送。配送是物流活动中一种非单一的业务形式，它与商流、物流、资金流紧密结合，并且主要包括商流活动、物流活动和资金流活动。可以说，它是包括了物流活动中大多数必要因素的一种业务形式。从物流的角度来讲，配送几乎包括了所有的物流功能要素，是物流的一个缩影或是在某小范围内物流全部活动的体现。一般的配送集装卸、包装、保管、运输于一体，通过这一系列活动完成。

2. 物流信息系统

上述各种物流运作活动都要在物流信息系统的引导下进行，否则各项活动就都是盲目的，无法达到预期效果。物流信息系统是物流系统的重要组成部分之一，也是物流系统的基础。一般物流信息系统从纵向可以分为管理层、控制层和作业层；从横向考虑，物流信息存在于供应、生产、营销、回收以及各项物流运作中。

总之，物流系统的存在使生产者与使用者之间实现无缝连接。物流系统追求的是完美服务、快速、及时、准确、节约、规模化、调节库存的境界。

三、物流与供应链管理的关系

GB/T 18354—2006《物流术语》对供应链（Supply Chain）的定义：供应链是生产及流通过程中，涉及将产品或服务提供给最终用户所形成的网链结构。一旦企业积极致力于与供应商、客户和其他利益相关者进行合作，其物流活动就会从企业内部扩展到外部更大的整体供应链之中。这些合作活动需要更加详细的计划和额外的管理，于是供应链管理应运而生。供应链管理（Supply Chain Management，SCM）是一种集成的管理思想和方法，它执行供应链中从供应商到最终用户的物流计划和控制等职能。美国供应链管理专业协会（CSCMP）对供应链管理（SCM）的定义是：对包括采购、购买以及转换等所有活动的计划、管理活动及所有物流管理活动。重要的是，它还包括与渠道合作伙伴的协调与配合，可能包括供应商、中间商、第三方服务提供商以及客户。从本质上讲，供应链管理集成了企业内部和企业之间的供应和需求管理。根据供应链管理参考模型（SCOR），典型的供应链管理通常包括计划、采购、制造、配送、退货五大基本内容。

供应链管理（SCM）的概念于20世纪80年代首次出现，它扩展了物流活动的范围以适应快速发展的全球经济。在学术界和产业界有许多关于SCM范围以及SCM与已有物流概念关系的讨论，并且这种讨论还在继续。图1-2显示了三种典型的观点。

图1-2　物流与供应链管理的关系

这三种观点体现了在学术研究中不同学者对物流和供应链管理之间关系的不同看法。有些人认为，供应链管理仅仅是由于学术和业界人士缺乏针对"供应链是什么"和"供应链管理人员具体干什么"的理解而产生的对物流的另一种说法。随着供应链管理在学术界和企业界的不断发展，这种看法正在逐渐消失。另外一些人则认为，物流与供应链管理之间存在交集，供应链管理在企业和整体供应链条中代表一种更广阔的政策，贯穿商业流程的各个方面。然而，到目前为止，这种观点的集成和实施还是相当理论性的，缺少实证研究的支持。统一主义观点从更广阔的供应链和业务流程视角出发，认为物流是供应链管理的一个子集。实际上，美国供应链管理专业协会的SCM定义就代表了一种统一主义观点。

与大多数现有研究一样，本书沿用统一主义观点，认为物流管理是供应链管理的一个子集或子系统。从各种关于物流管理和供应链管理的定义来看，有一点是一致的，即物流管理承担了为满足客户需求而对货物、服务从起源地到消费地的流动和储存进行计划与控制的过程。它包含了内向、外向和内部、外部流动，物料回收以及原材料、产成品的流动等物流活动的管理。而供应链管理的对象涵盖了产品从产地到消费地传递过程中的所有活动，包括原材料和零部件供应、制造与装配、仓储与库存跟踪、订单录入与订货处理、分销管理、客户交付、客户关系管理、需求管理、产品设计与预测,以及相关的信息系统等。它连接了所有的供应链成员企业。从这个意义上讲,物流管理是供应链管理的一种执行职能,即对供应链上物品实体流动的计划、组织、协调与控制。也就是说,物流管理与供应链管理所涉及的管理范畴有很大不同,物流管理是供应链管理的一个子集或子系统,供应链管理将许多物流管理以外的功能跨越企业之间的界限而整合起来。

第二节 物流工程

一、物流工程的定义与功能

物流工程是指运用工程分析与设计的手段来实现所要求的物流系统(规划、设计、设备、工具等)。物流工程是一个静态的概念。

物流工程体现了自然科学和社会科学相互交叉的边缘学科的许多特征:

(1)物流工程是以多学科综合为其理论基础的,物流工作人员和研究人员需要具有多方面的知识,除了要掌握生产、运输等技术知识外,还要掌握经济学、统计学等经济管理知识。

(2)物流工程研究的对象一般是多目标决策的、复杂的动态系统。在系统分析时,既要考虑其经济性指标,又要考虑技术上的先进性和科学性。因此,其研究方法不仅要运用自然科学中常用的科学逻辑推理与逻辑计算,同时也常采用对系统进行模型化、仿真与分析的方法。研究中,常采用定量计算与定性分析相结合的综合性研究方法。

(3)物流工程作为一门交叉学科,与其他学科有着密切的联系,如机械工程、机械电子学、生产加工工艺学、计算机科学等。

与物流工程不同,物流管理是指对给定的物流系统,通过组织、计划、财务、控制等手段来实现物流系统的高效、低成本和高质量运行。物流管理是一个动态的过程。

物流工程与物流管理的功能如表1-1所示。

表1-1 物流工程与物流管理的功能

物流工程	物流管理
物流系统规划管理	区域物流管理
物流运输与搬运设计	企业物流管理(制造业企业的物流管理)
物流设备和器具设计	物流企业管理(第三方企业的物流管理)

相比较而言,物流工程更偏重于技术以及工程方面,侧重对整个物流过程的硬件设计;而物流管理则侧重于管理计划方面,更强调对信息等软件的处理,与客户的交流也更多的是在物流管理中完成的。二者互相支持、互相配合,共同支持整个物流系统低成本、高效益地运行,满足客户需求。

二、物流工程的研究对象

(1)企业物流系统。

(2)运输及储存业物流系统。

（3）社会物资流通调配系统。
（4）社区、城市、区域规划系统。
（5）管理系统（如办公、教育、行政管理）等。

三、物流工程的任务

（1）规划管理。具体包括：①物流系统分析，找出问题，提出改进方案；②物流系统规划及优化设计，取得最佳方案及效益目标；③物流系统控制与管理，得到达成效益目标的方法、技术、手段。

（2）运行管理。具体包括：①容器、器具的设计与管理，如工位器具、料架、料箱、滑道、滚道、集装容器、简易小车等；②搬运与运输车辆的设计与管理，如手推车、小拉车、电瓶车、吊车、天车、汽车、火车、轮船、飞机、AGV、机器人、穿梭车等。

四、物流工程的研究内容

任何一个系统（生产、服务、管理等）都可以视为一个物流系统。物流工程所要做的，主要是物流系统中的两类问题：一是设施设计；二是物料搬运系统设计。

1. 设施设计

设施设计根据系统（如工厂、学校、医院、办公楼、商店等）应完成的功能（提供产品或服务）对系统各项设施（如设备、土地、建筑物、公用工程）、人员、投资等进行系统的规划和设计。近年来设施设计发展很快，已经成为一个重要的独立科研方向和技术体系，被认为是物流科学管理的开端。系统管理的蓝图，如资源利用、设施布置、设备选用等各种设想都体现在设施设计中。设施设计对系统能否取得理想的经济效益和社会效益起着决定性作用。

一般情况下，设施设计所需要的费用只占总投资的2%～10%，但却会对系统带来重大影响。在设计、建造、安装、投产的各个阶段，一旦系统加以改造，所需费用会逐步上升（见图1-3）。如等到运行后再改进，则事倍功半，有时甚至不可能。因此，在设施设计阶段投入足够的时间、精力和费用十分必要。

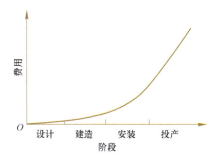

图1-3 不同阶段改造系统所需的费用

对于社会物流系统，设施设计是指在一定区域范围内（国际或国内）物资流通设施的布点网络问题，如石油输送的中间油库、炼油厂、管线布点等的最优方案，远距离大规模生产协作网的各种规划场址选择等。而对于企业物流系统，设施设计的核心内容是工厂、车间内部的设计与平面布置、设备的布局，以及物流路线系统的合理化，通过改变和调整平面布置调整物流，达到提高整个生产系统经济效益的目的。

设施设计用于工厂等工业部门时，也可称为工业设施设计。它主要包括布置设计、建筑设计、公用工程设计、信息通信设计等。

（1）布置设计，是对建筑物、设备、运输通道、场地等，按照物流、人流、信息流的合理需要，做出有机组合和合理配置。

（2）建筑设计，是根据安全、经济、适用、美观的要求，对建筑物和构筑物的功能和空间进行建筑和结构设计。

（3）公用工程设计，是对热力、煤气、电力、照明、给水、排水、采暖、通风、空调等公用设施进行系统协调的设计。

（4）信息通信设计，是对信息通信的传输系统进行全面设计。

2. 物料搬运系统设计

物料搬运系统设计是对物料搬运的设备、路线、运量、搬运方法以及储存场地等做出合理安排。包括：

（1）搬运（运输）与储存的控制和管理。在给定的物流布点设备布置条件下，根据物流搬运（运输）和储存的要求（往往是工艺要求），用管理手段控制物流，使生产系统以最低的成本、最快的速度、完好无缺流动的过程，达到规划设计中提出的效益目标。

研究内容涉及：①生产批量的最优化研究；②工位储备和仓库储存研究；③在制品管理；④搬运车辆的计划与组织方法；⑤信息流的组织方法，以及信息流对物流的作用问题等。

（2）搬运（运输）设备、容器、包装的设计与管理。通过改进搬运设备、改进流动器具而提高物流效益、产品质量等，如社会物流中的集装箱、罐、散料包装，企业工厂中的工位器具、料箱、料架以及搬运设备的选择与管理等。

研究内容包括：①仓库及仓库搬运设备的研究；②各种搬运车辆和设备的研究；③流动和搬运器具的研究等。

第三节　物流的发展

一、现代物流的发展历程

关于"物流"一词的出现，主要有两种观点：一种观点是美国市场营销学者阿奇·萧（Arch W. Shaw）于1915年提出的"Physical Distribution"，从市场分销角度认为物流就是实物配送，实际上就是如何把企业的产品分送到客户手中的活动；另一种观点则源于美国少校琼西·贝克（Chauncey B. Baker）于1905年提出的"Logistics"，从军事后勤角度对物流的内涵进行定义，主要是指物资的供应保障、运输储存等。

第二次世界大战期间，美国从军事需要出发，在对军火进行的战时供应中，首先引用了"物流管理"这一名词，并对军火的运输、补给及屯驻等进行全面管理。第二次世界大战后，西方工业化国家的经济进入高速发展阶段。生产企业为最大限度地追求超额利润，千方百计地降低生产成本。但在生产技术和管理技术方面，企业降低生产成本的道路已经走到极限，成本再降低的空间很小。

从20世纪五六十年代开始，西方国家的经济研究和市场竞争的重心开始放到非生产领域，尤其是商品流通领域。在此期间，运筹学理论在生产实践中得到了广泛的应用和发展，并取得了很好的实际效果。在运筹学原理的推动下，人们对物资流通渠道进行研究，产生了产品分销的概念。这就是现代物流业的起步阶段，即实物配送阶段。

20世纪七八十年代，由于市场竞争进一步白热化，企业的竞争力主要取决于物资供应系统和成品流通系统的有效性和低成本。对于整个社会生产来讲，社会经济水平的提高，不仅取决于生产过程，还取决于社会物资供应体系的效率；企业的竞争力不仅取决于产品到消费者手中的实物配送，而且取决于采购、运输和仓储等生产过程中对材料、零部件和库存品的管理。这一阶段被称为全程物流管理阶段。

进入20世纪90年代，随着世界经济和科学技术的突飞猛进，计算机信息网络的日益普及，竞争日趋激烈，生产规模不断扩大，产品更新频繁，用户需求不断变化，原有的流通模式、管理方法和对流通问题的认识，已经不能适应经济的快速增长。所有这些对物流服务提出了新的更高的要求，同时也为其发展提供了必要的条件。为了顺应整个现代社会的要求，物流的服务领域也不断扩大，逐步扩展为生产领域的物流管理、流通领域的配送和消费领域的服务。因此，现代物流是在传统物流的基础上，运用先进的计算机电子技术和网络信息技术，以及诸如供应链管理等先进的管理方法，综合组织物流中的各环节，把制造、运输和销售等环节统一起来管理，使物流资源得到最有效的利用，以发挥物流的服务优势和平衡服务成本，并使用户得到最大的满足。这一阶段被称为供应链管理阶段。

现代物流的发展历程如图1-4所示。

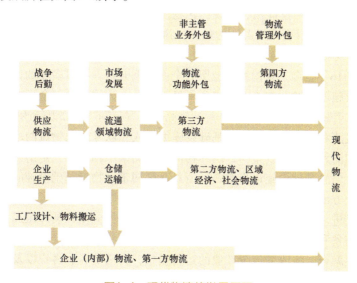

图1-4　现代物流的发展历程

二、我国物流的发展历程

我国物流业经过半个多世纪的发展，有了一定基础。2000年之后，随着制造业和电子商务的快速成长，以及信息技术的发展和普及，更是进入了一个突飞猛进的快车道。总体而言，自1979年"物流"概念引入我国，我国物流理论和实践主要经历了四个发展阶段。

第一阶段：1977—1991年，是我国物流业的恢复与初期发展阶段。改革开放和四个现代化建设使得我国国内商品流通和国际贸易不断扩大,物流业也有了进一步发展。不仅流通部门专业性的物流企业数量在增加,生产部门也开始重视物流问题,并设立了物流研究室、物流技术部等。有关物流的学术团体相继成立,并积极有效地组织开展了国内国际物流学术交流活动,了解和学习国外先进的物流管理经验。

第二阶段:1992—1999年,是我国物流业转型阶段。在这一阶段,物流业面临着机遇和挑战,一些老的储运企业通过实施改革、改造、重组等,转型为综合物流企业,以适应电子商务的发展和经济一体化的需要。在这种情况下,一些生产、零售企业开始退出物流领域,不再新建仓库,转而向市场寻求合格的物流代理商。另一方面,部分地区建设了一批现代物流企业,以迎接国外物流企业的挑战。这标志着我国现代物流业已经开始起步。

第三阶段:2000—2015年,是我国物流业大发展阶段。21世纪开始,我国现代物流业大踏步进入发展期,开始致力于现代物流的普遍发展。第一,物流政策环境得到改善。我国政府采取了一系列的政策以推动物流业的发展,为物流业的发展创造了良好的政策环境。第二,物流规划工作井然有序。物流产业得到了国家和各级政府的高度重视,国家加强了对物流业发展的规划。2000年,我国"十五"物流发展总目标正式确立,各省、市、自治区纷纷制订物流发展规划,物流园区、物流中心、配送中心广泛成立。第三,物流平台建设取得重大进展。受惠于国家的信息化建设,我国的信息基础网络和实用技术已经能够支持现代物流的信息运作要求。铁路、公路网络的建设,在我国的东部和发达地区已经完成了基本布局,而且在国家的大力支持下,平台建设开始向中西部演进。第四,物流技术日益先进,应用日趋广泛。互联网信息平台、电子数据交换、全球卫星定位系统、无线射频识别技术和条码技术等现代信息技术手段在物流管理和物流技术中的广泛应用,使现代化物流达到更高的水平。第五,物流逐步得到全社会的关注。物流业成为全社会广泛关注的焦点,物流企业大量兴建,有100多所高校开设物流专业。物流真正进入发展的快车道,并且正在进入物流资源整合与供应链管理时期。

第四阶段:2016年至今,我国物流业服务全面转型升级。经过多年的快速发展,我国物流业不论是从基础设施还是经营方式上都实现了显著提升,为物流业的全面转型升级奠定了良好基础。截至2019年年底,我国高速公路和高速铁路总里程分别达到15万km和3.5万km,双双位居世界第一。交通线路和园区节点等物流基础设施编织成互联互通的物流网络。跨境电商高速发展带动国际快递和海外仓储建设布局,国际物流网络助推中国企业"走出去"。随着物联网、云计算、大数据等信息基础设施逐步成熟,信息互联网带动物流基础设施的虚拟化联网和智能化升级。而在企业方面,随着信息技术的广泛应用,大多数企业建立了管理信息系统,物流信息平台建设快速推进。物联网、云计算等现代信息技术开始应用,装卸搬运、分拣包装、加工配送等专用物流装备和智能标签、跟踪追溯、路径优化等技术迅速推广。以产业融合为主,互联网与物流业深度融合,将改变传统产业的运营模式,为消费者、客户以及企业自身创造增量价值。数据代替库存、数据驱动流程、数据重塑组织成为智慧物流的重要驱动力,终将形成智慧物流的生态体系。

第四节 现代物流的发展趋势

随着经济全球化进程的加快,科学技术,尤其是以互联网、物联网、大数据、云计算、人工智能为代表的新一代信息技术、通信技术的快速发展和应用,不仅加快了物流与供应链管理全球化、集成化、敏捷化的步伐，而且促进了供应链电子化、智能化、绿色化的新趋势，新的物流与供应链管理模式不断涌现，如电子商务物流、绿色供应链、智慧供应链，现代物流与供应链管理呈现出强劲的发展态势。

一、电子商务物流与供应链电子化

电子商务的迅速发展促使了电子物流的兴起。通过互联网加强企业内部、企业与供应商、企业与消费者、企业与政府部门的联系沟通、相互协调、相互合作，消费者可以直接在网上获取有关产品或服务的信息，实现网上购物。这种网上的"直通方式"使企业能迅速、准确、全面地了解需求信息，实现基于客户订货的生产模式（Build to Order，BTO）和物流服务。此外，电子物流可以在线跟踪发出的货物，联机实现投递路线的规划、物流调度以及货品检查等。可以说，电子物流已成为21世纪我国物流发展的大趋势。

电子商务也带来了供应链管理的变革。它运用供应链管理思想，整合企业的上下游产业，以中心制造厂商为核心，将产业上游供应商、产业下游经销商（客户）、物流运输商及服务商、零售商以及往来银行进行垂直一体化的整合，构成一个电子商务供应链网络，消除了整个供应链网络上不必要的运作和消耗，促进了供应链向动态的、虚拟的、全球网络化的方向发展。它运用供应链管理的核心技术——客户关系管理（CRM），使需求方自动作业来预计需求，以便更好地了解客户，给他们提供个性化的产品和服务，使资源在供应链网络上合理流动来缩短交货周期、降低库存，并且通过提供自助交易等自助式服务以降低成本，更重要的是提高了企业对市场和最终客户需求的响应速度，在整个供应链网络的每一个环节实现最合理的增值，增强了企业的市场竞争力。

同样地，现代物流也是电子商务发展的先决条件，更是电子商务运作过程的重要组成部分，并为实现电子商务提供基础和保障。现代物流配送效率决定着电子商务快速、便捷优势的发挥，是客户评价电子商务满意程度的重要指标之一。因此，现代物流是电子商务发展的基础和保障，是电子商务发展的先决条件。

二、低碳物流与绿色供应链

降低碳排放、保证可持续发展已经成为全球性重大议题。随着低碳技术和低碳理念的推进，以"低碳"为标志的绿色行动将改变人类社会的生产方式和生活方式。物流作为重要的经济活动，在发展低碳经济的过程中扮演着重要的角色。低碳物流与绿色供应链是以低碳为主要特征的生态产业体系。采用流程管理技术提高物流效率，采用科技手段降低整个物流过程的碳排放，形成环境友好、可持续发展的绿色产业体系，是企业的社会责任，也是政府建立低碳经济的政策选择。

众所周知，物流是有机整合运输、储存、装卸、搬运、包装、配送、流通加工、信息处理等基本功能，实现物品有目的的、经济的流动。在流动过程中会产生一定的成本支付，如何将支付降到最低一直是物流业关注的重点。新时代对全球范围内制造和生产型企业提出了新的挑战，即如何使工业生产和环境保护能够协调共同发展。目前，公众不仅要求企业对产生的废物进行处理，更要求企业减少产生污染环境的废物，而且要求企业进行绿色管理，生产绿色产品。政府的法令和日益强大的公众压力迫使企业已无法忽视环境问题。面对这种挑战，第一步就是重新定义供应链管理，调整供应链流程，把环境问题（如废物最少化和能源使用最少化）融于整个供应链——绿色供应链管理。绿色供应链管理又称环境意识供应链管理，它考虑了供应链中各个环节的环境问题，注重对环境的保护，促进经济与环境的协调发展，把"无废无污"和"无任何不良成分"及"无任何副作用"贯穿于整个供应链中。一些知名的跨国公司，如福特汽车公司、惠普公司、宝洁集团和通用电气公司等，把绿色供应链管理作为企业文化渗透到各个环节、各个部门乃至每名员工。

三、基于新一代信息技术的智慧物流

随着新一代信息技术，如物联网、互联网、大数据、云计算、人工智能等的发展及在物流与供应链领域的使用，显著地改变了物流与供应链产业的经营模式，使得物流与供应链管理开始呈现出显著的智慧化特征。如智能化网络集成器能检测未来供应和需求的不匹配，识别多层供应商中的潜在问题，对相应的公司提出问题警告，并为问题的解决提出可行计划或途径，通过智能化推进有效的供应链管理。同样，在充分了解供应链成本的基础上，如何优化其产品和服务的价格及相关的税收，如何优化反映按不同的产品类型和顾客划分所获得的收入，价格决策和供应链决策不应当像过去那样是彼此独立的，而应当把它们很好地集成，智能将成为沟通价格和供应链管理的桥梁，价格和税收管理就是在供应链管理中注入智能的产物。智能化应当允许供应链管理技术进行自动设计协作。设计思想、新产品概念、设计和制造接口、新材料使用、可选物料清单和市场接收等都可以通过电子市场来帮助交易。

四、供应链集成与整合

集成是人们按照某种目的把若干个单元集合在一起，使之成为具有某种功能的系统。供应链是以核心企业为中心，包括上游企业和下游企业在内的多个企业组成的系统，系统具有集合性和相关性特征。供应链集成化管理的目的在于通过合作伙伴之间的有效合作与支持，提高整个供应链中物流、工作流、信息流和资金流的通畅性和快速响应性，提高价值流的增值性，使所有与企业经营活动相关的人、技术、组织、信息以及其他资源有效地集成，形成整体竞争优势。在市场竞争中，各成员把主要精力用在凝聚自身的核心竞争力上。从这个方面来讲，供应链管理是一种基于核心能力集成的竞争手段。在竞争中，各成员都可以从整体的竞争优势中获得风险分担、利益共享的好处。

集成化供应链管理面临的转变主要有从功能管理向过程管理转变、从利润管理向营利性管理转变、从产品管理向顾客管理转变、从简单管理向关系管理转变、从库存管理向信息管理转变。

五、敏捷供应链

敏捷是美国学者于20世纪90年代初提出的一种新型战略思想，它是一种面向21世纪的制造战略和现代生产模式。敏捷化是供应链和管理科学面向制造活动的必然趋势。基于Internet/Intranet的全球动态联盟、虚拟企业和敏捷制造已成为制造业变革的大趋势，敏捷供应链（Agile Supply Chain）以企业增强对变化莫测的市场需求的适应能力为向导，以动态联盟的重构为基本

着眼点来促进企业之间的合作和企业生产模式的转变,以提高大型企业集团的综合管理水平和经济效益为主要目标,着重致力于支持供应链的迅速结盟、优化联盟运行和联盟平稳解体。供应的敏捷性强调从整个供应链的角度综合考虑、决策和进行绩效评价,使生产企业与合作者共同降低产品的市场价格,并能够快速了解市场变化,锁定客户需求,快速安排生产满足客户需求,加速物流的实施过程,提高供应链各环节的边际效益,实现利益共享的双赢目标。因此,实现供应链敏捷性的关键技术,即基于网络的集成信息系统、科学管理决策方法、高效的决策支持系统将成为值得深入研究的课题。

复习思考题

1. 简述物流的产生与发展历史。
2. 简述物流工程对企业管理的意义。
3. 简述物流工程的研究内容。
4. 如何理解物流与供应链之间的关系?
5. 说明我国物流发展各个阶段的关键特征。
6. 简述现代物流的发展趋势。

第二章 设施规划与设计

第一节 设施规划与设计的理论概述

一、设施规划与设计的定义

设施规划与设计（Facility Planning and Design）是现代工业工程的一个重要组成部分。它的任务是对建设项目的各类设施、人员、投资进行系统规划与设计，用以优化人流、物流和信息流，从而有效、经济、安全地实现建设项目的预期目标。

二、设施规划与设计的研究范围

设施规划与设计的研究范围非常广泛。例如，在工业设施的规划设计过程中，涉及土木建筑、机械、电气、化工等多种工程专业。从工业工程的角度考察，设施规划由设施选址（厂址选择）与设施设计两个部分组成，设施设计又分为布置设计（工厂布局）、物料搬运系统设计、建筑设计、公用工程设计及信息网络设计五个相互关联的部分，如图2-1所示。

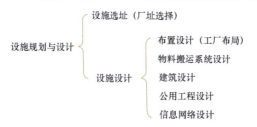

图2-1 设施规划与设计的范围

1. 设施选址

任何一个生产或服务系统不能脱离环境而单独存在。外界环境对生产或服务系统输入原材料、劳动力、能源、科技和社会因素；同时，生产或服务系统又对外界环境输出其产品、服务、废弃物等。因此，生产或服务系统不断受外界环境影响而改变其活动，而且生产或服务系统的活动结果又不断改变其周围环境。所以，生产或服务系统所在地区和具体位置对系统的运营是非常重要的。

厂址选择就是对可供选择的地区和具体位置的有关影响因素进行分析和评价，从而达到厂址最优化。

2. 布置设计

布置设计（Plant Layout），即工厂布局，是设施规划与设计的一个最为重要且最为成熟的研究领域。其主要研究范围包括工厂平面布置、物料搬运、仓储、能源管理及办公室布置等。在制造业中，工厂布局设计主要是确定工厂的生产部门、辅助服务部门和管理部门的位置。合理有效的工厂布置对提高企业的生产效益、降低成本起着重要的作用。

3. 物料搬运系统设计

据资料统计分析，产品制造费用的20%～50%是用于物料搬运的，因此，现代管理理论都非常注重物料搬运系统。

4. 建筑设计

在设施规划与设计中，需要根据建筑物功能和空间的不同来满足诸如安全、经济、美观、实用等各种要求来进行结构设计。

5. 公用工程设计

通过对热力、电力、给水排水、采暖通风等公用设施进行系统、协调的设计，可以为整个系统的高效运营提供可靠的保障。

6. 信息网络设计

随着计算机技术的应用，信息网络的复杂程度大幅提高，生产制造企业各生产环节生产状况的信息反馈直接影响生产调度、管理等，直接反映出企业管理的现代化水平。因此，信息网络设计也就成了设施设计中的一个组成部分。

三、设施规划与设计的意义

对于一个建设项目，资源利用是否合理，工厂布局是否得当，工艺设备是否先进适用，能否取得好的投资效果，能否实现企业的科学管理，能否发挥企业的经济效益和社会效益，规划设计起着决定性作用。

四、设施规划与设计的阶段结构

设施规划与设计工作贯穿于工程项目发展周期中的前期可行性研究与设计阶段，如图2-2所示，且设施规划与设计按照"顺序交叉"方式进行工作。

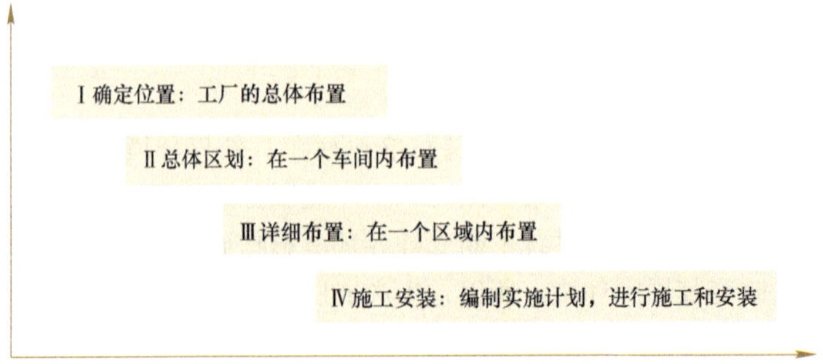

Ⅰ 确定位置：工厂的总体布置

Ⅱ 总体区划：在一个车间内布置

Ⅲ 详细布置：在一个区域内布置

Ⅳ 施工安装：编制实施计划，进行施工和安装

图2-2 布置设计的阶段结构图

阶段Ⅰ——确定位置：不论是工厂的总体布置，还是车间的布置，都必须先确定所要布置的相应位置。

阶段Ⅱ——总体区划：在布置的区域内确定一个总体布局。要把基本物流模式和区域划分结合起来进行布置，把各个作业单位的外形及相互关系确定下来，画一个初步区划图。

阶段Ⅲ——详细布置：把厂区的各个作业单位或车间的各个设备进行详细布置，确定其具体位置。

阶段Ⅳ——施工安装：编制实施计划，进行施工和安装。

第二节 设施选址（厂/场址选择）

一、设施选址的任务和意义

设施选址工作主要在前期工作中进行，随着规划设计各阶段的展开，逐步深入。在项目建议书中要提出厂址的初步意见，在可行性研究报告中要提出厂址的推荐意见，在审批时要确定厂址。在总体设计（初步设计）阶段，要对厂址的各种条件做详细勘察落实并最终确认具体位置，标定四周界址。

厂址选择好坏，对于生产力布局、城镇建设、企业投资、建设速度及建成后的生产经营好坏都具有重大意义。因为厂址一旦确定，设施建设完工后，一般无法轻易改动，如先天不足，会造成很大损失。但这又是一个复杂的问题，有时很难判断。目前好，10年、20年后是否还好就不确定了。所以，随着所考虑因素的种类和自身的变化，厂址也不得不改变。例如，20世纪60年代的三线建设问题、个人住房选址问题、环境污染问题等。

厂址选择应注意进行充分的调查研究与勘察，科学分析，不能凭主观意愿决定。选址工作不能过于仓促，要考虑自身设施和产品的特点，注意自然条件、市场条件、运输条件。

二、设施选址的考虑因素

对于影响设施选址的因素，可根据它们与成本的关系进行分类。与成本有直接关系的因素称为成本因素，可以用货币单位来表示各可行位置的实际成本值；与成本无直接关系，但能间接影响产品成本和未来企业发展的因素，称为非成本因素，如表2-1所示。

表2-1 设施选址的考虑因素

成本因素	非成本因素
1. 运输成本 2. 原料供应 3. 动力、能源的供应量和成本 4. 水供应 5. 劳动力成本 6. 人口状况 7. 建筑和土地成本 8. 税率、保险和利率 9. 财务供应：资本及贷款的机会 10. 各类服务和保养费用 ⋮	1. 社区情况 2. 气候和地理环境 3. 环境保护 4. 政治稳定性 5. 文化习俗 6. 当地政府的政策 7. 扩展机会 8. 当地竞争者 9. 公众对工商业的态度 ⋮

1. 主要的成本因素

（1）运输成本。对企业而言，运输成本占较大的比重，所以选址时应注意缩短运输距离，减少运输环节中的装卸次数，并尽量靠近码头、公路、铁路等交通设施，且考虑铁路、公路、水路三者的均衡问题。我国东西部发展之所以存在差距，和运输条件有很大关系。

（2）原料供应。某些行业对原料的量和质均有严格的要求，这类部门长期以来主要分布在原料产地附近，以降低运费、减少时间阻延，从而得到较低的采购价格。但目前工业对原料产地的依赖性呈减小趋势，主要原因包括技术进步导致单位产品原料消耗的下降，原料精选导致单位产品原料用量、运费的减少，工业专业化发展导致加工工业向成品消费地转移，运输条件改善导致单位产品运费的降低等。尽管如此，采掘业、原料用量大或原料可运性小的加工工业仍以接近原料产地为佳。

（3）动力、能源的供应量和成本。对于火力发电厂、有色金属冶炼、石油化工等行业来说，动力能源的消耗在生产成本中的比重可占到35%～60%；动力能源的消耗对重型机器制造、水泥、玻璃、造纸等行业的影响也是举足轻重的。

（4）水供应。酿酒工业、矿泉水、钢铁工业、水力发电厂等必须靠近江河水库等水源。

（5）劳动力成本。在技术密集型和劳动密集型企业中，劳动力的数量和质量都直接影响劳动力成本。

（6）人口状况、人事劳动工资政策。例如，吉隆坡的劳动力素质相当高，他们中有一半以上具有中学文凭（这在东南亚仅次于新加坡），市场上还有许多自学成才者，公司不出城就能找到合适的工商管理硕士。

（7）建筑和土地成本。这是指土地的征用、赔偿、拆迁、平整费用，应注意尽量少占用农业用地。

2. 主要的非成本因素

（1）社区情况。包括服务行业、商店、加油站和娱乐设施的状况等。

（2）气候和地理环境。气温对产品和作业人员均会产生影响，气温过冷或过热都将增加气温调节的费用，潮湿多雨的地区不适合棉纺、木器、纸张的加工。

一般制造厂要求土地表面平坦，易于平整施工，如选择稍有坡度的地方，则可利用斜面，便于搬运和建造排水系统。在地震断裂层地带、下沉性地带、地下有稀泥或流沙以及在可开采的矿床或已开采过的矿坑上和有地下施工的区域应慎重选址。

此外，还要考虑风力、风沙、温度、湿度、降雨量等。

（3）环境保护。印度的博帕尔毒气泄漏事件和苏联的切尔诺贝利核电站事故使人类得到了惨重的教训。生产系统直接形成的污染包括空气污染、水污染、噪声污染、恶臭污染、放射性污染以及固体废料污染等。各国和各地区普遍制定了保护当地居民及生态环境的各种环保法规。

（4）当地政府的政策。有些地区为了鼓励在当地投资建厂，划出工业区及各种经济开发区，低价出租或出售土地、厂房、仓库，并在税收、资金等方面提供优惠政策，同时拥有良好的基础设施。

三、设施选址的步骤

设施选址的步骤一般分以下四个阶段：

1. 准备阶段

常见的准备阶段工作内容包括：

（1）企业生产的产品品种及数量（生产纲领或设施规模）。
（2）要进行的生产、储存、维修、管理等方面的作业。
（3）设施的组成，主要作业单位的概略面积及总平面草图。
（4）计划供应的市场及流通渠道。
（5）需要资源（包括原料、材料、动力、燃料、水等）的估算数量、质量要求与供应渠道。
（6）产生的废物及其估算数量。
（7）概略运输量及运输方式的要求。
（8）需要职工的概略人数及等级要求。
（9）外部协作条件。
（10）信息获取方便与否等。

2. 地区选择阶段

其主要工作内容包括：

（1）走访行业主管部门。
（2）选择若干地区，收集资料。
（3）进行方案比较。
（4）各方面人员（生产、供应、销售、财务等）参加比较。

3. 地点选择阶段

在这一阶段组成厂址选择小组到初步确定地区内的若干地点进行调查研究和勘测。其主要工作内容包括：

（1）从当地城市建设部门取得备选地点的地形图和城市规划图，征询关于地点选择的意见。
（2）从当地气象、地质、地震等部门取得有关气温、气压、湿度、降雨及降雪量、日照、风向、风力、地质、地形、洪水、地震等历史统计资料。
（3）进行地质水文的初步勘察和测量，取得有关勘测资料。
（4）收集当地有关交通运输、供水、供电、通信、供热、排水设施的资料，并交涉有关交通运输线路、公用管线的连接问题。
（5）收集当地有关运输费用、施工费用、建筑造价、税费等经济资料。
（6）对各种资料和实际情况进行核对、分析，并对各种数据进行测算，经过比较，选定一个合适的厂址方案。

厂址选择流程如图2-3所示。

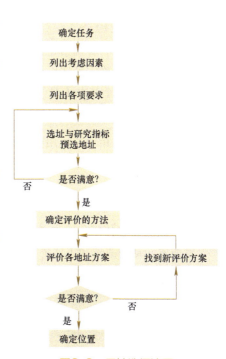

图2-3 厂址选择流程

4. 编制报告阶段

其主要工作内容包括:

(1)对调查研究和收集的资料进行整理。

(2)根据技术经济比较和分析统计的成果编制出综合材料,绘制出所选地点的设施位置图和初步总平面布置图。

(3)编写厂址选择报告,对所选厂址进行评价,供决策部门审批。

厂址选择报告包括以下内容:

1)厂址选择的依据(如批准文件等)。

2)建设地区的概况及自然条件。

3)设施规模及概略技术经济指标,包括占地面积估算、职工人数、概略运输量、原材料及建筑材料需要量等。

4)各厂址方案的比较,包括自然条件比较、建设费用及经营费用比较、环境影响比较、经济效益比较等。

5)对各厂址方案进行综合分析并做出结论。

6)当地有关部门的意见。

7)附件,包括各项协议文件的抄件、区域位置、备用地、交通线路、各类管线走向以及设施初步总平面布置图。

第三节 设施选址的评价方法

一、成本因素评价法

在厂址选择的各种因素中,有些因素可以用货币的方式体现出来,可以采用比较不同地点的经济成本的方法确定最佳厂址。下面将介绍常用的几种成本因素评价法,使读者对设施选址的定量方法有一个基本认识。

1. 盈亏平衡法

盈亏平衡法是指通过运用财务管理中的盈亏平衡原理,分析确定在特定产量规模下成本最低的设施选址方案的方法。它属于经济学范畴。下面举例说明。

例2-1

某公司要建厂,拟订了X、Y和Z三个不同的建厂方案。由于各地区的原材料成本、运输成本、动力成本和工资等条件的不同,建厂的费用也不同,从而产生产品成本结构上的差异。各方案的生产费用预测如表2-2所示。试确定不同生产规模下的最优方案。

表2-2 各方案的生产费用预测 (单位:万元)

	X方案	Y方案	Z方案
固定费用	60	130	250
每万件变动费用	44	27	15

现以生产费用最低为选择标准,先求X方案与Y方案的生产费用交点A,然后求Y方案与Z方案的生产费用交点B(见图2-4)。A点与B点的产量可用下面两个公式求得(式中,C_F代表固定费用;C_V代表变动费用;Q表示两种方案生产费用相等时的产量;角标中的X、Y、Z分别表示各方案,A和B表示交点)。

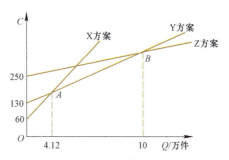

图2-4 不同生产规模下的最优方案

$$C_{FX} + C_{VX}Q_A = C_{FY} + C_{VY}Q_A \tag{2-1}$$

$$C_{FZ} + C_{VZ}Q_B = C_{FY} + C_{VY}Q_B \tag{2-2}$$

根据式(2-1)和式(2-2)可求得

$$Q_A = \frac{C_{FY} - C_{FX}}{C_{VX} - C_{VY}} = \frac{130-60}{44-27} 万件 = 4.12万件$$

$$Q_B = \frac{C_{FZ} - C_{FY}}{C_{VY} - C_{VZ}} = \frac{250-130}{27-15} 万件 = 10万件$$

从以上结果可看出,以生产费用最低为选择标准,当产量Q小于4.12万件时,X方案为佳;产量Q介于4.12万~10万件时,Y方案为佳;当产量大于10万件时,Z方案为佳。

2. 重心法

最简单的选址问题,就是将一个新设施布置到一个与现存设施有关的二维空间中去。如果生产费用中运费是一个很重要的因素,而且多种原材料由各现有设施供应,则可根据重心法确定新址位置,使求得的厂址位置离各个原材料供应点的距离与供应量、运输费率之积的总和为最小。适用于运输成本所占比重较大的情况。

假定已设定的任意点为坐标系的原点,各供需点为P_1、P_2、P_3、P_4、…、P_n,如图2-5所示。经过研究发现,如果用各点的重心位置作为被选厂址,可以使总的运输费用接近最低,重心点的坐标计算如式(2-3)和式(2-4)所示。

$$x_0 = \frac{\sum_{i=1}^{n} x_i V_i}{\sum_{i=1}^{n} V_i} \tag{2-3}$$

$$y_0 = \frac{\sum_{i=1}^{n} y_i V_i}{\sum_{i=1}^{n} V_i} \tag{2-4}$$

式中 x_0，y_0——需要定位的厂址坐标；

x_i，y_i——每个供需点的坐标（$i=1, 2, 3, \cdots, n$）；

V_i——每个供需点的运输量。

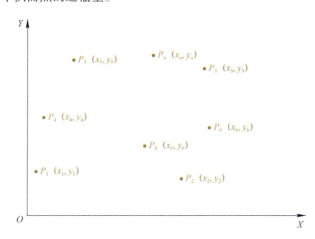

图2-5 重心法示意

例2-2

某市想为废品处理总站找一个适当的地方，目前已有的四个分站的坐标和年运输量如表2-3所示。试求最佳总站地址坐标。

表2-3 各分站坐标和年运输量

处理分站	一站		二站		三站		四站	
坐标/km	x_1	y_1	x_2	y_2	x_3	y_3	x_4	y_4
	40	120	65	40	110	90	10	130
年运输量/t	300		200		350		400	

由式（2-3）得

$$x_0 = \frac{40 \times 300 + 65 \times 200 + 110 \times 350 + 10 \times 400}{300 + 200 + 350 + 400} = \frac{67500}{1250} = 54$$

由式（2-4）得

$$y_0 = \frac{120 \times 300 + 40 \times 200 + 90 \times 350 + 130 \times 400}{300 + 200 + 350 + 400} = \frac{127500}{1250} = 102$$

从上式可得，最佳总站地址坐标为（54，102），位置如图2-6所示。

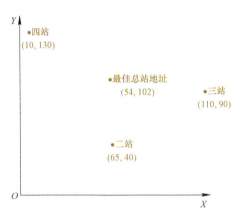

图2-6 废品处理总站位置示意

3. 线性规划——运输法

对于复合设施的选址问题，即对于两个或两个以上公司设有两个或两个以上设施（工厂、销售点或仓库等）的选址问题，可以用该法解决。

设有m个工厂向n个销售点供货，求合适的x_{ij}，使总的运输费用最低。

写成函数式为

$$Z = \min \sum_{i=1}^{m} \sum_{j=1}^{n} C_{ij} x_{ij}$$

约束条件为

$$\begin{cases} \sum_{i=1}^{m} x_{ij} = b_j \leftrightarrow \sum_{j=1}^{n} x_{ij} = a_i \\ x_{ij} \geq 0 \end{cases}$$

式中　　m——工厂数；

n——销售点数；

a_i——工厂i的生产能力；

b_j——销售点j的需求；

C_{ij}——在工厂i运送单位产品到销售点j的运输费用；

x_{ij}——从工厂i运到销售点j的产品数量。

例2-3

已有设在F_1和F_2的两个工厂，生产产品供应P_1、P_2、P_3、P_4四个销售点。由于需求量不断增加，须另设一厂，可供选择的地点是F_3和F_4，各厂及销售点信息如表2-4所示。试在其中选择一个最佳厂址。

表2-4　各厂及销售点信息

	单位运输费用（万元）				年产量（台）	生产成本（万元）
	P_1	P_2	P_3	P_4		
F_1	0.5	0.3	0.2	0.3	7000	7.5
F_2	0.65	0.5	0.35	0.15	5500	7.0
F_3	0.15	0.05	0.18	0.65	12500	7.0
F_4	0.38	0.5	0.8	0.75	12500	6.7
需求量（台）	4000	8000	7000	6000		

首先假使选F_3，按成本最低原则（最小元素法）进行分配，如表2-5所示。具体步骤可见运筹学的"线性规划——运输法"相关内容，此处不再赘述。

表2-5　选F_3分配明细

	P_1		P_2		P_3		P_4		年产量（台）
F_1		8.0		7.8	⑤ 6500	7.7	⑥ 500	7.8	7000
F_2		7.65		7.5		7.35	③ 5500	7.15	5500
F_3	② 4000	7.15	① 8000	7.05	④ 500	7.18		7.65	12500
需求量（台）	4000		8000		7000		6000		25000

总成本为
　　SUM_3=（8000×7.05+4000×7.15+5500×7.15+500×7.18+6500×7.7+500×7.8）万元
　　　　=181865万元

然后选F_4，同理分配得表2-6。

表2-6　选F_4分配明细

	P_1		P_2		P_3		P_4		年产量（台）
F_1		8.0		7.8	⑤ 7000	7.7		7.8	7000
F_2		7.65		7.5		7.35	② 5500	7.15	5500
F_4	① 4000	7.08	③ 8000	7.2		7.5	④ 500	7.45	12500
需求量（台）	4000		8000		7000		6000		25000

总成本为
$$SUM_4=(4000×7.08+5500×7.15+8000×7.2+500×7.45+7000×7.7)万元$$
$$=182870万元$$
由于SUM_3小于SUM_4，所以F_3为最佳厂址。

4. 层次分析法

层次分析法（Analytical Hierarchy Process，AHP）是一种定性与定量相结合的评价与决策方法。它将评价主体或决策主体对评价对象进行的思维过程数量化，如图2-7所示。

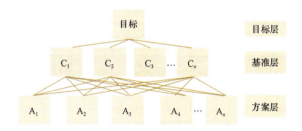

图2-7 层次分析法示意图

其分析步骤是：①将评价对象的各种评价要素分解成若干层次；②按同一层次的各个要素以上一层次要素为准则，进行两两比较、判断和计算；③求得这些要素的权重，从而为选择最优方案提供依据。

二、综合因素评价法

设施选址受到很多因素的影响，如经济因素和非经济因素。经济因素可以用货币的量来表示，而非经济因素要通过一定方法来进行量化，并按一定规则和经济因素进行整合，这称为综合因素评价法。

1. 加权因素法

对非经济因素进行量化，一般采用加权因素法。其步骤为：

（1）列出因素。根据设施选择的基本要求，列出所要考虑的因素。

（2）给出权重。按照各因素的相对重要程度，规定相应的权重。

（3）评分。对每个备选方案进行审查，并按每个因素由优到劣地排出各备选方案的排队等级数。A、E、I、O、U分别对应4、3、2、1、0分。

（4）计算。把每个因素中各方案的排队等级分数乘以该因素的权数，所得分数放在每个小方格的右下方，再把每个方案的分数相加，得出的总分数就表明了各备选方案相互比较时的优劣程度。

下面以消费者买车为例进行说明。表2-7列出了买车需要考虑的主要决策因素，并对各因素按重要性赋予一个权重值。表2-8就五种车型对各因素进行评分。表2-9是考虑权重后各种车型的得分汇总表。其中，捷达GiX车型得分最高，为最佳方案。

表2-7 决策因素权重表

因素	权重	因素	权重
服务	10	行李舱	6
可靠性	9	外形	5
可操性	9	配置	5
安全性	8	价格	5
品牌	8	最高速	4
内饰	7	轮胎	4
颜色	7	油耗	3

表2-8 根据决策标准评估五个备选方案

	捷达GiX	捷达GTX	富康AX	富康XM	比亚迪F6
服务	I 2	I 2	E 3	E 3	I 2
可靠性	A 4	A 4	E 3	E 3	E 3
可操作性	E 3	E 3	A 4	I 2	E 3
安全性	A 4	A 4	E 3	E 3	A 4
品牌	A 4	A 4	E 3	E 3	I 2
内饰	I 2	I 2	E 3	E 3	A 4
颜色	A 4	A 4	I 2	I 2	E 3
行李箱	A 4	A 4	I 2	A 4	I 2
外形	E 3	E 3	E 3	I 2	I 2
配置	I 2	E 3	A 4	A 4	E 3
价格	E 3	O 1	E 3	U 0	I 2
最高车速	E 3	E 3	E 3	E 3	I 2
轮胎	E 3	E 3	E 3	E 3	I 2
油耗	E 3	I 2	I 2	O 1	A 4
小计	44	42	41	36	38

表2-9 五个备选方案的评价

	捷达 GiX	捷达GTX	富康 AX	富康XM	比亚迪F6
服务（10）	20	20	30	30	20
可靠性（9）	36	36	27	27	27
可操作性（9）	27	27	36	18	27
安全性（8）	32	32	24	24	32
品牌（8）	32	32	24	24	16
内饰（7）	14	14	21	21	28
颜色（7）	28	28	14	14	21
行李箱（6）	24	24	14	24	12
外形（5）	15	15	15	10	10
配置（5）	10	20	20	20	15
价格（5）	15	5	15	0	10
最高车速（4）	12	12	12	12	8
轮胎（4）	12	12	12	12	8
油耗（3）	9	6	6	3	12
小计	286	283	270	239	246

假设与说明:
(1) 假定因素取向明确、所有选项已知、偏好明确、偏好稳定,最终选择最佳方案。
(2) 因素和权重的确定至关重要,如动力性能、车内宽敞等。
(3) 其他因素也很重要,如驾驶者的身材、居住地周围的情况等。

表2-10列出了厂址选择应考虑的一些因素,对四种方案进行了评价,其中Ⅱ方案得分最高,为最佳方案。

表2-10 厂址选择加工权因素法示例

序 号	考虑因素	权 重	各方案的等级及分数			
			Ⅰ	Ⅱ	Ⅲ	Ⅳ
1	位置	8	A 32	A 32	I 16	I 16
2	面积	6	A 24	A 24	U 0	A 24
3	地形	3	E 9	A 12	I 6	E 9
4	地质条件	10	A 40	E 30	I 20	U 0
5	运输条件	5	E 15	I 10	I 10	A 20
6	原材料供应	2	I 4	E 6	A 8	O 2
7	公用设施条件	7	E 21	E 21	E 21	E 21
8	扩建可能性	9	I 18	A 36	I 18	E 27
	合计		163	171	99	119

2. 位置度量法

位置度量法先对成本因素和非成本因素分别进行评价,然后再将二者综合评价。

例2-4

某公司筹建一家玩具厂,合适的地点有甲、乙、丙三地。各种生产成本因厂址的不同而有所区别,每年的费用归纳如表2-11所示,试确定最佳方案。

表2-11 各因素费用表

	成本(千元)		
	甲	乙	丙
工资	250	230	248
运输费	181	203	190
租金	75	83	91
其他费用	17	9	22
竞争能力	良	良	优
气候	良	中	优
环境	中	优	良

第一步,确定必要因素。在决定之前,除了成本因素,该公司还考虑了一些主观因素,如当地的竞争能力、气候变化和周围环境是否适合玩具生产等。各主观因素的重要性指数依次为0.6、0.3、0.1。

第二步,将各种必要因素分为客观因素(成本因素)和主观因素(非成本因素)两大类。

分别给客观因素和主观因素一个权重,若二者相同重要,其权重均为0.5。设x为主观因素的权重值,则$1-x$为客观因素的权重值($0 \leq x \leq 1$)。

第三步,确定客观量度值OM_i,其中C_i为各种生产成本值。

$$OM_i \left[C_i \sum (1/C_i) \right]^{-1}$$

地 区	支出(千元)	总支出C_i(千元)
甲	250+181+75+17	523
乙	230+203+83+9	525
丙	248+190+91+22	551

$\sum (1/C_i) = 1/523 + 1/525 + 1/551 = 0.0056317$

$OM_甲 = (523 \times 0.0056317)^{-1} = 0.3395$

$OM_乙 = (525 \times 0.0056317)^{-1} = 0.3382$

$OM_丙 = (551 \times 0.0056317)^{-1} = 0.3223$

第四步,确定主观评比值。按表2-11,就每个因素两两相比,按如下规则取值:前者等级等于或高于后者取1;前者等级低于后者取0。

因素A:竞争能力比较。甲、乙、丙竞争能力等级分别为良、良、优,则对于甲,甲乙相比,等级相同,取1;甲丙相比,甲等级低,取值为0。同理,对于丙,丙甲相比,丙等级高,取值为1。将得到的值按对应的位置填入下表,并计算重要性比值,如甲为1/4=0.25,乙为1/4=0.25,丙为2/4=0.5。因素B、C同理。

地 区	甲—乙	甲—丙	乙—丙	比 重	得 分
甲	1	0		1	0.25
乙	1		0	1	0.25
丙		1	1	2	0.5
总比重值				4	1

因素B:气候比较,如下表所示。

地 区	甲—乙	甲—丙	乙—丙	比 重	得 分
甲	1	0		1	0.33
乙	0		0	0	0
丙		1	1	2	0.67
总比重值				3	1

因素C：环境比较，如下表所示。

地　区	甲—乙	甲—丙	乙—丙	比　重	得　分
甲	0	0		0	0
乙	1		1	2	0.67
丙		0	0	1	0.33
总比重值				3	1

第五步，确定主观量度值。将上面计算的重要性比值填入下表，考虑因素的重要性，用加权因素法进行评比，即可得到非成本因素量度值SM_i。

因　素	甲	乙	丙	重　要　性
A	0.25	0.25	0.5	0.6
B	0.33	0	0.67	0.3
C	0	0.67	0.33	0.1

$$SM_甲=0.6×0.25+0.3×0.33+0.1×0=0.249$$
$$SM_乙=0.6×0.25+0.3×0+0.1×0.67=0.217$$
$$SM_丙=0.6×0.5+0.3×0.67+0.1×0.33=0.534$$

第六步，确定位置量度值LM_i。

$$LM_i=xSM_i+(1-x)OM_i$$
$$LM_甲=0.5×0.249+0.5×0.3395=0.2943$$
$$LM_乙=0.5×0.217+0.5×0.3382=0.2776$$
$$LM_丙=0.5×0.534+0.5×0.3223=0.4281$$

综合评判选量度值大的丙地为最佳方案。

第四节　设施布置设计

一、设施布置设计的内容

设施布置设计（Facility Layout）过去也被称为工厂布局（Plant Layout）。它是根据企业的经营目标和生产纲领，在已确定的空间场所内，按照从材料的接收，零件和产品的制造，到成品的包装、发运的全过程，将人员、设备、物料所需要的空间做最适当的分配和最有效的组合，以便获得最大的生产经济效益。

设施布置设计在实施规划设计中占有重要地位。它的好坏直接影响整个系统的物流、信息流、生产能力、生产效率、生产成本以及生产安全。优劣不同的工厂布局，在施工费用上可能相差无几，但对生产运营的影响会有很大不同。

工厂布局包括工厂总体布置和车间布置。工厂总体布置设计要考虑工厂的各组成部分，包括生产车间、辅助生产车间、仓库等，同时要考虑物料的流向和流程、厂内外运输方式。车间布置设计要解决各生产工部、工段、服务辅助部门、储存设施等作业单位，同时也要解决物料搬运的流程及方式。

二、设施布置设计的方法

设施布置设计也是物流系统设计分析的重要一环，它既受到生产物流系统其他设计环节的影响，又对生产物流系统的其他设计环节产生影响。

设施布置设计的方法有以下几种：

1. 摆样法

摆样法是指利用二维平面比例模拟方法，按一定比例制成的样片在同一比例的平面图上表示设施系统的组成、设施、机器或活动，通过相互关系的分析，调整样片位置可得到较好的布置方案。这种方法适合较简单的布局设计。

2. 数学模型法

数学模型法是指运用系统工程、运筹学中的模型优化技术研究最优布局方案，以提高系统布置的精确性和效率的方法。

3. 图解法

图解法产生于20世纪50年代，具体有螺旋规划法、简化布置规划法及运输行程图等。其优点在于将摆样法与数学模型法结合起来，但实践中应用不广泛。

4. 系统布置设计法

系统布置设计法（Systematic Layout Planning，SLP）是当前工厂布局设计主要应用的方法。工厂布局的主要目标有以下六个：

（1）符合工艺过程的要求。尽量使生产对象流动顺畅，避免工序之间的往返交错，使设备投资最小、生产周期最短。

（2）最有效地利用空间。要使场地利用达到适当的建筑占地系数（建筑物、构筑物占地面积与场地总面积的比率），使建筑物内部设备的占有空间和单位制品的占有空间较小。

（3）物料搬运费用最少。要便于物料的输入，使产品、废料等物料的运输路线尽量短捷，并尽量避免运输的往返和交叉。

（4）保持生产和安排的柔性。使工厂布局适应产品需求的变化、工艺和设备的更新及扩大生产能力的需要。

（5）适应组织结构的合理化和管理的方便。将有密切关系或性质相近的作业单位布置在一个区域并就近布置，甚至合并在同一个建筑物内。

（6）为职工提供方便、安全、舒适的作业环境。使工厂布局合乎职工生理和心理的要求，为提高生产效率和保证职工身心健康创造条件。

有时，这些目标相互矛盾。例如，将性质相近的作业单位布置在一个区域可能满足了第5个目标，但却可能导致物流量增大。同样，满足了尽量避免运输往返和交叉这一目标，做出的布置就有可能违反柔性目标。因此，追求上述任何一个目标，都不能无视其他目标的存在。虽然布置的方法越来越科学化，但如同不存在包治百病的灵丹妙药一样，尚不存在能解决一切问题的方法，所以说，和家庭布置一样，工厂布局在一定程度上仍然是一种艺术，或者说具有科学加艺术的性质。

三、产品-产量分析（P-Q分析）和布置形式

P-Q分析是要回答采用什么样的生产方式，从而采取什么样的基本布置形式的问题的。P-Q图示是P-Q分析的一种一目了然的手段，如图2-8所示。图中的横坐标表示产品品种P，纵坐标表示产品数量Q。将各类产品按数量递减的顺序排列，绘制出P-Q曲线。曲线的左端表示数量很多而品种较少的产品，右端表示数量少而品种很多的产品。

从图上可以看出，M区产品数量大、品种少，适宜采用大量生产方式，加工机床按产品原则布置；J区产品数量小、品种多，属于单件小批量生产方式，按工艺原则布置；在M区和J区之间的部分，则适合采用上述两种相结合的成组原则布置。

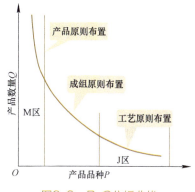

图2-8 P-Q分析曲线

P-Q分析的结果不仅是确定生产方式和布置形式的基础，也是划分作业单位的基础，即把不同生产方式和布置形式的机器设备分别配置在不同的面积内。例如，可以把产品原则布置和工艺原则布置的机器设备分别设置在不同的车间内，或者分别设置在一个车间的不同部门内。

在生产作业单位确定的基础上，要相应确定辅助服务部门的作业单位。这就为下一步分析创造了条件。

下面详细介绍几种原则布置方法和各自的优缺点：

1. 产品原则布置

产品原则布置（Product Layout）是指根据产品制造的步骤安排各组成部分。从理论上看，流程是一条从原料投入到成品完成为止的连续线。固定制造某种部件或某种产品的封闭车间，其设备、人员按加工或装配的工艺过程顺序布置，形成一定的生产线，适用于少品种、大批量的生产方式，如图2-9所示。产品原则布置的优缺点如表2-12所示。这种布置形式的例子有汽车装配线、食品加工和家具制造业等。

图2-9 产品原则布置示意图

表2-12 产品原则布置的优缺点

优　点	缺　点
①由于布置符合工艺过程，物流顺畅 ②由于上下工序衔接，在制品少 ③生产周期短 ④物料搬运工作量少 ⑤对工人的技能要求不高，易于培训 ⑥生产计划简单 ⑦可使用专用设备	①一台设备发生故障将导致整个生产线中断 ②产品创新将导致布置重新调整 ③生产线速度取决于最慢的机器 ④相对投资较大 ⑤重复作业，单调乏味 ⑥维修保养费用高 ⑦市场需求少时，机器负荷不满

2. 工艺原则布置

工艺原则布置（Process Layout）又称机群布置，是指同类设备和人员集中布置在一个地方的布置形式。如按车床组、磨床组等分区，各类机床组之间也保持一定顺序，按照大多数零件的加工路线来排列，适用于多品种小批量的生产方式。工艺原则布置的示意图和优缺点分别如图2-10和表2-13所示。

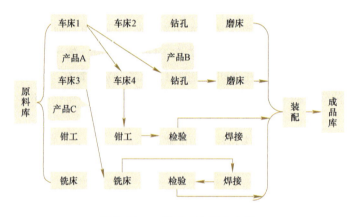

图2-10 工艺原则布置示意图

表2-13 工艺布置原则的优缺点

优　点	缺　点
①机器利用率高 ②设备和人员的柔性程度高，更改产品品种和数量方便 ③设备投资相对较少 ④操作人员作业多样化	①物流量大 ②生产计划与控制较复杂 ③生产周期长 ④库存量相对较大 ⑤对工人技能要求高

3. 成组原则布置

成组原则布置（Group Layout）是指实施成组加工的布置形式，介于产品原则布置和工艺原则布置之间，适用于中小批量生产。成组原则布置的示意图和优缺点分别如图2-11和表2-14所示。

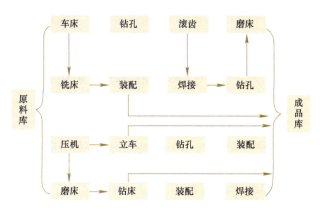

图2-11 成组原则布置示意图

表2-14 成组原则布置的优缺点

优　点	缺　点
① 物流顺畅 ② 设备利用率较高 ③ 有利于发挥班组合作精神 ④ 有利于拓宽工人的作业技能 ⑤ 物料搬运工作量少	① 生产计划要求高 ② 由于单元之间流程不平衡，需要中间储存 ③ 工人需要掌握多种作业技能 ④ 减少了使用专业设备的机会

4. 定位原则布置

定位原则布置（Fixed Layout）是指根据体积或重量把产品保留在一个位置上，设备、人员、材料都围绕产品转，如飞机制造厂、造船厂等。定位原则布置示意图和优缺点分别如图2-12和表2-15所示。

图2-12 定位原则布置示意图

表2-15 定位原则布置的优缺点

优　点	缺　点
① 物料移动少 ② 当采用班组方式时，可提高作业连续性 ③ 高度柔性	① 人员设备的移动增加 ② 设备需要重复配备 ③ 对工人技能要求高

四、工厂布局的基本原始资料

工厂布局的基本原始资料分为主要原始资料和次要原始资料。主要原始资料是关于产品及其生产纲领和生产工艺过程的；次要原始资料有两种，分别为支持生产的辅助服务部门和时间安排。

1. 产品或服务

产品或服务（Product）是指规划设计的对象所生产的商品、原材料、加工的零件和成品或提供服务的项目。这些资料由生产纲领（工厂的和车间的）和产品设计提供，包括项目、种类、型号、零件号、材料等。产品这一要素影响着设施的组成及其相互关系、设备类型、物料搬运方式等因素。

2. 数量或产量

数量或产量（Quantity）是指所生产、供应或使用的商品量或服务的工作量。其资料也由生产纲领和产品设计提供，用件数、重量、体积或销售的价值表示。数量这一要素影响着设施规模、设备数量、运输量、建筑物面积等因素。

3. 生产线路或工艺过程

生产线路或工艺过程（Route）是指工艺过程设计的成果，可用设备表、工艺路线卡、工艺过程图等表示。它影响着各作业单位之间的关系、物料搬运路线、仓库及堆放地的位置等因素。

4. 辅助服务部门

辅助服务部门（Supporting Service）是指公用、辅助、服务部门，包括工具、维修、动力、收货、发运、铁路专用线、办公室、卫生站、更衣室、食堂、厕所等，由有关专业设计人员提供。这些部门是生产的支持系统，在某种意义上加强了生产能力。有时，辅助服务部门的总面积大于生产部门所占的面积，所以必须给予足够的重视。

5. 时间安排

时间安排（Time）是指在什么时候、用多长时间生产出产品，包括各工序的操作时间、更换的次数。在工艺过程设计中，根据时间因素可以求出设备的数量、需要的面积和人员，平衡各工序。这些都影响着仓储、收货、发运，以及辅助服务部门的配合等因素。

有了以上各种基本资料，就可以开始布局设计了。

第五节 系统化布置设计（SLP）

一、系统化布置设计程序模式

系统化布置设计模式如图2-13所示。它主要从分析原始资料开始，然后按10个步骤逐步进行。

原始资料的分析，主要是产品-产量分析（P-Q分析），同时还要结合其他原始资料（见本章第四节）进行分析。这对实际的布置设计都是重要的准备工作。

物流，在以流程为主的工业设施中，常常是布置设计最重要的方面。按照物料移动的顺序可以得到一个流程图，来表明生产部门之间的物流关系。

除了生产部门之间的物流关系外，还有许多辅助服务部门之间的非物流关系，它们之间的关系比起物流关系来，同样重要。因此，必须同时考虑各种作业单位之间物流和非物流的相互关系。把物流关系和作业单位相互关系合并起来，可以构成一个"物流和作业单位相关图"。

这个相关图只分析位置上的关系，没有涉及实际面积。因此，接着就要求得出各自需要的面积，结合可用面积的分析，得出允许采用的面积。把它附在作业单位相关图上，形成面积相关图。这是一个基本布置图，而不是有效的布置图。

在综合考虑各种修正因素和限制条件以后，对基本布置图进行修正，经过筛选，形成若干个可供选择的方案。

最后，对备选方案进行比较和评定，选出一个方案，即完成了阶段Ⅱ的工作。

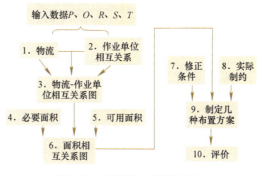

图2-13 系统化布置设计流程

二、物流分析（R分析）

物流分析主要是工艺流程分析，是工厂布局的前提。工艺流程是指零件在生产过程中在整个工厂中的移动路径。物流分析在考察零件流程的同时，也在尽力使零件的移动距离、返回次数、交叉运输、生产费用等最小。

物流分析可采用以下方法：

1. 工艺流程图

工艺流程图可以用来详细描述产品生产过程中各工序之间的关系，也可以用来描述全厂各部门之间的工艺流程。在描述时，采用工业工程专用符号来表示各个部门以及各种动作。

图2-14是标注出物流强度的工艺流程图。物流强度也称物流量，是一定时期内，如每天或每月的物料移动量，可以用重量、体积、托盘数或货箱数来表示。

2. 多种产品工艺流程图

当只有几种产品时，最好各自编制工艺流程图。

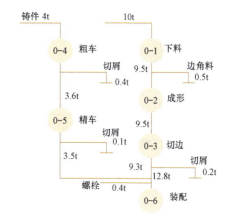

图2-14 工艺流程图

但是当产品种类较多，需要编制多张（如5张以上）时，最好采用多种产品工艺过程图（Multi-Product Process Chart），该图在不需要装配时更为适用。

多种产品工艺流程是将所有零件（或产品）和工序都汇总在一张图表上，然后将每个零件的工艺过程按预先确定的工序进行绘制，如图2-15所示。

运用这种图表并列绘出各种零件的工艺路线，可以迅速地比较各零件的物流途径。为了在布置上达到物料循序流动，尽可能减少倒流，可以调整图表上的工序，使彼此之间有最大物流量的工序尽量靠近，直到获得最佳顺序。

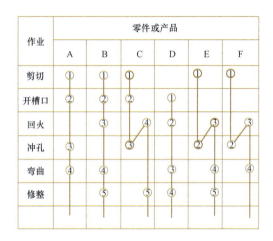

图2-15 多种产品工艺流程图

当零件数量很多时，可以运用这种综合的工艺流程图把具有共同工艺流程、使用相似设备的相似产品组成零件组；另一些不能成组的零件则具有各自独特的工艺流程。对成组和不成组的零件，可以再分别用工艺流程图或多种产品工艺流程图进行物流分析。

3. 从至表

当产品或零件非常多时，可以用从至表（From-To Chart）进行分析。从至表通常用以表示建筑物之间、部门之间或机器之间的物流强度。

运用从至表，可以一目了然地进行作业单位之间的物流分析。举例如下：

例2-5

太原钢铁（集团）轧辊有限公司轧辊分厂物流系统分析与改造。

该分厂为太原钢铁（集团）轧辊有限公司的主要生产单位，轧辊制造的全过程都在此完成。其生产工序包括冶炼、利用离心机浇铸外层、填芯、机加工、热处理、入库，如图2-16所示。

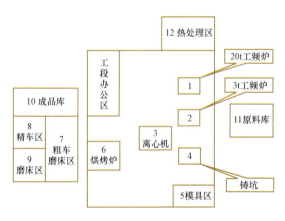

图2-16 厂区平面布置图

以下是轧辊分厂的一些基本情况：

（1）轧辊分厂完成轧辊制造的全部工作任务，原材料的输入、毛坯进入机加工区由30t电瓶车完成。

（2）铸造车间的物料搬运由10t和50t天车负责。

（3）该分厂每天大约生产3支轧辊，每支重约26t。

（4）生产的工艺流程相同。取当量系数为1，即以吨为当量吨。

（5）搬运工位器具标准化。

1. 制成从至表

表2-16为物流强度从至表，表2-17为作业单位距离从至表，表2-18为系统量积距和。

表2-16 物流强度（F_{ij}）从至表

	1	2	3	4	5	6	7	8	9	10	11	12
1				25							24	
2			5								4.5	
3				24.5		20						
4						30	27.5					
5						30						
6												
7								27				
8									26.5			
9											26	
10											26	
11												
12												

表2-17 作业单位距离（D_{ij}）从至表

	1	2	3	4	5	6	7	8	9	10	11	12
1				20							30	
2			5								15	
3				5		5						
4						15	30					
5						10						
6												
7							5					
8									5			
9											60	
10											40	
11												
12												

表2-18 系统量距积和（S）

序 号	从—至	流量F_{ij}	距离D_{ij}	S_{ij}
1	11—1	24	30	720
2	1—4	25	20	500
3	11—2	4.5	15	67.5
4	2—3	5	5	25
5	3—4	24.5	5	122.5
6	5—6	30	10	300
7	6—3	20	5	100
8	6—4	30	15	450
9	4—7	27.5	30	825
10	7—8	27	5	135
11	8—9	26.5	5	132.5
12	9—12	26	60	1560
13	12—10	26	40	1040
S				5977.5

2. 物流强度和作业单位距离分析（F-D分析）

根据表2-18，绘制物流量距离图如图2-17所示。图中处于Ⅱ、Ⅲ区域的搬运是不合理的，因为物流量大、距离长。这样的搬运为9—12、12—10、4—7、1—11、1—4。

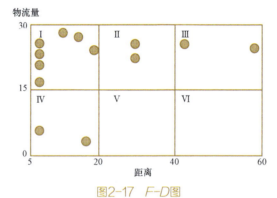

图2-17 F-D图

3. 改进流程图

对上述位置不合理的作业单位进行布局调整，使物流量大的作业单位对尽量靠得近些，得到图2-18。

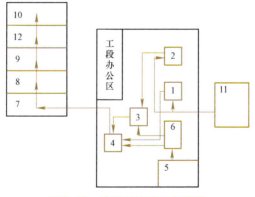

图2-18 改进后的平面布置图

4. 改进后

改进后,各个作业单位之间的距离如表2-19所示,改进后的物流量-距离图(F-D图)如图2-19所示,改进后的系统量距积和如表2-20所示。

表2-19 改进后的距离(D_{ij})从至表

	1	2	3	4	5	6	7	8	9	10	11	12
1				20							15	
2			20								30	
3				5		5						
4						15	10					
5												
6												
7								5				
8									5			
9												5
10											5	
11												
12												

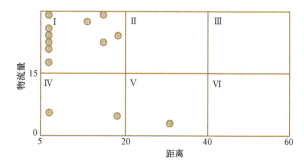

图2-19 改进后的F-D图

表2-20 改进后的系统量距积和(S)

序 号	从 至	流量F_{ij}	距离D_{ij}	S_{ij}
1	11—1	24	15	360
2	1—4	25	20	500
3	11—2	4.5	30	135
4	2—3	5	20	100
5	3—4	24.5	5	122.5
6	5—6	30	5	150
7	6—3	20	5	100
8	6—4	30	15	450
9	4—7	27.5	10	275
10	7—8	27	5	135
11	8—9	26.5	5	132.5
12	9—12	26	5	130
13	12—10	26	5	130
S				2720

从改进后的 F-D 图中可以看出，改进后没有搬运作业处于Ⅱ、Ⅲ区域内。这样的物流系统是合理的。经过改进，系统量距积和（S）从5977.5当量吨米下降到2720当量吨米，下降了3257.5当量吨米。如果按每单位1元计算，可节约成本3257.5元，每天生产3支轧辊可节约9772.5元。由此可见，物流作为第三利润源泉意义重大。

此方案不一定为最优方案。由于设施之间的相互关系影响以及其他因素的影响，有一些在理论上还可以缩短的距离没有被缩短。

三、作业单位相互关系分析（非物流分析）

对于布置设计，物流分析并不是唯一的依据，有时要进行作业单位之间的非物流关系分析。下面几种就属于非物流因素的情况。

（1）有的工厂（电子或宝石工厂）需要运输的物料很少，物流相对不很重要。有的工厂物料主要用管道输送。在这种情况下，其他因素可能要比物流因素重要。

（2）辅助设施与生产部门之间常常没有物流关系，但必须考虑它们之间的密切关系。例如，维修间、办公室、更衣室、休息室与生产区域都有一定的关系。

（3）在纯服务性设施中，如办公室、维修部门，常常没有真正的或固定的物流。确定它们之间的关系，要采用其他通用规则，而不是物流。

（4）在某些特殊情况下，工艺过程也不是布置设计的唯一依据。例如，重大件的搬运要考虑运进运出的条件，不能按工艺布置。有的工序属于产生污染或有危害的作业，需要远离精密加工和装配区域，也不能考虑物流。

因此，在分析作业单位相互关系时，要区别情况分别对待。当没有辅助服务部门，即不需要考虑非物流因素时，只用物流分析就可以确定相互关系。当没有重大物流时，也没有必要进行物流分析，只需要运用相互关系图。大部分情况是把生产作业单位和辅助服务部门的非物流相互关系分析和物流分析结合在一张相互关系图上。

相互关系图（Relationship Chart）是一种图表，简称相关图。图上列出所有的作业单位。这里所指的作业单位，对一个工厂的总平面布置来讲，可以是厂房、车间、仓库等；对于一个生产车间，可以是机器、装配台、检验设施等。作业单位相互关系分析，是对作业单位之间关系的密切程度进行评价。相关图上的每一个菱形框格表示相应的两个作业单位之间的关系：用字母表示密切程度的等级，用数字表示确定密切程度等级的理由，如表2-21所示。

确定相互关系等级的理由最多不超过10条，一般有以下几个方面：

（1）物流量。
（2）工作流程关系。
（3）作业性质相似。
（4）使用相同设备。
（5）使用同一场地。
（6）使用相同文件。
（7）使用同样的公用设施。
（8）使用一套人员。
（9）联系频繁程度。

（10）需要监督和管理。

（11）噪声、振动、烟尘、易燃、易爆。

（12）服务的频度和紧急程度。

表2-21 相互关系等级

字 母	密切程度	理由编码	理 由
A	绝对必要	1	物流
E	特别重要	2	工作流程
I	重要	3	使用同一场地
U	一般	4	使用同样的公用设施
O	不重要	5	使用一套人员
X	不希望	6	联系频繁程度
		7	噪声、振动、易燃
		8	清洁

下面仍以玩具厂为例，其作业单位相互关系图如图2-20所示。

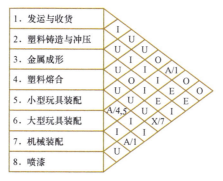

图2-20 作业单位相互关系图

四、物流与作业单位相互关系图解

在作业单位相互关系图完成后，可以绘制物流与作业单位相互关系图（Material Flow and Activity Relationship Diagram），即用图例、符号、数字、颜色画出各个作业单位之间的相互关系。在绘制时，可以考虑或不考虑作业单位的实际位置，也可以不考虑作业单位所需的面积。各作业单位之间的密切程度用线条多少或对应字母的等级符号予以表示。举例如图2-21所示。

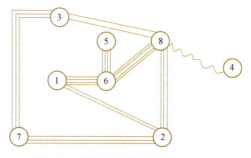

图2-21 物流与作业单位相互关系图

这种图解，由于可以不考虑实际位置和面积，也可以不考虑现有布置和现有建筑，能使设计者避免先入为主，也不至于过早受到实际情况的限制。对于多层建筑，可以把它当作单层建筑进行绘制，当每个作业单位的面积确定后，再调整或重新布置成多层建筑。

五、面积的确定和面积相互关系图解

在作业单位的相互关系确定以后，需要按它们的面积进行位置安排。各作业单位的面积，不一定要等到完成相互关系图解后才进行计算，实际上，在确定了生产作业单位和辅助服务作业单位以后，就可以进行面积计算了。

1. 面积的确定

（1）计算法。这是确定面积较精确的方法，即根据每台设备和作业所需的面积，加上辅助设施、材料储存、维修、通道以及人员所需面积，得出该单位的总面积。

（2）标准面积法。这是运用特定的面积指标求得需要面积的方法。

（3）概略布置法。这是利用设备的样片或模型进行概略布置，确定所需面积的方法。

（4）指标趋势及延伸法。这是将过去各个时期每台设备、每个公式或每个单位的面积指标化成曲线，按曲线的延伸预测未来的面积指标的方法。

（5）转换法。转换法又称因数法，即把现在所占的面积转换成将来布置所需要面积的方法。

一般来讲，作业单位需要的面积常常受到实际可能或其他因素的限制，因此必须对所需面积进行适当调整，使之与可用面积相适应。例如，可用面积往往取决于建筑物的整体外形，就是要在已定外形的建筑面积内进行安排。调整的方式可以是压缩某些不很重要的面积，也可以进行新的组合。

2. 面积相互关系图解

根据已经确定的物流和作业单位相互关系以及确定的面积，可以利用面积相互关系图进行图解，即把每个作业单位按面积用适当的形状和比例在图上进行配置。

面积相互关系图（Space Relationship Diagram）简称面积相关图，如图2-22所示。如果物流重要而非物流不重要，可把面积和物流图结合起来画出，即在图上把每一个作业单位按物流关系用合适比例画出，并标明面积；如果物流不重要而非物流重要，可把面积和作业单位相关图结合起来画出，并标明面积；如果物流和非物流都重要，则可把面积和物流和非物流相关图结合画出，并标明面积。

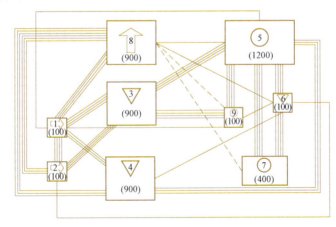

图2-22 面积相关图（单位：m^2）

根据面积相关图，可以形成几个理想的、理论的块状布置（Block Layout）方案。图2-23就是以图2-22为基础的三个块状区划布置方案。

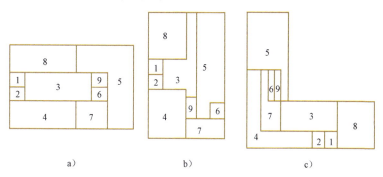

图2-23 块状区布置方案

六、调整与修改

要使面积相关图成为合格的方案，还需要考虑实际条件的限制合并进行调整与修改。

调整与修改需要考虑的内容如下：

（1）场址条件或周围情况，包括地面坡度、主导风向、朝向，铁路、公路的出入口等。

（2）搬运方法，包括与外部运输的连接、搬运的总体方案、搬运方式、搬运设备等。

（3）仓库设施。

（4）建筑特征，包括建筑立面、门窗型式、高度、地面负荷等。

（5）公用及辅助部门，包括公用管线、维修部门所需面积等。

（6）人员的需要，包括工厂出入口的分布，更衣室、休息室的位置，以及安全、方便、通信问题等。

在考虑布置时，常常遇到一些对设计有约束作用的修正因素，这些因素称作实际条件的限制。例如，原有的建筑、现有的搬运方法、不宜变动的管理方法等，限制了理想布置的实现。企业方针、建筑规范、资金不足等，也是影响布置的重要限制条件。在处理这些因素时，会产生重新安排面积的考虑。例如，在布置中希望设置一条高度同步化的自动输送带系统。但实际情况可能是它阻断了车道，这就抵消了其具有的优点。因此，要考虑舍弃这种布置方案。

七、评价与选择

1. 加权因素法

该方法在前面厂址选择中曾介绍过。每个布置方案都涉及一些非经济因素，不可能用费用精确地衡量，因此最通用、有效的评价方法之一就是加权因素法。

在布置方案比较中，常见的非经济因素有：

（1）是否易于将来发展。

（2）工艺过程的适应性。

（3）灵活性。

（4）物流的效率。

（5）物料搬运的效率。

（6）储存的效率。

（7）空间利用率。

（8）辅助服务部门的综合效率。

（9）工作条件。

（10）安全性。

（11）是否易于管理。

（12）产品质量。

（13）维修。

（14）设备利用率。

（15）是否满足生产能力或需求能力。

（16）是否适应公司的组织机构。

（17）人流。

（18）外观。

（19）自然条件的利用。

（20）环境保护。

2. 费用对比法

费用对比法一般是在各个方案都已被证明是合理的情况下，从经济上进行对比。对一个全新的项目布置方案，一般需要进行总费用对比；对原有布置调整的方案，常常可以只对有差别的部分进行对比。

分析比较时，要正确划分和计算基建费用和生产费用。经过比较后，可以选择一个推荐方案，绘制布置图，同时准备文字说明，简要明确地说明方案的特点、与其他方案的优缺点进行比较及推荐该方案的理由，提请主管部门审核和批准。

第六节 工厂精益设计

一、全生命周期精益设计的提出

全生命周期精益设计（Design for Lean Production，DLP或Design for Toyota Production System，DTPS）的概念是天津大学的齐二石教授针对传统工厂设计方法的不足而提出的一种新的工厂设计理念。DLP将精益理念应用到工厂设计阶段，将精益理念、工厂设计、优化理论、系统工程等领域的知识进行融合，借助信息技术、优化算法，实现工厂的科学设计。相较传统的设计方法，设计者很少主动考虑如何从消除浪费的角度进行工厂设计，其主要工作就是尽量满足企业新建、扩建或改建工厂的要求。DLP从工厂的设计阶段就尽可能消除企业将来运作过程中可能发生的浪费根源（见表2-22），避免带有明显缺陷的工厂设计方案被付诸实施。

表2-22 精益设计对八大类浪费的解决方案

八大类未能创造价值的浪费	精益设计解决方案
生产过剩	产能设计，准时生产方式，均衡生产
在现场的等候时间	连续流，一个流，标准化
动作的浪费	物流设计，生产线设计
过度处理或不正确的操作	标准化
存货过剩	物流设计，准时生产方式
不必要的移动搬运	物流设计，设施布置
质量缺陷、返修	自働化，精益六西格玛
未被使用的员工创造力	制度设计，多面手

实施精益设计是实现精益生产的基础，它为工厂后期顺利推行精益生产创造了条件，经济效益显著。一方面，从工厂设计阶段进行消除浪费的工作，可以大大提升改善成功的概率，即精益思想应用的时间越早，实施改善活动的柔性就越大，改善活动成功的概率越大，系统所能得到的改善效果越显著；另一方面，早期导入精益设计的理念可以弥补设计院在工厂设计过程中某些方面的不足。当前设计院对工厂的设计仅涉及工厂布局、场地规划、设备平面布置等粗线条的活动，而对设备加工能力匹配、物流成本、中间在制品及人员配备等问题没有给予足够的考虑，也没有考虑设计方案对市场及企业战略的适应性。设计方案中存在的问题经过实际运行逐渐显现，有些问题会给企业造成巨额浪费，而精益设计的实施可以弥补设计院对工厂设计工作的不足。

二、全生命周期精益设计的内涵

精益思想的原则是：精确地确定特定产品的价值；识别出每种产品的价值流；使价值不间断地流动；让客户从生产者方面拉动价值；永远追求尽善尽美。所以，精益的内容和作用范围，应该包括价值创造的全过程，全生命周期的支持和服务过程。但是，由于精益出身于"生产""制造"，长期以来人们存在着将精益与准时生产（JIT）等同的误解，使传统的精益应用多数局限在"生产""制造"和JIT/看板上。仅在生产、研制或供应链单个实体实现精益只能是局部优化或孤岛式的成功。贯穿产品整个生命周期的全生命周期精益思想（DLP/DTPS）是一个面向产品全生命周期的设计、改善和管理系统，精益思想体现在从需求分析到设计、投资决策、生产、销售再回归到需求的整个闭环过程，如图2-24所示。

精益设计的核心思想是将精益理念应用到工厂设计阶段。它将精益思想与传统的工厂设计相结合，并融合价值工程、人因工程、并行工程等先进的管理理念，强调在工厂布局、物流系统、工艺流程、信息系统等环节的设计阶段导入精益理念，实现从源头上消除企业的浪费，避免仅从某一局部去改善已经出现问题的生产环节的错误做法。

（1）生产组织设计。生产组织方式是指生产过程中劳动力、劳动工具和劳动对象之间组合的方法和形式，也就是生产过程中人、机、料三者组合的方法和形式。精益生产综合了大量生产方式与单件生产方式的优点，力求在大量生产中实现多品种和高质量，已被证明为最适用于现代制造企业的生产组织方式之一。

（2）物流系统设计。精益物流通过消除生产和供应过程中的非增值活动，减少备货时间，提高客户满意度。其目标是根据客户要求，为客户提供满意的物流服务，同时追求把提供物流服务过程中的浪费和延迟降至最低程度，不断提高物流服务过程的增值效益。

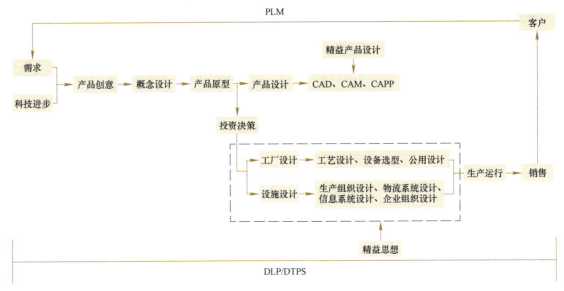

图2-24 面向制造企业的全生命周期精益设计（DLP/DTPS）

（3）信息系统设计。信息系统的开发设计过程，是指从问题提出、开发班子组成、总体规划、系统分析、系统设计、系统实施到系统运行维护和评价的全部过程。一般可以分为系统规划、系统分析、系统设计、系统实施与系统运行维护和评价五个阶段。

（4）企业组织设计。简单地说，企业组织设计就是要把组织的事合理分解成部门的事、岗位的事；把合适的人放到适当的岗位上；让各部门、各岗位的人结成最合理的工作关系，按照最有效的规则从事工作和活动。

三、工厂精益设计流程

工厂精益设计应包括原有工厂车间的设计改善及新建工厂精益设计两个方面。这里重点介绍精益设计在新建工厂中的应用，对于原有工厂的设计改善仅是在第一阶段将重点放在对工厂现行运行状况的数据整理与获取方面，后面的步骤基本一致。

精益设计的主要工作包括组建工厂设计联合小组、知识库的形成及知识库指导下精益工厂设计方案的确定，如图2-25所示。

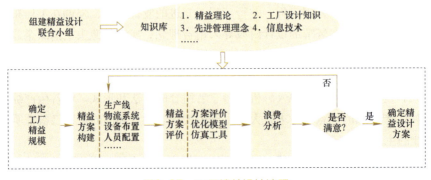

图2-25 工厂精益设计流程

1. 组建精益设计联合小组

为了更好地实现精益设计，需要组建精益设计联合小组。精益设计联合小组的成员应包括掌握精益理念的知识人员、工厂设计人员、企业领导者，同时还有必要加入企业的供应商并考虑客户的意愿。他们之间相互交流、沟通并形成工厂精益设计知识库，指导工厂精益设计的实现。

2. 确定工厂精益规模

确定科学的工厂规模是进行工厂精益设计的重要前提之一，它是合理预测工厂所需空间、安排车间布局以及确定设备数量、布置方案及预留空间的重要依据。工厂规模主要取决于市场规模和市场上已有的供给量。如果市场容量很大，超过了工厂的"经济规模"，原则上讲，工厂可以按"经济规模"进行设计。否则，应根据当时的市场需求，"滚动发展"到"经济规模"。同时，工厂规模需要适应企业战略规划，满足"一次规划，分步实施，滚动发展"的要求。

3. 精益方案构建

这一阶段要综合运用精益生产、系统工程、人因工程、企业管理等学科知识，借助并行技术、信息技术等手段，确定理论上符合精益理念要求的设计方案。主要包括如下内容：①生产线布置。基于精益思想的生产线布置要有以下几个特征：物流流动的一个流及同期化；员工的多工程化及多能工化；设备的整流化。U形生产线布置是精益生产的一个产物。②物流系统设计。按照精益生产的观点，物流活动是非增值的环节，因此，精益物流系统设计的目标是在满足生产要求的情况下尽量减少物流成本，努力将物流服务过程中的浪费和延迟降至最低程度。③设备布置。要充分考虑各生产环节之间的关系，在实现产能要求的基础上，尽量做到各设备单元产能均衡，体现精益一个流的思想。同时，设备的选择不以最先进为标准，而应把体积小、投资少、具有柔性等指标放在首位。④人员配备。传统的生产系统实行"定员制"生产，但这种方式在多品种、小批量的生产方式下，加大了企业成本压力，降低了企业的反应速度。"少人化"技术能实现随生产量变化，弹性地安排作业人员。实现"少人化"的条件是要有训练有素、具有多种技艺的作业人员，即"多能工"。此外，设计工作还应包括工厂公共设施规划、信息系统设计等方面，应根据工厂的具体需求及企业的实际有选择地进行。

4. 精益方案评价

仿真技术是近几年兴起的一门技术，它可以较为准确地反映生产系统对环境变化的反应，并向决策者提供可视化的界面。通过仿真分析提供的各方案的物流成本中间在制品量、设备利用率等指标数据，结合人因、生产柔性等指标，运用当前各种优化评价算法，可对设计方案做出科学决策。

5. 浪费分析

消除浪费、持续改善是精益生产的精髓，通过对各方案的比较，可以对工厂各设计方案的运行状况有一个清晰的认识。综合运用价值流程图、约束理论、鱼刺图等工具，能发现系统运行过程中的各非增值环节，如产能匹配、在制品库存等问题，对设计系统进行相应调整、优化，通过反馈机制实现原方案的改善。

6. 确定精益设计方案

在设计系统的浪费问题得到解决后，企业的决策者就可以依据相应的判别准则选择工厂精益设计方案。企业的需求不同，所选的指标及指标的权重应有所区别。确定精益设计方案不是目的，关键是执行并在执行过程中实施标准化工程，不断消除工厂中的浪费。

第七节 计算机辅助设施设计

一、计算机辅助设施设计概述

由于布置设计考虑的因素日趋复杂，生产系统规模越来越大，多重技术与经济问题的交织使布置分析依赖于设计者经验的广泛整合与积淀。显然，单个设计者的经验和能力是无法完全胜任的。随着计算机系统性能的飞速发展，近年来在系统布置规划的基础上应用计算机及其相关技术辅助进行设施布置设计已日渐普及。

所谓计算机辅助设施设计（Computer Aided Facilities Design），是指在设施规划的过程中充分利用计算机辅助设计相关技术及软件来完成布置建模、运行分析、动画展示及其系统优化。基本过程如选址分析及计算、设施布置及参数选择、系统修改等，都是利用计算机来完成的。利用计算机辅助设施不仅能大大改善和加速布置设计的进程，而且因人机交互和计算机绘图等的应用，可以迅速生成多种布置方案，以启发设计者的思路，且输出结果直观、优美，因此越来越多地得到应用。

计算机辅助设施设计的适用范围：

（1）利用计算机辅助设施设计可以很方便地对设施设计的各个方面进行研究。

（2）利用计算机辅助设施可以对物料搬运系统中的各个方案进行评价和选择。

（3）计算机辅助设置能够用于规划环境、设施布置和系统运作分析及其优化。

计算机辅助设施设计程序主要有以下两种：①面向新建型系统的布置程序。主要有CORELAP和ALDEP程序。该类布置程序采用优先评价法进行设计，优点是包括了车间布置中的重要特性。但另一方面，这些方法中应用的计分技术要求以客观的数量表示主观的选择，在某种程度上存在风险。②面向改进型系统的布置程序。主要有CRAFT和COFAD程序。CRAFT是在原有布置方案上进行改进布置，得到一个降低系统物料搬运成本的布置方案。COFAD是对CRAFT的改进，考虑了搬运设备及成本评价。面向新建型系统的布置程序是由物流、非物流信息出发，从无到有，生成新的布置方案；面向改进型系统的布置程序是对已有布置的改进，寻找一种更好的布置方案。

需要注意的是，系统布置设计（SLP）等理念与计算机辅助设施布置方法不是相互独立的两种技术，两者之间是相互补充、相互发展的关系。

二、计算机辅助设施布置技术

20世纪70年代以来，已经出现了许多计算机辅助布置软件。在这些软件当中，应用最广泛的就是计算机辅助设施布置技术（Computerized Relative Allocation of Facilities Technique，CRAFT）。

CRAFT遵从在例2-4提及玩具厂的布置中提出的基本思想，但是在操作上却有明显的不同。玩具厂需要有一个物流矩阵和一个距离矩阵作为最初输入。另外，还要知道单位距离运输成本，如每米10元（为简化起见，可以做出以下假定：当物料需跨越一个车间时，成本加倍；需跨过两个车间时，成本为原来的3倍，依次类推）。从这些输入和最初布置方案开始，CRAFT试图用布置方案的总物流成本来衡量方案的优劣，并不断改进（车间之间的物流成本=物流量×车间中心间的直线距离×单位距离运输成本）。CRAFT以迭代的方式不断交换两个车间的位置来改进布置，直到所得布置方案的物流成本不能再降低为止。也就是说，CRAFT要不断计算两个车间位置交换后的总成本，如果成本降低，则交换位置。正如在手工方法中看到的那样，车间是物流网络的一部分。因此，即使是两个车间位置的简单互换，也会影响到其他许多车间的物流状况。

例2-6 玩具厂的CRAFT应用

解决玩具厂布置问题的CRAFT方法如图2-26所示。

图2-26 用CRAFT得到的玩具厂布置方案

这种方法得到的布置方案的物流成本高于手工方法得到的方案成本（分别为3497元和3244元）。值得注意的是，这些成本是不能拿来进行精密比较的。因为CRAFT采用的是正交直线距离，而不是手工方法中的欧氏距离。CRAFT连接的是各车间的中心，而不是车间入口。因为本例中并未给出不同距离的单位运输成本，CRAFT采用将相邻车间的固定单位运输成本1元分成两个50元来计算。图2-26列出了两个例子来说明CRAFT是如何计算单位运输成本的。（玩具厂正方形车间形式采用该计算方法非常合理。）还要注意，在使用CRAFT方法中固定了收发部的位置，这样它就能与货运码头相邻。

CRAFT的布置特点与有关说明如下：

（1）CRAFT采用的是启发式算法，其评价决策使用的规则是："每次互换两个车间的位置，如果布置的总成本降低了，则互换这两个车间。"这个规则对分析中等规模的布置问题也非常必要。

（2）CRAFT并不能确保得到最优方案。

（3）CRAFT严重依赖于初始状态，初始状态（也就是最初布置）在一定程度上决定了最终的布置方案。

（4）CRAFT从一个合理的方案开始，有可能产生一个成本更低的方案，但并不总是这样。这就意味着使用CRAFT时最好提出几种不同的初始布置，以得到不同的结果。

（5）CRAFT最多能解决具有40个车间的布置问题，迭代不到10次就能得到最终结果。

（6）CRAFT车间由标准的方块组成（典型的为10ft⊖×10ft），车间允许多种构形，但经常会得到奇形怪状的车间。为了得到一种理想的布置，必须人为改变车间形状。

⊖ 1ft=0.3048m。

（7）CRAFT经过修正后的软件称为"SPACECRAFT"，该软件已经可被用来解决多层布置问题。

（8）CRAFT假设可以使用叉车等路径可变的物料搬运设备。因此，当使用计算机控制的固定路径搬运时，CRAFT的应用可能性就大大降低了。

三、Factory FLOW

Factory FLOW是一个布置分析工具，它能够在输入生产和物料搬运的数据后，自动生成一个与实际相符的物流路径。作为生产集成的结果，Factory FLOW为规划者提供了空间媒介和控制空间问题的能力。软件包含大量的混合数据，包括产品和零件文件等，如零件路径、路径距离、物料搬运数据和固定成本、力度成本等。因此，关键路径、潜在的瓶颈、生产流程效率都能够很快而且逼真地确定下来。系统也为过程检验提供了一系列详尽的文本报告，包括单独式和组合式成本。

1. Factory FLOW的基本目标及用途

（1）Factory FLOW的基本目标

1）评价物料搬运要求。

2）删除物料搬运中的非增值过程。

3）尽可能地减少总的产品流程。

4）提高产品的流通率。

5）减少在制品数量。

6）为准时生产或成组技术生产提供物料流程设计与再设计。

7）分析评价布置的可行性与可操作性。

（2）Factory FLOW的用途

1）为各个备选方案做检验。

2）能够清晰地表示出总的移动距离、物流强度和发生的成本，这些都为管理者对布置进行改善和提高提供了令人信服的评价依据。

3）将流程直接以线性方式表现于图上，将路径以曲线方式绘于图上，使图形更加直观。

4）做出详细的报告，阐明个体和总的移动距离、单纯成本与总体成本、移动的数量和次数。

2. Factory FLOW分析所需要的基本数据输入

在进行设施布置的绩效分析之前，需要输入以下几个方面的数据：

1）一幅由Factory CAD绘制或由扫描所得的布置图。

2）产品各方面信息，如数量信息、质量信息等。

3）零部件流程信息，如流程路线、流程距离、装载及加工时间等。

4）物料搬运设备信息，如设备的重量、数量、路线、载荷量等。

3. Factory FLOW分析的操作流程

Factory FLOW分析可以按照以下几个步骤进行：

1）确定研究对象、面积和产品的影响因素。

2）确定各个细节信息，其中包括零部件信息、搬运设备信息、路程流量信息及数量信息等。

3）按照一定约束选择可靠数据。

4）将各个信息有组织、有计划地输入。

5）调入由前面步骤生成的一个厂区布置图。

6）生成报告和数据为分析所用。

7）调整其中的某个部分、某个细节，再重复进行前面的步骤，直到方案最优或者达到满意状态为止。

例2-7 沃尔玛超市的选址策略

沃尔玛在全球27个国家开设了超过10000家商场，全球雇员超过220万人，多年位列《财富》杂志世界500强企业榜首。同时，沃尔玛连续40余年高速扩张，几乎每十年就上升一个新台阶，至今未停止。是什么令沃尔玛如此成功？"位置"是成功的第一要素。

"我不仅希望处于一条合适的街道上，而且还要求位于这条街道合适的一侧。"沃尔玛的创始人山姆·沃尔顿（Sam Walton）如是说。

1. 沃尔玛的选址方法

沃尔玛在进入我国前，一直在对当地商圈的交通、人口、竞争状况和市场发展格局进行考察，以便选择一个好的店址。其选址过程非常复杂谨慎。在确定商圈后，沃尔玛的新店址一般选在城乡接合部、次商业区、新开辟的居民区中，在该商场周围要有20万～30万的常住人口。

沃尔玛选址的一个标准就是要有地理之便。当初，在美国乡镇城市化发展的过程中，沃尔玛避开了大城市中心，到接近大城市的乡镇社区及交通便利的地点开店，从而实现了快速、低成本的开店布局，最终实现对大城市购买力的强力拉动和圈定。

2. 沃尔玛的选址要求

物业使用：租赁、购买、合作。

需求面积：10000～20000m²。

合同期限：20年以上。

3. 沃尔玛的选址标准

对商圈的要求：

（1）在项目1.5km范围内的常住人口达到10万人以上为佳，2km范围内的常住人口可达到12万～15万人。

（2）临近城市交通主干道，至少双向四车道，且无绿化带、立交桥、河流、山川等明显阻隔为佳。

（3）商圈内人口年龄结构以中青年为主，收入水平不低于当地平均水平。

（4）项目周边人口畅旺，道路与项目衔接性较好，车辆可以顺畅地进出停车场。

（5）核心商圈内（距项目1.5km）无经营面积超过5000m²的同类业态为佳。

对物业的要求：

（1）物业纵深在50m以上为佳，原则上不能低于40m，临街面不低于70m。

（2）层高不低于5m，对期楼的层高要求不低于6m，净高在4.5m以上（空调排风口至地板的距离）。

（3）楼板承重在800kg/m²以上，对期楼的要求在1000kg/m²以上。

（4）柱距间要求9m以上，原则上不能低于8m。

（5）正门至少提供2个主出入口，免费外立面广告至少3个。

（6）每层之间有电动扶梯相连，地下车库与商场之间有竖向交通连接。

（7）商场要求有一定面积的广场。

对停车场的要求：

（1）至少提供300个以上地上或地下的顾客免费停车位。

（2）必须为供应商提供20个以上的免费货车停车位。

（3）如商场在社区边缘需做到社区居民和商场客流分开，同时为商场供货车辆提供物流专用设施。

其他：

（1）市政电源为双回路供电或环网供电或其他当地政府批准的供电方式，总用电量应满足商场运营及展示司标、广告等设备的用电需求，备用电源应满足应急照明、收银台、冷库、冷柜、监控、计算机主机等的用电需求，并提供商场独立使用的高低压配电系统、电表、变压器、备用发电机、强弱电井道及各回路独立开关箱。

（2）配备完善的给水排水系统，提供独立给水排水接驳口并安装独立水表。给水系统应满足商场及空调系统日常用水量及水压使用要求，储水满足市政府停水一天的商场用水需求。

（3）安装独立的中央空调系统，室内温度要求达到24℃左右。

（4）物业租赁期限一般为20年或20年以上，不低于15年并提供一定的免租期。

4．沃尔玛的选址原则

（1）从连锁发展计划出发。沃尔玛设立门店从发展战略出发，通盘考虑连锁发展计划，以防止选址过于分散。沃尔玛门店分布有长远规划，并且具有一定的集中度，有利于总部精细科学管理，节省人力、物力、财力，而且每一个门店的设立都为整个企业的发展战略服务。

（2）选择经济发达的城镇。经济发达、居民生活水平较高的城市是零售商店首选地：城市人口密度大，人均收入高，需求旺盛，工商业发达，零售店有较高发展水平，能保证有充足的客源。

（3）选择城乡接合部。该地点的土地价格和房屋租金要明显低于市中心，符合城市发展，与城市拓展延伸的轨迹吻合，带来客流，降低投资风险。

（4）交通便利性。该地是否是主要交通网，是否有密集的汽车线路，能覆盖整个市区等。

（5）可见度。可见度越高就越容易被客流看见，进来购物的可能性就越大，一般在两面临街的十字路口或三岔路口。

（资料来源：http://wenku.baidu.com/link?url=ApSjypZnAJaGVGPWo9uoSH1O9ZjxSXtSQMe2v6ptxXsr5nPMCpYnIPHubSzVj9izRJSNXHf-fz0K5yToJDVL2fCKI1NqTq3WvArD8pZfqEq）

例2-8　SLP法在某汽车厂总体布局设计中的应用

某汽车厂占地面积40余万m²，主营各类工程汽车的生产装配，2012年计划生产各类工程车2150辆。现有的厂区是随着企业发展逐步建立起来的，厂区布置没有进行全面系统的统筹规划。随着该地区经济的发展，现急需扩大生产规模，改造和重组原有的布局，合理确定布局方案，以满足企业和市场的新需求。

一、某汽车厂的生产工艺过程及特点

某汽车厂是典型的机械制造企业，其生产的工程汽车多数是已有车型，零部件多为外购件，生产工艺结构比较简单。具体的生产工艺过程如图2-27所示。在布置设计中具有如下特点：

（1）生产设备及生产线具有一定的柔性和可调整性，但主要的物流线路不集中，线路不清晰，搬运过程中常常出现交叉、回流及拥堵现象。

（2）物料搬运形式单一，机械化程度低，许多还需要人工搬运。

（3）加工装配形式多样，设备布置没有考虑物流活动与生产工艺过程同步化，在制品经常长时间停滞等待，需要依靠仓储确保生产连续进行。

（4）厂区划分不合理，使得物料流动距离大，运输往返和交叉现象明显，同时车间在制品暂存地废品和废料存放过多，工人工作地等安排也不合理。

（5）原材料及部分外购件不入库，直接运往相应分厂，使得大型运货车集中出现在厂区内，常常出现拥堵及路面损坏现象。

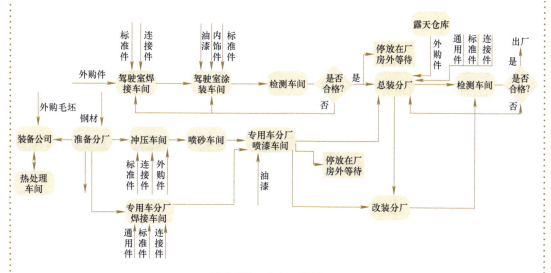

图2-27　生产工艺过程

该汽车厂的生产是非连续的，订单集中的5～10月物料流动量非常大，全年物料流动不均衡，原材料的输入，中间在制品、半成品的流转，产成品的检测、输出构成了汽车厂物流全过程。物流是否通畅、快捷是生产持续进行和及时完成订单的前提。若通过增加物流设备来保证运输的快捷，则在生产淡季时这些设备将闲置，得不到充分利用，势必增加生产成本。所以，厂区布局合理化是降低物流成本、扩大利润空间的重要方法。

基于以上特点，汽车厂总体布局设计中应充分考虑各种物流和非物流因素，也应充分考虑物流设备的数量、工作流程连续性要求等因素的影响。

二、作业单位划分

根据工程汽车结构及生产装配工艺过程，设立14个作业单位（见表2-23），由这些作业单位完成汽车生产的备料和存储、热处理、标准件外购及储存，车架、车厢、驾驶室的加工与装配，性能测试，整车的装配生产，生产管理服务等活动。

表2-23 某汽车厂作业单位表

作业序号	单 位	建筑面积/m²	作业序号	单 位	建筑面积/m²
1	总装分厂	8960	8	驾驶室分厂	8304
2	装备公司	10000	9	办公楼	7280
3	喷漆车间	3696	10	露天仓库	19600
4	焊接车间	12384	11	油漆库	3360
5	准备分厂	6144	12	喷砂车间	3120
6	改装分厂	3000	13	热处理车间	3072
7	冲压分厂	10240	14	检测线	4992

三、某汽车厂的总体布局设计

1. 物流分析

根据该汽车厂的生产规模及生产工艺过程，确定原材料及外购件的输入量，成品车的运出量，以及各分厂、车间、库房之间的零部件、在制品、半成品的转运量，统计各作业单位之间的物流强度，编制物流强度汇总表（见表2-24）。当存在逆向物流时，则对应作业单位之间的物流强度就等于正、逆向物流强度的和；如果没有固定的物流出现在作业单位之间，可定义物流强度等级为U级。

表2-24 物流强度汇总表

序 号	作业单位对（物流路线）	物流强度/t	等 级	序 号	作业单位对（物流路线）	物流强度/t	等 级
1	1—14	18705.00	A	12	4—3	715.00	E
2	1—16	16530.00	A	13	2—4	455.10	I
3	10—1	15611.00	A	14	5—7	381.30	I
4	8—14	10320.00	E	15	2—7	327.60	I
5	8—1	1032.00	E	16	2—13	295.80	I
6	12—3	880.00	E	17	2—8	147.90	O
7	7—12	880.00	E	18	2—1	70.50	O
8	5—2	802.80	E	19	5—8	20.10	O
9	5—4	802.80	E	20	11—8	16.10	O
10	3—1	724.80	E	21	11—3	15.25	O
11	3—6	724.80	E				

根据以上分析，可以绘制出作业单位物流相关关系图（见图2-28）。

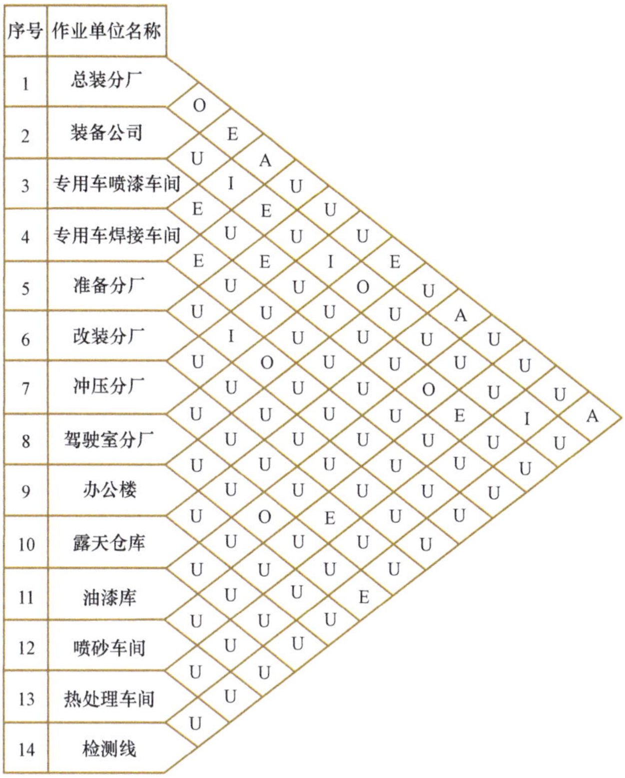

序号	作业单位名称
1	总装分厂
2	装备公司
3	专用车喷漆车间
4	专用车焊接车间
5	准备分厂
6	改装分厂
7	冲压分厂
8	驾驶室分厂
9	办公楼
10	露天仓库
11	油漆库
12	喷砂车间
13	热处理车间
14	检测线

图2-28 作业单位物流相关关系图

2. 非物流分析

物流分析是车间布置的重要依据，但不是唯一的依据，因此还需要考虑各作业单位之间的非物流关系。根据该汽车厂生产的实际情况及生产特点，考虑工作流程的连续性、生产服务的要求、物料搬运、管理方便、安全及污染、公共设施、人员联系等多方面因素，作业单位相关关系密切程度理由如表2-25所示。作业单位非物流相关关系等级分为A、E、I、O、U、X，不同等级的含义分别为绝对重要、特别重要、重要、一般、不重要和不希望靠近。据此分析确定各作业单位的非物流相关等级，得到作业单位非物流相关关系图（见图2-29）。

表2-25 作业单位相关关系密切程度理由

编号	非物流关系的理由	编号	非物流关系的理由
1	工作流程连续性	3	搬运物料的频次
2	搬运物料的数量	4	管理方便

（续）

编　号	非物流关系的理由	编　号	非物流关系的理由
5	接触不多不常联系	8	联系的频繁程度
6	安全及污染	9	使用同样的公用设施
7	振动、噪声、烟尘及火灾	10	报表技术资料的传递安全方便

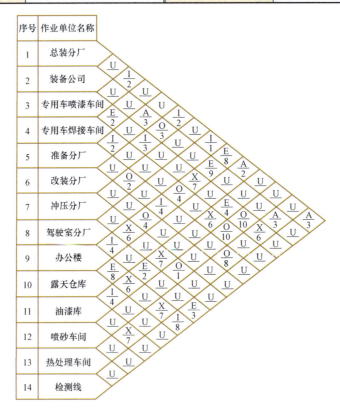

图2-29　作业单位非物流相关关系图

3. 综合关系分析

由图2-28和图2-29可以看到，各作业单位物流相关图与作业单位非物流相关图并不一致，为了确定各作业单位之间综合关系密切程度，需要将两个图进行合并。对于该汽车厂来说，物流影响并不明显大于其他因素的影响，因此取加权值为1:1来对物流相互关系与非物流相互关系进行量化、加权求和，取 $A=4$，$E=3$，$I=2$，$O=1$，$U=0$，$X=-1$，并依据表2-26重新划分等级，形成作业单位综合相关关系图（见图2-30）。

表2-26　综合相关关系密切等级划分表

分　值	关系等级	分　值	关系等级	分　值	关系等级
7～8	A	2～3	I	0	U
4～6	E	1	O	−1	X

图2-30 综合相关关系图

四、工厂总平面布置

计算作业单位综合接近程度并排序,求得作业单位布置顺序为1,2,8,5,3,4,10,14,9,12,6,7,11,13(见表2-27)。

表2-27 综合接近程度排序表

作业单位代号	1	2	3	4	5	6	7
综合接近程度	19	15	12	10	13	7	4
排序	1	2	5	6	4	9	10
作业单位代号	8	9	10	11	12	13	14
综合接近程度	14	9	9	3	8	1	9
排序	3	7	7	11	8	12	7

首先将A级作业单位对中综合接近程度分值最高的1号布置在位置相关图的中心位置;然后将作业单位10,14布置到图中与单位1之间的距离都为1个单位距离,如15mm;再将作业单位2布置到图中与单位1之间的距离为4个单位距离;最后将作业单位5布置到图中与单位2之间的距离为1个单位距离。依次处理综合关系等级为E、I、O、U、X级的作业单位对,在布置过程中要不断回头调整已布置作业单位的位置,使其合理。等级高的作业单位之间的距离应尽量减小,在布置图位置上尽量相互接近;反之,作业单位之间物流强度等级低的,则可以适当加大其间的距离。特别要使关系为X级的作业单位对尽量远

离。求得作业单位位置相关关系图（见图2-31）。在位置相关图上考虑各作业单位占地面积，形成了作业单位面积相关关系图（见图2-32）。

根据场地地形条件，考虑到合理利用土地，使厂区具有规整的平面外形，确定建筑物的建筑方位；按照装卸货物等辅助作业及厂区绿化、场内主干道、次干道等道路建设需求及要求确定建筑物间距、厂区道路；考虑到环境的影响（噪声、振动、烟尘、火灾）、技术研发及对外联系、协商、协作等因素将办公楼布置在交通便利的厂区的边缘。按照生产工艺过程及特点将部分车间合并，以减少不必要的搬运，明确不同分厂功能，使生产更集中，便于生产效率的提高和信息传递。为减少人流、货流交叉，厂区设立出入口及人员出入口2个。根据上述思路，形成3个备选方案，采用分层加权因素比较评价法对3个方案进行比较选优后，得到最终方案，如图2-33所示。

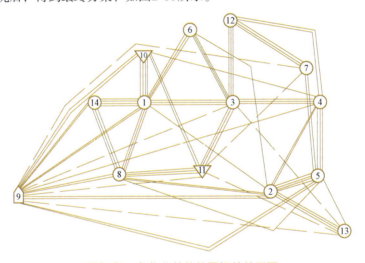

图2-31　各作业单位位置相关关系图

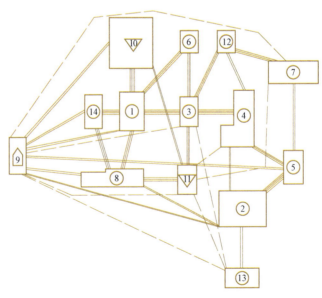

图2-32　各作业单位面积相关关系图

第二章 设施规划与设计

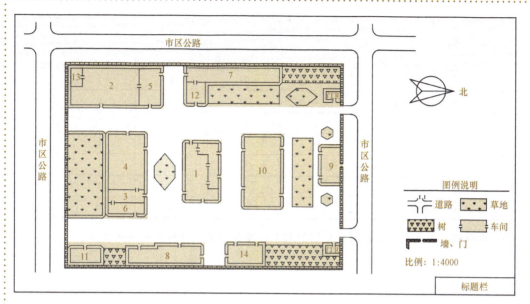

图2-33 总平面布置图

（资料来源：刘洋，祁文军，孙文磊，等. SLP法在某汽车厂总体布局设计中的应用[J]. 宁夏大学学报（自然版），2014（2）：144-148.）

复习思考题

1. 设施规划与设计包括哪几部分内容？
2. 列出电厂选址应考虑的五个主要因素。
3. SLP的优点是什么？
4. 某汽车公司每年需要从A1地运来橡胶，从A2地运来玻璃，从A3地运来发动机，从A4地运来零配件，各地与某城市中心的距离和每年的材料运量如表2-28所示。假设以市中心为原点，各种材料运输费率相同，用重心法确定该公司的合理位置。

表2-28 各地与某城市中心的距离和每年材料的运输量

原材料供应地及其坐标	A1		A2		A3		A4	
	X_1	Y_1	X_2	Y_2	X_3	Y_3	X_4	Y_4
距市中心的坐标距离/km	30	50	80	60	30	20	40	70
年运输量/t	2500		1400		1200		3000	

5. 某车间的四个备选布置方案评价如表2-29所示，请选择最优方案。

表2-29 某车间的四个备选布置方案的评价表

序号	考虑因素	权数	各方案的等级及分数			
			A	B	C	D
1	服务	10	U	I	I	E
2	管理	6	O	A	E	E
3	扩建可能性	5	O	I	O	O
4	物流	10	O	U	I	E
5	灵活性	9	O	E	I	E
6	投资	8	O	O	I	E
7	额外制造能力	5	A	O	U	O

6. 根据作业单位相关关系图（见图2-34），绘制作业单位位置相关关系图。

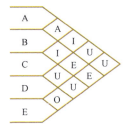

图2-34 作业单位相关关系图

7. 如果你可以在亚洲创建你的软件公司，你会选在哪个地方？为什么？

8. 什么是全生命周期精益设计？试论述其内涵。

9. 简述工厂精益设计的流程。相较传统设计方法，说明精益设计的优势。

10. 一所大学的咨询部门有四个房间，每个房间都用来处理特定的问题：A房间用于处理学生来函的部门，B房间用于日程安排咨询，C房间用于处理年级申诉，D房间用于处理学生咨询。办公室长40m，宽10m，每个房间面积是10m×10m。目前房间是按A，B，C，D直线型布置。人流量表示一个房间中的每个咨询人员与其他房间咨询人员的接触次数。假设所有的咨询人员权重相等（单位：人次）。

人员流量：AB=10，AC=20，AD=30
BC=15，BD=10，CD=20

（1）根据物料搬运成本的方法评价该布置方式。
（2）交换各房间的工作职能以改进布置方式。用与（1）同样的方法评价改进的程度。

第三章 物料搬运系统与物料搬运设备

第一节　物料搬运概述

一、物料搬运的基本概念

物料搬运是物流各项活动中出现频率较高的一项作业活动。它是把物流各环节以及每一环节各活动连接起来的桥梁和纽带，它的效率的高低，直接影响着物流的整体效率。习惯上，"装卸"是指以垂直位移为主的实物运动形式；"搬运"是指物料在区域范围内所发生的以水平方向为主的短距离的位移运动形式。在流通领域中，人们常把装卸搬运活动称为"物料装卸"，而在生产领域则把这种活动称之为"物料搬运"。在实际操作中，装卸和搬运是密不可分的。

1. 物料搬运的定义

物料搬运是指在适当的成本下，采用正确的方法、顺序、方向、时机，在正确的位置提供正确数量、正确条件的正确物料。具体说明如下：

（1）适当的成本。物料搬运的目的是要符合企业需求，并提供竞争上的优势，如产品的功能和质量、服务的速率和质量、搬运时间及搬运成本，即物料搬运要能创造收益，而不能只增加成本；物料搬运不但要有效果（Effectiveness），而且要有效率（Efficiency）。然而，盲目地追求物料搬运成本最小化可能是一个错误的目标。正确的目标应是使企业所提供的产品或服务的附加价值达到最高，因此，增加对搬运技术的投资可能有其必要性。换言之，物料搬运的底线应该是适当的成本，而不一定是最低成本。

（2）正确的方法。为了把事情做好，需要采用正确的方法，并辨识方法之所以正确的原因。

（3）正确的顺序。通过作业顺序的调整来改善系统生产效率通常是物料搬运控制机能在设计时所考虑的重点。例如，简单化原则指出，生产力的提升可以经由删除不必要的操作步骤和改善必要的步骤来达成。此外，适当的步骤合并及改变作业的次序也可以提升生产力。

（4）正确的方向。正确的方向这一项最容易被物料搬运的设计者所忽略。在制造过程中，调整物料的方向是常见的工作，并在人工作业中占有相当大的比重。

（5）正确的时机。这是指在需要物品的时候才送达目的地。在以时间为竞争基础的环境中，物料搬运系统在正确时机移动、储存、保护和控制物料等功能的重要性已大为提高。隔日送达几乎成为物流中心配送物品的交货标准。

（6）正确的位置。无论物料的储放位置是固定储位或是变动储位，它们都应该被放置于正确的位置上,并在未来作业中,可被移动到正好所需要的位置。

(7)正确的数量。为了决定仓库物料正确的数量,要及时确定生产部门的正确存货数量,并须同时决定仓库内拣货作业区及储存保管区正确库存的数量,即让进出货的单位、数量前后一致,避免产生拆装、合并的情形。

(8)正确的条件。在正确的条件中,最重要的是优良的质量,没有瑕疵或损伤。由于物料搬运系统为物料损伤的主要来源,因此,在设计及操作搬运系统时,应具有全面质量的意识,例如,根据顾客所需要的条件从事生产,把加工延迟到必要时再进行,可避免产生不必要的错误。

(9)正确的物料。根据订单所进行的拣货作业,最常见的两种错误分别为数量不符与物料不对。拣取正确的物料,并非易事,因此几乎所有的仓库都有物料编号系统,并使用人工或电子标签维护品种的信息及标明物料的储放位置。

2. 物料搬运在物流中的作用

物品由生产到消费的流动过程中,物料搬运是必不可少的一个环节,它是随运输和保管等活动而产生的必要活动。无论在生产领域还是在流通领域,物料搬运都是影响物流速度和物流费用的重要因素。在一般制造工厂中,物料搬运作业约占用1/4的总人力,1/2的总空间,3/4的总生产工时,以及1/6~5/6的产品制造总成本。在员工搬运一件物品的过程中,可能没有增加产品的价值,但却增加了产品的制造成本,因此,物料搬运的改善是降低成本的首要任务。其在物流中的作用表现在以下几方面:

(1)物料搬运活动是连接物流活动各环节的桥梁与纽带。通过装卸搬运活动将物流的各个阶段连接起来,使之成为连续的流动过程。在生产过程中,物料搬运成为各生产工序间连接的纽带,使企业的生产物流成为从原材料、设备等装卸搬运开始,以产品装卸搬运为止的连续作业过程。例如,在美国全部生产过程中只有5%的时间用于加工制造,95%的时间则用于物料搬运、储存等物流过程。在运输过程中,各种不同运输方式所以能联合运输,也正是依赖于装卸搬运作业才得以完成。在流通领域中,物料搬运像影子一样伴随着流通活动的始终。

(2)合理进行物料搬运是提高物流速度的关键。物料搬运的基本功能是改变物品的存放状态和空间位置。无论是在生产领域还是在流通领域,物料搬运是影响物流速度的重要因素。据典型调查,我国机械工业企业平均每生产1t的产品,需经过252吨次的装卸搬运。在火车货运方面,以500km为分界点,运距超过500km,运输的在途时间多于起止的装卸时间;运距低于500km,装卸时间则超出实际运输时间。

在美国和日本之间的远洋航运,一个往返需25天,其中运输时间13天,装卸时间12天。事实证明,通过加强对物料搬运的组织设计和操作管理,合理装卸,减少无效装卸次数,杜绝各种不合理装卸活动的出现,提高装卸效率,对缩短整个物流活动时间,提高物流速度起着关键性的作用。

(3)合理进行物料搬运能降低物流费用支出。物料搬运活动是增加物流成本的活动。尤其对传统的物料搬运活动而言,反复多次的装卸搬运活动,不仅延长物流时间,且需投入大量的活劳动和物化劳动,这些劳动不能给物流对象带来附加价值,只是增大了物流成本。在现代物流中,虽然物料搬运作业环境得到改善,装卸的机械化水平得到大幅度提高,但装卸费用在物流的成本中所占比例仍比较大。因此,物料搬运活动的合理化对于提高装卸效率,降低物流费用至关重要。

(4)合理进行物料搬运可减少货物的损失。在物流过程中,货物的损失主要发生在物料搬运这一环节。在进行物料搬运时往往需要接触到货物,若不小心,或野蛮装卸,就会造成货物的破损、散失、损耗或混合等损失。装卸次数越多，货物的损失也就越大。因此，选择合理的装卸方式，采用规范的操作方法，将装卸环节减至最少次数，以最大限度地减少货物在物流过程中的损耗。

3. 物料搬运的基本原则

物料搬运的基本原则如下：

（1）减少装卸搬运环节，降低装卸搬运次数原则。装卸搬运本身就有可能成为玷污、破损等影响物品价值的原因，如无必要，尽量不要搬运。在物流中，应从研究装卸搬运的功能出发，分析各项装卸搬运作业环节的必要性，取消不必要的环节，合并重复的环节，努力将装卸搬运的环节和次数控制在最少。例如，车辆不经换装直接过境，大型发货点铺设专用线，开展门到门集装箱运输等，都可大幅度减少装卸环节次数。

（2）移动距离（时间）最小化原则。搬运距离长短与搬运作业量大小和作业效率是联系在一起的，在进行货位布局、车辆停放位置以及入出库作业程序等设计时应充分考虑货物移动的距离长短，以物品移动距离最小化作为设计原则。

（3）人身、设备、物品三安全原则。装卸搬运作业需要人与机械、货物及其他劳动工具相结合，工作量大，情况变化多，环境复杂，使装卸作业存在各种安全隐患。在装卸作业中，车毁人亡的事故时有发生，造成货物损失数以亿计。因此，在装卸搬运中，应加强科学管理，采取各种有效措施，杜绝野蛮装卸，确保货物、设备的完好无损，保障人员人身安全。例如，在进行装卸时，一定要按照工艺要求，缓起轻放，不碰不撞；作业场地及设备的安全装置、安全标志要齐全、有效；搬运人员要按劳动保护要求规范作业等。

（4）单元货载原则。大力推行使用托盘和集装箱，将各种物品集装成集装箱、托盘或网袋等货物单元，成为大件货物，以利于机械搬运、运输和保管，形成单元货载系统，大大提高装卸效率。

单元货载原则是物料搬运特有的，单元货载原则提倡采用标准方法和设备搬运物料，这与标准化原则的概念有重合之处。

（5）机械化原则。由于劳动力不足，应尽量采用各种现代化机械设备来替代人工作业，把作业人员从繁重的体力劳动中解放出来，使装卸搬运作业实现省力化和效率化。

机械化原则建议采用自动化机械，以提高搬运效率和生产效率。例如，自动化喂料装置和传送机构的使用，在物料搬运中执行重复的任务。然而，机械化还必须扩展到现代的自动化，自动化强调利用软件和控制（有时还用人工智能）来实现同一目标。但是，这类自动化系统有柔性和可编程之分，如机器人搬运、自动化存储和检索、自动化识别等。当今机械化/自动化原则应该与计算机化原则结合起来考虑。实质上，计算机化意味着应用信息技术和信息系统（IT/IS）管理物料搬运和仓储运作（MH/WH），如仓库管理系统（WMS），也意味着在物料存储、检索和运输中应用自动化。

（6）标准化原则。标准化有利于节省装卸作业的时间，提高作业效率。在装卸搬运中，应对装卸搬运的工艺、作业、装备、设施及货物单元等制定统一标准，使装卸搬运标准化。

（7）系统化原则。一方面，将各个装卸搬运活动作为一个有机的整体实施系统化管理，协调各搬运环节，增加搬运系统的柔性，以适应多样化、高度化的物流需求，提高装卸搬运效率；另一方面，装卸搬运要与物流的运输、保管、包装和加工等活动协调起来，当成一个系统处理，以求其合理化。

（8）工效性原则，也称人体工学原则。用工业工程、人因工程的方法，设计人性的、符合人体工学的物料搬运系统,做好泰勒的门徒,从点滴做起,积小胜为大胜,既缓解工人疲劳度,又能提高作业效率和作业的安全性。

物料搬运中的人身危害不仅是工业事故的主要根源之一,也是影响物料搬运人员职业健康的主要问题。工效性原则的重要性显而易见。物料搬运系统设计人员也应在设计阶段早期识别可能发生的危害,并且试图消除所有的潜在危险。另一方面,当两个原则比较时,能量原则的重要性排在第二,工效性原则排在第一。

二、单元货载原则

1. 单元货载搬运的概念

用单元货载(Unit Load)搬运的原则是物料搬运领域最重要的概念。所谓单元货载搬运,是指将不同种类、不同状态和不同大小的物品集装成一个搬运单元,以利于搬运操作。单元货载化通常也称集装单元化。按搬运单元移动或搬运物料,某些情况下搬运单元是一件物品,另一些情况下集装或搬运单元可能是几箱物品,每一箱中包含许多物品。由于这一概念的影响,现已开发出大量标准单元货载的搬运方法和装置,其中包括集装箱、托盘、搬运器或支持工具,用来将物料堆放在搬运单元中。

(1) 单元货载的定义及观念的导源。在物料搬运的实际执行中,时常印证一项原则,即装载量越大的搬运,每单位的搬运成本越低,因此促发单元货载观念的形成。此时,由于单元货载体积较大(因是众多对象的集合),不适合人工搬运,需要机械化或自动化设备的协助,而当此货载被放行时,又期望保留单元实体风貌,以利其后的移动。

单元货载的观念导源于单位器量原则(The Unit Size Principle),主要是基于以群组方式移动品种和物料要比个别移动更为经济有效。依据物料搬运原则中的单元货载原则,强调尽可能增加每一次搬运的数量、尺寸或重量,而搬运设备所适合的最大搬运尺寸即是单元货载量的最大极限。因此,单元货载是指:"一堆零部件或散装物料,可安排聚集在一起,当成一次搬运移动标的物的最大货载,该货载量即单元货载。"有时任何单一对象(非众多对象的集合),若其体积或重量太大,一次仅能搬运处理一件,也被称为单元货载。这都是以搬运设备一次搬运的对象范围为单元货载的定义。

采用单元货载搬运的主要优点是增强了一次搬运更多物品的能力和减少了搬运次数,降低了搬运成本,减少了装卸次数和物品的破损。这一概念是将规模经济思想应用到不同物料的搬运中,其效果在物流行业得到了极好的证明。实际上,在20世纪60年代后期和70年代初期,我国香港的一些海运公司(如SAR)就开始实施集装箱的方式。

单元货载概念已应用在由供应商、收货、存储、制造、装配和顾客组成的网络内的各项搬运活动中。在制造设施内,单元货载搬运的设计也成为制造竞争的有力武器之一。

(2) 影响单元货载搬运的因素。单元货载搬运的实施或设计受许多因素影响,这些因素包括:

1) 需要具有单元化物料的特性(尺寸大小,易破碎性,数量等)。
2) 在单元化之前单元货载搬运的搬运次数(内部搬运)。
3) 单元货载搬运的环境条件。
4) 接收、存储、运输和搬运单元物料的方法(容器和搬运),以及系统内其他搬运单元的利用。
5) 减少同一设施内不同"单元货载搬运系统"的数量。

所有以上因素都会影响到单元货载搬运的规模和包装。

2. 单元货载搬运的规划设计

单元货载的规格和搬运设备的选择与使用之间存在极大的关联性，两者互为因果、相互影响。例如，利用滚筒输送带传送搬运盒，输送带规格就要与搬运盒相互配合。同时，从许多案例可知，搬运系统的改善大多以现有的系统为主，而非设计新的系统。因此，单元货载的规格难免受到现有建筑的限制。例如，空间大小、门的宽度、通道宽度、车辆转弯的角度以及堆放高度等因素，都会影响系统的设计和容器的选择。常有许多采购的设备因过于庞大而无法通过现有的入口，以致不能如期安装启用；同理，也有许多单元货载无法使用共同的运输工具搬运堆放，或者无法于双向的走道中通行，或者无法利用输送带来搬运。规划设计者必须了解单元货载是物料搬运系统中不可或缺的一部分，单元货载与物料搬运系统应该同时决定；或形成一决策回路，仍需决定先后顺序，再依回馈机制修正过去决策，如此方能构建一个较为适当的物料搬运系统。

（1）单元货载设计应遵循的程序。设计单元货载与单元货载系统时，应遵循合理的程序。

1）依据所需搬运物料的特征和搬运作业的目的，决定单元货载的选用。

2）依据搬运系统的能力和限制、设备条件和容器的特征，选择单元货载的类型。

3）确定容器容量的大小以及要到达的区域和配置特征。

4）收集一般工业上使用的容器及其来源资料。

5）决定单元货载的尺寸大小。

6）确定单元货载的容器外形与特征。

7）决定制成单元货载容器的方法。

（2）在选择单元货载系统容器类型时应考虑的原则

1）最低维护费用、最低成本。

2）容器的可变换性、可展开性、多用途性。

3）容器在使用上的一致性。

4）容器的最佳尺寸大小，最佳形状设计。

5）容易辨别容器类别。

6）可以使用传统搬运设备运送，不需另外购买专用搬运设备。

7）容易储存和适合大量堆积。

8）最小的空重。

9）机械强度合乎搬运作业需求。

10）符合客户需求。

11）可重复使用，丢弃后可环保处理。

3. 单元货载标准化与租赁化

（1）单元货载标准化。在物料搬运系统的设计过程中，如何选择适当的负载容器成为关键问题。而为简化搬运过程中的容器转换，单元货载标准化成为规划设计者的重要选项之一，即一个公司在其各个设施之间的运作都使用同一规格的容器。其中最常见者为栈板标准化。使用通用的栈板可带来极大的好处，包括减少栈板和相关设备的成本、增加栈板的运输效率与降低物流成本费用等。例如，某个美国公司开始在日本从事零售业，并且建造了使用美国标准栈板的商品仓库，并要求当地的供应商卸下货品后再把商品装载到他们的栈板上，而这个额外的装卸作业将增加许多劳动力。而实施单元货载标准化，则可省去上述非必要、缺乏附加价值的搬运工作。其优点如下：

1）提升空间使用效率。由于标准包装容器之间紧密配合，同时利用标准货架储存，空间利用率大为提高。

2）改善搬运运输效率。运输作业的标准化，使装卸货作业可利用机械化或自动化的方式完成，减少人力耗费，增加时效性，同时与车辆载货台的良好配合也使运输效率提高。

3）降低容器制造成本。标准化使规格一致，标准规格使订购数量增加，批量生产使成本减低，因此标准规格产品市场价格会降低。

4）提高数量的准确性。标准包装、容器模块化的配合，使得数量清点容易且准确。

5）落实整理整顿工作。标准包装、容器固定紧密的堆叠方式整齐美观，使整理整顿的工作无形中得以落实。

6）提高互换使用性。栈板容器规格均一致，使得不同厂商的栈板容器可以互换使用，各厂之间的栈板具有互补性，同时也带动了栈板容器租赁行业的兴盛，建立栈板容器循环回收的系统。

7）减少资源浪费。标准化协助建立栈板容器循环使用的流通系统，因此以往强调使用一次就丢弃的方式发生改变，如此也可减少天然资源的浪费。

8）降低货品的损坏率。因搬运次数减少，可减少碰撞概率。

实施单元货载标准化可能的缺点如下：

各厂之间可能会产生某一工厂累积栈板过多，而另一工厂栈板不够使用的情形，即各厂的栈板分配不均。此时各厂之间需要有栈板回收制度，且各厂必须达成共识，用毕将栈板运回原来的工厂。

（2）单元货载租赁化。为克服实施单元货载标准化可能产生的上述问题，产生了栈板租赁化的观念和行业，即各厂或上下游厂商都协议向同一家供应商采购并使用其所提供的同一规格栈板。实施单元货载租赁化的优点是：

1）租赁管理者负责追踪栈板的流向。

2）租用栈板者不用考虑栈板运回原厂的问题。

3）租用栈板者不需负担栈板的送返费、修理费、空闲栈板的管理费等。

4）租用栈板者不需备用栈板，因此可减少厂内的栈板数量。

5）如能灵活运用国际联营系统，物品流通就能达到高速化。

使用栈板租赁化可以弥补单元货载标准化的缺点，因此在考虑使用标准化栈板时，也应考虑租赁化的问题，也即标准化与租赁化是一体的两面。在标准化的过程中可采取逐步替换的做法，渐进地过渡到标准化尺度，而新兴企业或新设置的系统则应在规划阶段就以标准规格进行设计。标准化是时代的潮流，也是世界共同的趋势，国内产业界应重视这个问题，顺应潮流，才能在竞争激烈的环境中获取优势，创造更大的利润空间。

然而，容器标准化不能只制定出个别独立的标准，而必须是各标准间相互对应配合的一套体系，方能产生标准化的效益。

4. 单元货载与搬运工具之间的配置

在物料搬运系统中，货物经过合理包装后，实现集装化，可以提高它的"活性"。这种货物的包装与容器、托盘、集装箱相互之间尺寸的合理配置，可以借助汽车、火车和其他运输工具实现高效的物流运输。通常它们之间的配置有如图3-1所示的各种形式。所以相互间的尺寸配合是密切关联的。如能按一定的规律选择尺寸，相互间具有一定的模数关系，就可以大大提高托盘、集装箱和运输工具的满载率，从而提高物流效率。

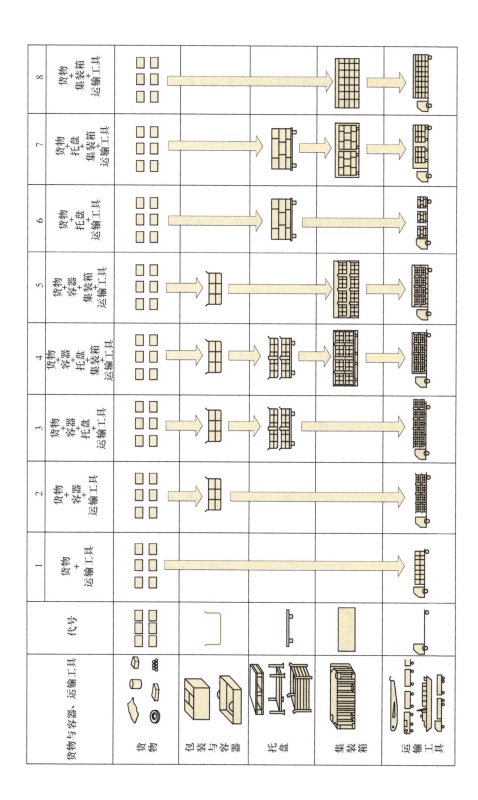

图3-1 货物、集装单元器具、运输工具之间的配置

在这些关系之间,托盘标准化是关键。包装的货物或容器一般都码放在托盘上进行搬运,它们的尺寸应能适合托盘的尺寸,使托盘的满载率达到80%以上。包装和容器的尺寸标准,应根据托盘的尺寸标准制定,托盘的尺寸标准通常取决于下列几个方面的因素:

(1)托盘必须适合国内常用的运输工具尺寸(如叉车货叉的尺寸)。

(2)托盘往往装在集装箱里进行直达运输,因此需适合各类集装箱尺寸的标准。

(3)托盘尺寸标准要充分考虑国际标准以及有往来贸易国家的标准。我国加入WTO后,跨国物流将会越来越多,积极采用国际标准化组织制定的标准,对我们来说具有重要的现实意义。

托盘尺寸标准一经制定,就可以决定包装尺寸和容器尺寸的标准,并且反过来又影响运输工具的尺寸选择,也影响仓库建筑、货架和储存空间的尺寸。可见托盘尺寸的选定,往往是确定其他参数的依据。

随着物流技术的进步,在搬运作业中,单元货载与搬运工具之间的合理配置将改进单元货载的搬运作业。从图3-2中可以看出,从分图a~d所取得的改进效果是很明显的。

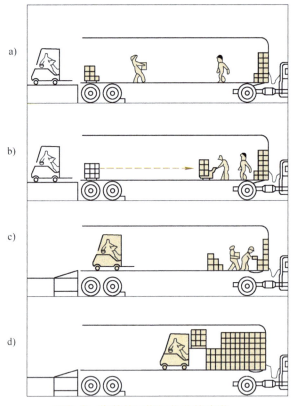

图3-2 集装单元搬运作业的改进

三、实现单元货载的方法——集装

1. 集装的概念

所谓集装,简言之,就是以最有效地实行物料搬运作为基本条件,把若干物品和包装货物或者零散货物恰当地组合,达到适合于装卸搬运设备和机械操作的程度,对这种货物的处理过程叫作集装。

通常，集装可通过栈板化、单元化、货柜化等来完成。

（1）栈板化。栈板化就是将个别品种加以组装并固定于可由搬运车或起重机移动的栈板（托盘、平台）上。最常见的是货物单元化，通过码盘机械将包装货物、袋装货物、桶（瓶）装货物和捆装货物，按照一定的方式逐件（逐个）在托盘上码放而成的。码盘工作时要考虑托盘的面积和堆码货物的面积，充分利用托盘面积并保证堆垛的稳定性。托盘货物集装单元化的优点是可以用叉车完成货物的收发和运输；缺点是产生了码垛费用、空托盘返回费用和存储费用。（托盘内容详见本章第三节）。

（2）单元化。无托盘的货物集装单元化也是将货物加以组装，但是需要额外的材料来包装该货物成为一个单元。单元化最普通的方法是使用集装袋和专门设计的小型传送车。此单元货载可依其尺寸和重量分别以搬运车、输送带或起重机来搬运。集装袋又称柔性货运集装箱，适用于散状货物，如水泥、化肥、粮食、饲料、砂糖、盐、纯碱等。配以叉车或吊车及其他运输工具，就可实现集装单元化运输。集装袋的分类一般可按使用的类型、形状、材料与制袋方法等进行区分。常见的几种集装袋如图3-3所示。

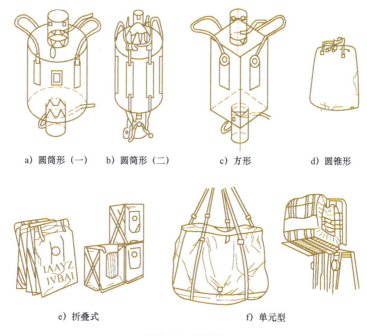

a) 圆筒形（一） b) 圆筒形（二） c) 方形 d) 圆锥形

e) 折叠式 f) 单元型

图3-3 集装袋

常用的集装袋是重复使用型，其中尤以圆筒形使用得最广（见图3-3a和图3-3b）。近几年，由于方形集装袋有较高的装载效率，能保证运输的稳定性，同容量的方形集装袋比圆形集装袋的高度可以降低20%左右，所以方形集装袋发展非常迅速（见图3-3c）。圆锥形集装袋主要用来装载粒度比较小而排料困难的物料（见图3-3d）。一次使用型集装袋多为圆形，其构造强度虽较重复使用型小得多，但足能保证一次使用的强度要求，并且在实际使用中往往不止使用一次，大多数可使用5次左右。它适用于装载各种散状物料。

集装袋还有其他多种形式，但多属于专用性质。例如，图3-3e是一种存放服装的折叠式集装袋；图3-3f为单元型集装袋，可集装各种袋装品，形成一个整体进行搬运，也可与托盘、集装箱等单元化器具配合，进行集装单元化运输。它的特点是结构简单，制造容易、不易破损、密封性能好，不易混入水分和杂质，重量轻，空回时可以折叠，所占空间很小，价格低廉，在某些条件下比使用托盘更为经济实用。与传统的麻袋、纸袋搬运散装物料相比，集装袋可提高装卸效率2～4倍。

（3）货柜化。货柜化就是将品种组装于大型盒子或箱子（主要是集装箱）内（集装箱的详细内容见本章第四节）。

2. 集装系统的基本要素

集装系统的基本要素一般包括以下内容：

（1）工具要素。集装系统的工具要素主要由各种集装工具及配套工具组成，如集装箱、托盘、网络、集装袋、滑板、散装罐等。这些工具的主要作用是将零杂货物组合成单元货物，并以这些工具为承托物、以单元货物为整体进行物流作业。

这些工具以不同形式进行集装，适用于不同的货物，再加上各集装工具有不同的类型和尺寸，所以，基本上可以覆盖全部物质资源。换句话说，集装系统可以适用于全部物流对象。与这些集装工具配套的，还有一些辅助性工具，主要有：①装卸辅助工具，如集装的吊具、索具、叉车附件等；②搬运辅助工具，如使托盘在运输设施上移动的托盘移动器等；③包装辅助工具，如集装货载的稳固工具、装箱及出箱工具等。

此外，集装系统的装置、设施要素主要有：①集装站、场、码头，这些是衔接集装运输的节点，如火车集装装运站、集装处理场、集装码头等，在集装站、场、码头中的活动主要是集装的存放及装卸；②集装装卸设施，主要有集装箱吊车、托盘叉车、集装箱半挂车、散装管道装卸设施、散装输送设备；③集装运输设备，主要有集装箱船、集装箱列车、散闭罐车等；④集装储存设施，主要有集装箱堆场、托盘货架、立体仓库等。

（2）管理要素。集装系统的管理与一般的工厂管理、商业管理区别甚大，整个系统依靠有效的管理才能形成内在的、有机的联系。由于集装的范畴很广，从地域来讲，集装货载的运动可能遍及全国甚至国外，因此，管理有很强的特殊性。主要管理内容有：①托盘、集装箱的周转管理。托盘、集装箱、集装罐等集装工具一旦发运，有时是千里之外，如何回收、复用、返空是管理中的一个重大问题。因此，管理上采取集装箱网络、托盘联营等方式，比较有效地解决了该问题。②集装联运经营管理。集装的整个物流过程涉及若干种运输方式、多个部门和站场，因此，必须进行有效的协作才能使集装箱联运顺利实现。所以，联运合同、协议、责任等都有其特殊之处。③集装信息管理。集装信息是管理中重要的一部分，也是集装系统的独立要素。

（3）集装系统的支撑要素。这主要包括相关体制、法律、制度软环境等。

3. 集装化流程和集装技术

货物单元集装化流程如图3-4所示。

集装技术的内容很多，本节主要从包装货物和袋装货物两个方面进行说明。

（1）包装货物的集装技术。以包装货物的物流合理化为目标的包装，其度量标准尺寸已经有所规定（见JIS Z 0105）。其基础数据以JIS Z 0601：2001连续输送用平货架T-11和T-8的规定作为标准，以能有效装载为前提。用这个规格表示的托盘堆积

图3-4 货物单元集装化流程

实例表示一层堆积的个数,进行数层堆积时,要考虑把堆积形式交叉重合,以防止货物散乱。另外,关于集装的高度,以1900mm为基准。

(2)袋装货物的集装技术。化学工业原料以及制品、饲料、粮食等,较适合袋装包装的场合。为了对此进行集装,袋装货物可以以包装货物为参考,进行平托盘的堆积。

但是,为尽量减少堆积作业,提高装卸效率,通常采取的方法是:一方面设计出筒式托盘或池罐式托盘,另一方面利用称作柔性袋的、容积为$1\sim1.5m^3$的布制袋,避免分割成一个个小容量袋。在这种情况下,由于内容物呈颗粒状,形状难以固定,所以集装时限制在堆积二层的程度。

饲料和化学原料等用柔性袋盛装时,应实行专用化。内容每变化一次,都要进行洗涤。粮食等散装物原封不动进行集装时,必须考虑堆积方法。如果妨碍植物的呼吸作用,进行长期保管,品质就会劣化;在收获之后,为了防止虫害,要进行熏蒸,而且要用透气性良好的材质做袋,在熏蒸仓库内堆积还要考虑通风通气等问题。

(3)特殊零散货物的集装技术。在少数场合,对用袋子之类容纳不了的块状零散物进行集装时,必须在充分研究各种形状、特性的基础上,设计出恰当的方法。对精密机械部件,可用相互不接触的呈排状的辅导器具(附件或者支撑件),并与托盘同时回收,但需要具有与托盘同等的使用寿命,要尽量减少使用可能成为废弃物的缓冲材料。机械部件的原材料一般为锻造品,要谋求其不被损伤并防水,最好是用波纹钢箱和箱式货架堆装。马铃薯和洋葱之类的农产品,从农民仓库到菜场被集中堆放的搬运过程中,大量使用箱式托盘。

(4)防止散架对策。防止散架对策是基于考虑货物包装后在运途中的要求而提出的。一般来说,针对不同类型的货物要有不同的对策。

1)码货模型。把外装牢固的货物往托盘上堆积时,要用有波纹的厚纸箱和袋装物,使堆积形状相同。堆积这类货物,与适合外装尺寸而选定的托盘尺寸有关。在这个基础上,制作出码货的基本模型。

一般来说码货有四种模型,即块式、砖堆式、交替排列式和销轮式。这四种堆放模型也是最基本的方法。实际码货时,应该进一步考虑货物的特性、外装状态和条件等,尽量采用与基本模型相似的有效方法。图3-5是四种常见的托盘码货模型。

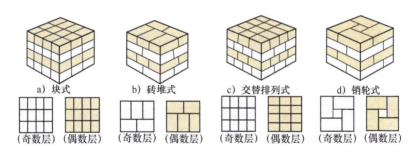

图3-5 常见的托盘码货模型

2)集装的紧固。集装的紧固是保证货体稳固、防止塌垛的重要手段。目前集装的紧固方式一般有带式捆扎、网罩紧固、加框紧固以及收缩或拉紧薄膜加固等方法。当然,在研究码货模型时,还有很多其他方法。如果还要预防因长距离输送和中转装卸等发生散货,可以考虑以下方法:

①在每个上部接触面喷上极稀薄的橡胶糊以防止滑动。

② 在每个单位部件的中间部分垫入一块薄布，把部件分隔开，以增加个装的摩擦阻力。

③ 增高货架的外围高度，降低中心部位，形成围绕中心的倾斜面，使堆积的个装向货架中心部位倾斜。

④ 用经过延伸加工的热收缩性塑料膨胀薄膜，做成摩擦外套，用这种薄膜裹紧堆装的部件。

图3-6是几种常见的紧固式样。

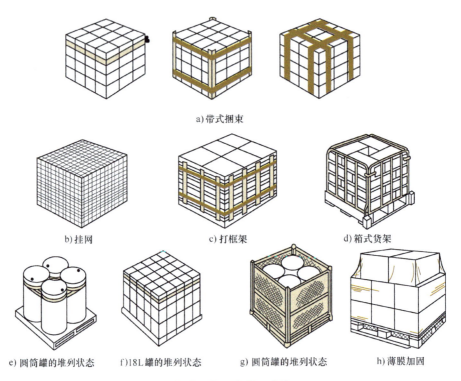

图3-6　常见的紧固式样

第二节　集装单元化设备

一、托盘（Pallet）

托盘作为叉车的附属搬运工具，于20世纪30年代首先在工业部门得到广泛应用。第二次世界大战期间，为解决大量军用物资的快速装卸问题，托盘的应用得到进一步发展。第二次世界大战后，随着经济活动总量的增长，仓库发挥的作用越来越大。为提高仓库的出入库效率和仓库的库容量利用系数，实现仓储作业的机械化、自动化，托盘又成了一种储运工具。为消除货物转载时码盘、拆盘的重复而又繁重的体力劳动，各发达国家开始建立托盘交换、联营和共用租赁体系，如德国铁路（DB）和集保（CHEP），使托盘从企业、港口、货场的使用发展到随车、随船运输，使托盘成为一种运输工具。一些国家还随货直接将托盘运至商店，陈列在柜台上售货，使托盘又发展成售货工具，即托盘装卸—托盘储存—托盘运输—托盘销售，连贯发展成托盘物流。托盘不仅是仓储系统的辅助设备，而且是仓储货物集装单元化的必要条件。

1. 托盘的种类

托盘的种类繁多，就目前国内外常见的托盘种类，大致可以划分为五大类：

（1）平托盘。一般所称托盘，主要是指平托盘。平托盘是托盘中使用量最大的一种，可以说是托盘中的通用型托盘。平托盘可进一步按三个条件分类：

1）按承托货物台面，平托盘分成单面形、单面使用形和双面使用形、翼形四种。

2）按叉车叉入方式，平托盘分为单向叉入型、双向叉入型、四向叉入型三种。其中四向叉入型托盘叉车可从四个方向进叉，因而叉车操作较为灵活。单向叉入型托盘只能从一个方向叉入，因而在叉车操作时较为困难。图3-7为托盘的各种形状和结构。

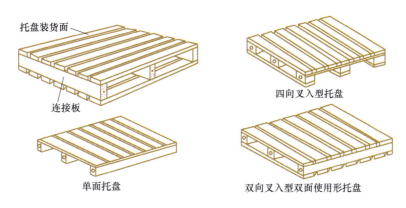

图3-7　托盘的形状和结构

3）按材料分类，平托盘分成以下四种：

① 木制平托盘。木制平托盘制造方便，便于维修，本体也较轻，是使用广泛的一种平托盘。

② 钢制平托盘。用角钢等异型钢材焊接制成的平托盘，和木制平托盘一样，也有叉入型和单面、双面使用型等各种形式。钢制平托盘自身较重，比木制平托盘重，人力搬运较为困难。采用轻钢结构，最低重量可制成35kg的1100mm×1100mm钢制平托盘，可使用人力搬移。钢制平托盘最大特点是强度高，不易损坏和变形，维修工作量较小。钢制平托盘制成翼形平托盘有优势，这种托盘不仅可使用叉车装卸，也可利用两翼套吊器具进行吊装作业。

③ 塑料制平托盘。采用塑料模制平托盘，一般有双面使用型、双向叉入型或四向叉入型三种形式，由于塑料强度有限，很少有翼形的平托盘。塑料制平托盘最主要的特点是本体重量轻，耐腐蚀性强，便于各种颜色分类区别；托盘是整体结构，不存在透钉刺破货物的问题，但塑料承载能力不如钢制、木制托盘。

（2）柱式托盘。柱式托盘的基本结构是托盘的四个角有固定式或可卸式的柱子，这种托盘结构进一步发展又可从对角的柱子上端用横梁连接，使柱子成为门框型。柱式托盘的柱子部分可用钢材制成，按柱子固定与否分为柱式和可卸柱式两种。

柱式托盘的主要作用有两个：①防止托盘上所置货物在运输、装卸等过程中发生塌垛；②利用柱子支撑重量，可以将托盘上部货物悬空载堆，而不用担心压坏下部托盘上的货物。

（3）箱式托盘。箱式托盘的基本结构是沿托盘四个边有板式、栅式、网式等栏板和下部平面组成的箱体，有些箱体有顶板，有些箱体没有顶板。箱板有固定式、折叠式和可卸式三种。

由于四周拦板不同,箱式托盘又有各种叫法,如四周栏板为栅栏式的也称笼式托盘或集装笼。箱式托盘的主要特点有两个:①防护能力强,可有效防止塌垛,防止货损;②由于四周的护板护栏,这种托盘装运范围较大,不但能装运可码垛的整齐形状包装货物,也可装运各种异形而不能稳定堆码的物品。

(4)轮式托盘。轮式托盘的基本结构是在柱式、箱式托盘下部装有小型轮子。这种托盘不仅具有一般柱式、箱式托盘的优点,而且可利用轮子做短距离运动,可不需搬运机械实现搬运;还可利用轮子做滚上滚下的装卸,也有利于装入车内、舱内后移动其位置。所以,轮式托盘具有很强的搬运性。此外,轮式托盘在生产物流系统中还可以兼做作业车辆。

常见托盘如图3-8所示。

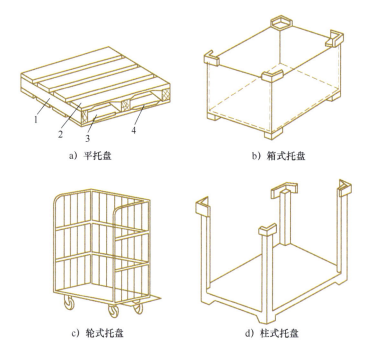

图3-8 托盘

1—梁 2—上盘面 3—货叉口 4—下盘面

(5)特种专用托盘。前述托盘都带有一定的通用性。为适应一些有特殊装载要求物品的搬运需求,现在各国都采用了各种不同类型的特种专用托盘。特种专用托盘是一种集装特定货物(或工件)的储运工具。它与通用托盘的区别在于,它具有适合特定货物(或工件)的支承结构。特种专用托盘主要有以下几种:

1)航空托盘。航空货运或行李托运用托盘,一般采用铝合金制造,为适应各种飞机货舱及舱门的限制,一般制成平托盘,托盘上所载物品以网络覆罩固定。

2)平板玻璃集装托盘。这种托盘又称平板玻璃集装架,能支撑和固定平板玻璃,在装运时,平板玻璃顺着运输方向放置以保持托盘货载的稳定性。平板玻璃集装托盘有若干种,使用较多的是L形单面装放平板玻璃单面进叉式托盘,A形双面装放平板玻璃双向进叉式托盘、吊叉结合式托盘及框架式双向进叉式托盘。

3)油桶专用托盘。这是专门装运标准油桶的异形平托盘,为双面型,两个面皆有稳固油桶的波形表面或侧挡板，油桶卧放于托盘上面，由于波形槽或挡板的作用，不会发生滚动位移，还可几层叠垛，以解决桶形物难堆高码放的困难，也方便储存。

4）货架式托盘。这是一种框架形托盘，框架正面尺寸比平托盘略宽，以保证托盘能放入架内，架的深度比托盘宽度窄，以保证托盘能搭放在架上。架子下部有四个支脚，形成叉车进叉的空间。这种架式托盘叠高组合，便成了托盘货架，可将托盘货载送入内放置。这种货架式托盘也是托盘货架的一种，是货架与托盘的一体物。

2. 托板标准化及规格尺寸

以托盘作为仓储货物集装单元化的装载工具，可始终用机械装备如叉车等来装卸、搬运、保管货物。在这几个物流环节中，同一托盘连续使用，不需更换。如果托盘规格不统一，在各作业环节之间不能通用与互换，势必造成因更换托盘而增加人力、时间与资金投入，造成不必要的麻烦与浪费。因此要实行托盘化，必须做到托盘规格的统一，即托板标准化。

托板的规格尺寸在美国是完全标准化的，美国（ANSI标准）最普遍采用的是1219mm×1016mm [48in×40in（in为非法定计量单位，1in=0.0254m，后面涉及此问题将不再提及）]尺寸的托盘，因为这与火车的货车车厢以及货车拖车的尺寸相配合。

由于世界各国使用托盘的历史不同，各国的托盘尺寸均有不同。为了达到国际联运的目的，托盘的尺寸规格应有国际统一标准，但目前很难做到。下面介绍ISO世界托盘标准和我国托盘国家标准。

（1）ISO世界托盘标准。ISO已经制定了四种托盘的标准尺寸，这是当前世界托盘标准的主流。根据ISO 6780—2003《联运通用平托盘主要尺寸及公差》的规定，现有的托盘有四个系列：

1）1200系列（1200mm×800mm和1200mm×1000mm）。1200mm×800mm托盘也称欧洲托盘，它的应用范围最广；1200mm×1000mm托盘多用于化学工业。

2）1100系列（1100mm×1100mm）。这个尺寸系列是由发展较晚的国际集装箱最小内部宽度尺寸2330mm确定形成的。

3）1140系列（1140mm×1140mm）这是对1100系列的改进，目的是充分利用集装箱内部空间。1140系列正在亚洲普及，是日本、韩国和我国台湾采用的标准托盘。

4）1219系列（1219mm×1016mm）（48in×40in）。这是考虑北美国家习惯，以英寸为单位制定的系列。

（2）我国托盘国家标准。经过20多年的努力，我国于2007年形成的GB/T 2934—2007《联运通用平托盘主要尺寸及公差》中，最终选定1200mm×1000mm和1100mm×1100mm两种规格作为我国托盘国家标准，并优先推荐使用1200mm×1000mm规格。我国的相关标准如下：

1）联运平托盘外部尺寸系列GB/T 2934—2007标准。本标准适用于公路、铁路、水运、航空等不同运输方式联运，应用机械进行储运装卸作业的各种不同材料的托盘。托盘外部尺寸是指长度、宽度和叉孔高度尺寸。

2）木制联运托盘技术条件GB/T 4995—1985标准。本标准规定了用于公路、铁路、水运、航空等不同运输方式的木制联运平托盘的技术条件。非联运及一次性使用的木制平托盘，可参考采用。

3）铁路货运钢制平托盘GB 10486—1989标准。本标准适用于钢制平托盘的规定、技术要求和实验方法。本标准适用于铁路内部及铁路与货主间使用的钢托盘，也适用于联运钢托盘。

4）塑料平托盘GB 15234—1994标准。本标准的内容和适用范围：本标准规定了塑料平托盘的产品分类、技术要求、实验方法以及检验规则和标志、运输、存储等基本要求。本标准适用于以高度聚乙烯、聚丙烯等为主要原料，能两向或四向进叉，负荷为1000kg的单面、双面使用的塑料平托盘。

二、集装箱

1. 概述

集装箱是具有一定规格和强度、能进行周转用的大型货箱。根据货物特性和运输需要，集装箱可以用钢、铝、塑料等各种材料制成。它适合铁路、公路、水路、航空等多种运输方式的现代化装卸和运输，是仓库外部物流合理化的集装化运输用具。

（1）集装箱的定义

GB/T 1992—2006《集装箱名称术语》中对集装箱定义如下：集装箱是一种供货物运输的设备，应满足以下条件：①具有足够的强度和刚度，可长期反复使用；②适于一种或多种运输方式载运，在途中转运时，箱内货物不需换装；③具有便于快速装卸和搬运的装置，特别是从一种运输方式转移到另一种运输方式；④便于货物的装满和卸空；⑤具有1m³及其以上的容积。⑥是一种按照确保安全的要求进行设计，并具有防御无关人员轻易进入的货运工具。集装箱这一术语不包括车辆和一般包装。根据货物特性和运输需要，集装箱可以用钢、铝、塑料等各种材料制成。它适合铁路、公路、水路、航空等多种运输方式的现代化装卸和运输。

（2）集装箱的结构特点

集装箱不同于公路和铁路货车的车厢，也不同于反复使用的大型包装箱。其主要特点是有8个角件，依靠这8个十分简单但结构尺寸和定位尺寸都很精确的角件，可以完成集装箱的装卸、栓固、堆码、支承等作业。图3-9是集装箱的结构及部分名称简图。

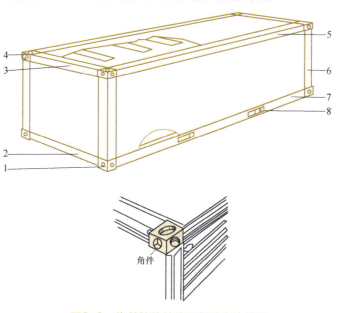

图3-9　集装箱的结构及部分名称简图

1—角件　2—下端梁　3—上端梁　4—顶梁　5—上侧梁　6—角柱　7—下侧梁　8—叉槽

2. 集装箱分类

一般按用途和货物的特点，集装箱可分为普通货物集装箱和特种货物集装箱。

(1) 普通货物集装箱（包括通用集装箱和专用集装箱）。普通货物集装箱的结构有内柱式、外柱式、折叠式和薄壳式等。

1) 内柱式集装箱，如图3-10a所示。它的侧柱或端柱位于侧壁或端壁之内，优点是外表平滑，受斜向外力不易损伤，印刷标志也比较方便，外板与内衬板之间留有空隙，故防热效果好，并能减少货物的湿损率。在修理和更换外板时，箱内衬不需要取下。

2) 外柱式集装箱，如图3-10b所示。它的侧柱或端柱在侧壁或端壁之外，故受外力时，对外板不易损伤，有时可以不要内衬板。

3) 折叠式集装箱，如图3-10c所示。它的主要部件（指侧壁、端壁和箱顶）能简单地折叠或分解，再次使用时可以方便地再组合起来。其优点是在回收和保管时能缩小箱的体积，提高运输的经济效果。但由于各主要部件是用铰链连接的，故其强度受到影响。

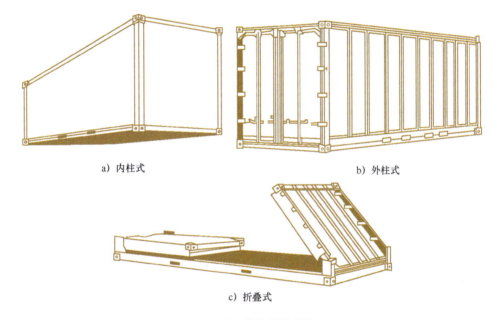

图3-10 集装箱的分类

a) 内柱式　　b) 外柱式　　c) 折叠式

4) 薄壳式集装箱。它与一般集装箱结构（由骨架承受荷重，箱的外板与骨架是铆接或焊接在一起的）不同，所有的部件组成1个刚体，近似飞机结构。其优点是重量轻，整体可以承受所发生的扭力而不会引起永久变形，但工艺要求高。

普通货物集装箱以装运货物为主，包括五金、机电产品、零部件等。其中通用集装箱要求结构尺寸符合国际或国内尺寸标准，便于流通和周转；而专用集装箱主要作为专门用途或单一品种规格的普通货物流通使用，对结构尺寸标准要求不严格。

(2) 特种货物集装箱

1) 干货类集装箱。干货类集装箱一般也是通用集装箱，以装运文化用品、日用百货、医药、纺织品、工艺品、化工制品、电子机械、仪器、机械零件等杂货为主。其使用数量占全部集装箱的70%~80%。各国制造的干货集装箱，其外部尺寸都按国际标准制造，而内部尺寸和其他技术参数根据所采用的材料和结构略有差异。为防止货物在箱内摇动，箱内设有确保货物稳定的附属设备。这类集装箱大部分为端开门式，端门闭锁后即成密闭状态。根据货物的装卸要求，这类集装箱还可分为侧开门式、侧壁全开式和开顶式。

为适于装载初加工皮货、带根的植物或蔬菜、食品及其他需要一定程度通风和防止潮湿的一般杂货，有效地保证新鲜货物在运输途中不腐烂损坏，侧壁或端壁设有4~6个通风窗口，如将通风窗口关闭，就和干货集装箱一样。为强调通风作用，有时也称其为通风集装箱，如图3-11所示。该箱内装载潮湿货物时，为防止其渗出物对箱内污染和便于洗涤，在箱的内壁涂一层玻璃纤维加强塑料。为了排除集装箱内部的渗水，箱底设有放排水旋塞。

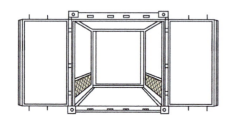 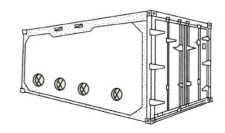

图3-11 通风集装箱

2）保温类集装箱。它可分为冷藏集装箱和保温集装箱两种。

冷藏集装箱是专门运输那些要求一定低温的新鲜水果、肉、水产品等食品的。目前国际上采用的冷藏集装箱有内藏式和外置式两种。内藏式集装箱的箱内装有冷冻机；外置式集装箱的箱内没有冷冻机，而只有隔热结构，在箱的前壁设有冷气吸入口和排气口，由专门的冷藏装置供给冷气。两种冷藏集装箱各有优缺点。集装箱运输时间较长，采用外置式较为合适；反之，集装箱运输期较短，则采用内藏式较好。

保温集装箱适于装载对温度变化十分敏感的货物，如精密仪器、油漆、石蜡等；也适于装载在运输途中不允许温度上升而需要通风的货物，如水果罐头、糖果、葱头等蔬菜类食品，其特点是能隔绝外部温度变化的影响。在一般情况下，箱内温度保持不变。集装箱前壁和箱门上各有几个通风窗口，一般直径为215mm，并装有百叶窗以供开闭。

3）框架类集装箱。这类集装箱包括板架集装箱、汽车集装箱和牲畜集装箱。其中，汽车集装箱和牲畜集装箱的结构分别如图3-12、图3-13所示。

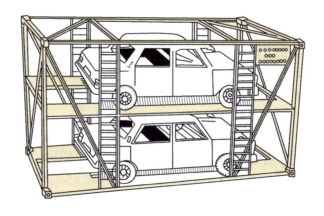

图3-12 汽车集装箱的结构

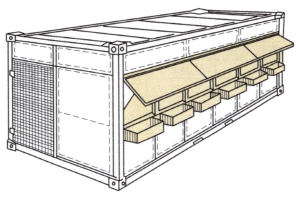

图3-13 牲畜集装箱的结构

板架集装箱用来装载不适于用干货集装箱或开顶集装箱装运的长大件、超重件和轻泡货,如重型机械、钢管、钢锭、裸装机械和设备等。它没有箱顶和侧壁,箱端壁也可以卸掉,只靠箱底和四角柱来承受载荷,故又叫平台或平板集装箱。

三、集装箱标准化

为了便于集装箱在国际上的流通,1964年国际标准化组织(ISO)在汉堡会议上公布了两种集装箱的标准规格系列:第一系列(1A~1F 6种)和第二系列(2A~2C 3种),共9种规格。1970年在莫斯科会议上增加了第三系列(3A~3C 3种)集装箱。第一系列又增加了1AA、1BB和1CC 3种型号集装箱。表3-1为国际上集装箱运输最常用的3个系列的外部尺寸和重量等级的数值。我国现有通用货物集装箱的规格如表3-2所示。

表3-1 国际集装箱系列尺寸表

系 列	箱 型	高/mm	宽/mm	长/mm	最大总重量/kg
Ⅰ	1A	2438	2438	12192	30480
	1AA	2591	2438	12192	30480
	1B	2438	2438	9125	25400
	1BB	2591	2438	9125	25400
	1C	2438	2438	6058	20320
	1CC	2591	2438	6058	20320
	1D	2438	2438	2991	10160
	1E	2438	2438	1968	7110
	1F	2438	2438	1450	5080
Ⅱ	2A	2100	2300	2920	7110
	2B	2100	2300	2400	7110
	2C	2100	2300	1450	7110
Ⅲ	3A	2400	2100	2650	5080
	3B	2400	2100	1325	5080
	3C	2400	2100	1325	2540

表3-2 我国现有通用货物集装箱的外部及内部尺寸、重量

型号	高/mm		宽/mm		长/mm		最大重量/t
	外部尺寸	内部尺寸	外部尺寸	内部尺寸	外部尺寸	内部尺寸	
BJ—1	1300		1300		900		1
BJ—5	2438	2197	2438	2330	1968	1780	5
JZ20	2438	2240	2438	2342	6058	5880	20
BJ5	2438	2227铁底板	2438	2354	1968	1826	5
BJ5	2438	2213木底板	2438	2354	1968	1826	5
TJ5	2438	2202	2438	2340	1968	1818	5
BJ5	2438	2207～2213	2438	2337～2353	1968	1812～1830	5
BJ5	2438	2204.5～2211.7	2438	2349～2361	1968	1809.7～1824.7	5

为便于统计集装箱的运量，常将20ft（ft为非法定计量单位，1ft=0.3048m，后面涉及此问题将不再提及）的标准集装箱作为国际标准集装箱的标准换算单位，称为换算箱或标准箱，简称TEU（Twenty-foot Equivalent Unit）。一个20ft的国际标准集装箱换算为一个TEU；一个40ft的集装箱简称FEU（Forty-foot Equivalent Unit），1FEU=2TEU。目前，国际上集装箱尺寸已发展到45ft、48ft，在重量上发展到35t以上。

由表3-1可知，每系列集装箱的宽度相同，为充分利用各种运输工具的底面积，有必要了解各种规格集装箱的长度关系。根据表3-1的数据资料，1A型40ft（12192mm）、1B型30ft（9125mm）、1C型20ft（6058mm）、1D型10ft（2991mm），设集装箱间的标准间距I为3in（76mm），则

$$1A=1B+I+1D=9125mm+76mm+2991mm=12192mm$$
$$1B=1D+I+1D+I+1D=3×2991mm+2×76mm=9125mm$$
$$1C=1D+I+1D=2×2991mm+76mm=6058mm$$

其配合关系如图3-14所示，图中有剖面线的区域为标准间距。

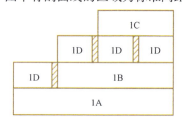

图3-14 国际标准集装箱的配合关系

第三节 物料搬运设备

物料搬运设备主要可以分为以下四类：地面输送机、空中输送机、起重机械和搬运用车辆。

一、输送机

输送机（Conveyors）的特点是工作时可以连续沿同一方向输送散料或重量较轻的单件物品，装卸时不用停机，所以有较高的生产率，常用于流水作业生产线。皮带类型的通常简称为传送带，其他类型则称为连续输送机。输送机可以根据其装载的产品类型（散装或单元化）进行分类，也可根据其所处的位置（如在空中和地面）或其最大载重量等进行分类。

在现代流程系统和输送系统中,输送机已广泛应用于配送业。当这些系统与基于条码技术的现代标识和识别系统结合起来使用时,就能对现代仓库中大量商品的运输和分拣产生非常重要的作用。

1. 地面输送机

地面输送机中最常见的几种类型有斜槽输送机、带式输送机、滑轮输送机、辊道输送机、链式输送机等。

(1)斜槽输送机。斜槽输送机(见图3-15)是一个斜的管道或滑板,能将物流滑到一个位置较低的地方。它是运输设备中价格最便宜的一种,可以散装运送,也可以单元载荷运送。它经常用于将两个动力的运输设备线连接起来,也能在货运区将货物集中起来。

(2)带式输送机。带式输送机常称为传送带的平带输送机(见图3-16),用来输送轻的或中等重量的物品。它利用物品与带间的摩擦来实现物品的运输。很明显,物品在带上的积聚、合并和分拣也是靠摩擦力实现的。带是用滚子或滑动底座来支撑的。滑动底座用于小的不规则形状的物品运输。传送带常用于产品很轻的装配厂(如玩具厂)。参观这种工厂就能发现,在装配线上有许多传送带。带式输送机可以运送散料,也可运送件货,如装配流水线上的传送带。

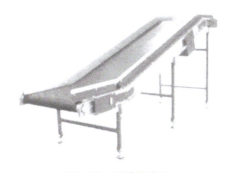
图3-15 斜槽输送机

图3-16 平带输送机

带式输送机上托辊的形状可分为槽形及平形两种,运送散料时多用槽形上托辊,槽角可为20°、30°、35°、45°等。平形上托辊也可以运输散料,但比较少,主要用于运送件货。

通用带式输送机的皮带宽度有500mm、650mm、800mm、1000mm、1200mm和1400mm 6种标准规格,带速通常在1.25~5.0m/s。

(3)滑轮输送机(见图3-17)。滑轮输送机是由一系列装在轴上的滑轮组成的,有时也称算盘输送机。它用来运送轻的单元载荷,也可用于运送堆积的物品。滑轮的间距由被运送的物品决定,滑轮输送机价格便宜,而且便于扩展。

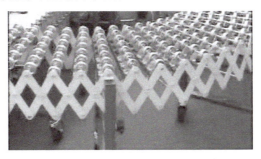
图3-17 滑轮输送机

(4)辊道输送机。辊道输送机(见图3-18)是工厂中常用的一种输送机,主要用来运送单元载荷。它可以装上动力,也可以没有动力,利用重力来运送物体。若装上动力,它往往由链条或带来传动,被运送的物体与辊道接触的表面要平整。对于装瓶厂、钢铁厂和铸造车间内部运送表面不甚粗糙的零件,选择这种输送机是适宜的。为了与传送的物体相适应,需要选择合适的辊道尺寸,首要规则是最小的物体也要有三个辊子支撑。无平整表面或平整表面较小的物体可放置在工位板上输送,这是装配线上工件传送的常用形式,新型设计的弧形工位板能方便地在辊道上沿着转角和弯道运行,如图3-18b所示。另一种情况是,当需要引导物体的传送方向时,沿传送方向的辊子应带有锥度。输送机可以装上一个压力传感器,当物品积聚到一定重量就自动起动。这种输送机通常用来合并/分拣物品。

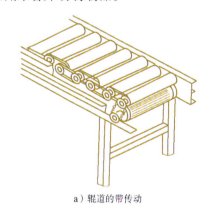

a)辊道的带传动

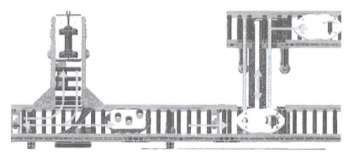

b)装配线上的工件传送

图3-18 辊道输送机

(5)链式输送机。链式输送机是通过驱动链轮与链条相啮合使链条实现运行的,所以不像带传动那样会存在有弹性滑动,从而保证了链式输送机输送速度的稳定,能保证精确的同步输送。因此,在自动化生产过程中常利用这一特点来控制生产流水线的节拍。链式输送机类型很多,以下是四类主要的输送机:

1)悬挂链式输送机。这种输送机整个机组架设在空中,输送的物品借吊具与滑架在空间立体范围内运行。

2)承托式链式输送机。这种输送机整个机组架设在地面上,输送物品放置在工装板上,输送链条带动工装板,以操作者适应的高度运行,可以沿线体做多工位操作。

用于地面输送的主要是承托式链式输送机。承托式链式输送机又分为拖链输送机和差速链输送机。

① 拖链输送机。拖链输送时,链条驱动的工件与链条间无相对运动,二者同速。拖链输送

机是地面搬运的一种形式，多用于车间内部。图3-19是用于热处理车间的拖链输送机，右边是它的驱动及张紧装置。图3-20是用于汽车底盘装配线的拖链输送机。拖链输送机还可带动小车在轨道上运行，组成拖链搬运系统。近年来，这种小车在技术上的发展主要集中在计算机控制方面，例如，美国《芝加哥论坛报》采用拖链小车系统来搬运新闻纸卷，共有3条回路，长度分别为316077.6mm、314858.4mm和175260mm，随时准备把纸卷装在印刷机上。计算机收到某台印刷机要纸的请求后，立即查找并确定离该台印刷机最近的带有所需要纸卷的小车。当该小车行驶到该台印刷机支线时，计算机控制拨叉装置，把小车推到支线上，如图3-21所示。

图3-19 热处理车间的拖链输送机

图3-20 汽车底盘装配线的拖链输送机

图3-21 拖链搬运系统

② 差速链输送机。差速链输送时，被驱动的工件与链条间有相对运动，二者不同速。通常工件的速度是链条速度的2倍，这就是所谓的倍速链。差速链多用于计算机和电器生产线。图3-22是用于电器输送的差速链输送机。

差速链输送时，物件放在工装板上，工装板放在链条带动的滚轮上。滚轮既随链条一同平移，又有向前进方向的自转，所以工装板的速度是链条速度的2倍。

3）刮板式链式输送机。这种输送机使被输送的块状、粒状或粉末状物料放置在料槽内，通过输送链条刮送，具有较高的自动化程度。

4）链式提升机。这种输送机在输送链条上配置众多的料斗、托盘或托架，主要用来在垂直方向提升物料。

其他类型的输送机还有薄板输送机、磁性带输送机、桶式输送机、螺旋式输送机等。

图3-22　差速链输送机

2. 空中输送机

高空运输主要利用悬挂式链式输送机、单轨电动小车和架空索道。

（1）悬挂式链式输送机。悬挂式链式输送机是由高空轨道上行驶的一系列悬挂货箱组成的，这些货箱是在封闭环路上等距离排列并由链条相连的（见图3-23）。这种设备广泛用于加工、装配、包装和储存等各种操作中，并可以兼用来传送轻的或重的物品。

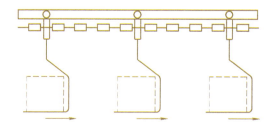

图3-23　悬挂式链式输送机

悬挂式输送机系统广泛用于成批大量生产的企业中，作为车间内部流水线上或车间与车间之间的机械化连续运输设备，以运输毛坯、半成品和其他包装好的物品。普通的悬挂式输送机系统一般是由驱动装置、张紧装置、牵引件、承载小车及安全装置等组成的闭合线路，其轨道一般采用轧制型钢。当采用冷冲可拆链或模锻可拆链，载荷较轻时，可采用双铰链。普通悬挂式输送机可以实现水平运输或垂直运输、转弯等，悬挂在厂房屋架或楼板梁下，节省占地面积。它可以实现较长距离的输送，从几十米到几百米甚至几千米，速度范围可以从每分钟零点几米到50m。这种输送机功率消耗较低。图3-24是用于工件热处理的悬挂式输送机。

（2）单轨电动小车。单轨电动小车系统是空中运输的一种比较先进的方式。图3-25是在车间空中运输物品的单轨电动小车。

单轨电动小车与悬挂式输送机不同，它不用链条等牵引件带动，而是每个小车都有自己单独的驱动装置，灵活性大，不受链条等牵引件的约束。近年来，单轨电动小车系统发展迅速。它除了同样具有空中运输、减少占地面积、充分利用厂房空间等优点外，尤其是可以设置道岔，能实现从一个轨道进入另一个轨道的水平交叉搬运；可以设置升降机构，使得小车能从一个水平面的轨道进入另一个水平面的轨道，实现空间交叉搬运，构成一个空间立体搬运系统。

单轨电动小车不需要牵引链条及链条的轨道，其线路扩充及更改具有柔性。

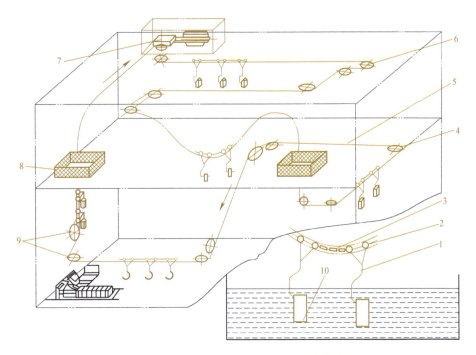

图3-24 用于工件热处理的悬挂式输送机

1—吊具 2—滑架 3—牵引构件 4—改向链轮 5—架空轨道 6—张紧装置
7—驱动装置 8—保护栏 9—空中改向轮 10—加工工件

图3-25 车间上空运输物品的单轨电动小车

单轨电动小车的线路布置灵活，可以安放存储线路，储存生产或装配线上所需要的零部件；根据需要可随时把零件运到生产或装配线所需要的地方，起缓存作用；可以根据生产计划和工艺的变更而增减小车的数量与运行速度，便于实现自动化。它能耗低、噪声小，适用于汽车、拖拉机、机床及家用电器等制造厂。

最长的单轨电动小车线路长达几千米。它能前进后退，实现多种运行速度，直线段速度可达100m/min；而到工位前减速到每分钟几米，停车准确度可达±10mm。

单轨电动小车系统适用于：①工厂间的运送和储存；②工厂内及车间之间的运输；③配送中心，单层、高层建筑物等内部多点多层间的运输。

（3）架空索道。架空索道是利用架设在空中的钢丝绳作为承载轨道，牵引载重小车在轨道上运行来运送货物的。其优点包括：索道布线不受地形限制，爬坡能力大，双索道最大爬坡角度达22°～27°，可以直接跨越陡坡、深谷、河流，设备结构简单，适用于矿山及企业内部运输。

3. 垂直升降机

垂直升降机（见图3-26）是在多层仓库内用作件货和托盘货物垂直运输的设备，其特点是占地面积小。它将若干根板条组成的载货台安装在四根链条上，由板条组成的载货台具有足够的柔性，在链条运行过程中，可绕过链轮转向。在提升过程中，载货台保持水平；回程时载货台由水平位置变成垂直位置，回程结束时，又恢复到水平位置，从而减少升降机的占地面积。垂直升降机根据进货口和出货口安排的不同分为C形和S形（见图3-27）。C形垂直升降机的进货口与出货口在同一方向，而S形的进货口与出货口在不同方向；C形垂直升降机的出货口和载货台的回程交叉，容易发生事故，而S形垂直升降机的出货口的作业不受载货台回程的影响。

垂直升降机的工作能力除与提升速度有关外，还取决于载货台的长度和提升货物的高度。垂直升降机的提升速度大多在1m/s之内，每小时约能运送3000件货物。

图3-26 多层仓库的垂直升降机

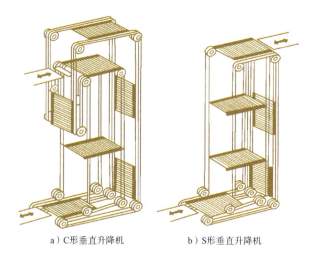

a）C形垂直升降机　　　　b）S形垂直升降机

图3-27 C形和S形垂直升降机

二、起重设备

车间、仓库内采用各种不同类型的起重设备，如桥式起重机、电动葫芦、旋转起重机等。其中桥式类型的应用最多，如机械加工车间、铸造车间、冶金车间、装配车间、露天堆场等几乎都装有桥式起重机，作为搬运设备。起重设备与垂直升降机不同。起重设备的特长是起重，起重量是它的主要指标；垂直升降机的特长是升降，垂直位移是它的主要指标，通常用于升降较轻的单元货载。

企业内应用的起重设备种类很多，此处只做简单介绍，详细介绍可参阅有关资料。

1. 单臂吊车

单臂吊车（Hoists）（见图3-28）用于物体的起重（上升或下降）移送，它可以用人工、电力或压缩空气来驱动。

起重臂像一个机械手，在工作区域内起重移送物品，如图3-29所示。起重臂安装在墙上，或者在地板上加上一个支撑。若安在地板上，它能旋转360°，物体的升起和降下是借用一个安在起重臂上的升降滑轮来实现的。

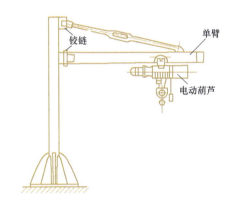

图3-28 单臂吊车　　　　　　　　　图3-29 起重臂

2. 桥式起重机

桥式起重机也称吊车或天车（Bridge Crane）（见图3-30）。它在墙的两侧有两根轨道，这样的安排（布置）能够在立体空间中实现物体的移送。通用桥式起重机已经有系列产品，跨度 $L=10.5 \sim 31.5 m$，起重量一般为 $Q=5 \sim 50 t$。

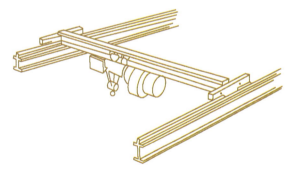

图3-30 桥式起重机

高架移动起重机（Gantry Crane）（见图3-31），非常类似桥式起重机，但它不是用墙体支撑，而是从地上支起一两个支柱来支撑。另一个差别是，高架移动起重机用于跨越一个较小的范围，而桥式起重机跨越的范围比较大，如将支柱跨越并固定，也可以在轨道上移动。高架移动起重机如果有两个支柱，可以安装在室外使用。

3. 龙门起重机

龙门起重机与桥式起重机类似，不同之处是横梁的两侧均有立柱，形如门框。它广泛用于露天货场，跨度L=10～40m，起重量Q=0.5～320t。小型的龙门起重机也称为装卸桥，用于车间内部，如图3-32所示。

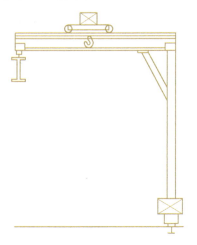

图3-31 高架移动起重机

图3-32 龙门起重机在车间内的应用

4. 堆垛起重机

堆垛起重机（Stacker Crane）也与桥式起重机类似（见图3-33），主要的不同是它不使用升降机，而是使用一个带叉的桅杆或者搬运单元载荷的平台。这种起重机有时被称作"轨道上的叉车"。它常被用来安装在仓储货架上，特别是在超过15m的高架上储和存取物品。这种起重机能被遥控，或者由桅杆上的小舱中的操作员控制，或者由货架支撑。图3-33b所示的堆垛起重机是用起重机标准组件KBK组成的堆垛起重机，主要由一个KBK、一双梁悬挂式起重机和一个专用堆垛小车组成。这种堆垛机尤其适用于单元货物、容器和堆料托板的输送、分拣、储存和存取，起重量最大可达500kg。同时，它能够将所有工作经过一道工序完成，不需要梯子和存取车，也不需要其他辅助工具。堆垛起重机配备的吊具有货叉、芯棒、夹钳和其他符合荷载要求的物料抓取装置。堆垛起重机小车很容易手动行驶，可旋转360°，电动葫芦负责完成起升运动。

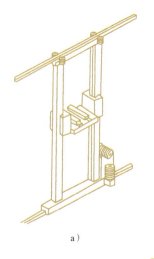

a)

b)

图3-33 堆垛起重机

三、工业搬运车辆

叉车、电瓶车、人力推车、轻轨车、拖挂车等常常作为车间之间的物料搬运工具,俗称工业搬运车辆。工业搬运车辆是在没有障碍或限制的区域内,在经常变化的二维路径之间运送物料。一般来说,当在给定的两地之间运送物料流量不充分或间断时,或当需要更多的灵活性时,工业用车就成了一种适用的运输设备。很多车辆都安装有举重设备,以便能垂直移动货物。工业搬运车辆的另一个重要用途是单元载荷货物的存取。目前其种类已经非常多,下面主要介绍几种常用的类型。

1. 叉车

叉车是车站、码头、仓库和货场广泛用来承担装卸、搬运、堆码作业的一种搬运车辆。它具有适用性强、机动灵活、效率高等优点。它不仅可以将货物叉起进行水平运输,还可以叉取货物进行垂直堆码。所以,叉车在自动化立体仓库中得到广泛应用。图3-34和图3-35分别是叉车在汽车储运和自动化仓库中的应用。

图3-34 叉车在汽车储运中的应用

图3-35 叉车在自动化仓库中的应用

叉车有以内燃机为动力的，称为内燃叉车，也有以蓄电池为动力的，称为电瓶叉车。电瓶叉车的优点是运行时不排出废气，对空气及环境的污染少，噪声也小。这点对在车间内及库房中的作业是很重要的。但电瓶叉车及其他电瓶运输车辆需要专门的充电设备，而且蓄电池的充电时间较长。

叉车本身既是装卸堆垛的工具，又可以用作短途运输。一般的机械工厂车间之间常选用电瓶车作为运输工具，但是它的主要作用还是装卸堆垛。

叉车种类很多，可以从不同角度分类。如果按构造的不同，可以分为正面式、侧面式和转台式叉车；如果按所用动力的不同，则可以分为内燃式、蓄电池式和无动力叉车。

在这里，按构造分类，对不同类型的叉车分别进行介绍。

（1）正面式叉车。正面式叉车的特点是货叉朝向叉车正前方。正面式叉车根据结构的不同可分为五种：手动液压叉车、平衡重式叉车、插腿式叉车、前移式叉车和四向行走叉车。

1）手推液压叉车（见图3-36）。手推液压叉车是指利用人力推拉运行的简易插腿式叉车。其型式有手摇机械式、手动液压式和电动液压式三种，用于工厂车间、仓库内效率要求不高、需要有一定堆垛作业、装卸高度不大且单向搬运距离在100m以内的场合。其起重能力为500～1000kg，起升高度为1000～3000mm，货叉最低离地高度不大于100mm。

图3-36　手推液压叉车

2）平衡重式叉车（见图3-37）。它是使用最为广泛的叉车之一。这种叉车的货叉在前轮中心线以外。为了克服货物产生的倾覆力矩，在叉车的尾部装有平衡重。车轮采用的是充气或实心轮胎，运行速度比较快，而且有较好的爬坡能力。取货时和卸货时，门架前倾，前倾角度一般为3°，便于货叉插入和抽出；取货后门架后倾，后倾角度一般在8°～10°，以便在行驶中保持货物的稳定。这种叉车可根据作业对象和作业方式的不同，在叉车的叉架上增设叉车属具，实现"无托盘"搬运需要。

平衡重式叉车可以是内燃式的，也可以是蓄电池式的。内燃式叉车因噪声大和产生有害气体，适用于露天货场作业；蓄电池式叉车适用于室内或环境条件要求较高的场所。

平衡重式叉车主要由发动机、底盘、门架、叉架、液压系统、电气系统及平衡重等部分组成。主要性能参数有起重量、最大起升高度、货叉长度、最小转弯半径、最大起升速度、最大运行速度等，可根据作业对象和作业要求进行选择。

图3-37 平衡重式叉车

平衡重式叉车的起重量是货物重心至货叉前臂的距离不大于载荷重心距时，允许起升的货物最大重量，它取决于叉车的稳定性要求，如图3-38所示。根据图3-38，叉车允许载重量的计算公式可表示为

$$P_1 = \frac{G_{后}l}{v(a+b)}$$

式中　P_1——叉车的允许载重量；
　　　$G_{后}$——落在后轮上的叉车空车重量；
　　　l——叉车的轮轴距；
　　　a——载重货物重心至叉臂的距离；
　　　b——叉臂到前轮中心的距离；
　　　v——叉车稳定性系数，一般要求1.5。

叉车的起重能力与货物重心至载荷中心距离的关系可用叉车的载荷曲线表示。图3-39表示的是某种叉车的载荷曲线，图中横坐标表示货物重心至载荷中心的距离。

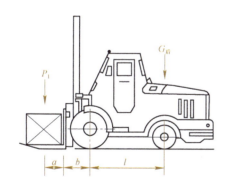

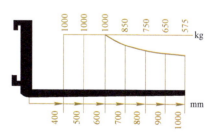

图3-38 平衡重式叉车允许载重量的计算简图　　　图3-39 平衡重式叉车的载荷曲线

3）插腿式叉车（见图3-40）。插腿式叉车结构非常紧凑，货叉在两个支腿之间，因此无论在取货或卸货还是在运行过程中，都不会失去稳定。由于结构紧凑，叉车尺寸小，转弯半径也小，适于库内作业。这种叉车一般采用蓄电池作为动力，不会污染环境。这种叉车的座椅采用的是侧向布置方式，操作人员向叉车两侧及向后的视野良好，所以工作时一般都采用倒车行走

方式。由于叉车在叉取货物时，支腿和货叉都必须插入货物底部，因此要求叉取的货物底部一般高出地面200mm左右。

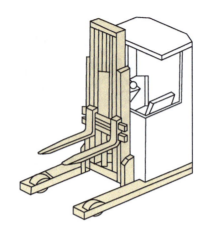

图3-40　插腿式叉车

4）前移式叉车（见图3-41）。它的结构与插腿式叉车类似，但取货或卸货时，门架可由液压系统推动，移到前轮之外；运行时，门架又缩回车体内。前轮的直径大约为300mm，因此，要收回货叉，必须先将货物升起一定高度。

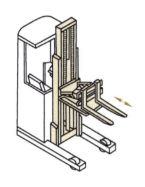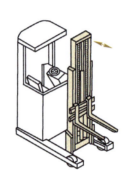

图3-41　前移式叉车

5）四向行走叉车。它是在前移式叉车的基础上改造，专门用于长大件货物作业的叉车。不同之处在于，它的四个车轮均能在90°范围内转动任意角度，这样叉车既可向前、向后行驶，也可向左、向右行驶，能在原地对运行方向进行调整。因此，叉车工作时所需的货架通道宽度很窄。

（2）侧面式叉车。侧面式叉车货叉装在车身的侧面，是平板运输车和前移式叉车的结合，门架可以伸出取货，然后缩回车体内将货物放在平台上即可行走。它适用于装卸运输钢管、型材、木材、电线杆、水泥管等细长货物。

（3）转台式叉车。转台式叉车是专门用于仓库的无轨堆垛机的一种叉车。其货叉有一个回转机构，还有一个侧移机构。两个机构协调动作，货叉可以面向货架通道任意一侧的货架，并伸到货格中完成存取作业，而不需要对叉车的位置做任何调整，因此所需要的货架通道最窄。当货架高度较高时，需要配备自动选层装置在高度方向辅助定位，在货架通道内行驶时，需要导轨导向。这种叉车堆高能力强[相比其他叉车的7.6m（25ft），可高达12m（40ft）]，并且可以在1.8m

（6ft）的窄道里操作。然而，由于它的机械结构复杂，造价也比较高。

转台式叉车可以旋转其叉子用作侧面装卸，因为在堆卸的过程中，叉车本体是不旋转的，所以车身可以增加平衡性并使操作人员坐着工作。转台式叉车分为坐式和站式，坐式（操作人员可以坐着操作）转台叉车除了能够90°旋转桅杆（单方向），并能垂直于叉车运行方向存卸托盘外，基本上与标准叉车相同。旋转会导致轻微的摇摆。因此，在操作中保持稳定，以确保载荷的安全是非常重要的。站式转台式叉车（Man-up Turret Truck）的外观如图3-42所示。叉

图3-42　站式转台式叉车

车的叉子安装在另外的桅杆和滑板上，可以进行双向90°旋转，能够在过道两侧搬取或堆储货物。站式转台式叉车便于在很高的货架（12m以上）上搬运货物。由于操作人员随装载而升高，所以可进行更加准确的堆放和搬取。

2．电瓶车（见图3-43）

电瓶搬运车有一个固定的承载平台，可载重运输，也可用作牵引。电瓶叉车车体小且轻，动作灵活，使用时清洁卫生，适宜室内工作。但由于它无防爆装置，故不宜在易燃、易爆的场所中工作。由于蓄电池不能经受剧烈振动，故要求在平坦的路面上行驶，行驶速度一般为10km/h。

3．自动导引车（AGV）

根据GB/T 18354—2006《物流术语》中的定义，自动导引车（AGV）是指具有自动导引装置，能够沿设定的路径行驶，在车体上具有编程和停车选择装置、安全保护装置以及各种物料移载功能的搬运车辆。自动导引车是一种以电池为动力，装有非接触式导向装置的无人驾驶自动导引车（见图3-44）。其主要功能是在计算机控制下，通过复杂的路径将物料按一定的停位精度输送到指定的位置上。

图3-43　电瓶叉车

图3-44　生产线上的自动导引车

自动导引车是20世纪60年代出现的搬运技术的新发展。随着工业生产自动化水平的不断提高和柔性加工系统的发展，自动导引车搬运系统日益得到广泛应用。自动导引车的搬运路线机动灵活，可以根据生产条件的变更很方便地改变运输路线。当在生产流水线上使用自动导引车

时，可以使生产节奏比较灵活，具有一定的弹性。

四、搬运设备的数量

当知道各单位之间物流量大小及距离并初步确定设备形式以后，就要根据物流量（或生产率）的要求，决定设备的规格与数量。搬运设备的大小主要根据所运工件的尺寸及重量（包括容器、托盘、框架自重）而定，所选设备能力至少要等于每次所需运输货物的重量，而且一般都要大于它。这样就确定了设备最小和必需的载货能力。车辆的数量 n 则要根据每日的总物流量及距离而定。

$$n = \frac{m_Q}{m_P}$$

$$m_P = m_G \frac{t'}{t} k_2 k_1$$

式中　n——车辆台数；

　　　m_Q——每日必需的搬运物料重量，单位为kg；

　　　m_P——每台车辆每日能搬运的物料，单位为kg；

　　　m_G——车辆额定载重量，单位为kg；

　　　k_1——机械利用率，根据具体情况而定；

　　　k_2——装载系数，由于种种原因，车辆不可能每次都达到额定载重量，一般是装不满的，故通常是$k_2=0.5\sim0.8$；

　　　t——一次搬运循环时间，单位为h，$t=t_w+t_T$；

　　　t'——每日工作时间，单位为h；

　　　t_w——运送行走时间，单位为h；

　　　t_T——装卸时间，单位为h。

复习思考题

1. 简述物料搬运的定义及物料搬运在物流中的作用。
2. 物料搬运系统设计和运作的原则有哪些？
3. 什么是单元货载搬运？设计单元货载与单元货载系统时，应遵循合理的程序有哪些？在选择单元货载系统容器类型时，应考虑哪些原则？
4. 托盘的种类有哪些？
5. 简述集装箱的定义和结构特点。
6. 集装系统的基本要素是什么？
7. 物料搬运设备有哪些？你见过哪些物料搬运设备？搬运设备的数量该如何确定？

第四章
物流分析与物料搬运系统设计

 第一节　物料搬运系统设计概述

物料搬运系统设计可采用类似"设计样板"或"标准方案"的经验设计法。然而，如果设计人员没有对设计任务所处特定情况的正确分析和透彻考虑，就很难得到优化的方案。缪瑟（Muther）提出了系统化搬运分析法（SHA）。这种物料搬运系统的设计方法明确了设计程序的系统安排，但并不能保证设计方案的优化。

一、三个设计要素

在设计物料搬运系统时，首先考虑三个设计要素，即搬运对象、移动路线和搬运方法。

1. 搬运对象

搬运对象局限为物料。

（1）物料的定义。物料是指一般企业经营活动中，所投入的人力、财力、技术方法及管理才能之外的有形财物中，固定资产（如机器设备）以外的资源的统称。一般物料大致可分为以下七种：①原料或材料；②间接材料或办公用品；③在制品；④零配件；⑤成品；⑥残余物料；⑦其他。

（2）物料的分类特征。一般物料就形态分类，可分为固体、液体、气体等；就包装分类，可分为单件、包装件及散装等。然而，就搬运的观点，特别着重其"搬运特性"，也即依据其影响搬运的特征加以区别。其分类方法可以物料实体特征和其他特征两者来说明。

1）物料实体特征。集装的方式、单元货载大小（如长度、宽度、高度等）、单元货载重量（如单件重或单位体积的重量等）、单元货载形状（扁平状、曲面状、紧密型、松散型或不规则形状等）、损坏风险（如易碎的、易爆炸的、易污染的、有毒的或易腐蚀的风险等）、物料自身状况（如不安定的、黏稠的、热的、湿的、脏的、配对的等特征）。

2）其他特征。数量（如每批批量、总数量、相对数量等）、时效（如规则性、紧急性、季节性等）、特殊控制（如政府规定、厂内标准、经营政策等）。

2. 移动路线

移动路线要考虑下列因素：

（1）工作区域间移动。假若因为提供两部相同的机器不太经济，零件必须离开生产线到另一区域去加工再回到生产线，则动态交错和物料等候的现象势必增加。因此，有相互关系的工作场所必须紧密相靠。

（2）验收与装运等活动地点。这些地点通常为物料流程的开始与结束地点，设计者必须配合外界道路运输体系加以考虑，以便决定验收与装运地点是否必须分开，或者加以连接成验收与装运区域。在这两个地点，内部物料流程与外部物料流程应相互接通，而以动态系统呈现出来，整体系统流程呈现为一个封闭回路。

（3）水平方向流程。装配线或主生产流程于厂区应如何布局等问题将决定水平方向流程，主要考虑因素为设施实体结构以及进货和出货部门的位置。例如，在窄小狭长的建筑物中，收货和出货分别在两端时，直线流程较合适；U形布局允许进出货部门在建筑物的同侧；圆形布局允许同一组工作人员来执行进货和出货作业，其弯曲的流程允许装配线有较多工作站；其他流程类型则可依特殊需要而发展，如图4-1所示。

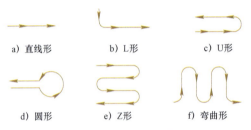

图4-1　水平方向流程的类型

（4）垂直方向流程。在多楼层的设施中，物料必须以垂直方式流过每一楼层，此时，垂直输送扮演了重要角色。垂直方向流程可配置一些升降设备或旋转输送带，能有效转换利用空间，如图4-2所示。

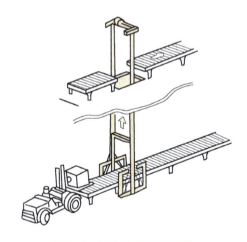

图4-2　垂直方向流程配置

（5）交叉运送（Cross-Traffic）。设施内交叉运送对工作流程所造成的潜在阻碍，必须加以检讨，即折回、交叉流程等现象必须尽量避免。

3．搬运方法

加强对搬运设备的了解及资料收集，作为选择设备和分析搬运方法的基础。一个规划良好的物料搬运系统中，按部就班的物料搬运规划程序（物料流程）是不可或缺的。物料流程问题注重搬运、储存及控制物料的方法。

二、以"5W1H"为变量的物料搬运程式

物料搬运问题牵涉的范围极为广泛,包含项目也极为繁杂,因此需要一套系统化步骤来作为分析搬运问题的基础,将考虑因素条理分明地呈现出来。这样一套系统化步骤一般称为物料搬运程式(The Material Handling Equation)。物料搬运程式可用系统的方式来涵盖分析考虑的因素,并以逻辑关系来说明因素之间的关联性。物料搬运程式不是数学意义上的方程。

(1)物料搬运程式。物料搬运程式如下所示:

$$\Sigma[何故(何物+何处+何时)]$$

本式括号中的内容,表示对于每一项个别移动,首先考虑"为何需要这个移动",故乘以"何故",表示一项考虑先决条件,以简化物料搬运工作。而每项移动应依下列问题进行评估:

1)此项移动可以删除吗?
2)此项移动可以合并吗?
3)此项移动可以简化吗?
4)此项移动会因顺序改变而更方便吗?

设计者需要主要考虑六个变量,即工业工程中的"5W1H"。设计者在着手设计之前,"Why"提示设计者全面评价环境,正确确定设计目标。问题"What"是关于移动什么物料的问题(特性和数量)。问题"Where"和"When"是关于搬运路线的。问题"Who(Which)"和"How"是关于搬运方法(包含设备)的。以"5W1H"为变量的物料搬运程式涵盖了物料搬运系统的三大要素:搬运对象、搬运路线、搬运方法和物料搬运系统设计的前提——环境、目标,如图4-3所示。

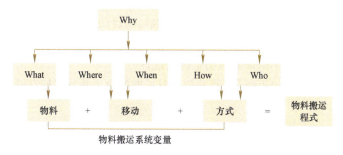

图4-3 物料搬运程式

(2)用法说明

1)物料搬运程式是借助英文中的六个疑问词,即何故(Why)、何物(What)、何处(Where)、何时(When)、如何(How)、何人(Who),设计一连串的问题以质疑物料搬运系统设计者的设计理念是否合理或是否有其他更好的方法存在,以期找出设计缺陷,改善系统绩效。

2)物料搬运程式以何故(Why)起始,质疑设计方案中对搬运对象(使用何物)、移动方式(使用何处、何时)和搬运方法(使用如何、何人)三要素是否已有合适处理与深入考虑,而此三要素的选择与内涵则构成物料搬运系统的主要内容。

3)利用"何故"的问法是要从已有的内容中区分出哪些是必须具备的,哪些是可以被修正的。例如,"何物"及"何故"的综合应用可以指出被搬运的正确物料是什么;"何处""何时"及"何故"的综合应用可以确知正确的移动路线、移动时间;"如何""何人"及"何

故"的综合应用可以协助建立正确的搬运方法;"何人"及"何故"的综合应用则可以评估挑选较好的设计方案。

(3)六个疑问词的常见问题

1)何故(Why)。为何需要搬运?为何要如此操作?为何要依照此种顺序进行操作?为何物料要这样接收?为何物料要这样运送?为何物料要这样包装?

2)何物(What)。要移动的对象是什么?其特征、生产量、不同零件的数目、作业层次数目等如何?需要何种资料,资料如何取得?系统所规划的范围是什么?是否需要机械化/自动化设备?是否需要人工控制?

3)何处(Where)。何处应该储放物料?何处需要物料搬运?何处存在物料搬运的问题?何处应该使用物料搬运设备?何处未来会发生变化?何处的操作可以删减、合并、简化?

4)何时(When)。物料何时需要移动?何时需要实施自动化?何时要整理物料?何时要删减作业?何时要扩充系统容量?

5)如何(How)。物料如何移动?如何分析物料搬运问题?如何取得主要人员的赞同?如何去学习更多有关物料搬运的知识?如何应对意外情况?

6)何人(Who)。何人要搬运物料?何人参与系统设计?何人评估系统?何人安装系统?何人稽查系统?委托何人承造设备?过去何人曾面临相同问题?何种设备可以考虑选用?何种物料需及时控制?方案的利弊如何?何种方案较佳?用何种标准来评估设计方案?

(4)简要小结。5W1H在应用中的要点:

1)"Why"将应该做的与已做的分开。

2)"What"和"Why"明确搬运的正确物料。

3)"Where""When"和"Why"确定必须执行的移动。

4)"How"和"Why"确定使用的正确方法。

5)"Who"和"Why"明确谁能做出更好的设计。

在考虑可能搬运方案时,应该同时兼顾短期及长期的效果并且保持存疑态度。

三、物料搬运系统设计的新思维

1. 基于互联网的物料搬运系统设计

互联网技术已成为物料搬运系统成功的关键因素。内部物流局域网日益促进智能生产,物联网正在改变生产流程,使之与物流供应链日益融合,其主要挑战包括管理复杂的企业物流流程并使其更高效、协调各物流网点之间的交互关系。基于互联网的物流搬运系统依靠智能仓库管理系统、自动化仓库、AGV、智能集装箱和自动化运输系统等实现点对点的配送。这种物流搬运系统始于自动化仓库,所有流程均由软件和数字化解决方案管理,配有移动互联网控制工作的机器人,能够自主游走和穿梭于各个车间内,在正确的时间以正确的数量将货物运送到正确的地点。

2. 全寿命周期工程观点

当物料搬运系统为某一应用做专门设计时,物料搬运系统设计被认为是一次性过程。但是,敏捷和竞争制造环境下的物料搬运系统必须具有可重组能力,以适应不同要求的物流功能。同时,物料搬运系统操作的良好调整也是有益的变革过程。在这种情况下,物料搬运系统设计和再设计可看作是重复的过程，而不是一次性过程；它的有效实施需要"周密准备"的支持，这种准备包括知识、可重复使用的模型和资源，以及分析和设计技术。全寿命周期工程（Life-cycle Engineering，LCE）概念应运而生。理想的物料搬运系统的LCE最适合客户化的e-制造环境，这种环境可以提供必要的集成、连贯性和知识更新。如上所述，知识是物料搬运系统设计最重要的资源。知识的作用可以有效地解决各种设计中遇到的困难，例如，在分析系统动态特性时（用仿真方法）的数据收集、瓶颈和停滞的识别、对特定快速响应战略的评价等。

3. 和布局设计的一致性

设施计划是由生产设备、物料搬运设备、辅助装置、工作地和在制品库存等共同组成的优化配置（或空间规划）。因此，布局设计和物料搬运系统应作为一个统一活动来完成。而实际上，它们是分别单独进行的。所以，进行物料搬运系统设计时，也需要重新考虑工厂布局设计中所规划的物料搬运系统。

设施设计一开始，就可以进行详细的工厂布局设计。基本上，工厂布局决定了各作业单位之间的相对位置，也确定了各作业（包括各种生产和非生产性作业）单位所需的空间。它们的位置主要取决于物流因素（当然也应包括一些其他因素）。确定了各作业单位的布局，就可进行工作场地的详细设计和物料搬运系统设计。

按密切程度关系研究总物流是设施设计的静态观点。根据作业单位之间密切程度的布局规划只是提供了对布局的最初迭代。物料搬运系统设计说明了实现物流的实际方法和细节，这必须对物料、移动、方法和从业人员进行详细研究。由于对物流分析的全面考虑，物料搬运系统设计是描述布局的更准确和清晰的方法。工厂布局的传统顺序设计方法对处理设施设计这样的复杂问题是有用的，特别适合大型复杂的制造工厂和生产多品种、不同批量产品的较大系统。然而，同样的方法并不能满足日益增加的针对单元生产和基于需求的制造系统。传统的设施设计方法对这些系统是否适用，特别是对这些系统，决定作业单位相对位置关系的方法是否有实际价值，都受到质疑。因此，设施设计人员应该决定是否将物料搬运系统设计提前插入整个设施设计过程的早期来进行。

4. 信息技术/信息系统（IT/IS）

这方面有两个相关问题。首先，许多"正确设计"的目标归根结底是准确信息的提供，如下一个目的地、JIT环境下运输物料数量等。多品种的制造工厂，可以充分利用看板。对于复杂的制造和配送系统，如果不使用有效的信息系统，很难设想如何有效控制物料运动。特别是从制造方面讲，物料控制作为生产活动控制，在ERP环境下可通过制造执行系统（MES）来实现。MES包括一套实施生产活动控制（包括物料控制和自动化识别功能）的方法和工具。当MES有助于解决设施内部获取生产活动信息时，设施之间IT/IS的重要性显得更加突出。这一情况加强了物料搬运及其相关IT/IS的作用，它们对于当今全球供应链的有效运作至关重要。

不可能存在满足不同设施的各种物料搬运系统问题的设计程序。例如，汽车制造厂内，物料搬运需要复杂的、价格昂贵的专用物料搬运设备。而在轻工业生产中，物料搬运需要灵捷的方式。此外，在物流配送中，物料搬运则是重要的增值作业。不同实际情况下的方法是不同的，试图开发一种通用物料搬运系统设计方法来处理不同情况的各种不同问题是不切实际的。

强调IT/IS观点的原因是，"正确的设计"是由某种形式的IT/IS基础结构所支持的，它可以向物料搬运系统提供准确的信息，例如JIT环境下物料移动的下一个目的地、运送物料的数量等。当然,这也可以通过人工来实现,如可利用看板实现。

四、物料搬运系统设计框架

由于不可能开发出适用于任何情况的通用物料搬运设计系统,只能提出一个物料搬运系统设计的框架。这个框架试图达到以下目的:

1) 鼓励物料搬运系统设计者以一个基本观点看问题(通过物料搬运程式)。
2) 引导设计者认识物料搬运是作为设施中一项物流功能的现代观点。
3) 强调知识的重要性,为了有效设计物料搬运系统,提出开发管理这些知识的方法。
4) 引入全寿命周期工程的概念,认识物料搬运系统设计中IT/IS的重要性。
5) 计算机化的可能性问题。所建议的物料搬运系统设计的框架已考虑了设计过程计算机化的具体可能。采取这种方法,如果计算机化,可能通过e-制造方案,形成某种形式的系统软件。这就是说,利用分析工具,可以研究与JIT和快速响应相关的各种系统实施问题。现有商用的物料搬运软件,如Factory Flow,只是强调总物流的分析,仅局限于初始设计阶段。显然,计算机化是进一步研究的难点。图4-4所示为物料搬运系统设计框架。

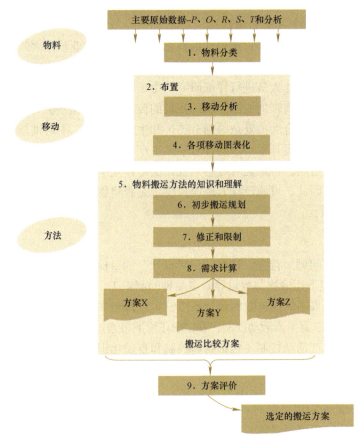

图4-4 物料搬运系统设计框架

理想的物料搬运系统设计框架既要体现物料搬运的重要思想,也要体现物料搬运的一些现代观点。以需求作为导向的设计应该将物料搬运原则、物料搬运设备、单元载荷和物流分析这些特定的概念、知识和技术结合起来。此外,物料搬运系统的实施也应包括实用的项目管理。

另一方面，现代物料搬运作为企业物流功能之一，随物料搬运问题的复杂性增加，也变革了对这一问题的研究。需要比传统方法更丰富、更全面的方法。用基于知识的方法构成的新框架中，必须以某种合理化形式使设施规划和物料搬运之间保持一致，也必须包括全寿命周期工程观点以及从IT/IS方面考虑物料搬运。

第二节 SHA的物流分析

物料搬运包括物料、产品、元件或物品的移动、运输或重新安放，通常需要设备、容器和一个包括人员组成的搬运系统。所以，物料搬运的基本要素是物料、移动及方法。物料搬运系统分析（System Handling Analysis，SHA）是一个系统化、条理化、合乎逻辑顺序、对任何物料搬运项目都适用的方法。它是与SLP相似的一种系统分析和设计方法。

一、物流搬运系统分析的过程

SHA的过程可参考图4-4。分析过程分为四个阶段，即外部衔接、总体搬运方案与总体区划设计、详细搬运方案与详细布置设计，以及实施、施工安装及生产运行。每个阶段的工作内容如下：

第一阶段：外部衔接，确定位置。搞清对象系统（工厂）物料的输入、输出方式及频率等，使内外衔接能够互相协调，以利于确定设施的具体布置地点。这里设施可以是设备作业单位、活动区域等。

第二阶段：总体搬运方案与总体区划设计。制定布置区域的基本物流模式、作业单位、部门或区域的相互关系及外形，制定区域间物料搬运方案，确定移动系统、设备型号、运输单元或容器。

第三阶段：详细搬运方案与详细布置设计。确定每台机器、设备、通道、仓库或服务设计的位置，确定各工作地点之间的移动系统、设备和容器，以及对每项移动的分析，完成详细的物料搬运系统设计。

第四阶段：实施、施工安装及生产运行。

第一和第四阶段不属于SHA设计人员的任务，所以SHA主要完成第二、第三两个阶段的工作。SHA的原始数据仍是P、Q、R、S、T。整个分析设计工作从物料分类开始（见图4-4），包括物料的物理特性、数量、时间安排及特殊管理要求等。此后开始移动分析和移动图表制作（框3、框4），确定各种物料在移动路线上从起点到终点的移动强度及性质，在分析的基础上作出距离-物流量图。之后再选择物料搬运方法，就是将移动系统、搬运设备、运输单元或容器进行综合、汇总形成初步搬运规划（框6）。

由于不同的设计人员对物料搬运方法的理解有所不同，因此要经过讨论对全部有关的修正因素和限制条件进行调整修改初步搬运规划（框7），通过计算（框8）得出需要的搬运设备及数量，即可得出几个合理可行的初步方案，经过评审（框9），得到最终选定的物料搬运方案。

二、物料和移动分析

1. 外部衔接分析

外部衔接是指对已确定系统边界的物流系统，研究物料输入与输出系统的情况。它包括物料输入输出工厂系统的方式（如运输车辆、装载容器、路线入口等）、频率以及输入输出系统的条件（如时间、道路以及工厂周围环境）等的统计资料，必要时应以统计图表表达。

2. 输入搬运系统设计要素P、Q、R、S、T

此步骤是系统调研、资料与数据搜集工作，包含P、Q、R、S、T共五项要素，分别代表物料的产品（Product）、数量（Quantity）、路径（Routing）、支持服务（Support）、时间（Timing）等资料输入。各要素的说明如表4-1所示。

表4-1 物料搬运系统设计五要素

设 计 要 素	影 响 特 征
P产品（物料、零件、物品）	产品和物料的可运性取决于物品的特性和所用容器的特性，而且每个工厂都有其经常搬运的某些物品
Q数量（产量、用量）	数量有两种意义：①单位时间的数量（物流量）；②单独一次的数量（最大负荷量）。不管按哪种意义，只要搬运的数量越大，搬运所需的单位费用就越低
R路径（起点至终点）	每次搬运都包括一项固定的终端（即取、放点）费用和一项可变的行程费用。注意路径的具体条件，并注意条件变化（室内或室外搬运）及方向变化所引起的费用变化
S支持服务（周围环境）	传送过程、维修人员、发货、文书等均属服务性质，搬运系统和搬运设备都有赖于这些服务；工厂布置、建筑物特性以及储存设施都属于周围环境，搬运系统及设备都必须在此环境中运行
T时间（时间性、规律性、紧迫性、持续性）	一项重要的时间因素（即时间性）是物料搬运必须按其执行的规律；另一重要因素是时间的持续长度——这项工作需要持续的时间、紧迫性和步调的一致性也会影响搬运费用

3. 当量物流量计算及物料分类

对于搜集到的资料、数据，必须进行适当的分析与处理才能使用。系统中的物料很多，并且千差万别，需要根据其重要性（价值和数量）进行分类，一般采用ABC分类。

分类步骤如下：

（1）物料的当量物流量计算。

（2）绘制P-Q图。其中，P代表物料种类，Q代表物流量（当量物流量）。根据每一种物料P_i（$i=1, 2, \cdots, n$）及其对应点Q_i，即可画出由直方图表示的P-Q图（见图4-5）。

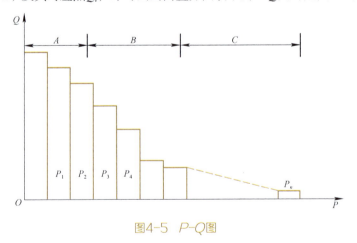

图4-5 P-Q图

4. 物流流程分析

物流流程分析的工具有物流路径图、物流流程图和相关分析图。

5. 搬运活动一览表

为了把所收集的资料进行汇总，达到全面了解情况的目的，编制搬运活动一览表是一种实用的方法。表4-2表明如何编制搬运活动一览表。

在表4-2中，需要对每条路线、每类物料和每项移动的相对重要性进行标定。一般用五个英文元音字母来划分等级，即A、E、I、O、U。

搬运活动一览表是SHA方法中的一项主要文件，因为它把各项搬运活动的所有主要情况都记录在一张表上。简要地说，搬运活动一览表包含下列资料：

1) 列出所有路线，并排出每条路线的方向、距离和具体情况。
2) 列出所有的物料类别。
3) 列出各项移动（每类物料在每条路线上的移动），包括物流量（每小时若干吨、每周若干件等）、运输工作量（每周若干吨千米、每天若干吨千米、每小时若干千克米等）、搬运活动的具体状况（编号说明）、各项搬运活动相对重要性等级（用元音字母或颜色标定，或两者都用）。
4) 列出每条路线，包括总的物流量及每类物料的物流量、总的运输工作量及每类物料的运输工作量、每条路线的相对重要性等级（用元音字母或颜色标定，或两者都用）。
5) 列出每类物料，包括总的物流量及每条路线上的物流量、总的运输工作量及每条路线上的运输工作量、各类物料相对重要性的等级（用颜色或元音字母标定，或两者都用）。
6) 在整个搬运分析中，将总的物流量和总的运输工作量填在右下角。
7) 其他资料，如每项搬运中的具体件数。

表4-2 搬运活动一览表

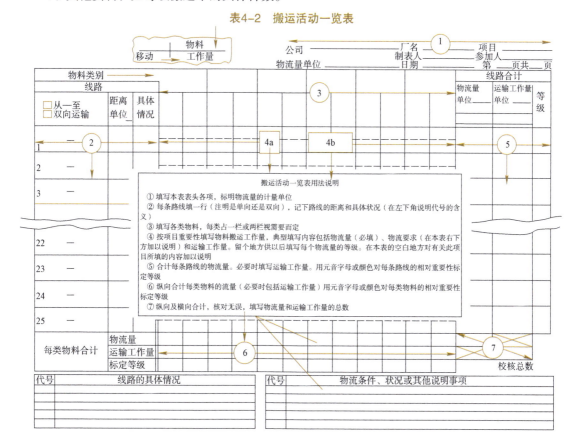

三、距离与物流指示图

进行各项移动分析，并取得了具体的区域布置图后，要把这两部分综合起来，用图表来表示实际作业的情况。一张清晰的图表比复杂的文字说明更容易表达清楚。物流图表化有几种不同的方法。

1. 在布置图上绘制的物流图

在布置图上绘制的物流图是画在实际的布置图上的，图上标出准确的位置，所以能够表明每条路线的距离、物流量和物流方向。它可作为选择搬运方法的依据，如图4-6所示。

虽然流向线可按物料移动的实际路线来画，但一般仍画成直线。除非有特别的说明，距离总是按水平上的直线距离计算。当采用直角距离、垂直距离（如楼层之间）或合成的当量距离时，分析人员应该有文字说明。

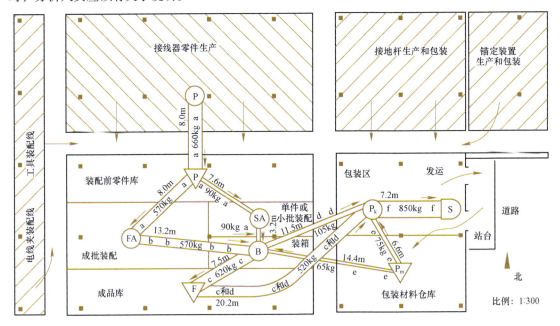

图4-6 在布置图上绘制的物流图

2. 坐标指示图

坐标指示图就是距离与物流量指示图。图上的横坐标表示距离，纵坐标表示物流量。每一项搬运活动按其距离和物流量用一个具体的点标明在坐标图上。制图时，可以绘制单独的搬运活动（即每条路线上的每类物料），也可绘制每条路线上所有各类物料的总的搬运活动，或者把这两者画在同一张图表上。图4-7为坐标指示图。

在布置图上绘制的物流图和距离与物流量指示图往往要同时使用。但是对比较简单的问题，采用物流图就够了。当设计项目的面积较大、各种问题的费用较高时，就需要使用距离与物流量指示图，因为在这

图4-7 坐标指示图

种情况下，物流图上的数据会显得零乱，不易看清楚。

3. 物流-距离表

在布置方案图上，确定各作业单位之间的物料搬运路线，同时测出各条路线的距离，编制成物流-距离表，如表4-3所示。表中每一空格中同时标注出物料搬运发送作业单位（从）至物料搬运接收作业单位（至）的物料搬运量（物流强度）f_{ij}及物料搬运路线长度（距离）d_{ij}。其中，i表示从作业单位序号，j表示至作业单位序号。表中空白处表示两作业单位之间无明显物流。

表4-3 物流-距离表

作业单位从i \ 作业单位至j	1	2	…	n
1	f_{11}/d_{11}	f_{12}/d_{12}	…	f_{1n}/d_{1n}
2	f_{21}/d_{21}	f_{22}/d_{22}	…	f_{2n}/d_{2n}
⋮	⋮	⋮	⋮	⋮
n	f_{n1}/d_{n1}	f_{n2}/d_{n2}	…	f_{nn}/d_{nn}

4. F-D图（物流-距离图）

当忽略不同物料、不同路线上的物料搬运成本的差异，各条路线上物料搬运费用与$f_{ij} d_{ij}$成正比，则可以将总的物料搬运费用C记为

$$C = \sum_{i=1}^{n}\sum_{j=1}^{n} f_{ij} d_{ij} \qquad (4-1)$$

假设不同作业单位之间的物料搬运量相互独立。为了使总的搬运费用C最小，则当f_{ij}大时，d_{ij}应尽可能小，当f_{ij}小时，d_{ij}可以大一些，即f_{ij}与d_{ij}应遵循反比规律。这就是说，f_{ij}大的作业单位之间应该靠近布置，且道路短捷，f_{ij}小的作业单位之间可以远离、道路可以长一些。这显然符合SLP的基本思想，从而有

$$f_{ij} \propto \frac{1}{d_{ij}} \qquad (4-2)$$

写成等式形式为

$$f = \frac{H}{d_{ij}^{m}} \qquad (4-3)$$

式中，H、m为常数，且应有$m>0$。

式（4-3）说明，一个良好的布置方案的各作业单位之间的物料搬运量与搬运路程呈双曲形曲线函数关系，如图4-8所示。图中，各方案的f_{ij}组合与d_{ij}组合可用大写的F和D表示，所以图4-8又称为$F-D$图。为了评价布置方案的优劣，可以应用曲线回归理论求出式（4-3）中的常数H和m。

由于图4-8反映了布置方案的物料搬运路程与搬运量之间的总体趋势，因此，称式（4-3）为布置方案的物流-距离基准曲线。

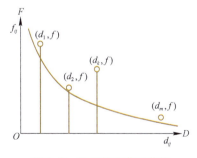

图4-8 $F-D$的双曲形曲线

根据分析的需要,按照确定的物流和距离,可将F-D图划分为若干部分,如图4-9中划分为Ⅰ、Ⅱ、Ⅲ、Ⅳ四个部分。划分的目的是发现不合理的物流。从图4-9中可以看出,Ⅱ部分的物流不合理,因为物流量大且距离远。

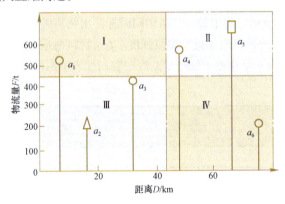

图4-9 某车间F-D图

F-D图可作为平面布置调整的根据。经过调整,当第Ⅱ部分无物流量时,该方案才为可行方案。无法调整的情况例外。

第三节 SHA的物料搬运系统设计

一、物料搬运方法的选择

从SHA模式可以看出,到这一步骤之前,已经搜集并分析了所需要的资料,为了表达清楚,还进行了图表化。但在实际着手解决问题以前,还需要了解物料搬运的方法。

1. 物料搬运路线系统

从地理和物理两方面来看,所谓物料搬运系统,就是把各项物料移动结合在一起的总的方式。物料搬运路线系统一般分为以下几种类别:

(1)直接型路线系统。各种物料能各自从起点移动到终点的称为直接型路线系统。

(2)间接型路线系统。把几个搬运活动组合在一起,在相同的路线上用同样的设备,把物料从一个区域移到其他区域的称为间接型路线系统。它又可分为渠道型和中心型两种方式。

要根据各种搬运路线系统的特点来选择物料搬运路线系统。

对于直接型物料搬运路线系统,各种物料从起点到终点经过的路线最短。当物流量大、距离短或距离中等时,一般采用这种形式是最经济的,尤其当物料有一定的特殊性而时间又较紧迫时更为有利。

对于渠道型物料搬运路线系统,一些物料在预定路线上移动,同来自不同地点的其他物料一起运到同一个终点。当物流量为中等或少量而距离为中等或较长时,采用这种形式是经济的,尤其当布置是不规则且分散时更为有利。

对于中心型物料搬运路线系统来说,各种物料从起点移动到一个中心分拣处或分发地区,然后再运往终点。当物流量小而距离中等或较远时,这种形式是非常经济的,尤其当厂区外形基本上是方正的且管理水平较高时更为有利。

一般可根据距离与物流量指示图来选择其路线形式：直接型用于距离短而物流量大的情况；间接型用于距离长而物流量小的情况。

根据物料搬运的观点，若物流量大而距离又长，则说明这样的布置不合理。如果有许多点标在这样的区域里，那么主要问题是改善布置而不是搬运问题。当然，工序和搬动是有联系的。如物料需要接近空气（铸件冷却），那么冷却作业和搬动是结合在一起的，这时若出现一个长距离移动的大流量物料也是合理的。

2. 物料搬运设备

SHA对物料搬运设备的分类采用了一种与众不同的方法，即根据费用进行分类。具体来说，就是把物料搬运设备分成四类，可根据距离与物流指示图，选择不同类型的搬运设备：①简单的搬运设备，距离短、物流量小；②简单的运输设备，距离长、物流量小；③复杂的物流设备，距离短、物流量大；④复杂的运输设备，距离长、物流量大。

3. 运输单元

运输单元是指物料搬运时的状态，就是搬运物料的单位。一般说来，散装搬运是最简单和最便宜的移动物料的方法。当然，物料在散装搬运中必须不被破坏、不受损失，或不对周围环境引起任何危险。散装搬运通常要求物料数量很大。

除了散装和单件搬运外，大部分的搬运活动需要使用容器或托架。单件物品可以合并、聚集或分批地使用桶、纸盒、箱子、板条箱等组成运输单元。用托盘和托架、袋、包裹、箱子或板条箱等堆垛和捆扎的物品，叠装和用带绑扎的物品，放入盘、篮和网兜的物品，都是单元化搬运的形式。

标准化的集装单元，其尺寸、外形和设计都彼此一致，这就能节省在每个搬运终端（即起点和终点）的费用；而且标准化还能简化物料分类，从而减少搬运设备的数量及种类。

4. 搬运方法

所谓搬运方法，实际上就是以一定形式的搬运设备，与一定形式的运输单元相结合，进行一定模式的搬运活动，以形成一定的路线系统。

一个工厂或仓库的每项搬运活动都可以采用各种方法进行。综合各种作业所制定的各种搬运方法的组合，就形成物料搬运方案。

二、初步的搬运方案

在对物料进行了分类，对布置方案中的各项搬运活动进行了分析和图表化，并对SHA中所用的各种搬运方法具备一定的知识和理解之后，就可以初步确定具体的搬运方案。然后，对这些初步方案进行修改并计算各项需求量，把各项初步确定的搬运方法编成几个搬运方案，并设这些搬运方案为"方案X""方案Y""方案Z"等。

前面已经讲过，把一定的搬运系统、搬运设备和运输单元称作"方法"。任何一个方法都是使某种物料在某一路线上移动。几条路线或几种物料可以采用同一种搬运方法，也可以采用不同的方法。不管是哪种情况，一个搬运方案都是几种搬运方法的组合。

在SHA中，把制定物料搬运方法称作"系统化方案汇总"，即确定系统（搬运的路线系统)、确定设备(装卸或运输设备)及确定运输单元(单件、单元运输件、容器、托架以及附件等)。

1. SHA方法中的图例符号

在SHA中,除了各个区域、物料和物流量用的符号外,还有一些字母符号用于搬运路线系统、搬运设备和运输单元。

路线系统的代号包括直接系统和间接系统:D——直接型路线系统;K——渠道型路线系统;G——中心型路线系统。

用图4-10所示的符号或图例来表示设备和运输单元。值得注意的是,这些图例都要求形象化,能不言自明。它们很像实际设备。图例中的通用部件(如动力部分、吊钩、车轮等)也是标准化了的。图例只表示设备的总的类型,必要时还可以加注其他字母或号码来说明。

利用这些设备和运输单元的符号,连同代表路线形式的三个字母,就可以用简明的符号语言来表达每种搬运方法。

图4-10 物料搬运符号

2. 在普通工作表格上表示搬运方法

编制搬运方案的方法之一是填写工作表格，列出每条路线上每种（或每类）物料的路线系统、搬运设备和运输单元。如果物料品种是单一的或只有很少几种，而且在各条路线上是顺次流通而无折返的，那么这种表格就很实用。

第二种方法是直接在以前编制的流程图上记载建议采用的搬运方法。

第三种方法是把每项建议的方法标注在以前编制的物流图（或其复制件）上。一般说来，这种做法使人看起来更易理解。

3. 在汇总表上表示搬运方法

编制汇总表同编制搬运活动一览表一样，就是每条路线填一横行，每类物料占一竖栏。在搬运活动一览表上记载的是每类物料在每条路线上移动的"工作量"，而汇总表上只是用"搬运方法"来取代"工作量"，它适用于项目的路线和物料类别较多的场合。表4-4表明了这种汇总表的用法。

表4-4　搬运系统方案汇总表

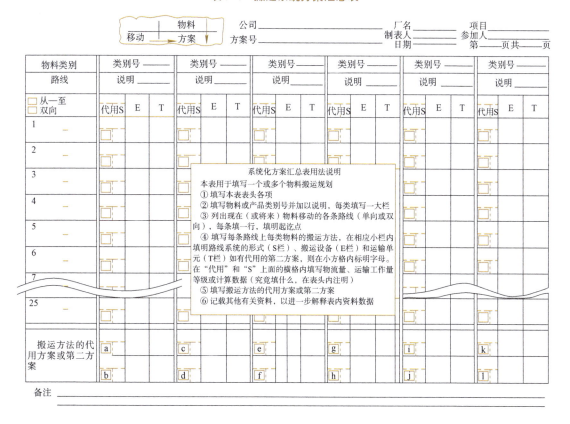

采用前面规定的代号和符号，把每项移动（一种物料在一条路线上的移动）建议的路线系统、设备和运输单元填写在汇总表中相应的空格内。汇总表上还有一些其他空格，供填写其他资料数据之用，如其他的搬运方案、时间计算和设备利用情况等。

从一张汇总表上可以全面了解所有物料搬运的情况，还可以汇总各种搬运方法，整合各条路线和各类物料的同类路线系统、设备和运输单元。这样就能把全部搬运规划记在一张表上（或粘在一起的几页表上），并把它连同修改布置的建议一起提交审批。

三、修改和各项需求的计算

1．考虑实际的限制条件进行修改

到目前为止，已经有了几个初步方案。应按照严谨的物料搬运观点来看这些方案是否切实可行，因此必须考虑实际的限制条件并进行一些修改。

物料搬运就是物料位置的移动，从广义上讲是一项必要的工作，但在成形、加工、装配或拆卸、储存、检验和包装等整个生产过程中，它只是其中的一部分，甚至是处于第二位的。具体的搬运活动仅仅是整个工商企业设施规划和大的经营问题中的一部分。但是，为了有效地生产和分配，必须进行物料搬运。有许多因素会影响正确地选择搬运方法。各物料搬运方案中经常涉及的一些修改和限制的内容有：

（1）在前面各阶段中已确定的同外部衔接的搬运方法。
（2）既满足目前生产需要，又能适应远期的发展和（或）变化。
（3）与生产流程或流程设备保持一致。
（4）可以利用现有公用设施和辅助设施以保证搬运计划的实现。
（5）布置或建议的初步布置方案，以及它们的面积、空间的限制条件（数量、种类和外廓形状）。
（6）建筑物及其结构的特征。
（7）库存制度以及存放物料的方法和设备。
（8）投资的限制。
（9）设计进度和允许的期限。
（10）原有搬运设备和容器的数量、适用程度及其价值。
（11）影响工人安全的搬运方法。

2．各项需求的计算

对几个初步搬运方案进行修改以后，就开始逐一说明和计算那些被认为是最具有现实意义的方案。一般要提出2～5个方案进行比较，对每一个方案需做如下说明：

（1）说明每条路线上每种物料的搬运方法。
（2）说明搬运方法以外的其他必要变动，如更改布置、作业计划、生产流程、建筑物、公用设施、道路等。
（3）计算搬运设备和人员的需要量。
（4）计算投资数和预期的经营费用。

四、方案的评价

方案的评价常采用以下几种方法：①费用（或财务）比较法；②优缺点比较法；③因素加权分析法。

1．费用（或财务）比较法

费用是经营管理决策的主要依据，因此，每个搬运方案必须从费用的观点来评价，即对每个方案都要明确其投资和经营费用。

（1）需要的投资。投资是指方案中用于购置和安装的全部费用。包括基本建设费用（物料搬运设备、辅助设备及改造建筑物的费用等）、其他费用（运输费、生产准备费及试车费等）。

及流动资金的增加部分（原料储备、产品储存、在制品储存等）。

（2）经营费用。主要包括：

1）固定费用。包括：①资金费用（投资的利息、折旧费）；②其他固定费用（管理费、保险费、场地租用费等）。

2）可变费用。包括：①设备方面的可变费用（电力、维修、配件等）；②工资（直接工资、附加工资等）。

通常需要分别计算出各个方案的投资和经营费用，然后进行分析和比较，从中确定一个最优方案。

2. 优缺点比较法

优缺点比较法就是直接把各个方案的优点和缺点列在一张表上，对各方案的优缺点进行分析和比较，从而得到最后方案。

进行优缺点分析时所要考虑的因素除了可计算的费用因素外，还包括以下内容：

（1）与生产流程的关系及为其服务的能力。

（2）产品、产量和交货时间每天都不一样时，搬运方法的通用性和适应性。

（3）灵活性（已确定的搬运方法是否易于变动或重新安排）。

（4）搬运方法是否便于今后发展。

（5）布置和建筑物扩充的灵活性是否受搬运方法的限制。

（6）面积和空间的利用。

（7）安全和建筑物管理。

（8）工人是否对工作条件感到满意。

（9）是否便于管理和控制。

（10）可能发生故障的频繁性及其严重性。

（11）是否便于维护并能很快修复。

（12）施工期间对生产造成的中断、破坏和混乱程度。

（13）对产品质量和物料有无损伤可能。

（14）能否适应生产节拍的要求。

（15）对生产流程时间的影响。

（16）人事问题，如能否招聘到熟练工人、能否培训、多余人员的安排、工种的变动以及工龄合同或工作习惯等。

（17）能否得到所需要的设备。

（18）与搬运计划、库存管理和文书报表工作是否联系密切。

（19）自然条件的影响，如土地、气候、日照、气温。

（20）与物料搬运管理部门的一致性。

（21）由于生产中的同步要求或高峰负荷可能造成的停顿。

（22）对辅助部门的要求。

（23）仓库设施是否协调。

（24）与外部运输是否适应。

（25）施工、培训和调试所需的时间。

（26）资金或投资是否落实。

（27）对社会的价值或促进作用。

3. 因素加权分析法

多方案比较时，一般认为因素加权分析法是评价各种无形因素的最好方法之一。因素加权分析法主要有以下几个步骤：

（1）列出搬运方案需要考虑或包含的因素（或目的）。

（2）把最重要的一个因素的权重定为10，再按相对重要性规定其余各因素的权重。

（3）标出各比较方案的名称，每一方案占一栏。

（4）对各个方案的每个因素进行打分。

（5）计算各方案的得分并进行比较，选择最优方案。

总之，可以根据费用对比和对无形因素的评价正确选定搬运方案，建议同时考虑这两方面的问题。

第四节　基于SLP和SHA的某配送中心分拣库设计案例

本节以某药品配送中心分拣库为例，说明前述物料搬运系统设计的应用过程。

一、现状说明

某药品配送中心主要负责周边地区各大药房及医院所需中西药品的配送，药品种类有6500种（其中中药3000种、西药3500种），日处理订单数约30个，日进出流量1000箱，药箱最大体积为500mm×400mm×340mm。该配送中心有1#、2#两个库区。其中，1#库负责中药和西药的整箱出货或者托盘出货；2#库为分拣库，大小为（$L×B×H$）45m×25m×9m，分拣库负责西药药品拆零出货。分拣库设有3000个西药的拣货货位，其中高频率出货货位占1/3，中低频率出货货位占2/3，拣货货位离地应大于300mm，每个拣货货位需配相应的补货货位。

一般来说，每个订单都会涉及零星药品出货，故2#库日订单处理数量也为30个，日进出流量可按1#库和2#库的库容进行折算，结果为162箱。

二、分拣库作业流程分析

根据配送中心的要求，1#库负责客户订单的中药出货和西药的整箱出货或托盘出货，而订单上不足整箱的西药零星出货则是2#库的作业内容。该作业涉及以下几个模块：

（1）补货模块。根据下游的补货信息，由上游将正确数量的药品补到下游正确的位置上。此模块又可以分为三个子模块：

1）拣货货位的补货。当拣货货位的存余量不足订单的拣取量时，由存储货位向拣货货位补货。

2）存储货位的补货。当存储货位的存余量小于某特定数量时，由补货暂存区向存储货位补货。

3）补货暂存区补货。按存储货位的需求信息，由1#库向补货暂存区补货。

（2）拣货模块。从订单获取拣货信息，拣货人员根据拣货单或电子标签的指示，移动到指定的货位拣取指定数量的药品，送至验货区。

（3）验货、集货模块。对拣取完毕的药品进行数量检验，并告之订单上正确数量的药品已被拣取，按客户的要求进行集货、包装、贴标，再送至出货暂存区。

（4）出货模块。将出货暂存区的药品适时送到1#库的集货区准备发货。

（5）订单信息模块。进行客户订单处理，下达拣货作业指令。

分拣库的作业流程如图4-11所示。

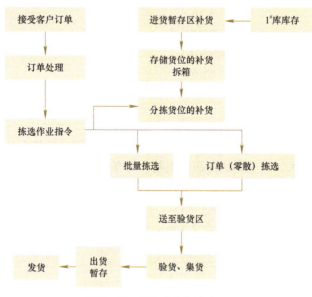

图4-11 分拣库的作业流程

三、作业区域规划及相关性分析

药品进货后，先至进货暂存区，再以箱为基本单位送至补货储存区。货架的最下三层为拣货区，依序而上的第四、五、六层为补货储存区。将药品存放到货架上，因采用开放式货架，其货架为可调式，可配合储放的物料自由分配仓位，再依药品的堆栈高度，任意调整横梁位置，以配合作业所需的空间，并适用各式堆高机快速存取药品。根据分拣库的作业内容和作业流程，可确定分拣库的主要作业区域配置。

（1）拣货区。在这个区域里，拣货员按电子标签或拣货单将货架上的药品拣取到拣货箱中，完成拣货作业。

（2）补货区。补货人员在此区域完成从补（进）货暂存区到货架存储货位的补货作业。

（3）验货区。在这个区域将对拣取完毕的药品与客户订单进行核对，防止药品的错误（种类和数量）拣取，完成验货作业。

（4）集货区。作业人员将验货完毕的药品按客户订单理货，将一张订单上的药品集装在一起，以便于发货。

（5）出货暂存区。暂时存放集装完毕的药品，等待发货。

（6）补（进）货暂存区。为避免1#库向分拣库的频繁补货，在分拣库设立暂存区用于补货药品的暂存以及补货后空纸箱的暂存。

（7）管理办公区。此区域主要负责接受处理客户订单和处理其他营业事务，是指挥和信息场所。根据配送中心的要求，将管理办公区设在分拣库的隔壁，与分拣库之间设有专门的通道。

作业区域划分完毕后，为了合理布置各作业区域，必须理清各作业区域之间的相互关系。

下面利用作业单位相关关系图来分析各作业单位之间的相关关系（见图4-12）。

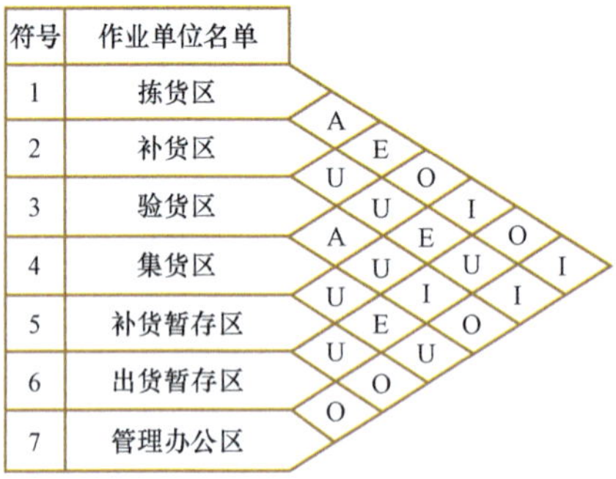

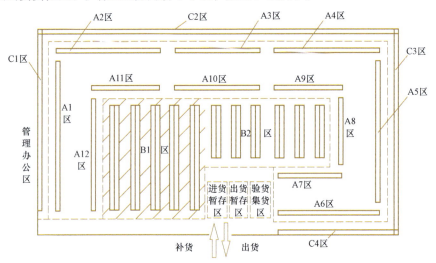

图4-12　作业单位相关关系图

根据相关关系图的分析，验货区和集货区的关系非常密切，且整个分拣库的物流量不大，验货和集货的作业量不大，加上库区面积的限制，没有必要单独设立验货区和集货区，这里把验货区和集货区合并成一个。拣货区和补货区都是由货架和通道组成的，由于各货位的出货频率不同，现将拣货补货区分为三个区域：A区（高频出货货位区）、B区（中频出货货位区）和C区（低频出货货位区）。各区又分为若干子区，如图4-13所示。

图4-13　作业区域的平面布置图

四、物流分析

1. 物料的分类

药品配送中心需要搬运的主体当然是药品，分拣库涉及的药品有3500种，显然按药品种类划分物料的种类是不科学且没有意义的。在实际分类时，SHA是根据影响物料可运性（即移动的难易程度）的各种特征和影响能否采用同一种搬运方法的其他特征进行分类的。根据2#库的作业内容，涉及的搬运物料还有盛装药品的纸箱和拣货箱。在这里按便于搬运的运输单元，将物料分为实纸箱（装有药品）、实拣货箱（装有药品）、空纸箱（未装药品）和空拣货箱（未装药品）。物料特征如表4-5所示。

表4-5 物料特征

物料名称	单元	尺寸/mm			重量/kg	形状	损伤的可能性	状态	数量或批量	时间性	特殊控制	类别
		长	宽	高								
实纸箱	箱	500	400	340	20	长方体	可能有易碎品	常温	批量较大		GSP	a
实拣货箱	箱	486	355	285	15	长方体	可能有易碎品	常温	批量较大		GSP	b
空纸箱	箱	500	400	340	1	长方体			少量			c
空拣货箱	箱	486	355	285	1	长方体			少量			d

表头"单元物品的物理特征"和"其他特征"。

2. 物料的移动分析

（1）布置图。对物料的移动分析不可避免地涉及布置。布置决定了与终点之间的距离，这个移动的距离是选择搬运方法的重要因素。所以，分析物料的移动需要有一个现成的或建议的布置。本例已有一个由系统布置设计人员提供的布置方案，作业区域的平面布置图如图4-13所示。

（2）各项移动的分析。在分析各项移动时，需要掌握一定的资料，包括物料（产品物料类别）、路线（起点和终点）和物流（搬运活动）。

1）物料。在前面已经分析过，这里不再赘述。

2）路线。SHA用标注起点（即取货地点）和终点（即卸货地点）的方法来表明每条路线。每条路线的长度是从起点到终点的距离，距离往往是指两点之间的直线距离；但在物料移动的确切路径已经存在的情况下，则采用实际距离。除了移动的距离以外，还要了解路线的具体状况，包括衔接程度和直线程度、拥挤程度和路面状况、气候与环境、起讫点的具体情况和组织情况。

3）物流。具体物流量的计算如下：

根据出货频率的不同将货架分为A、B、C三个区：A区为高频出货区；B区为中频出货区；C区为低频出货区。假定A、B、C三个区的出货频率为4:2:1。按出货频率将B、C区的货位折算为A区的当量货位来计算当量物流量。由于各区的货架布置分散，若开始就将各区等效为一点，则不能真实地反映各区的物流情况。这里采用先将A、B、C区再分区，分别计算各分区的物流量、运输工作量，通过累加分区的物流量和运输工作量，将各区的运输工作量除以物流量，即可得到各区的等效搬运距离。

$$某区的物流量 = \frac{该区的货位数（或当量货位数）\times 总进出流量}{货位总数（或当量货位总数）}$$

按照各区的出货频率，将各区的货位数均折算为A区的货位数：

A区的货位总数为1002个；

B区的货位总数为1440个，折算为A区的货位数为1440个×2/4=720个；

C区的货位总数为729个，折算为A区的货位数为729个×1/4≈182个。

A区的进出物流量计算如下：

A区进出物流量=分拣库进出总流量×1002/（1002+720+182）

=162箱×1002/1904≈85箱

A1区进出物流量=85箱×135/1002=11.5箱

A2区进出物流量=85箱×75/1002=6.5箱

A3区进出物流量=85箱×75/1002=6.5箱

A4区进出物流量=85箱×96/1002=8箱

A5区进出物流量=85箱×120/1002=11箱

A6区进出物流量=85箱×90/1002=8箱

A7区进出物流量=85箱×60/1002=5箱

A8区进出物流量=85箱×60/1002=5箱

A9区进出物流量=85箱×60/1002=5箱

A10区进出物流量=85箱×75/1002=6.5箱

A11区进出物流量=85箱×60/1002=5箱

A12区进出物流量=85箱×96/1002=8箱

B区的进出物流量计算如下：

B区进出物流量=分拣库进出总流量×720/（1002+720+182）

=162箱×720/1904≈61箱

B1区进出物流量=61箱×900/1440=38箱

B2区进出物流量=61箱×540/1440=23箱

C区的进出物流量计算如下：

C区进出物流量=分拣库进出总流量×182/（1002+720+182）

=162箱×182/1904≈16箱

C1区进出物流量=16箱×150/729=3箱

C2区进出物流量=16箱×309/729=7箱

C3区进出物流量=16箱×165/729=4箱

C4区进出物流量=16箱×105/729=2箱

除了物流量之外，通常还需要了解物流条件。物流条件包括数量条件、管理条件和时间条件。为了把所收集的资料进行汇总，达到全面了解情况的目的，需要编制搬运活动一览表，如表4-6所示。表中的工作量为物流量与搬运距离的乘积，工作量等级A、E、I、O、U按前述规定划分；物流量下方的a、b、c为物流条件代号。

表4-6 分拣库搬运活动一览表

物料类别			实 纸 箱		空拣货箱		实拣货箱		空 纸 箱	
线 路 从一至或双向	距离/m	路线情况	物流量（条件）	工作量（等级）	物流量（条件）	工作量（等级）	物流量（条件）	工作量（等级）	物流量（条件）	工作量（等级）
1. 入货暂存区双向A1区货架	31.7	1	5.75 a	182					7	U
2. 入货暂存区双向A2区货架	50.6	2	3.25 a	165					4	U
3. 入货暂存区双向A3区货架	64.3	2	3.25 a	209					4	U
4. 入货暂存区双向A4区货架	49.7	2	4 a	199					4	U
5. 入货暂存区双向A5区货架	31.6	1	5.5 a	174					6	U
6. 入货暂存区双向A6区货架	13.3	1	4 a	53					4	U
7. 入货暂存区双向A7区货架	12.3	1	2.5 a	31					3	U
8. 入货暂存区双向A8区货架	19	1	2.5 a	47.5					3	U
9. 入货暂存区双向A9区货架	25.7	1	2.5 a	64					3	U
10. 入货暂存区双向A10区货架	37.2	1	3.25 a	121					4	U
11. 入货暂存区双向A11区货架	32.3	1	2.5 a	81					3	U
12. 入货暂存区双向A12区货架	22.5	1	4 a	90					4	U
13. 入货暂存区至A区货架	30.6		43 a	1316 E						
14. 入货暂存区双向B1区货架	15.3	1	19 b	291					19	U
15. 入货暂存区双向B2区货架	12.4	1	11.5 b	143					12	U
16. 入货暂存区至B区货架	14.2		30.5 b	434 I						
17. 入货暂存区双向C1区货架	33.4	1	1.5 b	50					2	U

（续）

物料类别 线　路 从—至 或双向	距离/m	路线情况	实纸箱		空拣货箱		实拣货箱		空纸箱	
			物流量（条件）	工作量（等级）	物流量（条件）	工作量（等级）	物流量（条件）	工作量（等级）	物流量（条件）	工作量（等级）
18．入货暂存区双向C2区货架	64.3	2	3.5 b	225					4	U
19．入货暂存区双向C3区货架	31.6	1	2 b	63					2	U
20．入货暂存区双向C4区货架	15.1	1	1 b	15					1	U
21．入货暂存区至C区货架	44.1		8 b	353 O						
22．A1区货架至验货区	36.5	1					5.75 a	210		
23．A2区货架至验货区	56.4	1					3.25 a	183		
24．A3区货架至验货区	59.5	1					3.25 a	208		
25．A4区货架至验货区	44.9	1					4 a	180		
26．A5区货架至验货区	26.8	1					5.5 a	147		
27．A6区货架至验货区	9.5	1					4 a	38		
28．A7区货架至验货区	7.5	1					2.5 a	19		
29．A8区货架至验货区	14.2	1					2.5 a	35.5		
30．A9区货架至验货区	20.9	1					2.5 a	52		
31．A10区货架至验货区	32.4	1					3.25 a	105		
32．A11区货架至验货区	37.1	1					2.5 a	93		
33．A12区货架至验货区	27.3	1					4 a	109		
34．A区货架至验货区	29.6						43 a	1274 E		
35．B1区货架至验货区	20.1	2					19 b	382		
36．B2区货架至验货区	9.6	2					11.5 b	110		
37．B区货架至验货区	16.1						30.5 b	492 I		
38．C1区货架至验货区	38.2	1					1.5 b	57		

（续）

物料类别 线路 从一至 或双向	距离 /m	路线 情况	实纸箱 物流量（条件）	实纸箱 工作量（等级）	空拣货箱 物流量（条件）	空拣货箱 工作量（等级）	实拣货箱 物流量（条件）	实拣货箱 工作量（等级）	空纸箱 物流量（条件）	空纸箱 工作量（等级）
39．C2区货架至验货区	59.5	1					3.5 b	208		
40．C3区货架至验货区	26.8	1					2 b	53.5		
41．C4区货架至验货区	10.3	1					1 b	10		
42．C区货架至验货区	41						8 b	328.5 O		
43．验货区至A1区	24	4			1	U				
44．验货区至A12区	23.5	4			1	U				
45．验货区至A6区	2	4				U				
46．验货区至A7区	2	4			1	U				
47．验货区至B1区	5	4			4	U				
48．验货区至B2区	8.5	4			4	U				
49．验货区至C1区	27.5	4			4	U				
50．1#库至进货暂存区	55	3	81.5 c	4482 A					81	U
51．出货暂存区至1#库	55	3	81.5 c	4482 A						
52．验货区至出货暂存区	2	1	81.5 c	162 O						
每类合计 物流量			326.0				81.5			
每类合计 运输工作量				11229				2095		
每类合计 标定等级				A				E		

路线情况代号	路线情况	物流条件代号	物流条件状况或其他说明事项
1	室内作业，通道较窄，弯折少	a	量少，高频，有部分有时间要求
2	室内作业，通道较窄，弯折多	b	量少，低频，有部分有时间要求
3	室内作业，通道较宽	c	量大，低频，有部分有时间要求
4	室外作业，通道较宽		

（3）各项移动图表化。在布置图上绘制的物流图是画在实际的布置图上的，图上标出了准确的位置，所以能够表明每条路线的距离、物流量和物流方向，可作为选择搬运方法的依据，如图4-14所示。图上流向线不是按物料移动的实际路线来画的，但距离是按实际路径的距

离来标示的。

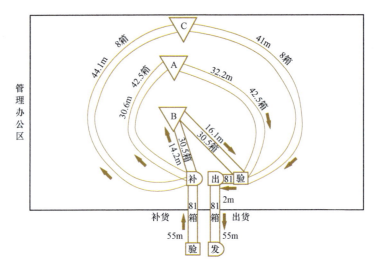

图4-14 在布置图上绘制的物流图

五、初步的物料搬运方案

1. 物料搬运方法的选择

（1）搬运路线系统。根据分拣库作业物料搬运的特点，从1#库向2#分拣库补货暂存区的补货、分拣库验货集货区向出货暂存区的搬运以及出货暂存区向1#发货区的发货，物流量相对较大，故采用直接型路线系统；补货暂存区向存储货位的补货采用渠道型路线系统；拣货采用中心型路线系统。

（2）物料搬运设备和运输单元。结合配送中心的实际情况，物流量小，搬运距离短，输送距离相对较长，故选择简单的搬运设备和输送设备。选用托盘、塑料拣货周转箱和纸箱作为运输单元。

2. 初步的搬运方案

（1）在搬运系统方案汇总表上标示搬运方法，如表4-7所示。

表4-7 搬运系统方案汇总表

物料类别	类别号a				类别号b				类别号c				类别号d			
路 线	说明：实纸箱				说明：实拣货箱				说明：空纸箱返回				说明：空拣货箱返回			
从一至或双向	代用S		E	T	代用S		E	T	代用S		E	T	代用S		E	T
1. 进货暂存区双向 A2A3A4C2	ad	K	🛒	▢					a	K	🛒	△				
2. 进货暂存区双向 A、C、其他区	d	K	🛒	▢						K	🛒	△				

第四章 物流分析与物料搬运系统设计

（续）

物料类别 路 线	类别号a 说明：实纸箱			类别号b 说明：实拣货箱			类别号c 说明：空纸箱返回			类别号d 说明：空拣货箱返回		
3. 进货暂存区双向B区	d	K						K				
4. A区向验货集货区				43 c	G	带式					D	
5. B、C区双向验货集货区				38.5 G							D	
6. 验货集货区至出货暂存区		D		81.5								
7. 出货暂存区至1#库		D		81.5								
8. 1#库至进货暂存区	b	D		81.5								
搬运代用方案	a	G		b	G		c	D	辊子	d	G	

（2）初步的搬运方案。根据汇总表上标示的搬运方法，可有以下搬运方案：

方案一：采用搬运系统方案汇总表中的原始方案，不采用代用方案。

方案说明：供应商送货经检验后，采用电瓶叉车将1#库检验处的药品整托盘向进货暂存区补货，再用手动托盘搬运车向所有的存储货位整箱补货，补货完毕将空纸箱随车带回。高频货位的拣货出货采用带式输送机散件输送至验货集货区，中低频货位采用手推车拣货出货，验货集货区集装好的药品由人工搬运至出货暂存区，最后用手动托盘搬运车将出货暂存区药品送至1#库发货区发货。

方案二：将搬运系统方案汇总表中的原始方案中b和c采用代用方案。

方案说明：在方案一的基础上做了一些改动，采用手动托盘搬运车将1#库检验处的药品整托盘向进货暂存区补货，高频货位的拣货出货采用辊子输送机将拣货箱输送至验货集货区。

方案三：将搬运系统方案汇总表中的原始方案中的a、b、c项目采用代用方案。

方案说明：在方案二的基础上又做了一点改动，对于离进货暂存区较远的A2、A3、A4和C2区存储货位采用人工搬运和输送机结合补货，补货完毕由人和输送机带回空纸箱。

方案四：将搬运系统方案汇总表中的原始方案中的a、b、c、d都采用代用方案。

方案说明：在方案三的基础上再做改动，所有的补货都采用电瓶叉车补货。

六、各项需求的说明和计算

对几个初步搬运方案进行修改以后，就开始逐一说明和计算哪些被认为是现实可行的方案。对每一个方案需做如下说明和计算：

（1）说明每条路线上每种物料的搬运方法。

（2）说明搬运方法以外的其他必要的变动，如更改布置、作业计划、生产流程、建筑物、公用设施、道路等。

（3）计算搬运设备和人员的需要量。

（4）计算投资数和预期的经营费用。

这里还需要考虑各个方案的搬运设备和人员需求，如表4-8所示。

表4-8 各个方案的需求表

方案	设备需求		人员需求			
	设备名称	数量	拣货	补发货	验货	集货
方案一	带式输送机 （90°）转向设备 电瓶叉车 手动托盘搬运车 手推拣货台车 登高车 塑料拣货箱	4组 3组 1辆 2辆 3辆 5辆 12只	7人	3人	1人	2人
方案二	动力辊子输送机 无动力辊子输送机 （90°）弯道机 手动托盘搬运车 手推拣货台车 登高车 塑料拣货箱	3组 8组 4组 3辆 3辆 5辆 16只	7人	3人	1人	1人
方案三	动力辊子输送机 无动力辊子输送机 （90°）弯道机 手动托盘搬运车 手推拣货台车 登高车 塑料拣货箱	3组 8组 4组 2辆 3辆 5辆 16只	7人	2人	1人	1人

七、方案的评价

方案的分析评价常采用以下几种方法：①费用（或财务）比较法；②优缺点比较法；③因素加权分析法。在这里，由于投资和经营费用无法明确，故仅对各方案做定性的评价，采用优缺点比较法。表4-9为各可行方案的优缺点比较。

表4-9 各可行方案的优缺点比较

方案	优点	缺点
方案一	输送设备数量少，占空间小 通道宽敞，不会阻塞 拣货作业方便 采用电瓶叉车，减少工人的搬运工作量 拣货箱的数量需求少	药品散件输送集货工作量较大，集货人员需要2人，当订单相对集中时容易出错 带式输送机的直角转向不易实现，与辊子输送机相比易损坏 电瓶叉车投资相对较大，且需要驾驶培训，需要充电 搬运设备多了一台，设备利用率低

（续）

方案	优点	缺点
方案二	药品以拣货箱为输送单元，集货工作量不大，集货人员只需1人，即使订单相对集中也不易出错 辊子输送机的直角转向容易实现	输送设备数量多，占空间大，通道不宽敞，容易阻塞
方案三	药品以拣货箱为输送单元，集货工作量不大，集货人员只需1人，即使订单相对集中也不易出错 辊子输送机的直角转向容易实现；离补货暂存区较远的货架区采用输送机辅助补货，减少了工人的运输工作量；精简了一名补货人员，并提高了设备利用率	输送设备数量多，占空间大，通道不宽敞，容易阻塞

通过上述的优缺点比较评价可以看出，方案三优于其他两个方案，故选用方案三。

八、物流线路布置设计及运行方案

下面具体介绍方案三的物流线路布置设计及运行方案。

1. 输送机系统布置（总平面布置图）

在图4-15中的高频货架A区布置了辊子输送机系统，A1与A12之间是2组无动力辊子输送机，其余的为3组输送机，中间的1组是动力辊子输送机，两边的是无动力辊子输送机，在输送机的直角转弯处由90°弯道机连接。

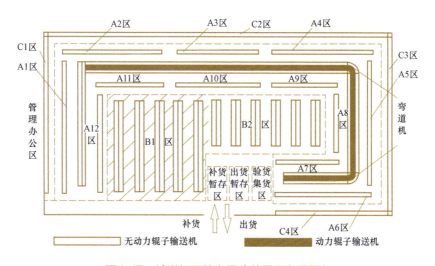

图4-15 输送机系统布置（总平面布置图）

2. 输送机系统的设备需求与选型

整个输送机系统所涉及的设备主要是输送搬运设备和输送货载单元和其他辅助设备，如补货时采用的登高机。具体的设备名称、主要的规格参数以及数量需求如表4-10所示。

表4-10 输送机系统设备需求与选型表

No.	设备名称	主要规格	数量	备注
1	动力辊子输送机	L33.9m W0.5m H0.6m	1组	O带传动速度30m/min
		L13.7m W0.5m H0.6m	1组	
		L8.3m W0.5m H0.6m	1组	
2	无动力辊子输送机	L16.8m W0.5m H0.6m	2组	
		L33.9m W0.5m H0.6m	2组	
		L13.7m W0.5m H0.6m	2组	
		L8.3m W0.5m H0.6m	2组	
3	弯道机（90°）	弯道内径0.5m外径1.0m	2组	带动力
		弯道内径1.0m外径1.5m	2组	无动力
4	手动托盘搬运车	货叉起升高度120mm 货叉下降最低位80mm 托盘叉口有限高度100mm	2辆	
5	手推拣货台车	台面尺寸550mm×800mm	3辆	二层双栏平台式
6	登高车	L900mm×W1200mm×H3200mm	5辆	
7	塑料拣货箱	外尺寸530mm×365mm×325mm	16个	敞开式

复习思考题

1. 请说明物料搬运系统设计和设施布局设计之间的一致性。
2. 请说明物料搬运系统设计的步骤。
3. 请举例说明物流-距离表中各项的计算方法。
4. 请说明物流中心的单元负载搬运有何特点。
5. 针对本章第四节案例中的三个方案，试用因素加权分析法进行评价。

第五章
仓储管理与库存控制

 第一节 仓储管理

一、仓储与仓储管理的基本概念

"仓",即仓库;"储",即收存以备用。仓储就是用仓库对物品进行储存和保管,以满足未来所需的活动。由于储存在仓库中的物品在一定地点、一定场所、一定时间处于停滞状态,因此,仓储是物流体系中唯一静态的环节,也称为"时速为零的运输"。随着仓储功能的不断扩展,仓库的概念也发生了变化。最初的仓库被定义为"存放物品的建筑物和场所";现代仓库则被定义为"一个为货物或材料提供高效存储和操作的经过规划的空间"。

仓库可以从不同的角度进行分类,不同类型的仓库在功能和作用上存在差异。仓库按基本功能定位可分为储存仓库和流通仓库;按储存物品的用途可分为采购供应仓库、批发仓库、零售仓库、储备仓库、中转仓库、加工仓库、保税仓库;按存储货物的特性可分为原材料仓库、零部件仓库、半成品仓库、产成品仓库、设备工具库;按技术条件可分为通用仓库、专用仓库、冷藏仓库、恒温仓库、危险品仓库;按经营主体可分为企业自营仓库、商业经营仓库、公共仓库、国家战略储备仓库。

仓储管理是指仓储组织通过有效的计划、组织、协调、控制等活动,充分利用其所拥有的仓库、机械、资金、技术、人员等资源,为客户提供高效仓储服务的过程。其基本目标是以最低的成本实现期望的服务水平。仓储管理的主要内容包括仓储规划和仓储作业(进货、存货、出货)管理。有效的仓储管理不仅能直接降低仓储成本,而且能降低与之相联系的运输成本、作业成本和风险成本。

二、仓储的功能

储存、养护、检验、集散和调节是仓储的基本功能,流通加工、配送、交易中介等则是仓储的增值服务功能。不同类型的仓库功能有所不同。

(1)储存。保管人将货物存放在特定的场所,并进行妥善保管,以保证存货人提取的货物在数量和质量上与交付保管时保持一致。这是仓储最基本的功能。

(2)养护。保管人采用先进的技术、合理的保养措施对货物进行养护,以维持仓储物的质量,确保仓储物的价值不受损害。当仓储物发生危险时,保管人不仅要及时通知存货人,还需要及时采取有效措施以减少损失。

(3)检验。保管人在货物出入库时严格进行货物的数量和质量验收,以保证货物符合相关标准的要求,并对可能出现的问题明确责任方,从而维护各交易方的利益。

(4)集散。保管人将来自不同企业、不同方向的货物在仓库集中,然后按照客户的需求进行配载后送达不同的客户,以提高运输工具的利用率并确保送达的及时性。

(5)调节。仓储提供了存货缓冲,起着"蓄水池"的作用。一方面,企业通过对货物进行收储或流转的合理安排,调节货物的供求平衡或等待有利的交易机会;另一方面,通过运输中转过程中的仓储,调节不同运输方式在运力和运输时间上的差异。

(6)流通加工。为更好地满足客户多元化、个性化的需求,许多企业将产品的定型、分装、组配、贴商标等工序延迟到仓储环节由保管人完成,以降低存货水平,并将风险最小化。

(7)配送。配送是拣选、包装、加工、组配、送货等各种活动的有机组合。保管人把从多个供应商处运来的大宗货物,按客户或按地点进行分配,以满足客户的少量需求,或根据客户需要对不同货物进行组合搭配,以实现从仓库到客户的满载运输。

(8)交易中介。保管人利用存放在仓库的大量货物,以及其与各类货物使用部门的广泛业务联系,充当现货交易中介,以加速仓储物的周转和吸引新的仓储业务,提高仓储效益。同时还能充分利用社会资源,加快社会资金周转,减少资金沉淀。

三、储存保管设备

储存保管设备主要是用于存放货物的各种货架。货架是以具有一定强度的材料、按一定格式制成的用来存放货物的几何构筑体。货架有很多不同种类,以满足不同物品、储存单位、承载容器及存取方式的需求。

1. 层式货架

具有图5-1所示结构的货架称为层式货架,可按其存放货物的重量等级划分为重型层式货架、中型层式货架、轻型层式货架(见图5-2),也可按其结构特点分为层格式货架和抽屉式货架(见图5-3)。

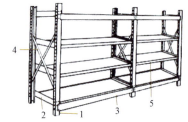

图5-1 层式货架的基本结构

1—立柱 2—托板 3—拉杆 4—斜撑 5—层板

中、重型层式货架一般采用固定式,坚固、结实,承载能力强,适合储存大件或中、重型物资,配合叉车等使用,能充分利用仓库容积,提高仓储能力。轻型层式货架一般采用装配式,较灵活机动、结构简单,但承载能力较差,因此适合人工存取轻型或小件货物,存放物资数量有限,是人工作业仓库的主要储存设备。

a)重型层式货架　　　　b)中型层式货架　　　　c)轻型层式货架

图5-2 不同承重的层式货架

层格式货架原则上每格只能放一种物品,不易混淆,主要用于存放规格复杂、多样,必须互相间隔开的物品。其缺点是层间光线暗,存放数量少。抽屉式货架主要用于存放中小型模具,通常每层承载量小于500kg。重型抽屉式货架可用于存放特重型模具和货物,此外,可存放比较贵重或怕尘土、怕湿的小件物品。

a) 层格式货架

b) 抽屉式货架

图5-3 层格式和抽屉式货架

2. 托盘货架

托盘货架的结构如图5-4所示,可根据需要布置为单排型或双排型,用于存放置于托盘上的货物,可配合叉车或巷道堆垛机进行货物的高效存储。其优点是有利于货物保管,可实现机械化存取作业,仓容利用率高,出入库可做到先进先出。托盘货架应用非常广泛,适合存储各种不同体积大小、重量和类型的、需要进行快速存取的高周转率货物。

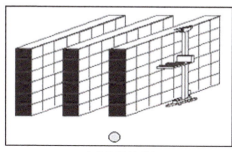
a) 单排型托盘货架

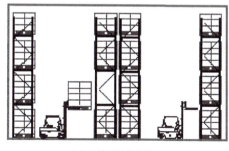
b) 双排型托盘货架

图5-4 托盘货架

3. 悬臂式货架

悬臂式货架是由在立柱上装设悬臂构成的,悬臂可以是固定的,也可以是移动的,如图5-5所示。它适用于长形物料和不规则物料的存放,适合人力存取操作,但不便于机械化作业。

图5-5 悬臂式货架

4. 阁楼式货架

图5-6所示为阁楼式货架，是为了充分利用仓库的空间而将空间做多层设计。它可有效提高空间利用率，用于仓库场地有限而存放物品品种很多的仓库，适合存放储存期较长的中小件货物。其缺点在于上层不适合重型搬运设备行走，存取作业效率低。

图5-6 阁楼式货架

5. 移动式货架

移动式货架易控制，安全可靠。每排货架由一个电动机驱动，由装置于货架下的滚轮沿铺设于地面上的轨道移动。其突出的优点是提高了空间利用率，一组货架只需一条通道；而固定型托盘货架的一条通道只服务于通道内两侧的两排货架。所以，在相同的空间内，移动式货架的储存能力比一般固定式货架高得多。

敞开式移动货架如图5-7所示。其传动机构设于货架底座内，操作盘设于货架端部，外形简洁，操作方便。货架的前后设有安全分线开关，一遇障碍物，整个货架立即停止移动。

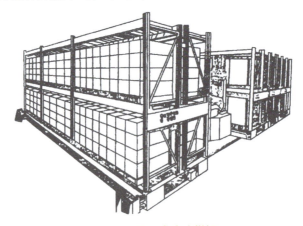

图5-7 敞开式移动货架

封闭式移动货架如图5-8所示，在各货架接口处装有橡胶封口，也称为封闭式货架。当不需要存取货物时，可将货架移动到一起后全部封闭，并可全部锁住。它的最大优点是在封闭时可确保货物安全，同时又可防尘、防光。一般情况下，把一端货架固定，其他货架都可移动。它的移动方式有电动的、手动的或者电动和手动两用。

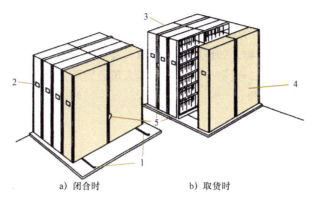

图5-8 封闭式移动货架

1—轨道 2—标牌夹 3—固定货架 4—移动货架 5—锁紧螺栓

移动式货架在存取货物时需移动货架,所以存取货物的时间要比一般货架长,还需要有移动和驱动装置。移动式货架仓库虽然储存密度大,但工作周期长,主要适用于出入库不频繁的场合,如批量存储托盘或其他需要同时存取的重型物资,尤其是需要最大化存储空间的冷库存储。电动的移动式货架单元可以达30m长、10m高,但要注意,货架单元的长度或高度不宜超过轮距的6倍;这类货架可用于储存制成品、原材料等。手动的移动式货架尺寸和载重量均受到限制,常用于储存小件物品或图书资料等。

6. 重力式货架

重力式货架如图5-9所示。存货通道被设计成坡道,入库起重机装入通道的货物单元能够在自重作用下,自动地从入库端向出库端移动,直到通道的出库端或者碰上已有的货物单元停住为止。位于通道出库端的第一个货物单元被出库起重机取走之后,位于它后面的各个货物单元便在重力作用下依次向出库端移动一个货位。在重力式货架中,每个存货通道只能存放同一种货物。重力式货架的优点在于:单位库房面积存储量大;固定了出入库位置,缩短了出入库工具的运行距离;专业、高效、安全性高;能保证货物先进先出。它适用于品种不太多而数量又相对较大的物品,以及需要快速取出的快速周转物品,尤其适合那些需要失效保护的有到期日的货物。

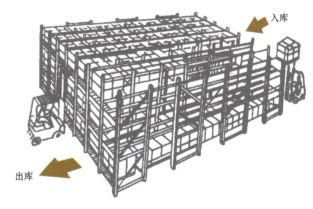

图5-9 重力式货架

7. 旋转式货架

旋转式货架设有电力驱动装置(驱动部分可设于货架上部,也可设于货架底座内),货架沿着由两个直线段和两个曲线段组成的环形轨道运行。由开关或用单片机控制。存取货物时,把货物所在货格编号由控制盘按钮输入,该货格则以最近的距离自动旋转至拣货点停止。水平旋转式货架(见图5-10)本身可以在水平面内沿环形路线来回运行,货柜的结构形式可根据所存货物的不同而变化;垂直循环式货架(见图5-11)与水平旋转式货架相似,只是把水平面内的环形旋转改为垂直面内的旋转。

旋转式货架适用于小物品的存取,尤其对多品种货物的存取更为方便,垂直循环式货架还特别适用于存放长的卷状货物,如地毯、地板革、胶卷片、电缆卷等。旋转式货架储存密度大,货架间不设通道,易管理,投资少。由于操作人员位置固定,故可采用局部通风和照明来改善工作条件,可节约大量能源。

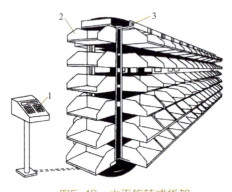

图5-10 水平旋转式货架

1—操作盘 2—货格 3—货位编号

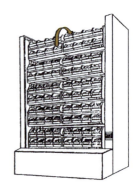

图5-11 垂直循环式货架

8. 驶入式货架和驶入/驶出式货架

驶入式货架和驶入/驶出式货架取消了位于各排货架之间的通道,将货架合并在一起,使同一层同一列的货物相互贯通,故又称贯通式货架。托盘或货箱搁置于由货架立柱伸出的托梁上,叉车或堆垛机可直接进入货架每个通道内,每个通道既可储存货物,又可作为叉车通道,因此仓容利用率高;但对托盘质量和规格要求较高,托盘长度需在1300mm以上。

图5-12所示为驶入式货架,堆垛机可从无斜撑的一侧进出货架通道,库容利用率可达90%,但不保证先进先出,适合大批量少品种、对先进先出要求不高或批量存取的货物存储。驶入/驶出式货架两侧均无斜撑,堆垛机可从货架两侧进出,这种设置虽因增加了通道而使库容利用率有所下降,但可以保证先进先出。驶入式和驶入/驶出式货架特别适合低周转率且单位SKU托盘数量高的产品、冷冻物品(如冷藏库或冷冻库)以及易腐品或易碎品的高密度存储。

图5-12 驶入式货架

四、仓储规划

仓储规划是对仓库网点布局与库址选择、仓储设施与设备配置、信息系统构建以及仓库空间布局等所做的规划。仓储规划有以下几个环节：

（1）前期准备。主要是进行调研，收集相关数据，包括当前和未来的仓储服务需求、企业内部资源和外部条件、仓库的功能定位及业务流程以及潜在客户和供应商信息等。

（2）确定系统目标。考虑当前业务需求与未来发展，按照近细远粗的原则分别确定仓储系统近期（1年之内）、中期（3～5年）和长期（5年以上）的目标。

（3）功能规划。根据仓储服务对象的需求和企业资源能力规划仓库所应具备的功能，明确仓库的类型和功能定位。

（4）选址规划。遵循综合考虑建设费用和运行费用、接近客户和考虑长远发展的原则，按照交通便利、地质条件良好、能源供给充足、保证环境安全等具体要求，采用定性或定量分析方法选择仓储设施的具体位置。常用的定量分析方法包括解析技术、线性规划、启发式规划、仿真技术等。

（5）作业流程规划。确定各项仓储作业所包含的环节、内容及程序，为作业空间规划提供依据。一般物流作业流程主要包括车辆进场、卸载、进货验收、理货、入库、保管养护、调拨补充、订单拣取、分类、集货、流通加工、发货检验、装车、发运等环节。此外，还有退换货、流通加工、物流配合、仓储管理、厂房使用配合等作业，以及办公事务、劳务活动和厂区相关活动。

（6）仓储设施与设备规划。仓储设施是指用于仓储的库场建筑物，包括仓库的主体建筑（全封闭式的库房、半封闭式的货棚、敞开式的露天货场）、辅助建筑（办公室、车库、修理间、装卸工人休息间、装卸工具储存间等）和附属设施（通风、照明、采暖设施）。仓储设施规划的内容包括确定仓库规模（占地面积、储存保管面积、存货量等）、选择建筑物形式、确定建筑物以及附属设施的结构。

仓储设备是仓储业务中所需使用的技术装置和机具，包括储存保管设备、装卸搬运设备、计量设备、养护检验设备、消防安全设备、通风保暖照明设备、劳动防护用品和其他用品用具。仓储设备规划就是确定各类设备的数量、类型、规格、型号、主要性能参数等。选择设备时要考虑的因素主要有货物的特性、存储要求、加工需要、出入库方式、设备的性能、适用性、设备之间的匹配、仓库的建筑结构、投资成本等。

（7）信息系统规划。确定仓储管理信息系统的系统功能及框架结构。仓储管理信息系统的功能主要包括作业管理（随时或定时反映整个物流系统的运作状况）、经营管理（核算物流成本和评价经营业绩）和决策支持（需求预测、存货控制、配送资源规划、运输优化等）。系统的功能模块通常包括采购进货管理、库存储位管理、销售发货管理、财务会计系统、运营业绩管理和决策支持系统。

（8）仓库空间布置。在规定的空间范围内，通过对仓储系统各作业区、辅助作业区、行政生活区进行活动关系分析、作业空间规划和活动流程动线分析，运用定性和定量分析方法对各区域进行合理的布局。

五、进货入库管理

进货入库管理的基本要求是保证入库商品数量准确、质量符合要求、包装完整无损、手续完备清楚、入库迅速。

1. 进货计划准备

进货计划准备包括掌握入库货物情况、预先计划存放位置、确定验收方法、安排作业过程、计划停车位置、确定搬运方案、估计所需的人员数量和设备、准备货位、准备设备和材料、准备工具、准备文件单证等。

2. 验收入库

验收是在货物正式入库前，按一定的程序和手续，对货物进行数量点收和质量检验，以验证其是否符合相关标准的活动。验收时，将相关单证加以整理、分类，并在实物检验过程中与实物对照、核实。

（1）数量检验。根据入库凭证，按照与供货方商定的计量方法进行数量检验，以准确地测定全部货物数量，确定其是否与凭证相符。数量验收应在入库时一次完成。计件货物要全部清点件数；散装计重货物要全部过磅；大批量定量包装货物要按有关规定视具体情况确定抽验比率后进行抽验。

（2）质量检验。按照质量规定标准，对全部货物进行外形检查（外包装和外观质量），并对全部货物或按比例抽取的样品进行物理试验或化学分析，以确定货物的质量、规格和等级是否与标准符合，判定货物为允收、拒收或选用等，并做出检验报告。仓库一般只做货物的外包装和外观质量的检验，运用感官判断外包装是否存在破损、水渍、污染等问题，以及判断外观质量有无缺陷。对于技术性强、需要用仪器测定分析的商品，检验须由专职技术人员进行。进口物资或国内产品需要进行物理、化学、机械性能等内在质量检验时，应请专业检验部门进行化验和测定，并做出记录，以备发现问题时办理索赔。

（3）签收入库。签收时要严格做到"五不收"：凭证手续不全不收；品种规格不符不收；品质不符合要求不收；无计划不收；逾期不收。如在验收中出现问题，保管员与交货单位之间进行商品的检查核对，事故的分析、判定，双方认定后，在交库单上签字。货物验收无误后，仓库给交货单位签发接收入库凭证，并将凭证交给会计、统计入账登记。然后，对验收入库货物分类摆放和标识，安排仓位，提出保管要求。

3. 登账立卡

（1）登账。商品验收入库后，保管员按货物的品种、规格、批次等填制保管账，并注明货位与档号，以便查找。保管账的主要内容有物资名称、规格、数量、累计数或结存数、存货人或提货人、批次、金额，注明货位号或运输工具、接（发）货经办人。

（2）立卡。填制反映商品有关情况及收发动态的保留卡片，即料卡，直接拴挂在货物垛位上或货架下方。料卡的内容包括货物名称、规格、数量或出入状态、结存数量等。立卡要专人专责。

（3）建档。将货物接收作业全过程的有关资料证件进行整理、核对并归档。货物档案应一物一档，同批次、同规格、同一生产厂家可归为一档。档案的内容应包括供货单位提供的全部资料、运输单位的凭证及记录、验收记录、磅码单、出库凭证等。档案应由专人保管，并建立档案的收集、保管和使用制度。

六、储存保管管理

货物的具体储存位置需要按照一定的储存策略和原则来确定。

1. 储存策略

（1）定位储存，即固定货物的货位。每个货位只用于存放固定的货物，使用时严格区分，绝不混用、串用。固定货位便于拣选、查找货物，且由于货物固定，可以对货位进行有针对性的装备，有利于提高货物保管质量。其缺点是仓容利用率较低。长期货源的计划库存、配送中心等大都采用这种策略。

（2）随机储存，即不固定货物的货位。货物任意存放在有空的货位，不加分类。不固定货位有利于提高库容利用率，但是仓库内显得混乱，不便于人工查找和管理。借助信息系统进行有效管理，则可克服此不足。对于周转极快的专业流通仓库，货物保管时间极短，大都采用不固定策略。

（3）分类储存，即分类固定货物的货位。对货位进行分区、分片，同一区内只存放一类货物，但在同一区内的货位则采用不固定使用的方式。这种方式有利于货物保管，比较方便查找货物，可以提高库容利用率。大多数储存仓库都采用这种策略。

2. 货位分配原则

（1）根据货物的尺寸、数量、特性、保管要求分配货位。
（2）同一品种在同一区域保管，方便操作。
（3）出入库频率高的货物使用方便作业的货位。
（4）小票集中、大不围小、重近轻远。
（5）先进先出、缓不围急。
（6）作业分布均匀。

3. 货物养护

货物养护，即保养和维护，是针对入库货物的特性，结合仓库的具体条件，采取各种科学手段，防止和延缓货物质量变化的过程。养护的目的在于维护货物的质量和保护货物的使用价值，避免和减少库存损失。养护措施包括严格验收入库货物，适当安排储存场所，妥善进行堆码苫垫，控制好仓库温湿度，认真对货物进行在库检查，保持好仓库清洁卫生，以及做好防火、排水、防汛、防盗等工作，以保障货物的安全。

4. 盘点

为了有效地控制货物的数量和质量，要对各储存场所储存的货物进行清点，称为盘点。盘点分为账面盘点和实地盘点。账面盘点是在计算机或账簿上记录每天入库及出库货品的数量及单价，并不断累计加总，算出账面上的库存量及库存金额，又称永续盘点。其优点是可随时获取最新数据；缺点是准确性欠佳。实地盘点（实盘）就是到现场实际去清点调查仓库内货物的库存数，再依货品单价计算出实际库存金额，也称为现货盘点。其优点是数据准确；缺点是耗时多、难以把握最新数据。

盘点要检查的项目包括：货物的账面数量与实存数量是否相符；货物的收发情况，以及有无按先进先出原则发放货物；货物的堆放及维护情况；各种货物有无超储积压、损坏变质；对不合格品及其呆废物品的处理情况；安全设施及安全情况。

盘点的目的是掌握准确的库存数量，修正账实不符产生的误差，使账实统一；确认库存的实际数量以审核生产和销售计划的合理性；控制存货，以指导日常经营业务；准确掌握企业的损益，以评估总体经营绩效。

七、交货出库管理

1. 出库的基本程序

（1）核对出库凭证。详细核对和审查领发凭证，准确掌握出库货物的名称、编号、型号、实发数量、印鉴及审批手续。若发现错误或有疑问，要及时同有关部门联系。在任何情况下，仓库部门均不得擅自动用、变相动用或者外借货主的库存商品。

（2）拣选备货。凭证核对无误后即可备货。按出库凭证查对料卡，把出库货物迅速拣选备齐，并配齐有关单证。

（3）复核。为防止差错事故，对所有出库货物要进行一次复核，以保证实发货物准确无误。复核的内容为"二查一核"，即查外观质量是否完好，查技术证件是否齐全，核对出库凭证所列各项内容与所备商品是否相符。复核的形式可采取保管员自核、保管员之间相互交叉复核及专职人员复核，需要包装或交给运输部门托运的商品也可由包装人员与托运人员进行复核。复核无误后，复核人要签章。

（4）办理交货手续。保管员与领货人办理交接手续，当面验证货物，并在移交单上签字认定。采用提货方式出库商品，可将货物连同有关资料向提货人员当面点交；采用代运方式发货的货物，要与负责托运的人员办清交接手续。

（5）善后处理。保管员在办完交接手续后，要整理现场，清理单据，调整账卡，核销存货，归档资料。

出库管理的要求是：遵循先进先出及"收有据，出有凭"原则，保证同种货物先进先出、近期失效先出，把好出库审核关，以完备的手续，将质量完好、数量准确、包装牢固、标志正确清晰的商品，及时准确地发运给收货单位。

2. 拣选备货

拣选备货就是按照拣货单，使用人员、设备和传输装置等，从储存的货物中拣选出指定品种和数量的货物，并进行必要的组合和包装后，送入指定的发货区。

（1）拣选作业的基本方式。基本方式有拣选式（摘果式）和分货式（播种式）两种。

1）拣选式作业。它是分拣人员或设备以单一出货单为拣选单元，巡回于各个储位，将客户所需货物取出，完成配货任务的拣货方式。因货位相对固定，而分拣人员或设备相对运动，所以是人到货前式，又被形象地称为"摘果式"。如图5-13所示，采用"摘果式"拣货方式时，拣货人员或设备针对一个出货单，以品类顺序或储位顺序为动线，到每种品类储位下层的拣货区，拣取该出货单上所需数量的货品，放置在托盘上或拣货车上，再继续拣取下一个品类的货品，一直到该出货单上的所有货品拣出后，将拣好的货品与出货单置放于待运区指定的位置，由出货验放人员接手。

2）分货式作业。它是拣选人员或设备以一组出货单为拣选单元，先将各品类货品按该组出货单的订货总量从储位一次性拣出，然后再逐一分配到各出货单，即整批拣取、二次分拣的拣货方式，又称为"播种式"。如图5-14所示，采用"播种式"拣货方式时，需先将所有出货单对各品类货品的订货量汇总，由拣货人员或设备将各品类货品按照"拣货总表"汇总的总数量，到指定储位下层的拣货区一次一类地取出。每取出一个品类的货品即拖至待验区，将其按照各出货单的代码（位置编号）和出货数量逐一分配放置，再去取下一个品类的货品，直到完成所有品类和所有出货单的货品拣选后,由出货验放人员接手。

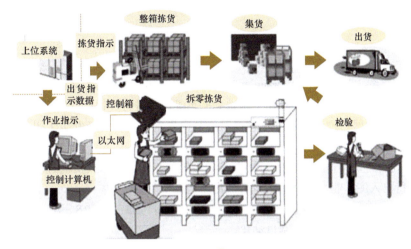

图5-13 "摘果式"拣选流程示意

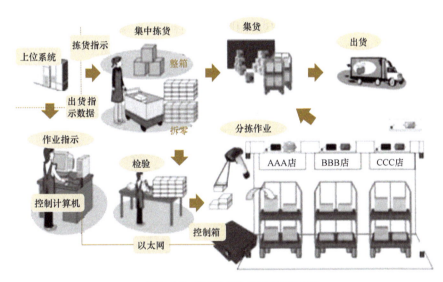

图5-14 "播种式"拣选流程示意

(2)批量拣选的订单分批方式。订单分批方式有四种。

1)总合计量分批。合计拣选作业前所有累积订单中每一货品项目的总量,再根据这一总量进行分拣,以将分拣路径减至最短。

2)时窗分批。当从订单到达到拣选完成出货所需的时间非常紧迫时,开启短暂而固定的时窗,如5min或10min,再将此时窗中所到达的订单做成一批,进行批量分拣。

3)固定订单量分批。按先到先处理的基本原则,当累计订单量达到设定的固定量时,再开始进行拣选作业。

4)智能型分批。将订单汇总后经过较复杂的计算机计算,将分拣路径相近的订单分成一批同时处理,可大大缩短拣选搬运距离。

第二节 自动化仓储系统

一、自动化仓储系统的发展历程

自动化仓储系统（Automatic Storage & Retrieval System，AS/RS）又称自动存取系统，是指不直接进行人工处理而使用自动化存储、拣选和搬运等设备进行货物存取的仓库系统。

伴随着科技的发展与进步，自动化仓储系统从诞生到现在，已经发生了很大的变化。其发展经历了以下几个阶段：

第一代：机械式立体仓库。产生于20世纪60年代的美国，操作人员通过电器开关按钮来控制机械设备进行出入库作业，实现了搬运机械化。

第二代：自动控制立体仓库。20世纪70年代末，随着PLD、AS/RS、AGV、条码扫描等设备在立体仓库中的应用，实现了控制自动化。

第三代：集成化立体仓库。20世纪80年代末，随着计算机技术的应用，形成了由管理级、监控级和控制级组成的三级分布式控制结构，上位管理机协调控制整个仓储系统的出入库作业和库存管理，并且与下位工厂计算机信息关联网相连接，实现了管理微机化和集成化。

第四代：智能型立体仓库。20世纪90年代，借助管理信息系统（MIS）、决策支持系统（DSS）等，实现了对出入库任务和仓库信息的全自动处理，以及根据生产计划报表分析、制定出所需材料与劳动力，依据物资的现有库存量提出适当的建议等，实现了管理智能化。

第五代：智慧型无人仓库。近年来，随着物流信息技术的迅猛发展和各类智能物流设备（特别是各类机器人）的研发与应用，自动化仓库实现智能设备全覆盖的全流程、全系统智能化与无人化已成为可能。

2017年10月，京东物流无人仓建成，实现了进货、存储、拣选、包装各环节的智能设备全覆盖，成为全球首个正式落成并规模化投入使用的全流程无人的物流中心。

二、自动化仓储系统的构成

自动化仓储系统通常由以下几部分构成：

1. 货物储存系统

自动化立体仓库通过立体货架实现货物存储功能，以充分利用仓库空间。货物储存系统由立体货架的货格（存储单元）组成，货格的地址由其在货架上的排、列、层唯一确定，并据此被管控系统所识别。货格承载的货物单元一般是托盘或货箱，特殊设计的专用货架也可以直接存放个装货物。立体货架按高度可分为高层货架（12m以上）、中层货架（5～12m）和低层货架（5m以下），目前最高货架的高度已经可以达到50m。

2. 货物存取和输送系统

货物存取和输送系统承担货物存取、出入仓库的功能，它由有轨或无轨堆垛机、出入库输送机、装卸机械及其他周边设备等组成。常见的输送系统有传输带、穿梭车（RGV）、自动导引车（AGV）、叉车、拆码垛机器人等。周边设备包括自动识别设备、自动分拣设备、自动包装设备等，其作用是扩展自动化仓库的分类、计量、分拣、包装等功能。

3. 自动控制系统

自动控制系统是整个自动化立体仓储系统设备执行的控制核心。中央控制计算机控制和监视整个自动化立体仓库的运行，并根据管理计算机或自动键盘的命令组织流程。它向上连接物流系统的调度计算机，接受物料的输送指令，向下连接输送设备，实现底层输送设备的驱动、输送物料的检测与识别，完成物料输送及过程控制信息的传递，实现设备监控、数据采集、通信网络、控制接口的一体化控制和管理。

4. 仓储管理系统

仓储管理系统的功能是对订单、需求、出入库、货位、不合格品、库存状态等各类仓储管理信息进行分析和管理。管理计算机是自动化立体仓库的管理中心，承担出入库管理、盘库管理、查询、打印及显示、仓库经济技术指标计算分析管理功能。它包括在线管理系统和离线管理系统。

5. 辅助设施

自动化仓储系统的辅助设施包括土建及公用工程设施（厂房及其他配套设施）、消防系统、照明系统、通风及采暖系统和动力系统，以及给水排水设施、避雷接地设施和环境保护设施等。

三、自动化仓储系统的优缺点

与传统的普通仓库相比，自动化仓储系统具有以下优点：

（1）存储区向高空大幅度发展，使仓库的空间得到充分利用，节省了库存占地面积，提高了空间利用率。

（2）使用自动设备存取货物不仅运行和处理速度快，而且降低了操作人员的劳动强度，提高了劳动生产率。

（3）运用计算机进行管理和控制，能够准确无误地对各种信息进行存储和处理，减少货物和信息处理的差错，即时、准确地反映库存状况，能够为管理者决策提供可靠的依据。

（4）便于及时清点和盘库，合理调整库存，防止货物出现自然老化、生锈、变质等损耗。

（5）采用非人工直接处理的存取方式，能较好地适应黑暗、低温、易爆及有污染等特殊场所货物存取的需要。

自动化仓储系统的缺点是投资和维护成本较高，而且一旦安装完毕，很难再做改动。正因为它的购置和维护成本高，要采用自动化仓储系统，就必须在经济上进行合理可行的预算，而且在其设计安装时要经过周密详细的规划才可以。

第三节 库存控制

一、库存概念与类型

库存是生产和流通领域各环节企业所储备的各种物品，包括原材料、在制品、产成品、备件、低值易耗品等，是企业为了满足未来需要而暂时闲置的资源。根据产生的原因和作用，库存可分为以下六种类型：

（1）周转库存，又称经常库存，是用来满足正常情况下企业日常生产经营需求所保有的库存。其规模取决于订货批量和单位时间消耗量的大小。

（2）在途库存，又称中转库存，是处于运输过程中的库存。其规模由运输时间和运输批量决定。

（3）安全库存，又称缓冲库存，是为应对不确定因素（如供应商交货延迟或客户的突发性订货需求等）所设立的库存。其规模主要取决于不确定性程度及企业的风险规避态度。

（4）投机库存，又称时间效用库存，是为规避价格上涨导致的成本上升而提前采购，或为获取价格上涨而带来的利润而延迟销售所囤积的库存。其规模取决于对持有成本和预期收益的均衡比较。

（5）季节性库存，又称预期库存，是由于生产与需求的季节性波动而产生的库存。季节性生产、全年性需求的产品在一个生产季结束后会形成较大量的季节性库存；对于季节性需求的产品，为维持生产的稳定性、应对旺季的大量需求，企业在需求季到来前也会累积形成一定量的库存。其规模取决于生产或需求量及其波动程度。

（6）闲置库存，又称沉淀库存，是各种无需求的呆废料库存，包括因质量问题发生货损而丧失使用价值的库存、因无市场需求而滞销的库存、因采购不当或生产计划变更导致的超额储存的库存等。其规模取决于企业的管理水平。

二、库存的两重性

1. 库存的积极作用

维持一定量的库存对企业的生产经营具有积极作用。

（1）降低采购成本。即时按需采购虽然可以减少甚至无须库存，但由于采购批量小、次数多，会导致订货费用增加，且通常无法获得大批量订购的价格优惠，从而导致单位采购成本较高。因此，企业多采用经济订购批量采购，以降低采购成本。

（2）保持生产的连续稳定。维持一定量的原材料和零部件在库或在途库存，可防止由于采购供应延迟而导致的停工待料；维持一定的在制品库存，可均衡各工序作业能力并防止由于加工设备故障而导致的生产中断，从而保证作业的平稳连续。

（3）增强生产计划的柔性。维持一定量的成品库存可以避免供需不平衡的矛盾，减小需求波动对生产的影响，使生产计划具有相对独立性和柔性，进而通过加大生产批量降低生产成本，并使昂贵的生产准备成本得以分摊。

（4）提高客户响应速度。维持一定量的成品库存可以缩短交货期，使客户更快获得其所需的物品，通过缩短客户的订货提前期而获得一定的竞争优势。

2. 库存的消极影响

库存在发挥积极作用的同时，也有其消极影响。

（1）增加企业成本。库存占用企业的资金和仓储空间，消耗仓储人员的劳动，增加企业的成本。

（2）带来企业的经营风险。库存使企业的现金固化在物料和产品上，消耗企业的现金流，降低资金的流动性，带来流动性风险；库存在保管过程中不仅存在损坏、丢失的可能性，还存在市场贬值的可能性，带来物质磨损或给企业带来经济损失的风险。

（3）增加企业的机会成本。库存产品占用了企业的资金、空间、劳动力等资源，可能使企业丧失其他方面发展的机会，使企业的机会成本大大提高。

（4）掩盖企业的管理问题。库存的缓冲作用使企业的经营具有更大的柔性，但也使企业管理中出现的问题容易被掩盖，不利于企业管理水平的提升。

三、库存控制模型

1. 库存成本的构成

计算库存总成本一般以年为时间单位。年库存总成本由以下四项构成：

（1）储存成本。储存成本是指维持库存所必需的成本，包括资金成本、仓库及设备折旧、税收、保险、陈旧化损失等。这部分费用与物品价值和平均库存量有关。

（2）订货成本。订货成本是指处理一次订货业务的平均成本，包括谈判、通信、簿记、人员，与全年发生的订货次数有关，一般与一次订多少无关。

（3）购买成本。购买成本是指每次采购库存物品的购买成本，与价格和订货数量有关。

（4）缺货成本。缺货成本是指由于缺货导致失去销售机会带来的损失、企业信誉损失以及影响生产造成的损失，与缺货多少和缺货次数有关，其数额估算有一定的主观性。

上述总成本的构成项目中，有些项目之间存在此消彼长的负相关关系。因此，对库存进行优化时要考虑各项成本的均衡，要使总成本最低。

2. 确定性需求库存控制模型

确定性经济订货批量模型假定物资的需求率是已知和确定的，进货的前置时间（从发出订货单到收到所订货物所需的时间）也是不变的常量，并与需求量无关。

（1）理想状态下的经济批量模型（见图5-15）。在需求率、订货到货间隔时间恒定、运输瞬时完成、不发生缺货现象并且产品项目只是单一品种或互不相关的条件下，企业每年总库存费用（TC）为采购进货费用和保管储存费用之和，按下式计算：

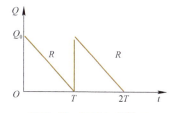

图5-15 经济订货批量

$$\mathrm{TC} = DP + \frac{D}{Q}C + \frac{Q}{2}H \tag{5-1}$$

式中　TC——全年的总库存费用；
　　　D——全年的需要量；
　　　P——货物的购买单价；
　　　Q——每次订货的数量；
　　　C——每次订货的费用；
　　　H——单位货物的年保管仓储费用。

通过求解这个方程式所得的订货批量就是使总库存费用最小的最佳订货量，又称经济订货批量（Economic Order Quantity，EOQ），用Q^*表示，即

$$Q^* = \sqrt{\frac{2DC}{H}} = \sqrt{\frac{2DC}{PF}} \tag{5-2}$$

式中 F——单位货物的保管仓储费用与单位购买价格的比率（又称储存费用率）。

最小的库存总费用（TC）为

$$TC^* = DP + \sqrt{2DCH} = DP + \sqrt{2DCPF} \tag{5-3}$$

每年订货次数（n）为

$$n = \frac{D}{Q^*} \tag{5-4}$$

订货间隔期（T）为

$$T = \frac{365}{n} \tag{5-5}$$

上述模型是建立在许多假定基础上的简单模型，如果考虑到实际情况的复杂性，需要对EOQ基本模型进行修正。

（2）有数量折扣条件的经济批量模型。供应商为了吸引客户一次购买更多的商品，往往规定对于购买数量达到或超过某一数量标准时给予客户价格上的优惠，这个事先规定的数量标准称为折扣点。在有数量折扣的条件下，必须对EOQ基本模型进行必要修正。

在有两个折扣点的情况下（见图5-16），依据确定条件下的经济批量模型计算最佳订货量的步骤为：①计算每一折扣数量对应的总费用；②计算每种单价下的EOQ及有效EOQ的总费用；③比较几个总费用，找出最小者，对应的订货量即为最佳订货量。

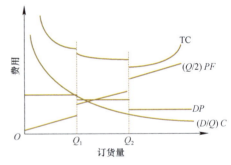

图5-16 有数量折扣条件的经济批量模型

（3）延期购买（Back Ordering）条件下的经济批量模型。当企业向供应商订货时，在供应商库存不足发生缺货的情况下，若不转向购买其他供应商的替代品而延期购买，则供应商为了尽快满足客户需要，需加班生产产品，快速发货。对供应商来说，由于加班和快速发货而产生延期购买费用，如图5-17所示。图中，V为允许缺货情况下的最大库存水平；Q为每次的订货量；T为订货间隔期；t_1为订货间隔期内有存货的时间（$t_1 = \frac{V}{Q}T$）；t_2为订货间隔期内缺货的时间（$t_2 = \frac{Q-V}{Q}T$）。

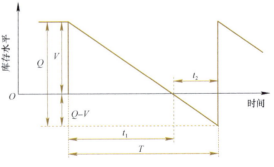

图5-17 延期购买条件下的经济批量模型

在延期购买条件下的总库存费用TC为

$$TC = DP + \frac{D}{Q}C + \frac{V^2}{2Q}H + \frac{(Q-V)^2}{2Q}K \qquad (5-6)$$

对上式求微分并令其为0，经整理后可获得最佳订货量

$$Q^* = \sqrt{\frac{2DC}{H}}\sqrt{\frac{H+K}{K}} \qquad (5-7)$$

最大库存水平

$$V^* = \sqrt{\frac{2DC}{H}}\sqrt{\frac{K}{H+K}} \qquad (5-8)$$

式中　K——单位产品的延期购买费用。

由于 $\sqrt{\frac{H+K}{K}} > 1$，则可知在延期购买条件下的经济批量大于正常条件下的经济批量。当单位延期购买费用K不断增加时，在延期购买条件下的经济批量逐渐接近正常条件下的经济批量。

（4）价格上涨条件下的经济批量模型。当已知采购价格在将来某一时间会上涨时，就面临一个应在价格上涨之前购买多少数量以便使总库存费用最低的决策问题。

如图5-18所示，图中，Q_1^*为价格上涨之前的经济批量；Q_2^*为价格上涨之后的经济批量；q为涨价之前最后一次订货到货时间的原有库存量；t_1为涨价前的订货时间；t_2为涨价点时间；t_3为在不发生特别订货Q^*的情况下，涨价后第一次订货的时间；t_4为涨价后第一次订货的时间。在涨价之前再购入Q单位的物品，则t_1与t_4之间的总库存费用TC_1为

$$TC_1 = QP_1 + \frac{Q+q}{2}H\frac{Q+q}{D} + C \qquad (5-9)$$

在涨价之前不发生特别订货Q，而是按正常情况进行补充订货，则t_1与t_4之间的总库存费用TC_2为

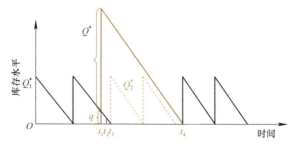

图5-18　价格上涨条件下的经济批量模型

$$TC_2 = QP_2 + \frac{q}{2}H\frac{q}{D} + \frac{Q_2^*}{2}H\frac{Q}{D} + \frac{Q}{Q_2^*}C \qquad (5-10)$$

由于涨价前Q单位特别订货而节约的库存总费用为（TC_2-TC_1），对（TC_2-TC_1）求微分并令其为0，则可求得最佳特别订货量Q^*为

$$Q^* = \frac{D(P_2-P_1)}{H} + Q_2^* - q \qquad (5-11)$$

式中　q——涨价之前最后一次订货到货时点的原有库存量；

　　　Q^*——对应涨价因素，在涨价之前的特别订货量；

　　　P_1——涨价之前的价格；

　　　P_2——涨价之后的价格。

由上式可知，不同的q值产生不同的Q^*，应该在尽可能接近涨价时点时进行特别购买。在单位保管费用H与单位价格是线性关联时（$H=PF$），最佳特别订货量Q^*为

$$Q^* = \frac{D(P_2-P_1)}{P_1 F} + \frac{P_2}{P_1}Q_2^* - q \quad (5-12)$$

（5）临时降价条件下的经济批量模型。若某物品在正准备订货时，发现供应商正临时降价，降价幅度为d，之后又恢复到原来的价格P，这时就面临一个应在降价时购买多少数量以便使总库存费用最低的决策问题，如图5-19所示。

在降价时发生特别订货Q'，则在Q'/D期间内的总库存费用TC_1为

$$TC_1 = Q'(P-d) + \frac{(Q')^2}{2D}(P-d)F + C \quad (5-13)$$

式中　Q'——降价时加大的订货量；

　　　d——降价幅度。

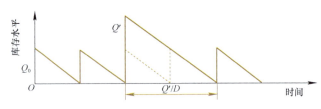

图5-19　临时降价条件下的经济批量模型

在降价时不发生特别订货Q'，而是按正常情况进行补充订货，则在Q'/D期间内的总库存费用TC_2为

$$TC_2 = Q_0(P-d) + (Q'-Q_0)P + \frac{Q_0^2}{2D}(P-d)F + \frac{(Q'-Q_0)Q_0}{2D}FP + \frac{Q'}{Q_0}C \quad (5-14)$$

式中　Q_0——降价前、恢复后的经济批量。

由于降价，Q'单位特别订货而节约的库存总费用为（TC_2-TC_1），对（TC_2-TC_1）求微分并令其为0，则可求得最佳特别订货批量Q'为

$$Q' = \frac{dD}{(P-d)F} + \frac{PQ_0}{P-d} \quad (5-15)$$

3. 随机需求下的库存控制

企业存在多种订货方式，每种订货方式各有其特点和适用范围。定量订货模型（Fixed Quantity System，FQS）和定期订货模型（Fixed Interval System，FIS）是两种最常见的库存控制方式，如图5-20所示。定量订货模型是事件驱动的，即当到达规定的再订货水平的事件发生后，就进行订货。这种事件有可能随时发生，主要取决于对该物资的需求状况。定期订货模型是时间

驱动的，仅限于在预定时期期末进行订货。运用定量订货模型时，必须连续监控剩余库存量。因此，定量订货模型是一种永续盘存系统，它要求每次从库存里取出货物或往库存里增加货物时，必须刷新记录以确认是否已达到再订购点。在定期订货模型中，库存盘点只在盘点期发生。

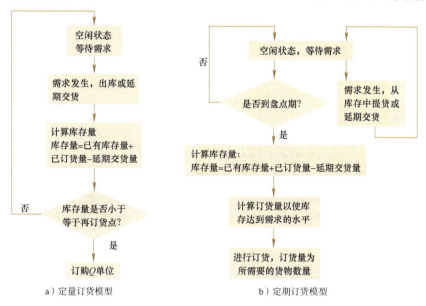

图5-20 两种不同的库存控制方式

（1）定量订货模型。定量订货模型是指当库存量下降到预定的最低库存量，即订货点时，按规定数量（一般以EOQ为标准）进行订货补充的一种库存控制方式，又称（Q，R）订货策略，如图5-21所示。

当库存量下降到订货点（也称再订货点）时，马上按预先确定的订货量Q发出订单，经过订购提前期L，收到订货，库存水平上升。

采用定量订货模型必须预先确定订货点和订货量。订货点的确定主要取决于需求率和订货、到货间隔时间这两个要素。在需求固定均匀和订货、到货间隔时间不变的情况下，不需要设定安全库存。订货点确定如下：

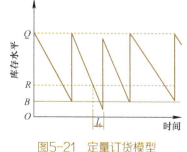

图5-21 定量订货模型

$$R = L\bar{r} \tag{5-16}$$

式中　R——订货点；

　　　$\bar{r}$——平均每日需求量（需求率）。

当需求发生波动或订货、到货间隔时间是变化的情况下，订货点的确定方法较为复杂，且往往需要安全库存。订货点的确定如下：

1）采用严格的数学公式计算（假定需求量、提前期服从正态分布）。基于订货提前期需求量D_L的公式为

$$R = L\bar{r} + \lambda\sqrt{L}\sigma_r \tag{5-17}$$

式中　$L\bar{r}$——提前期内的平均需求量；

$\lambda\sqrt{L}\sigma_r$——保险库存量；

λ——安全系数，反映服务水平，因物资重要程度不同而取值不同；

σ_r——提前期内需求量的标准偏差。

基于需求速率 r 和提前期 L 的公式为

$$R = \overline{L}\overline{r} + B \tag{5-18}$$

其中

$$B = \lambda\sqrt{\overline{L}\sigma_r^2 + \overline{r}^2\sigma_L^2} \tag{5-19}$$

2）简单近似计算方法。

$$R = \overline{L}\overline{r} + \lambda\sqrt{L}\sigma_r = \overline{r}(L + \Delta L) = \overline{r}L_{\max} \tag{5-20}$$

定量订货模型的优点是：由于每次订货之前都要详细检查和盘点库存，能及时了解和掌握库存的动态；因每次订货数量固定，并且是预先确定的经济订货批量，方法简便。这种模型的缺点是：需要每天检查库存量，费时费力，特别是在仓库大、物资品种多而人员少的情况下，无论是检查实物还是检查账本，工作量都很大；要求对每个品种单独进行订货作业，这样会增加订货成本和运输成本。

（2）定期订货模型。如图5-22所示，定期订货模型是指按预先确定的订货间隔期 t，定期检查库存并进行订货补充的一种库存控制方式，又称（t，S）策略。企业根据过去的经验或经营目标预先确定一个订货间隔期间，每经过一个订货间隔期间 t 就检查一次库存，发出一次订货，把现有库存补充到最大库存水平 S。

该模型不设订货点，只设固定检查周期和最大库存水平。每次订货数量都不同，订货量的确定方法如下：

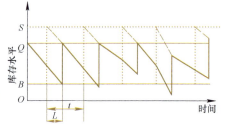

图5-22 定期订货模型

订货量=最高库存量-现有库存量-订货未到量+顾客延迟购买量

定期订货模型的优点是：由于订货间隔期间确定，因而多种货物可同时进行采购，这样不仅可以降低订单处理成本，而且还可降低运输成本；不需要经常检查和盘点库存，可以节省这方面的费用。定期订货模型的缺点是：由于不经常检查和盘点库存，对货物的库存动态不能及时掌握，遇到突发性的大量需要，容易由于缺货造成损失，因而企业为了应对订货间隔期间内需要的突然变动，往往库存水平较高。

选择定量订货还是定期订货，取决于不可预测需求的风险与计划补充库存的成本之间的平衡。定期订货使安全库存问题在库存消耗量与需求变大时更加突出。一般来讲，定期订货适用于稳定的、可预测的需求且物品价值很小时。许多组织混合使用两种方法。

第四节 物料管理

一、ABC分析

ABC分析是帕累托"二八原则"在库存管理中的应用，其核心思想是识别出对库存管理产生重要影响的关键库存品,并对其进行重点管理。具体而言,是将不同品目的库存品按某一指标(如资金占用额、销售额等)区分为重要程度不同的A、B、C三类,进而对不同类别的库存品予以区别管理。

1. ABC分析的一般步骤

(1)收集数据。按照分类依据的指标收集所需的对应数据。如以库存品的平均资金占用额为分类依据,需要收集的数据为每种库存品的平均库存量及其单价;如以销售额为分类依据,则需要收集的数据为销量及价格。

(2)处理数据。对收集的数据资料进行整理,计算分类指标数值。如以每种库存品的平均库存量乘以其单价,即可求得其平均资金占用额;以销量乘以单价可求得销售额。

(3)绘制ABC分析表。按照分类指标数值降序对所有库存品进行排序,计算分析表中第1~8栏的各栏数值,绘制ABC分析表。

表5-1为某仓库库存品ABC分析实例,是以平均资金占用额指标为分类依据所得到的计算结果。

表5-1 某仓库库存品ABC分析实例

库存品名称	品目数累计	品目数累计百分比(%)	单价(元)	平均库存数量(个)	平均资金占用额(元)	累计资金占用额(元)	累计资金占用百分比(%)	分类结果
b	1	10	8	1200	9600	9600	48.4	A
j	2	20	3	2000	6000	15600	78.7	A
h	3	30	2	700	1400	17000	85.7	B
a	4	40	4	300	1200	18200	91.8	B
f	5	50	2	150	300	18500	93.3	C
c	6	60	1	290	290	18790	94.8	C
d	7	70	2	140	280	19070	96.2	C
e	8	80	1	270	270	19340	97.5	C
i	9	90	5	50	250	19590	98.8	C
g	10	100	6	40	240	19830	100.0	C

(4)根据ABC分析表确定分类。综合考虑品目数累计百分比和分类指标值(如平均资金占用额、销售额等)累计百分比两个参数,分类标准为:A类库存品,品目数占总库存的5%~15%,分类指标值(本例为平均资金占用额)占总库存的60%~80%;B类库存品,品目数占总库存的20%~30%,分类指标值(本例为平均资金占用额)占总库存的20%~30%;C类库存品,品目数占总库存的60%~80%,分类指标值(本例为平均资金占用额)占总库存的5%~15%。

(5)绘制ABC分析图。为增强分类的直观效果,还可以绘制ABC分析图。以品目数累计百分比为横坐标,以累计分类指标值(平均资金占用额、销售额)百分比为纵坐标,按ABC分析表的数据,在坐标图上取点,连接各点绘成ABC曲线。按ABC分析曲线对应的数据,在图上标明A、B、C三类,即制成ABC分析图。

2. ABC分类管理方法

对A类库存品,应重点管理、严加控制。经常性检查库存,科学确定订货量,缩短订货周期和订货提前期,在尽量减少库存的同时避免缺货。

对B类库存品,应正常管理、适度控制。周期性检查库存,合理确定安全库存,维持满意的缺货概率，保障正常供给。

对C类库存品，应简单管理、简化控制。通常选择较长的订购间隔，采用一次性集中大量进货的方式，获得有利的交易条件，减少交易次数，以较高的库存来节约订货成本以及避免缺货。

应用ABC分类法需要注意的是，采用单一分类指标（如资金占用额）划分类别有时会导致分类不合理。如有些B、C类库存品尽管占用金额不高，但对生产影响大，且采购周期较长，则这类库存品按重要程度也应归为A类予以重点管控。因此，在实际应用ABC分类中，应兼顾多种因素，适当予以灵活掌握。

二、物料需求计划

1. MRP的内涵与逻辑

物料需求计划（Material Requirements Planning，MRP）是一种以计算机为基础的制造企业生产计划与控制系统，于20世纪60年代中期由美国IBM公司率先实现。

企业的物料需求分为独立需求和相关需求两种类型。当对企业某种物料的需求与对其他物料的需求无关时，这种需求即为独立需求，如客户对成品或维修件的需求等。由于该需求是不能由企业控制的，所以企业通常需要靠预测来估计需求量的大小。当对企业某种物料的需求与对其他物料或最终产品的需求有关时，则为非独立需求，也称相关需求。由于该需求是由与之相关的物料需求及产品结构决定的，所以企业可以据此计算出其需求量的多少，MRP计算的就是这种需求。对于具体的物料种类，有时可能既有独立需求又有非独立需求。

MRP是从最终产品的主生产计划（独立需求）入手，根据产品结构层次的从属关系，以产品的零件为计划对象，导出相关物料（原材料、零部件等）的需要量和需要时间（相关需求），以完工日期为基准倒排计划，按生产或订货提前期长短区别各个物料下达订单的优先级，从而确定其开始生产（订货）的时间，并对已下达的订单进行修正，以达到减少库存量和降低资金占用的目的。因此，MRP的依据是主生产计划（MPS）、物料清单（BOM）、库存记录和已订未交订单等资料。图5-23是MRP系统的逻辑流程图。

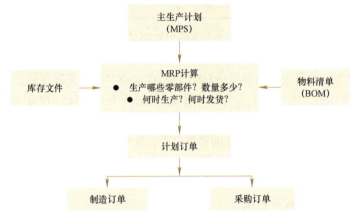

图5-23　MRP的系统逻辑

2. MRP的处理过程

下面结合一个例子说明MRP的具体处理过程。

（1）准备MRP处理所需的各种输入，将MPS作为确认的生产订单下达给MRP。

例如，按照MPS，第5周需要50个产品A，为此，需要确定产品A的BOM（如图5-24所示，LT为订货提前期），并明确计划期初BOM中各物料的库存余额，本例中A、B、E的期初库存余额分别为20、10和10，其他物料为0。上述数据在表5-2 MRP计算表中分别体现为产品A的总需求和各物料的期初现有库存。

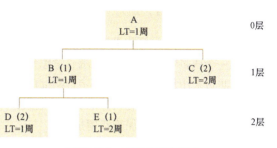

图5-24 产品A的BOM

（2）根据产品的BOM，从第0层项目起，逐层处理各个项目直至最低层处理完毕为止。首先，根据父项的计划订单下达量来计算子项的总需要量，并保持时间上一致；然后，将总需求量减去期初库存量得到净需求量；最后，利用订货批量规则（本例中订货批量即为净需求量）确定计划发出订货数量，利用提前期确定计划发出订货日期。各步骤计算结果如表5-2所示。

表5-2 产品A的MRP计算结果

低层码	零件名称		周				
			1	2	3	4	5
0	A	总需求					50
		已安排接收量					
		现有库存 20	20	20	20	20	20
		净需求					30
		计划订单接收					30
		计划订单下达				30	
1	B	总需求				30	
		已安排接收量					
		现有库存10	10	10	10	10	0
		净需求				20	
		计划订单接收				20	
		计划订单下达			20		
1	C	总需求				60	
		已安排接收量					
		现有库存	0	0	0	0	0
		净需求				60	
		计划订单接收				60	
		计划订单下达		60			
2	D	总需求			40		
		已安排接收量					
		现有库存	0	0	0	0	0
		净需求			40		
		计划订单接收			40		
		计划订单下达		40			
2	E	总需求			20		
		已安排接收量					
		现有库存10	10	10	10	0	0
		净需求			10		
		计划订单接收			10		
		计划订单下达	10				

3. MRP订购批量的确定

将净需求量作为订购批量只是确定MRP系统中订购批量的一种方法。由于订购批量一般可用来满足一个或多个时区的零件需求，考虑到与满足净需求相关的准备或订货费用、保管费用的平衡问题，也可采用其他一些方法确定订购批量，尽管这样会明显增加MRP系统生成计划的复杂性。

（1）按需确定批量法（L4L）。这是最常用的一种方法，将净需求量作为订购批量，不会产生剩余转到未来时区，保管费用最小。

（2）经济订购批量法（EOQ）。这是一种平衡准备费用和保管费用的方法，使用年需求总量、准备（或订货）成本以及年保管成本的估计值，确定使总成本最低的订货批量。

（3）最小总成本法（LTC）。这是一种动态确定订购批量的方法，通过比较不同订货量所对应的保管成本和准备（或订货）成本，从中选择使二者尽可能接近的订购批量。

（4）最小单位成本法（LUC）。这也是一种动态订购批量的方法。将每个试验批量的订货成本和库存保管成本相加，再除以该订购批量的单位总量，选择单位成本最小的那个批量作为订购批量。

第五节　供应链环境下的库存控制策略

一、供应商管理库存

长期以来，物流中的各环节都是各自管理库存，不可避免地产生需求扭曲的牛鞭效应，使供应商无法快速地响应客户需求。在供应链条件下，系统各环节的活动应同步，而传统库存控制方法无法满足这一要求。供应商管理库存（Vendor Managed Inventory，VMI）策略打破了传统的各自为政的库存管理模式，体现了供应链的集成思想，适应了市场的快速变化，是一种先进的库存管理模式。

1. VMI的基本思想

根据GB/T 18354—2006《物流术语》的定义，VMI是指通过信息共享，由供应链上游企业根据下游企业的销售信息和库存量，主动对下游企业的库存进行管理和控制的供应链库存管理方式。

关于VMI，国内外有两种不同的观点。一种观点认为，VMI是一种在客户和供应商之间的合作性策略，以对双方来说都是最低的成本优化产品的可获得性，在一个相互同意的目标框架下由供应商管理库存。这样的目标框架被经常性监督和修正，以产生一种持续改进的环境；VMI就是供货方代替用户管理库存，库存的管理职能转由供应商负责。另一种观点则认为，VMI是一种库存管理方案，是以掌握零售商销售资料和库存量作为市场需求预测和库存补货的解决方法，经由销售资料得到消费需求信息，供应商可以更有效地计划，更快速地对市场变化和客户需求做出反应。因此，VMI可以用来作为降低库存量、改善库存周转，进而保持库存水平最优化的一种集中式供应链库存控制策略。在VMI中，供应商与零售商分享重要信息，所以双方都可以改善需求预测、补货计划、促销管理和装运计划等。

VMI的主要思想是供应商在客户的允许下设立库存，确定库存水平和补给策略和拥有库存控制权。这种思想打破了传统的各自为政的库存控制模式，体现了供应链的集成思想。作为供应链上第一个环节的供应商，可以利用EDI和电子商务技术，从零售商那里实时获得销售端点的数据，并调取零售商的库存文档，及时补充存货，按照市场需求安排生产和财务计划。制造商与零售商的紧密合作大大改善了整个流程，减少了不必要的系统成本、库存和固定资产，共同着眼于最终客户的需求，制造商不再依赖于零售商的订货而组织生产和供货，从而降低了整个供应链的库存。

2. 企业实施VMI的步骤

一般说来，以下情况适合实施VMI策略：零售商或批发商无IT系统或基础设施来有效管理库存；制造商实力雄厚且比零售商的市场信息量大；制造商有较高的直接存储交货水平，因而能够有效地规划运输。企业实施VMI的一般步骤如下：

（1）建立客户信息系统。供应商要有效地管理销售库存，必须能够获得客户的有关信息。通过建立客户信息库，供应商能够掌握客户需求变化的有关情况，把由分销商进行的需求预测与分析功能集成到供应商的系统中。

（2）建立物流网络管理系统。供应商要很好地管理库存，必须通过解决保证自己产品条码的可读性和唯一性、产品分类和编码的标准化、商品存储运输过程中的识别等问题，建立起完善的物流网络管理系统，保证自己的产品需求信息和物流畅通。

（3）建立供应商与客户的合作框架协议。供应商和销售商或批发商通过协商，确定订单处理的业务流程以及库存控制的有关参数，如补充订货点、最低库存水平、库存信息的传递方式（如EDI或Internet）等。

（4）变革组织机构。这一点很重要，因为VMI策略改变了供应商的组织模式。加入VMI后，供应商在订货部门产生一个新职能负责控制客户库存，实现库存补给和高水平服务。

VMI整合了制造和配送过程，交易伙伴可以共同决定如何适时、适量地将商品送达客户手中。比如应用于下游的零售点时，VMI的补货信息会从零售点的销售管理信息系统获得，使备货更具效率。这是因为自动补货是根据客户的实际消费情况获得的，而零售点的销售信息则可以通过销售点终端（Point of Sole，POS）系统获得。

3. VMI实施过程中的保证条件

（1）先进的信息系统。通过电子数据交换将销售点信息和配送信息分别传送给供应商和零售商，可以减少数据传送时间和登录错误；利用条码和扫描技术来确保数据的准确性也是十分必要的。

1）电子数据交换（Exchange of Data Information，EDI）。这是指按照统一规定的一套通用标准格式，将标准的经济信息通过通信网络传输，在贸易伙伴的电子计算机系统之间进行数据交换和自动处理。构成EDI系统的三个要素是EDI软件和硬件、通信网络以及数据标准化。此外，通信环境的优劣也是影响EDI成败的重要因素之一。

2）ID代码。目前国外已建立了应用于供应链代码的类标准系统，如EAN-13（UPC-12）、EAN-14（SCC-14）、SSCC-18以及位置码等。目前国际上通行的商品代码标准是国际物品编码协会（EAN）和美国统一代码委员会（UCC）共同编制的全球通用的ID代码标准。供应商应尽量使自己的产品按国际标准进行编码，以便在客户库存中对本企业的产品进行快速跟踪和分拣。

3）条码技术。这是一种在计算机的应用实践中产生和发展起来的一种自动识别技术，是为实现对信息的自动扫描而设计的，是实现快速、准确、可靠采集数据的一种有效手段。条码技术为人们提供了一种对物流中的物品进行标识和描述的方法，借助自动识别技术、POS系统、EDI等现代技术手段，企业可以随时了解有关产品在供应链上的位置，并即时做出反应。在欧美等发达国家兴起的有效客户反应（Efficient Consumer Response，ECR）、快速响应（Quick

Response，QR)、自动连续补货（Automatic Continuous Replenishment）等供应链管理策略，都离不开条码技术的应用。条码是实现POS系统、EDI、电子商务、供应链管理的技术基础。

4）连续补给程序。将零售商向供应商发出订单的传统订货方法，变为供应商根据客户库存和销售信息决定商品的补给数量。这是一种实现VMI管理策略的有力工具和手段。为了快速响应客户降低库存的要求，供应商和分销商、批发商或零售商建立合作伙伴关系，主动提高向客户交货的频率，使供应商从过去单纯地执行客户的采购订单变为主动为客户分担补充库存的责任，这可以加快供应商响应速度并降低客户库存水平。

（2）在零售商和供应商之间建立信任关系。供应商需要证明自己的确能够管理整个供应链，也就是不仅能够管理自己的库存，而且能够管理零售商的库存。此外，许多情况下战略合作会使零售商的店面库存明显减少，供应商需要确信库存减少所增加的有效空间不会用来使竞争者受益。

（3）最高管理层的支持。原本由高层保密的信息现在不得不与供应商和客户共享，成本分配问题也必须从一个较高的层次予以考虑。此外，这样一种伙伴关系可能将组织内部的权力从一个群体转移给另一个群体。同时，在战略合作中，供应商往往比以前承担更多的责任，这可能迫使供应商增加员工来满足相关责任的要求。这一切都需要最高管理层的有效参与。

（4）全体参与者的努力。客户和供应商之间的框架协议不可能包括所有可能发生的情况，需要根据VMI完成的情况定期调整和更新计划。

二、联合库存管理

1. 基本思想

联合库存管理（Joint Managed Inventory，JMI）是指供需双方同时参与、共同制订库存计划，使供应链管理过程中的每个库存控制者（供应商、制造商、分销商）都能从相互之间的协调性角度来考虑问题，以保证供应链相邻的节点企业之间的库存管理者对需求的预测保持一致，并且所有企业利益共享、风险共担的一种供应链库存管理策略。JMI可以解决供应链系统中由于各节点企业的相互独立库存运作模式导致的需求放大的牛鞭效应，是一种有效提高供应链同步化程度的方法。库存成为供需连接的纽带和协调中心。JMI的供应链系统如图5-25所示。

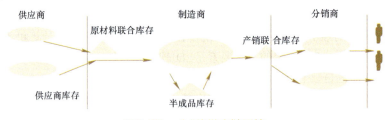

图5-25 JMI的供应链系统

从JMI的基本思想中可以看出，与传统的库存管理模式相比，JMI具有以下优点：为实现供应链的同步化提供了条件和保证；减少了供应链中的需求扭曲现象，提高了供应链的稳定性；联合库存作为供需双方信息交流和协调的纽带，可以暴露供应链管理中的缺陷，为改进供应链管理水平提供依据；为实现零库存管理、JIT采购以及精细供应链管理创造了条件；进一步体现了供应链管理资源共享和风险共担的原则。

JMI系统把供应链系统管理进一步集成为上游和下游两个协调管理中心，从而部分消除了由于供应链环节之间的不确定性和需求信息扭曲现象导致的供应链库存波动。通过协调管理中心，供需双方共享需求信息，因而起到提高供应链运作稳定性的作用。

2. 实施要点

（1）建立供应链共同愿景。供应链各方必须本着互惠互利的原则，在理解供需双方在市场目标中的共同之处和冲突点的基础上，通过协商形成共同的合作目标，建立共赢的共同愿景。

（2）明确联合库存的协调控制方法。协调管理中心担负着协调整个供应链的任务，需要明确库存优化的方法，包括进行需求预测，确定最高和最低库存量、安全库存量，以及库存如何在多个需求商之间调节与分配等。

（3）建立信息沟通渠道。基于互联网对条码和扫描技术、EDI技术、POS系统等进行集成，构建库存管理网络系统，增加供应链各方需求信息获取的及时性，提高整个供应链需求信息的一致性和稳定性，减少由于多重预测导致的需求信息扭曲，提高协作效率，降低成本。

（4）建立利益分配与激励机制。充分考虑参与协调库存管理的供应链各方的贡献，建立公平的利益分配制度，构建有利于长期合作的激励机制，防止机会主义行为，增加供应链整体的协作性和协调性。

三、多级库存优化与控制

基于协调中心的JMI是一种联邦式供应链库存管理策略，是对供应链的局部优化与控制，而要进行供应链的全局性优化与控制，必须采用多级库存优化与控制方法。多级库存优化与控制的方法有两种：一种是非中心化（分布式）库存控制策略，另一种是中心化（集中式）库存控制策略。

1. 非中心化库存控制策略

非中心化库存控制是把供应链的库存控制分为三个成本归结中心，即制造商成本中心、分销商成本中心和零售商成本中心，各企业根据自己的库存成本优化做出优化的库存控制策略，如图5-26所示。订货点的确定可完全按照单点库存的订货策略进行，即每个库存点根据库存的变化，独立地决定库存控制策略。这种策略在管理上比较简单，但是并不能保证产生整体的供应链优化，如果信息的共享度低，多数情况下产生的是次优的结果。因此，非中心化库存控制策略需要更多信息共享。

2. 中心化库存控制策略

中心化控制策略是将控制中心放在核心企业上，由核心企业对供应链系统的库存进行控制，协调上游与下游企业的库存活动。这样核心企业也就成了供应链上的数据中心（数据仓库），担负着数据的集成、协调功能，如图5-27所示。中心化策略中所有库存点的控制参数是同时决定的，考虑了各个库存点之间的相互关系，通过协

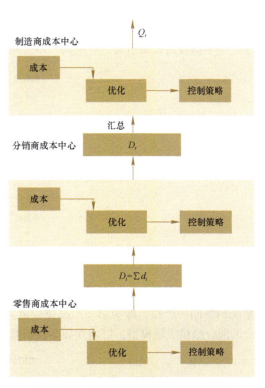

图5-26 非中心化多级库存控制模型

调的办法获得库存的优化，但在管理上协调的难度大。

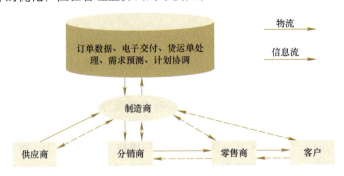

图5-27　供应链中心化库存控制模型

中心化库存优化控制的目标是使供应链上总的库存成本最低，即

$$\min TC = \sum_{i=1}^{m}\{C_{hi}+C_{ti}+C_{si}\}$$

式中　C_{hi}——库存维持成本；

　　　C_{ti}——交易成本；

　　　C_{si}——缺货损失成本。

以如图5-28所示的供应—生产—分销典型三层供应链模型为例，各个零售商的需求D_{it}是独立的，根据需求的变化做出的订货量为Q_{it}。各个零售商总的订货汇总到分销中心，分销中心产生一个订货单给制造商，制造商根据该订货单制订生产计划，同时对上游供应商产生物料需求。整个供应链在制造商、分销商、零售商三个层级存在三个库存，这就是三级库存。

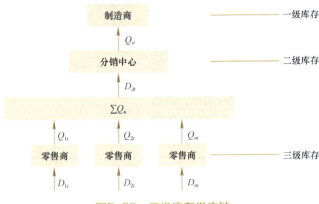

图5-28　三级库存供应链

这里假设各零售商的需求为独立需求，需求率d_i与提前期LT_i为同一分布的随机变量，同时系统销售同一产品，即为单一产品供应链。这样一个三级库存控制系统是一个串行与并行相结合的混合型供应链模型，可建立如下控制模型：

$$\min\{C_{mfg}+C_{cd}+D_{rd}\}$$

式中　C_{mfg}——制造商的库存成本；

　　　C_{cd}——分销商的库存成本；

D_{rd}——零售商的库存成本。

对于该库存控制模型，连续检查或是周期性检查订货策略原则上都适用，只是各有优点。问题在于采用传统的订货策略时，有关参数的确定和供应链环境下的库存参数应有所不同。为此，可采用级库存取代点库存解决这个问题，并定义：

级库存=该级现有库存+所有下游库存

这样，检查库存状态时不仅要检查本企业的库存数据，而且还要检查其下游需求方的库存数据。这种多级库存策略的库存决策是基于对其下游企业的库存状态完全掌握的基础上，因此避免了信息扭曲现象。建立在Internet和EDI技术基础上的全球供应链信息系统，为企业之间的快速信息传递提供了保证。因此，实现供应链的多级库存控制是有技术保证的。

例如，仓库的级库存等于仓库库存加上所有处于从仓库到零售商运输途中的产品和零售商的库存。同样，仓库的级库存状况是仓库的级库存加上所有仓库已经订购但尚未入库的产品，如图5-29所示。

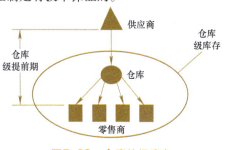

图5-29　仓库的级库存

这表明可用以下有效方法来管理单仓库多零售商系统。首先，各零售商可采用合适的(s, S)库存策略来进行管理。其次，根据仓库级库存状况进行仓库的订货决策。具体来说，每个零售商都采用(R, S)的方法来计算订货点R和最高库存水平S。同样，仓库也计算其订货点R和最高库存水平S。但在这种情况下，仓库策略控制其级库存状况，即无论何时仓库的级库存状况低于R，仓库将订货使其库存状况提高到S。

与仓库级库存状况有关的订货点为

$$R = L^e \bar{r} + \lambda \sqrt{L^e} \sigma_r \tag{5-21}$$

式中　λ——安全系数，因物资重要程度不同而取值不同；

　　　σ_r——所有零售商集合需求量的标准差；

　　　$\bar{r}$——所有零售商的平均需求；

　　　L^e——级提前期，定义为零售商与仓库之间的提前期加上仓库与供应商之间的提前期。

四、协同式供应链库存管理（Collaborative Planning，Forecasting and Replenishment，CPFR）

1. 基本思想

CPFR是一种协同式的供应链库存管理技术，它应用一系列的处理和技术模型，提供覆盖整个供应链的合作过程，通过共同管理业务过程和共享信息来改善零售商和供应商的伙伴关系，提高预测的准确度，最终达到提高供应链效率、减少库存和提高消费者满意度的目的。

CPFR有三个指导性原则：

（1）合作伙伴框架结构和运作过程以消费者为中心，并且面向价值链的成功运作。

（2）贸易伙伴共同负责开发单一、共享的消费者需求预测系统，这个系统驱动整个价值链计划。

（3）贸易伙伴均承诺共享预测，并在消除供应过程约束上共担风险。

2. 业务模型

CPFR通过三个阶段九个步骤辅助上下游成员协同规划销售、订单的预测以及例外（异常）预测状况的处理。

第一阶段：协同规划。目的是让供应链成员之间的规划活动能取得一致的基本假设，以利后续各项合作活动的进行。

步骤1：建立合作关系。合作方应在协同活动之初一次性拟定一个合作的正式商业协议，其内容应包括合作目标与相关绩效衡量指标、协同合作的范围、共享的资料、合作计划可动用的资源（包括人员、信息系统、专业能力）、例外状况判定的法则、分歧解决方法、CPFR的推动蓝图（如商业流程、互动的方式与技术、冻结订单检讨的时程与机制等）。

步骤2：制订联合商业计划。根据纳入合作的产品项，分别制定清晰的合作策略，包括合作方交流营运计划以发展出合作产品的营运计划，共同定义的品项定位、品项销售目标、达成目标的战术、拟定品项订单的出货最小订单量、品项出货的前置时间、订单的冻结期、安全存量。

第二阶段：协同预测。可细分成销售预测和订单预测两个阶段。前者单纯考虑市场需求；后者则以销售预测的结果考虑产能现实状况预测可能的订单。

步骤3：进行销售预测。使用最终消费者的消费资料、因果关系信息（销售相关影响因素）、已计划事件信息，采用相关回归分析、时间序列分析等方法，预测品项特定期间的销售量，并将预测结果区分为基本需求与促销需求两类。其中消费资料包括POS资料、仓储的出货资料、制造商的消费资料。计划性事件包括广告、促销、新品、改型、新店开张等。

步骤4：识别销售预测中可能出现问题的例外品项。依据第一阶段确定的例外法则列出销售预测可能出现问题的例外品项，如爆发性需求产品等。对于异常的销售情形，要时时监控，以调整策略。

步骤5：共同处理例外品项。通过查询共享数据、E-mail、电话、交谈、会议等调查研究销售预测例外情况。当发生异常时，上下游应设定一些做法来增加或减少销售以降低对库存的冲击，并将发生的变化提交给销售预测。

步骤6：进行订单预测。结合销售预测或实际销售结果、因果关系信息和存货政策，考虑制造、仓储、运输产能等制约因素，拟定未来特定时间、特定地点品项的订单预测，提出分时间段的实际需求数量，并通过产品及接收地点反映库存目标。基于订单预测的结果，供应商可进行产能需求规划。

步骤7：列出订单预测可能出现问题的例外品项。此步骤类似步骤4的过程，识别分布在订单预测约束之外的品项。特别要注意产品的销售/订单百分比，若比值大于1，代表将会有库存发生，比值越大意味库存越多。比值大小与其合理性视各品项而定，根据对比值的监控掌握订单异常状况的处理。

步骤8：共同处理例外品项。此步骤类似步骤5的过程，通过查询共享数据、E-mail、电话、交谈、会议等调查研究订单预测例外情况，并将产生的变化提交给订单预测。

第三阶段：协同补货。

步骤9：下单补货。根据事先议定的冻结期间订单的预测结果产生订单，将订单预测转换为已承诺的订单。冻结期的长短通常与制造、配送的前置时间有关。对供应商而言，冻结期的数量将视为已确认的需求量,零售商实际的订单传来后,供应商除去此部分产能。另外,供应商也可采取VMI方式自动补充零售商的存货,并以冻结阶段总量作为补货的依据。

上述九个步骤构成了一个贸易伙伴框架结构,可用于创建一个消费者需求的单一预测,协同制造厂和零售商的订单周期,最终建立一个企业间的价值链环境,在获得最大盈利和消费者满意度的同时减少浪费和成本。

复习思考题

1. 简述仓储的概念和基本功能。
2. 简述仓储管理的概念和内容。
3. 简述各种货架的特点。
4. 简述仓储规划的程序。
5. 简述货物验收的程序。
6. 简述货物储存策略。
7. 简述货位分配原则。
8. 简述盘点的类型及内容。
9. 简述出库基本程序。
10. 简述拣货的两种基本方法。
11. 简述自动化立体仓库的构成。
12. 简述库存的概念及类型。
13. 简述协同式供应链库存管理的业务模型。
14. 某超市的某种饮料的日需求量为1000罐,提前期随机变化且服从均值为5天、标准差为1天的正态分布,如果该超市确定的客户服务水平要达到95%,请结合所提供的客户服务水平与安全系数对应关系的常用数据(见表5-3),计算出该种饮料的安全库存量是多少?

表5-3　客户服务水平与安全系数对应关系

服务水平	0.9998	0.99	0.98	0.95	0.90	0.80	0.70
安全系数	3.5	2.33	2.05	1.65	1.29	0.84	0.55

15. 某公司某种物资的前置期需求量服从正态分布,均值D_L=200件,标准偏差σ_D=60件。如果服务率从85%提高到95%,库存量的变化为多少?

案例　京东的全球首个全流程无人仓

北京时间2017年10月9日,京东物流首个全流程无人仓正式亮相中国上海,这是全球首个正式落成并规模化投入使用的全流程无人物流中心,也是全球首个大型绿色无人仓库。

京东无人仓建筑面积40000m²,房顶全部是太阳能电池板,白天充电,晚上供库房工作。无人仓由收货、存储、订单拣选、包装四个作业系统组成。存储系统由八组穿梭车立库系统组成（见图5-30），可同时存储商品6万箱。由于在整个流程中应用了多种不同功能和特性的机器人，智能设备覆盖率100%。无人仓真正实现了全流程、全系统的智能化和无人化，预计正式运营后，日处理订单的能力将超过20万单，是人工仓库效率的4~5倍。

在货物入库、打包等环节，有三种不同型号的六轴机械臂（图5-31所示即为其中之一）被用于入库装箱、拣货、混合码垛和分拣机器人供包四个作业场景中。在分拣场内，有三种不同型号的智能搬运机器人（图5-32所示即为其中之一）执行任务，且在五个场景内，分别使用了2D视觉识别、3D视觉识别，以及由视觉技术与红外测距组成的2.5D视觉技术，为这些智能机器人安装了"眼睛"，实现了机器与环境的主动交互。在整个流程中，从货到人到码垛、供包、分拣，再到集包转运，这些机器人不仅能够依据系统指令处理订单，还可以完成自动避让、路径优化等工作。

无人仓的包装环节也是自动化的，且在规划中融入了低碳节能的理念（见图5-33）。由于在系统中应用了包装材料的算法推荐，实现了全自动体积适应性包装，避免了人工打包中出现的"小商品大包装"或者"大商品小包装"造成包装过度或者纸箱破损的情况，可以保证纸箱、包装袋等包装物的精确使用，让每一厘米纸箱都能发挥价值。

图5-30　立库存储

图5-31　六轴机械臂

图5-32　分拣机器人

图5-33　自动打包

类似这样的无人仓在成本上也有一定优势。因为节省了90%以上的人工成本，不需要支付大量的人工费用，自然也就不需要支付额外的管理费用、行政费用等，而只需要支付仓库租金、水电费用与每月的机器检测、维修费用。

（资料来源：

京东建成首个全球全流程无人仓. 新华网，2017-10-10.

自动化立体仓库的发展趋势. 中国报告大厅（www.chinabgao.com）2015-09-18.

林强，彭岩. 物流工程[M]. 北京：清华大学出版社，北京交通大学出版社，2009.）

第六章 运输管理

第一节 运输管理概述

一、运输系统

1. 运输的概念与作用

根据国家标准GB/T 18354—2006《物流术语》的定义,运输是指用运输设备将物品从一地点向另一地点运送,其中包括集货、分配、搬运、中转、装入、卸下、分散等一系列操作。

运输在商品流通中发挥着重要作用。通过运输改变商品的地点或位置,使其从生产地到达消费地,才能克服生产与消费的时空距离,满足消费者的需要。通过运输还可以实现各地区的资源互补,避免资源的地域不平衡性,降低商品的价格。物流被称为企业的"第三利润源",而运输成本在整个物流系统中所占的比例很大,因此运输成本的有效控制对物流总成本的节约具有举足轻重的作用。

2. 运输活动的参与者

运输活动是由以下各方共同参与的,他们具有各自不同的作用和利益诉求。

托运人和收货人:作为运输服务的需求方,要求在规定的时间内以最低的成本将货物从起始地转移到目的地。

承运人:作为运输服务的供给方,期望以最低的成本完成所需的运输任务,同时以委托方所愿支付的最高费率最大化运输收入。

货运代理商或经纪人:作为运输中介,期望通过为运输服务的供需双方提供交易服务获取满意的佣金或利润。

公众:作为运输活动的利益相关者,关注运输的可达性、费用和效果,以及环境和安全上的标准;同时考虑与环境和安全标准有关的交易代价。

政府:作为运输活动的管理者,期望构建一种稳定而有效率的运输环境,以使经济能持续增长;通过多种方式干预和影响运输市场,如通过限制承运人所能服务的市场或确定他们所能收取的价格来规范他们的行为;通过支持研究开发或提供诸如公路或航空交通控制系统之类的通行权来促进承运人的发展。

3. 运输系统的构成要素

运输系统由下列相互关联的要素构成：

运输的参与方：参与运输活动的组织，包括托运人和收货人、承运人、货运代理人或经纪人、公众、政府。

运输的客体：运输的对象，即承运方所运输的货物。

运输的环境：实施运输所面对的客观环境，如交通状况、现有车辆、人员、交通法规、自然环境等。

运输的设施：包括运输线路（铁路、公路、水路、航空等）、运输站点（车站、港口、机场等）、运输工具（运输车辆、装卸搬运设备、分拣设备等）、通信设备（无线通信系统、自动控制运行系统等）。

二、运输方式

1. 五种基本运输方式及其特征

运输有五种基本方式，即铁路、公路、水路、航空和管道运输。五种运输方式各具运营特性和优势，在一定的地理环境和经济条件下有其各自的合理使用范围。为了提高运输效果，在五种基本运输方式的基础上，还形成了多式联运、一贯托盘化运输等方式。

（1）铁路运输（Railway Transportation）。铁路是一种适宜担负长距离的货物运输的重要运输方式。特别是大宗的、单一的、长距离的货物，如煤炭、木材、粮食、棉花、钢材、水泥等，主要是由铁路运输。我国幅员辽阔、人口众多、资源丰富，铁路运输不论在目前还是在将来，都是综合运输网中的骨干和中坚。

（2）公路运输（Highway Transportation）。公路运输生产点多、面广，最显著的运营特点是它的灵活性。具体表现在：空间上的灵活性，可以实现门到门运输；时间上的灵活性，可以实现即时运输，即根据货主的需求随时启运；批量上的灵活性，公路运输的启运批量最小；运行条件的灵活性，公路运输的服务范围不仅在等级公路上，还可延伸到等级外的公路，甚至辐射到许多乡村便道，普通货物装卸对场地、设备没有专门的要求；服务上的灵活性，能够根据货主的具体要求提供有针对性的服务，最大限度地满足不同性质的货物运送需求。

此外，公路运输投资省、建设周期短、上马快，是短途运输的中坚力量。随着公路路况的改善、汽车技术的进步、高速公路的快速发展，公路运输将成为高档工农业产品以及中、短距离运输的重要力量。

在国外，大部分物流企业不仅拥有自己的汽车队，而且货运量一般都在90%以上。近几年，随着我国公路汽车运输的发展，经济运距也不断延长，一般在200km左右的大城市之间，多利用公路运输。特别对鲜活易腐货物，如水果、蔬菜、鲜鱼、肉等，公路运输具有更大的优势。高速公路的迅速发展，使公路运输的经济运距延长到600km左右。

（3）航空运输（Airline Transportation）。与其他运输方式相比，航空运输的主要优势在于速度快、机动性大、基本建设周期短及投资小。

航空运输的主要缺点是飞机机舱容积和载重量都比较小，运载成本和运价比地面运输高，且飞行受气象条件限制，影响其正常、准点到达。此外，航空运输速度快的优点在短途运输中难以充分发挥。因此，航空运输比较适宜500km以上的长途客运，以及时间性强的鲜活易腐和价值高货物的中、长途运输。

（4）水路运输（Water Transportation）。水路运输的投资少，运输能力大，占地少，干线运输成本和能耗低，因此运价便宜。在沿海和内河有水运条件的地方，水路运输应成为大宗和散装货物的主要运输方式，也可以承担沿海内河的客运任务，特别是旅游客运。而海洋运输将内陆经济腹地与世界联通，对国际物流和国际贸易的发展具有重大作用。

（5）管道运输（Pipe Transportation）。管道运输是一种现代化的运输方式，投资少，建设周期短，运输能力大，占地少，受自然条件影响小，一般适合天然气和流向较集中的原油和成品油运输，有些国家也开展煤浆管道运输。管道运输还具有速度快、流量大、环节少、运费低等优点，但运输物资品类受限较大。

五种基本运输方式及其特征如表6-1所示。

表6-1　五种基本运输方式及其优缺点

运输方式	优 点	缺 点
铁路运输	强大的运送能力；廉价的大宗运输；全天候（较少受天气、季节等自然条件的影响），能保证运行的经常性和持续性；安全与准时；运输总成本中固定费用所占的比重大（一般占60%），收益随运输业务量的增加而增长	始建投资大，建设时间长；始发与终到作业时间长，不利于运距较短的运输业务；受轨道限制，灵活性较差；路基、站场等建筑工程投资大
公路运输	可以进行门到门的连续运输；使用上比较灵活；适合短距离运输	运输单位小，不适合大量运输；长距离运输费用较高
航空运输	速度快；机动性强；基本建设周期短、投资小	运费高，不适合低价值货物或大量货物的运输；受气象条件限制
水路运输	运输能力强，适合大宗货物的运输	运输速度慢；受天气影响较大；运输的安全性较差
管道运输	运输效率高；占用土地少；受自然条件影响小；适合气体和流体货物的运输	运输对象受限较大

2. 多式联运

由两种及其以上的交通方式相互衔接，共同完成的运输过程统称多式联运。多式联运是吸取铁路、汽车、船舶、飞机等所有运输方式的长处，把它们有机地结合起来，实行多环节、多区段、多工具相互衔接进行商品运输的一种方式。

目前国际上采用的多式联运主要有下列几种：

（1）公铁联运。最出名和使用最广泛的多式联运系统是将货车拖车或集装箱装在铁路平板车上的公铁联运或驮背式运输。由铁路完成城市间的长途运输，余下的城市间的运输由货车来完成。这种运输方式非常适合城市间物品的配送，对于配送中心或供应商在另一个比较远的城市，可以采用这种运输方式，实现无中间环节的一次运输作业完成运输任务。

（2）陆海联运。这是指陆路运输（铁路、公路）与海上运输一起组成一种新的联合运输方式。按距离可以划分为陆水、水陆两段联运，水陆水、陆水水三段联运。以及水陆水陆四段联运等几种形式。例如，上海—大连—东北三省的运输形式就是水陆联运。此外，还有水路、铁路、公路联运，如南通—上海—漳州—赣西南地区就属于这种形式。

（3）陆空（海空）联运。这是指陆（或海）路与航空两种运输方式相结合的一种联合运输方式。我国于1974年开始应用这种方式，而且发展迅速，运输的商品也从单一的生丝发展到服装、药品、裘皮等多个品种。通常的做法是先由内地起运地把货物用汽车装运至空港，然后从空港空运至国外的中转地，再装汽车陆运至目的地。采用陆空（海空）联运方式具有手续简便、速度快、费用少、收汇迅速等优点。

（4）大陆桥运输。这是指使用铁路或公路系统作为桥梁，把大陆两端的海洋运输连接起来的多式联运方式。目前世界上主要的大陆桥有：西伯利亚大陆桥；远东至北美东岸和墨西哥湾大陆桥；北美西海岸至欧洲大陆桥、新亚欧大陆桥等。新亚欧大陆桥是指以我国东部的连云港为起点，经陇海铁路运输大动脉或连云港—霍尔果斯公路主干线出我国新疆伊宁的霍尔果斯，进入哈萨克斯坦与新西伯利亚、阿拉图木铁路接轨抵达西欧，以荷兰的鹿特丹港为终点的一条大陆桥。新亚欧大陆桥通过国家、地区较多，路径较短，对发展我国对外贸易、促进内陆经济发展、缩小东西部差距起到积极作用，并具有较高的社会效益和经济效益，同时对改变国际物流格局、发展国际经济合作也具有重大的战略意义。

（5）"一条龙运输"。它是产供销大协作的运输形式，参与部门有路、港、船、货等各方面。"一条龙运输"打破了一切路界、港界、厂界，把产供销多种运输方式及运输企业各环节之间全面贯穿起来，可以说它是供应链管理的表现形式之一。"一条龙运输"从本质上体现了产供销之间的新型合作关系，具有很多优点，具体体现在以下几个方面：一是可以节约国家运力，减轻交通压力；二是由于采取了"四定"（定船、定运量、定周转期、定泊位），有利于增大运输能力；最后，由于充分利用水运，可以节约运输费用，有利于及时供应市场。

按照系统论与运输经济学的观点，建立合理的运输结构，不仅要科学地确定各种运输方式在综合运输系统中的地位和作用，而且必须在全国范围内根据运输方式的合理分工和社会经济发展对运输的需求，做到宜铁则铁、宜公则公、宜水则水、宜空则空，逐步建立一个经济协调、合理发展的综合运输体系。

三、运输方式选择方法

1. 定性分析法

各种运输方式都有各自的特点，不同类物品对运输的要求也不尽相同，如何选择适当的运输方式是合理组织运输、保证运输质量、实现物流合理化的重要内容。运输方式选择就是从铁路、公路、航空、水路、管道运输等运输方式或联合运输中做出选择，通过对不同运输方式的运价和服务水平进行评价而做出决定。选择运输方式可以综合考虑以下五方面的因素：运输成本、运输期限、运输距离、运输批量、运输服务的安全性。

运输成本在物流成本中占有较大比例，而且不同运输方式的运价差别很大，因此，运输成本是影响运输方式选择的重要因素。但是，运输成本最低的运输方式通常会导致物流系统中其他部分的成本上升，因此，在选择运输方式时，必须考虑运输费用与其他物流子系统之间存在互为利弊的关系，不能单从运输费用角度出发来决定运输方式，而要从总成本最低的角度出发来考虑。

运输期限是运输服务的一个重要指标。货物运输的在途时间和到货的准时性是衡量运输效果的一个重要指标。运输时间的长短和到货的准时性不仅决定着物资周转的快慢，而且对社会再生产的顺利进行影响较大，由于运输不及时，有时会给国民经济造成巨大的损失。

从运输距离看，一般情况下可以依照以下原则：300km以内用汽车运输；300～500km的范围内用铁路运输；500km以上用航空运输（一般指高价值货物）。

运输批量方面，因为大批量运输成本低，应尽可能使商品集中到最终消费者附近，选择合适的运输工具进行运输是降低成本的好方法。

因为各种运输方式和运输工具都有各自的特点，而不同特性的货物对运输的要求也不一样，所以要制定一个选择运输方式的统一标准是很困难的，也没有必要这样做。但是，根据物流运输的总目标，确定一个普遍性原则是可以的。在选择运输方式时，保证运输的安全性是选择的首要条件，包括人身、设备和被运货物的安全等。为了保证被运输货物的安全，首先应了解被运物资的特性，如重量、体积、贵重程度、内部结构及其他物理化学特性（易燃、易碎、危险性），然后选择安全可靠的运输方式。

综上所述，选择运输方式时，通常是在保证运输安全的前提下再衡量运输时间和运输费用，当到货时间得到满足时再考虑费用低的运输方式。当然，计算运输费用不能单凭运输单价的高低，还应对运输过程中发生的各种费用以及对其他环节费用的影响进行综合分析。

选择运输方式时，还应考虑发送方式。不同的发送方式不仅运输费用相差较大，而且运输的安全程度和在途时间差别也很大。例如，铁路运输有整列、成组、整车、零担、包裹等发送方式，成组、整车运输由于配车编组，在途停滞时间长，而零担、包裹时间短，但相对的运输费用则较高。

2. 层次分析法

层次分析法（Analytical Hierarchy Process，AHP）由匹兹堡大学运筹学教授萨蒂（T.L. Saaty）于20世纪80年代创立。它是一种行之有效的系统分析运筹学方法，其优势在于可以处理定性与定量相结合的问题，可以将决策者的主观判断与政策经验导入模型并加以量化处理，对多因素、多准则、多方案的综合评价及趋势预测有良好的效果。

下面以某物流公司运输一批货物为例，给出AHP方法的具体步骤。

（1）建立综合评价指标体系。影响运输方式选择的因素很多，主要从经济性、高效性、可靠性、可达性、安全性等方面衡量，建立如图6-1所示的运输方式选择层次分析框架。

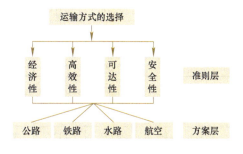

图6-1 运输方式选择的层次分析框架

经济性体现为运输成本。一般来说，短途运输，公路的成本较低；中长途运输，铁路成本较高；长途运输并对时间有较高要求的运输，宜选择民航运输。

高效性体现为运输速度与准时率。不同的运输方式，运输速度有所不同。运输载体的最高技术速度一般受到运输载体运动的阻力、载体的推动技术、载体材料对速度的承受能力以及与环境有关的可操纵性等因素的制约。目前，我国各种运输方式的技术速度分别是铁路80～160km/h，水路10～30km/h，公路80～120km/h，航空900～1000km/h。管道运输速度受到管径、运输对象、管理工艺的影响。例如，一条直径720mm的输煤管道一年即可输送煤炭2000万t，几乎相当于一条单线铁路的单方向的输送能力；564mm的管道一年的输送量为1000万t。

可达性一般是指运输的密度和覆盖面,即选择某种特定运输方式的方便程度。一般情况下,铁路和公路运输的可达性比较强,航空运输的可达性受到航线的影响,而水路运输受自然条件的限制,仅限于一定范围内,可达性相比起来较弱。可达性一般很难定量表示,可以利用发货人所在地至装车地之间的距离来表示,其距离越近,可达性越好。

安全性包括货物运输的安全和人员的安全以及公共安全。从整个运输过程来说,与其他运输方式相比,货车能够更好地保护货物的安全,因为货车能够实现"门到门"的运输,而不需要中途装卸和搬运。

(2)构造判断矩阵并计算。经过对准则层的经济性因素(B_1)、高效性因素(B_2)、可达性因素(B_3)和安全性因素(B_4)的综合权衡,确定运输该货物安全性最重要,其次为经济性,再次为高效性,最次为可达性。其判断矩阵及计算结果如表6-2所示。

表6-2 判断矩阵及计算结果

A	B_1	B_2	B_3	B_4	v_i	w_i	λ_i	
B_1	1	3	5	1/2	1.655	0.3	4.029	
B_2	1/3	1	3	1/5	0.669	0.121	4.089	λ_{max}=4.068
B_3	1/5	1/3	1	1/7	0.312	0.056	4.1	CI=0.023<0.1
B_4	2	5	7	1	2.893	0.523	4.055	

CI=0.023<0.1,所以判断矩阵一致性较好,可以接受。

同理,再分别计算每一准则层指标下方案层各具体方案的权重和一致性比率,C_1代表公路运输方案,C_2代表铁路运输方案,C_3代表水路运输方案,C_4代表航空运输方案。其比较结果分别如表6-3~表6-6所示。

表6-3 方案层对指标B_1的比较结果表

B_1	C_1	C_2	C_3	C_4	v_i	w_i	λ_i	
C_1	1	3	5	1/3	0.669	0.117	4.076	
C_2	1/3	1	3	1/6	1.565	0.273	4.108	λ_{max}=4.125
C_3	1/5	1/3	1	1/7	3.201	0.588	4.164	CI=0.042<0.1
C_4	3	6	7	1	0.298	0.052	4.153	

表6-4 方案层对指标B_2的比较结果表

B_2	C_1	C_2	C_3	C_4	v_i	w_i	λ_i	
C_1	1	1/2	3	1/6	0.707	0.124	4.114	
C_2	2	1	3	1/3	1.189	0.208	4.026	λ_{max}=4.073
C_3	1/3	1/3	1	1/8	0.343	0.061	4.103	CI=0.024<0.1
C_4	6	3	8	1	3.464	0.607	4.047	

表6-5 方案层对指标B_3的比较结果表

B_3	C_1	C_2	C_3	C_4	v_i	w_i	λ_i	
C_1	1	3	5	5	2.943	0.572	4.006	
C_2	1/3	1	2	2	1.075	0.209	4.006	λ_{max}=4.004
C_3	1/5	1/2	1	1	0.562	0.109	4.102	CI=0.001<0.1
C_4	1/5	1/2	1	1	0.562	0.110	4.002	

表6-6 方案层对指标B_4的比较结果表

B_4	C_1	C_2	C_3	C_4	v_i	w_i	λ_i	
C_1	1	1/7	1/2	1/5	0.346	0.064	4.012	
C_2	7	1	4	2	2.736	0.509	4.029	λ_{max}=4.021
C_3	2	1/4	1	1/3	0.639	0.119	4.016	CI=0.007<0.1
C_4	5	1/2	3	1	1.655	0.308	4.029	

方案层C总评价结果计算如表6-7所示。

表6-7 方案层C总评价结果计算表

方案层＼准则层	B_1 0.3	B_2 0.121	B_3 0.056	B_4 0.523	总评价结果
C_1	0.117	0.124	0.572	0.064	0.116
C_2	0.273	0208	0.209	0.509	0.385
C_3	0.558	0.061	0.109	0.119	0.243
C_4	0.052	0.607	0.10	0.308	0.256

由表6-7可知，该物流公司应首选铁路运输，其次是航空运输，再次是水路运输，最后是公路运输。

3. 成本比较法

一些关于运输服务特性重要程度的调查显示，运输成本、速度和可靠性最重要，其他特征与它们相比显得微不足道。因此，如果仅考虑这三个因素，可以采取成本比较法进行选择。成本比较法的思路是将运输方式的各个比较因素统一换算成成本，例如，将时间换算成成本，然后以总成本最小的方案作为决策方案。具体如案例6-1所示。

例6-1 卡利奥箱包公司运输方案的分析与比较

卡利奥箱包公司（Carry-All Luggage Company）是生产系列箱包产品的公司，它的分拨计划是将生产的成品先存放在工厂，然后由公共承运人运往公司的基层仓库。卡利奥箱包公司希望选择使总成本最小的运输方式，可供选择的运输服务方式如表6-8所示。

表6-8 运输服务方式

运输服务方式	运输费率（美元/件）	门到门运送时间（天）	每年运送批次
铁路运输	0.10	21	10
驮背运输	0.15	14	20
货车运输	0.20	5	20
航空运输	1.40	2	40

目前，该公司的分拨系统采用铁路运输方案，此时工厂或基层仓库的平均库存Q=100000件箱包。箱包的平均价值C_1=30美元，库存成本I=存储价值的30%/年。据分析，运输时间从当前的21天每减少一天，平均库存水平可以减少1%。每年基层仓库卖出D=700000件箱包，其中采购成本和运输时间的变化可以忽略不计。设R为运输费率，T为运

送时间，C_2为产品在基层仓库的价值（出厂价加运输费率即C_1+R），$t=$某种运输的运送批次/铁路运输的运送批次，则运输方式选择计算如表6-9所示。

表6-9 不同运输方式下的成本比较 （单位：美元）

成本类型	计算方法	铁路运输	驮背运输	货车运输	航空运输
运输成本	RD	70000	105000	140000	980000
在途库存	$IC_1DT/365$	362465	241644	86301	34521
工厂库存	IC_1Q/t	900000	418500	378000	182250
基层库存	IC_2Q/t	903000	420593	380520	184680
总计		2235465	1185737	984821	1381451

结果显示，铁路运输的运输费率最低，航空运输的库存成本最低，货车运输的总成本最低。如果采用货车运输，运输时间可缩短到5天。

（资料来源：Ronald H Ballou. 企业物流管理：供应链的规划、组织和控制[M]. 北京：机械工业出版社，2002.）

4. 经验分析法

除了成本以外的其他因素如果很难换算成成本，则可以采用经验分析法。运输方式的决策者可以根据运输合同的履行情况，对每种运输方式的各种因素按其重要程度进行打分，然后按总分加权处理，来判断运输决策的优劣。假设重要程度：1为高度重要，2为适中，3为不重要；承运绩效：1为很好，2为一般，3为较差；运输量决策等级判定=重要程度×承运绩效。然后考虑权重因素，将每项因素的等级评定乘以权重，并进行求和，得到最终的加权结果，以加权总计最小的运输方式为最终选择的运输方式。详见表6-10。

从表6-10中可知，铁路运输的等级评定之和最小，水路运输次之，公路运输最大。因此，建议选择铁路运输方式。

表6-10 基于经验分析法的运输方式决策案例

项目		运输成本	运输时间	可靠性	运输能力	加权总计
权重		0.3	0.3	0.15	0.15	
铁路运输	承运绩效	1	2	2	2	—
	等级评定	0.3	0.6	0.3	0.3	1.5
公路运输	承运绩效	3	1	2	3	—
	等级评定	0.9	0.3	0.3	0.45	1.95
水路运输	承运绩效	1	3	2	1	—
	等级评定	0.3	0.9	0.3	0.15	1.65

四、运输合理化

合理运输是整个物流学研究的重点，现代物流是建立在运输技术不断发展前提下的。在研究运输合理化的过程中，首先要了解不合理运输的有关情况。

1. 不合理运输

在一般情况下，不合理运输主要是指在现有条件下可以达到的运输水平而没有达到，或是由于运输分配不合理、安排不周到所造成的运力浪费、运输时间过长、运费超支等问题。我国目前存在的不合理运输形式主要有以下几种：

（1）相向运输。相向运输也称对流运输，是指同一货物，或者彼此可以互相替代而不影响技术和管理水平的货物，在同一路线上做相对方向运送，与对方运程的全部或部分发生重叠。相向运输经常较为隐蔽，比如不同时间的相向运输，在发生运输的时间可能并未发生对流，但实际上发生了不合理运输。

（2）迂回运输。迂回运输是指原本可以选取较短的路线进行运输，但舍近求远，选择了较长路线进行运输的不合理形式。是否属于迂回运输，要看实际情况。如果短距离线路有交通阻塞、道路情况不好，或者运送货品有特殊限制而不得已选择较长路线，不能称之为不合理运输。

（3）倒流运输。倒流运输是指货物从销售地或中转地点向产地或启运地点回流的一种运输现象。这种不合理运输造成来去的运输都成为不必要的，形成了双程浪费。

（4）运力选择不当。这种不合理运输主要是指在安排运力的过程中，没有根据各种运输工具的优劣进行选择，而错误地选择了运输工具。

（5）托运方式选择不当。这种不合理运输主要是指对于货主来说，可以选择最好托运方式而未选择的一种运输现象。例如，应选择整车装运而选择了零担托运，或应选择直达而选择了中转运输。选择不合理的运输方式无疑会增加运输费用和造成运力浪费。

2. 运输合理化的影响因素

运输合理化的影响因素很多，起决定性作用的主要有以下五方面因素：

（1）运输距离。在进行运输规划时，运输时间、运费、运输工具周转以及货损等经济指标都与运输距离有一定的比例关系。运输距离的长短与否是判断运输是否合理的一个基本因素。

（2）运输环节。运输环节是指运输过程中装卸、包装等活动的数量。每增加一个环节，都会引起费用的增加、货物完好率等技术指标的下降。因此，如何减少运输环节，是运输合理化必须考虑的一个问题。

（3）运输工具。各种运输工具的效用有所不同，相应带来效率和费用的不同，有时可能相差很大。所以，运输合理化不能不考虑对运输工具的选择。

（4）运输时间。在物流运输过程中，运输时间也是一个比较重要的评价指标。某些商品对运输时间要求较高，而某些货品则不太紧迫。所以，考虑运输时间应该根据具体情况，与运输费用及其他指标相互参照。随着运输技术的不断发展，运输时间在不断缩短，对运输合理化起到了重要作用。

（5）运输费用。运输费用是判断运输是否合理化的最重要的指标，因为所有的判断依据最终都将折算成货币指标。运输费用在整个物流费用中占很大比例，所以在很大程度上决定着运输过程。同时，运输费用的高低也直接决定着物流企业的竞争能力。

3. 实现运输合理化的有效措施

提高运输合理化程度的方法有很多，常见的方法有提高运输工具实载率、减少车船空驶和不满载行使、尽量发展直达运输、实施配载运输、实行"四就"[即就厂、就港（站）、就车（船）、就库]直拨运输、发展先进的运输技术和运输工具等。

在运输合理化中，运输批量越大费率越低，因此将小批量货物合并成大批量货物进行运输，是降低单位运输成本、实现运输合理化的主要方法之一。这种集合运输通常有以下几个途径：

（1）配载运输。配载运输是充分利用运输工具载重量和容积，合理安排装载的物品及载运方法以求合理化的一种运输方式，也是提高运输工具实载率的一种有效形式。配载运输往往是轻重商品的混合配载，在以重质物品运输为主的情况下，同时搭载一些轻泡物品。例如，海运矿石、黄沙等重质物品，在舱面捎运木材、毛竹等；铁路运矿石、钢材等重物，上面搭运轻泡农副产品等。在基本不增加运力投入也不减少重质物品运量的情况下，解决了轻泡物品的搭运问题，运输效果显著。

（2）运输车辆合并。这是在拣取和送出的货物都达不到整车载重量情况下，为提高效率，安排同一辆车到多个地点取货/送货的一种运输方式。为实现这种形式的规模经济，需要对行车路线和时间表进行计划。

（3）仓库合并。物流配送中心的形成和发展为集运创造了有利的条件。首先以大批量方式远距离运送货物到配送中心，然后在配送中心做出配送安排，实现近距离运送小批量货物。

（4）时间合并。在这种情况下，企业将在一定时间内积累客户订单，这样可以一次性发运较大批量的货物，而不是多次小批量送货。当然，由于没能在收到订单和履行订单之后及时发送货物，会造成服务水平的下降，因此要在运输成本与对服务的影响之间寻求平衡。运输成本的节约是显而易见的，但对服务水平下降的影响却是很难估计的。

通过对大批量货物的运输路径进行规划，以及实现单位运输费率的降低，企业可以获得运输中的规模效益。

第二节 运输规划

一、货运站（场）规划

铁路、公路、水运、航空等交通枢纽地区是物流过程中的重要中转基地，也是区域和城市物流基地（园区）的首选地址。运输枢纽的货场与场库的场址选择恰当与否，直接影响到货物运输通道能否畅通和物流成本高低。

（一）铁路货运站（场）规划

铁路枢纽中专门办理货物运输的专业站称为货运站（场）。货运站的主要作业有运转作业、货运作业和装卸搬运作业。其中，货运站的运转作业包括小运转的接发和调车作业；货运作业通常有承运发送作业、到达交付作业和中转作业；装卸搬运作业是指按照作业计划把车辆上的货物卸下，搬运堆放至指定的地点、货位，或者相反。货场是铁路办理货运作业的基本场所，也是铁路与地方短途运输衔接的地方。货场是货运站的主体设施，此外，在货运量较大的其他性质的车站也都设有货场。

（1）铁路货运站的合理布局。铁路设置货运站应考虑下列原则：

1）车站范围内应有充足的货运量，保证车站的货运作业人员和装卸工人能完成最低的工作定额，或是车站的货运收入（车站应摊到的份额而不是指运输总收入）能保证开设货运站的总支出。货运站的总支出包括必要货运设备的投资回收和运营费用。

2）为了合理利用各种运输方式的优点，发展联合运输，可设置货物换装站，以便于组织和集结货物，提高各种运输工具的利用效率。

3）为了保证货物运输安全，对某些性质特殊的货物，设置一些专业性的车站，如危险货物办理站、石油货物办理站等。在这类车站上，应根据货物的特点，配置相应的设备和专业运输人员。设置专业性车站，不仅对运输安全有好处，而且可以节约投资，提高运输效率和运输质量。

4）与铁路枢纽内的编组站之间有便捷的通道，以便取送货物车辆迅速高效。

5）有较为宽阔的场地，除满足货运作业量本身要求外，要尽量减少对城镇居民的影响。

6）与城市道路、城市交通紧密衔接，以方便货物运输汽车出入。

（2）铁路枢纽内货运站的合理布局。对铁路枢纽内货运站的设置，具体应考虑下列因素：

1）位于货物集散处。货运量是设置货运站的基本依据，位于城市铁路枢纽内的货运站，担负的货运量通常都比较大。为便于货物运输，专为办理某些品类货物的专业性货运站，应设置在相应的工业区；办理一般货运作业的综合性货运站，在枢纽内应尽可能地均匀分布（分设若干个货运站时），以减少市内短途运输的负担。

2）货场出入口应设置在城市货运道路系统内。货运站的设置应考虑与市内短途搬运工具之间的衔接，与城市交通系统必须良好配合；避免设置在客运干道附近，以减少客货相互干扰；与城市主要干道交叉处尽量修建立交，以提高交叉点的通过能力，并确保安全。

3）货运站与编组站应该分设（有的小枢纽内有两者合设一处的情况），其间应按货物的主要流向配列，并与编组站之间方便联系。这样设置可减少车辆在枢纽内的迂回、折返行驶，缩短车辆行程。在大的货运站组织整列直达列车和整列空车时，应组织在货运站直接到达和出发，以减轻编组站作业的压力以及提高枢纽的综合通过能力。

4）货运站应设置在其服务区域的适当地点，既要考虑近期运输的方便，又不妨碍城市的发展。为此要与城市规划密切配合。根据工业区、居民区的分布状况、城市发展的远景规划，确定货运站的服务半径，合理规划其吸引范围。

5）货运站应设置在符合安全和环境保护要求的处所。特别是有特殊运输与保管要求的货物。例如，办理危险货物作业的车站，按照安全防火等要求，必须远离市区；办理粉状货物（如煤、石灰、水泥等）及牲畜装卸的车站，应远离居民区，设在市郊常年下风方向。

6）应有适当的发展余地。新建货运站时，应按照"全面规划，分期发展"的原则，进行总体规划，考虑到城市的发展规模及货运量的增长，保证将来有发展的余地。同时也应考虑到改扩建时，不会造成大量废弃工程。

此外，还应考虑地形、地貌、风向、地质条件等因素。

根据上述要求，铁路枢纽的货运站一般宜分布在城市外围，以减少对城市的干扰，同时也有利于为物资单位服务和满足车站用地要求。

（二）公路货运站（场）规划

公路货运站（场）是办理公路货物运输业务及保管、保养、修理车辆的场所，是汽车运输企业的技术基地和基层生产单位，是构成公路运输网的重要组成部分。

1. 公路货运站（场）的功能

（1）取货上门、送货到家。凡货主需要运送货物，经货主填写运单后，由货运站（场）根据运量大小、货物运送的要求，调派适宜的车辆，按照货运站（场）确定的线路、发车时间，上门取货。货运站（场）将到达的货物汇集起来，按照货物的发送去向、运输要求进行分类和换装，再按货运站（场）确定的线路及发、到时间，送货到家，交付收货人。对于货运站（场）由铁路、水路、航空等运输方式接运的货物（包括集装箱），不管是衔接转运或者是需要送货到家的，同样按照货物的去向及运输要求进行分类和换装，再按货运站（场）确定的线路和发车的时间，送货到家。

（2）货物的集散、换装。货运站（场）对于待发的货物具有集中、疏散、分类、换装的职能。它首先将处于各点的品种繁杂、数量很多、流向不一的货物集中起来，然后根据货主的要求，按照合理线路、货物的运输条件，进行分类、换装等作业，统一进行运输调度，从而节约运力，提高运输效率。

（3）连接多种运输方式。公路货运站（场）特别是公路主枢纽，起着把不同运输方式连接起来，共同完成同一运输任务的纽带作用。随着我国联合运输业务的发展，货运站（场）的这种作用将更加显著。

（4）车辆调度和停放。为了完成货物的集、散运输任务，必须有足够数量的各种型号的载重汽车等运载工具，以及装卸货物的附属设备（如吊车、铲车等）。因此，货运站（场）应设有专门的场地，作为停放车辆调度业务使用，并且定期对站内车辆进行维修、养护。

2. 公路货运站（场）的选址

（1）公路货运站（场）选址的原则。公路货运站（场）担负着繁重的货物装卸工作。货运站（场）通过对货物的分类、倒装、搬运等一系列的站务作业，使物资流通过程中的运输业务有条不紊地完成。因此，运输直接关系到运输企业的自身业务，而且能够方便货主和社会。

在确定货运站（场）址时，应注意以下几个问题：①定性分析和定量分析相结合。影响货运站（场）址选择的因素很多，在确定站（场）址时，首先要对一些主要因素进行定量分析，同时，对那些复杂而难以用确切数量表达的因素进行定性分析。在定性分析中，要特别注意国家方针政策中的有关规定，如城市规划、厂矿企业布局以及交通运输政策等。②站（场）址的地理位置应该便于铁路、港口、公路干线和大宗客户的衔接、联系，同时要尽量避开繁荣闹区。③节约用地。站（场）址和规模主要取决于运输量大小及与运输有关的其他要求，在不占或少占良田的前提下，应适当留有发展的余地。④对用户的服务要经济、迅速、安全、便利。其中，经济是指货运站（场）在完成运输作业的全过程中，客户所支付的运杂费越少越好；迅速是指货运站（场）的选择有利于提高运输速度；安全是指在运输的全过程中货物的破损丢失系数越小，越安全可靠；便利是指站（场）址的地理位置及站（场）的管理工作、服务质量都要从便利客户出发，这是一个综合性指标。

（2）公路货运站（场）选址的基本方法。在一个区域内，是否需要设置货运站（场），需要设置多少个货运站（场），每个货运站（场）的规模应当有多大，站（场）址又应当选择在什么地点，这些都是选址时要解决的问题。公路货运站（场）选址的基本方法有成本分析法和相关分析法。

1）成本分析法。设有 n 个货源点（a, b, c, $\cdots$, n），对应 n 个货源点需要运输的货运量为（W_1, W_2, W_3, $\cdots$, W_n），设货运站（场）的待筛选点为（P_1, P_2, P_3, $\cdots$, P_n），假设单位吨公里运输成本（F）相等，其他条件相同，求货运站（场）址最佳地点 P。

根据已知条件，可分别求出各货源点到站（场）址筛选点的距离，然后分别乘以相对应的货运量，即可求出货物周转总量，再乘以单位吨公里成本，则可得出各筛选点的总运输成本

（C_1，C_2，C_3，…，C_n），从而求出最佳站（场）址地点。即

$$运输成本=运输周转总量×单位运输成本 \qquad (6-1)$$

设待筛选点至货源点的距离为L，则

$$C_1=(L_{P_1}aW_1+L_{P_1}bW_2+L_{P_1}cW_3+\cdots+L_{P_1}nW_n)F$$

$$C_2=(L_{P_2}aW_2+L_{P_2}bW_2+L_{P_2}cW_3+\cdots+L_{P_2}nW_n)F \qquad (6-2)$$

$$C_n=(L_{P_n}aW_1+L_{P_n}bW_2+L_{P_n}cW_3+\cdots+L_{P_n}nW_n)F$$

据上式，可以求出C_1，C_2，…，C_n中的最小值，就为所求最佳站（场）址的地点。

2）相关分析法。货运站（场）址的确定是由运输量、运输距离、运输路线质量状况、运输成本、地价、养路费用、设备费用等多种因素决定的，这种关系可以认为是自变量（X_i）与因变量（Y）的关系。可以用相关分析法寻求其内在的经济计量关系，从而确定最佳的货运站（场）址选择方案。主要步骤如下：

第一步，找出与货运站（场）址选择有关的各因素，对新确定的货运站（场）址进行系统的分析，定性地确定影响货运站（场）址选择的有关因素（有时多达几十个），并从它们的相互关联中确定各个因素的相关程度。

第二步，对所确定的相关因素要进行初步筛选，以便建立确定性的数学模型。例如，经过初步筛选后的自变量，有甲种货物运量（X_1）、乙种货物运量（X_2）、甲种货物运距（X_3）、乙种货物运距（X_4）、运价甲（X_5）、运价乙（X_6）、地价（X_7）、设备成本（X_8）、物流总成本（X_9）等。

第三步，建立数学模型。如上筛选后的九个自变量，均与货运站（场）址选择有关。再通过采用逐步回归的数学方法，从众多的因素中选择适当的变量，列出"最优"的回归方程——数学模型。例如，从筛选后的九个自变量中最后优选出一个五元回归方程：

$$Y=b_0+b_1X_1+b_2X_2+b_3X_3+b_4X_4+b_5X_5 \qquad (6-3)$$

（三）水路货运码头规划

港址选择是港口建设的首要环节。良好的港址不仅可以节省建设投资、缩短建设施工期限，而且有利于港区的内部布置，使船舶运转安全、货物吞吐迅速、经营管理便利、维护工作量小、运输成本低，从而更好地促进腹地经济的发展。

（1）一般码头平面布置。码头前沿线的平面布置，取决于建设地点的自然条件及船舶靠离作业和陆上货物集疏、储存作业等营运要求。常见的布置形式有顺岸式、突堤式、挖入式和离岸式。

1）顺岸式。码头前沿线大致与自然岸线平行。这种布置是考虑到较多的泊位布置成一条直线时，码头前沿铁路线调车走行不便而采用的。

2）突堤式。码头突出天然岸线伸向水域。突堤式码头可与岸线垂直伸向水中，有时由于地形条件、铁路进线和方便船舶靠离等原因，与岸线斜交伸向水域（一般与岸线成60°～70°交角）。目前多采用宽突堤码头，这类码头宽度一般为250～400m。

3）挖入式。码头布置在由陆域内开挖的港池中。这种布置形式占用自然岸线较短，因而可以布置较多的泊位，泊位比较紧凑集中。国外很多港口改变了过去建造港池群的形式，改为建造大型港池。挖入式码头适用于水域狭窄而有广阔陆域的地方。

4）离岸式。为了适应现代大型油轮或散装货船靠泊而建设的码头，常布置在离岸较远的深水区，一般为开敞式，不设防波堤，遇大风浪天气，泊位停止作业，船舶暂时离开码头。离岸式码头结构一般采用墩式结构，输油管线可铺设在码头与岸连接的栈桥上，也可由铺设在海底的钢管通至岸上。前者称为栈桥式码头，后者则称为岛式码头。

（2）综合性港口的专业区平面布置。通常除了小港和专业化港口外，综合性港口常根据货物种类、数量、船舶类型、货物流向、集疏运条件、港口自然条件和码头平面布置，将港口码头划分为不同的专业区。

集装箱码头交通运输频繁，需要相当广阔的码头用地，所以要选择在能充分保证码头用地并与公路干线联结良好的地点，另外应注意到大型集装箱需靠泊深水泊位。

工业港区一般位于港区的尽头并和城市规划工业用地结合。散货港区由于大型散货船的停靠点需在深水区，因而一般设在船舶运向工业港的途中；考虑到某些货物装卸区有粉尘及不良气味，应选择在对城市及其他装卸区的常风向的下侧。

木材码头多选择在具有广阔的水域且较僻静处存放，在河港中一般位于港区上游。

装卸石油的专用码头（或石油作业区）应尽量位于非油类码头常风向或强流向的下侧，其安全距离一般不宜小于300m。

其他危险品，若数量大且货源稳定，可设置专用危险品码头。仅当危险品数量较少时，其装卸作业才可与港区其他码头泊位混合使用，但应采取必要的安全措施，并尽量利用端部泊位；堆放危险品的库场应单独设于港区安全地带。

修船设施为任何大港必备的要件，一般与其他港区隔离，设于港湾端部水域平稳且水深足够之处。

划分专业区时，还应注意不能让彼此之间具有有害影响的货种相邻。

二、运输路经规划

路径规划与选择问题可以归结为三类：起讫点不同的单一路径规划问题、多个起讫点的路径规划问题以及起点和终点相同的路径规划问题，不同类型问题的优化方法不同。

1. 起讫点不同的单一路径规划问题

这类问题可以采用网络图的最短路径算法——迪杰斯特拉（Dijkstra）算法进行求解。已知一个由链和节点组成的网络，其中节点代表由链连接的点，链代表节点之间的距离（时间或距离和时间的加权平均），迪杰斯特拉算法的基本思想是：从始点V_s出发，逐步向外探寻最短路，与每个节点对应，记录下一个数V_i，它表示从V_s到该点V_i的最短路。执行过程中分为已解节点集P和未解节点集T，搜寻T中所有与P中节点直接相连的点，分别计算这些点到起始点的最短距离，进一步从中确定具有最短距离的节点，让该点从T集转入P集，并记录该点到起始点的距离，以及经过P的节点（路径）。经过若干次循环后，一旦终点V_p进入了P集合，计算结束，反向追踪获得最短距离的路径，这就是所要搜索的最短路径。

例6-2 起讫点不同的单一路径规划问题求解

某公路网络如图6-2所示,寻找从V_s到V_p之间行车时间最短的路线。节点代表公路的连接处,每条链上都标有相应的行车距离。

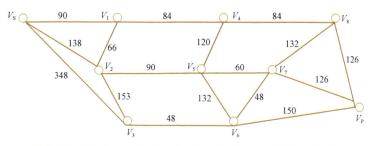

图6-2 起讫点不同的单一路径规划运输网络(单位:km)

求解过程如下:

第一步,第一个已解的节点是始点V_s,与始点直接相连的点是V_1、V_2和V_3,分别计算它们与始点的距离(见表6-11)。可以看出V_1距始点最近,因此V_1选择进入已解节点集合P,其与始点的距离为90km。

第二步,找出与V_s和V_1直接相连的点,它们是V_2、V_3和V_4,分别计算它们与起始点的最短距离,V_2最近,因此V_2进入已解节点集合,与始点的距离是138km,经过的路径是$V_s—V_2$。

第三步,重复上述步骤,找出与已解节点直接连接的最近的未解节点,直到到达终点V_p。

通过求解,得到最佳路径为$V_s—V_1—V_4—V_8—V_p$。这类问题非常适合利用计算机进行求解,如表6-11所示。

表6-11 起讫点不同的单一路径规划运输网络求解运算

步骤	已解节点	与已解节点直接相连的未解节点	相关总成本	第n个最近节点	最小成本	最新连接
1	V_s	V_1	90	V_1	90	$V_s—V_1$
2	V_s	V_2	138	V_2	138	$V_s—V_2$
	V_1	V_2	90+66=156			
3	V_s	V_3	348	V_4	174	$V_1—V_4$
	V_1	V_4	90+84=174			
	V_2	V_5	138+90=228			
4	V_s, V_2	V_3	Min{348, 138+153}=291	V_5	228	$V_2—V_5$
	V_2, V_4	V_5	Min{138+90, 174+120}=228			
	V_4	V_8	174+84=258			
5	V_s, V_2	V_3	Min{348, 138+153}=291	V_8	258	$V_4—V_8$
	V_4	V_8	174+84=258			
	V_5	V_7	228+60=288			
	V_5	V_6	228+132=360			

（续）

步　骤	已解节点	与已解节点直接相连的未解节点	相关总成本	第n个最近节点	最小成本	最新连接
6	V_s, V_2	V_3	Min{348, 138+153}=291	V_7	288	V_5—V_7
	V_5	V_6	228+132=360			
	V_5	V_7	228+60=288			
	V_8	V_7	258+132=390			
	V_8	V_p	258+126=384			
7	V_s, V_2	V_3	Min{348, 138+153}=291	V_3	291	V_2—V_3
	V_5, V_7	V_6	Min{228+132, 288+48}=336			
	V_7, V_8	V_p	Min{288+126, 258+126}=384			
8	V_3, V_5, V_7	V_6	Min{291+48, 228+132, 288+48}=336	V_6	336	V_7—V_6
	V_7, V_8	V_p	Min{288+126, 258+126}=384			
9	V_6, V_7, V_8	V_p	Min{336+150, 288+126, 258+126}=384	V_p	384	V_8—V_p

2. 多起讫点问题

如果有多个货源地可以服务多个目的地，面临的问题就是确定各目的地的供货地，同时要找到供货地、目的地之间的最佳路径，有的甚至需要寻找最佳供货量分配方案。该问题经常发生在多个供应商、工厂或仓库服务于多个客户的情况。这类问题可以用线性规划方法求解。

例6-3　带有产品供需分配的路径选择问题

不同分厂对原料的需求，以及原料供应地的距离和产量如表6-12所示。

表6-12　产品供销系统矩阵　（单位产品运输费用P_{ij}，单位为百元/t）

	工厂1	工厂2	工厂3	工厂4	总供应量/万t	表示符号
供应商1	3	11	3	10	7	S_1
供应商2	1	9	2	8	4	S_2
供应商3	7	4	10	5	9	S_3
总需求量/万t	3	6	5	6		
表示符号	R_1	R_2	R_3	R_4		

求解过程如下：

设x_{ij}为第i个供应商供应给第j个工厂的供货量，且$i=1, 2, 3$，$j=1, 2, 3, 4$，则目标函数为

$$\text{Min} \sum_{i=1}^{3}\sum_{j=1}^{4} P_{ij} x_{ij}$$

约束条件为

$$\begin{cases} \sum_{i=1}^{3} x_{ij} = R_j, j=1,2,3,4 \\ \sum_{j=1}^{4} x_{ij} = S_i, i=1,2,3 \\ x_{ij} \geq 0, i=1,2,3, j=1,2,3,4 \end{cases}$$

将有关参数代入进行计算,得到最佳供应方案和最佳路线选择(见表6-13),此时总运费为8500万元。

表6-13 最优运输路线与产品分配方案

	工厂1	工厂2	工厂3	工厂4	总供应量/万t
供应商1	0	0	5	2	7
供应商2	3	0	0	1	4
供应商3	0	6	0	3	9
总需求量/万t	3	6	5	6	

3. 始点和终点相同的路径规划

物流管理人员经常会遇到起讫点相同的路径规划问题。在企业自己拥有运输工具时,该问题是相当普遍的。例如,从某配送中心送货到商店,然后再返回配送中心。这类路径问题是起讫点不同的问题的扩展形式,但是由于要求车辆必须返回起点行程才算结束,因此问题的难度提高了。目标是找出途经点的顺序,使其满足必须经过所有点且总出行时间或总距离最短的要求。

起讫点重合的路径问题可以参考运筹学的旅行商问题求解。感知式和启发式求解法是求解这类问题的好办法。

第三节 运输成本与定价

一、运输成本的分类与计算

1. 运输成本的分类

成本是生产一定数量产品或服务所投入的生产要素价值。可以从不同角度对成本进行分析和研究:一般成本的分类包括使用土地的地租和各种原材料、燃料费用,生产用工的工资以及资本(如厂房、设备和其他必要设施)费用等;成本还可以分为固定成本和变动成本,其中固定成本是不随产量变化而变化的成本,变动成本是随产量变化而变化的成本;根据分析时期的长短或者企业的生产规模是否发生改变,成本也可以划分为短期成本和长期成本。

由于运输活动的特殊性,运输成本的分类还有一种特殊的复杂性,运输业所使用的资本被分成固定设施和移动设备两大部分,这对运输成本的类别划分具有关键性的意义。运输业的固定设施一般是指运输基础设施,如铁路、公路、站场和港口等,它们一旦建成就不能再移动,这些基础设施一般不能直接提供运输服务;运输业的移动设备是指移动性的运输工具,如铁路机车车辆、汽车、船舶、飞机等,这些运输工具一般用来直接提供运输服务,它们显然也可以根据需要在不同地区或不同运输市场之间转移。运输业资本的这种特殊性质,使得运输成本的分类与其他行业有所不同,即除了前述按生产要素的类别、与产量变化的关系以及时期长短划分,运输成本还需要被特别划分为固定设施成本、移动设备拥有成本和运营成本三部分。

(1)固定设施成本。铁路运输需要轨道、车站和编组场,汽车需要公路和停车场地,航空离不开机场和空中指挥系统，船舶要在港口停泊和装卸，管道则本身就是固定设施。

固定运输设施除了期初的投资建设，还要在使用寿命期进行养护与维修，因此固定设施成本还包括养护、维修等相关使用成本。与投资相比，这些固定设施的养护、维修费用比较少，其中有些费用与使用这些固定设施提供的运输量关系不大，属于固定成本，另外一些则可能与运输量的大小有密切联系，因此被认为属于变动成本。

（2）移动设备拥有成本。可移动的运输工具包括机车车辆、各类货车、公共汽车、小汽车、各类客货船舶和飞机等。由于这些运输工具可以根据需要在不同运输市场之间转移，也就是说它们的用途不是唯一的，能够允许人们进行选择，因此在移动运输工具上的投资不属于沉淀成本。

各种运输工具都有自己的使用寿命，运输工具的价值在其使用期内会逐渐转化为运输成本，因此使用寿命决定着运输工具的折旧过程。有些运输工具的使用寿命是以年限计算的，在这种情况下，运输工具的折旧转移成本似乎与其使用中所提供的运输量没有直接关系，是每年或每月固定的成本；还有些运输工具的使用寿命是以行驶里程计算的，在这种情况下，运输工具的折旧转移成本就与其使用中提供的运输量直接有关，属于变动成本。

（3）运营成本。在运营成本中有两类是直接与运输量相关的变动成本：一类是直接运营人员的工资；另一类是运输工具消耗的燃料。运输量越大，这些直接的运营成本也会越高。除了这些直接与运输量相关的变动成本，运输企业一般还需要配备若干辅助人员和管理人员，这些辅助人员和管理人员的工资以及所需要的工作开支属于间接运营成本。间接运营成本的一部分是与运输量有关的变动成本，其他部分与运输量变动关系不大。

不同运输方式的运输成本中，固定设施成本、移动设备拥有成本和运营成本各自所占的比重或涉及的程度是有差别的，其相应部分伴随产量的不变性或可变性也不一样。而且，这种不变性或可变性还要根据使用者的具体身份来确定。

2. 运输成本曲线

根据一般成本理论，一般成本函数表示企业或产业成本与产量之间的函数关系。短期单位成本示意图如图6-3所示。

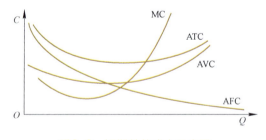

图6-3 短期单位成本示意图

从图6-3中可以看出，平均固定成本AFC随着产量的增加而逐渐减少，因为当固定总成本不变时，分摊到单位产量上的固定成本是递减的。平均变动成本AVC最初随着产量的增加逐渐减少，但当产量增加到一定程度后，由于边际收益递减的作用其又开始增加。单位平均成本曲线ATC的形状取决于平均固定成本和平均变动成本的共同作用，开始时由于平均固定成本和平均变动成本下降，因此单位平均成本也不断下降；而到后期，平均固定成本的下降越来越小，但平均变动成本却在不断增加，所以在产量增加到一定程度后，单位平均成本曲线也会上升，形成

"U"字形。边际成本MC是增加一单位产量的成本增加额,它最初随着产量的增加而减少,当产量增加到一定程度时,又随着产量的增加而上升,并在其上升过程中先后经过AVC和ATC的最低点。经济分析十分注意"U"字形单位平均成本曲线的最低部分,因为在该产量范围内组织生产成本最低。

成本函数按照时间长短的不同,可以分为短期成本函数和长期成本函数。实际上所谓短期并不一定是指时间很短,而主要是指厂商在一定的生产规模下不能将生产所耗用的某些投入要素的数量加以改变。长期生产与短期生产有着密切的关系,厂商长期生产的决策是基于每一相应的短期决策选择逐步形成的,使得生产规模渐次扩大。长期平均成本曲线也反映产量与单位平均成本之间的关系,与短期平均成本曲线起伏较大不同的是,从长期来看,企业可以根据不同产量来调整生产规模,从而始终使自己处于较低的平均成本状态。大多数企业或产业的长期平均成本曲线也是"U"字形,但相对比较平缓。

由于固定运输设施常常规模巨大,因此,新的固定设施往往会使短期平均成本曲线的形状和位置发生很大改变,这就造成相对其他一些产业,运输业的长期平均成本曲线可能显得不那么平缓和有规则。图6-4给出了一个新固定设施投产所引起的平均成本曲线变化示意,其中,ATC_1和ATC_2分别代表新的固定运输设施建成前后的两条短期平均成本曲线。

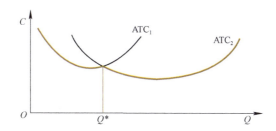

图6-4 新固定设施投产引起的平均成本变化

从图6-4中可看出,ATC_2的运输能力远远超过ATC_1,平均成本也比较低。显然,在运输需求小于Q^*的情况下,使用ATC_1的规模组织运输更合理;而在运输需求大于Q^*的情况下,使用ATC_2的规模组织运输更合适。那么,在图中沿ATC_1和ATC_2下部形成的粗线就代表了这段相对长时期的平均成本曲线,它存在隆起而不那么平缓。

运输基础设施一定程度的不可分割性,是导致运输业长期平均成本曲线存在隆起的主要原因。当然,不同运输方式和各类运输企业长期平均成本曲线隆起的程度是有区别的。一般来说,固定设施投资越小或固定设施成本所占比重越小的,隆起的程度也越小。

3. 运输成本的计算

目前,运输业中通常采用成本的会计计算方法计算运输成本。然而,这种成本计算方法存在很多问题。例如,它的直接费用大体上只是计算在现有运营水平上的平均变动成本,而不是计算边际成本;它的完全分配成本被看作是单位平均成本也并不令人满意,原因是它在忽视沉淀成本的情况下很难真正反映机会成本,而且它对联合成本及共同成本的考虑也不够完善。

为了纠正会计成本计算方法中的不足,经济计量分析的方法也已经在铁路行业的成本分析中使用了。运输成本的经济计量分析是用于解释与某一类别运量相关的费用与运量本身及主要

投入要素数量和价格的关系。例如,某一个运输成本计量模型的方程如下:

$$C_i = \alpha + \beta Q_i + \sigma W_i + \tau F_i + \varepsilon_i$$

式中　C_i——某类运量的成本;

　　　Q_i——该类旅客或货物的运输量;

　　　W_i——工资水平;

　　　F_i——燃料价格;

　　　ε_i——其他不可知的影响因素,α、β、σ、τ分别是待定参数。

当分析者得到足够的有关该类运输量、工资和燃料等方面的时间序列数据资料,就可以确定模型中的参数,并进行经济分析,包括在一定程度上解决运输成本不可追溯的问题。其中,β值体现运输成本与该类运输量增长变化的关系。有学者认为可将其作为边际成本的变化率对待,但边际成本在不同的产量范围内变化是有区别的,该模型中β值仅为线性变化,因此还是有一定的缺陷和不足。也有学者提出了改进模型的建议,主要是在其中建立成本与生产率的关系,并把模型改为对数形式。经济计量模型的另一个局限性是其所需分析资料的取得有难度,因为它所需要的分类资料往往不如那些汇总的统计资料容易获得,所以运输成本的计量分析与会计分析还需要相互补充。

二、运输定价的效率原则

制定运价的首要原则是效率,一个好的运价结构必定是鼓励运输消费者和生产者有效利用其所得到的资源。如果一家公路运输公司的运营活动导致了过多的车辆空驶,那肯定存在无效率;如果车辆的维修工作实际只需要40个修理工,但公司却雇用了50个,那肯定也浪费了资源。效率原则的重要性在于,它可以使人们在给定土地、劳动力和资本等资源数量下获得最大的社会福利。运输活动中的效率原则不只适用于减少空车行驶,也涉及社会经济生活中应该生产哪些产品或服务,以及这些产品或服务的供求水平是否合理。

而很多经济活动中的无效率都与价格水平的不适当有关。价格是同时引导消费者和供给者的最有效信号:过低的价格会导致某些产品或服务的需求过于旺盛,但生产者却没有兴趣增加供给;过高的价格又会引起生产者在缺少足够社会需求的产品或服务上投入过多资源。此原理在运输市场上是完全适用的,因为身在其中的运输服务消费者与供给者也是根据运输价格做出自己的判断,是价格引导他们做出正确或者错误的选择,运价决定了运输市场上运输服务的种类与数量,也决定了需求者的满足程度。

为了实现资源的有效利用,价格应该等于所提供产品或服务的边际成本。这一原理是普遍适用的,对于运输价格也是如此。无论是进行短期还是长期分析,只有运价等于提供运输位移的边际成本时,社会为该位移所付出的资源数量才是最合理的,否则不是过多就是过少。例如,重型货车行驶时对道路的损坏较大,因此就应该对它们收取较高的费用。如果不这样做,那些货车对道路的使用和损害就会更大,而社会为维修道路所支付的代价也会超过重型货车本身由于使用道路所获得的收益。使运输活动经济效率最大化的定价原则之一为

$$\text{运价} = \text{短期边际成本} \tag{6-4}$$

或者说,价格应该等于做出每一次位移或出行决策的短期边际成本。做出每一次位移或出

行决策的机会成本被称为短期边际成本。之所以称短期,是因为在做出决策之前,目前的运输基础设施已经建成,或者车辆已经配置好了。但式(6-5)只提供了使社会福利最大化的一半条件,另一半条件是对接受某项运输服务的所有客户而言的,即

$$总的支付意愿 \geq 所用资源的机会成本 \tag{6-5}$$

对于某项运输服务,所有客户总的支付意愿与提供该服务所用资源的机会成本之差,应该是社会剩余(或社会净福利,即消费者剩余与生产者剩余之和)。因此,上式所表明的社会福利最大化的第二个条件是要求提供某项运输服务的社会剩余不能为负值。

上述社会福利最大化的两个条件应该同时得到满足,也就是说,在某项运输服务的运价等于短期边际成本的同时,对其总支付意愿也要大于或等于所用资源的机会成本。图6-5是上述效率最大化定价原则的示意图。

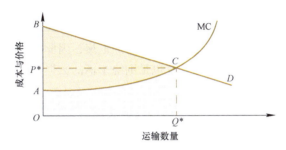

图6-5　效率最大化定价原则的示意图

图6-5中,向右下倾斜的运输需求曲线D与提供运输服务的短期边际成本曲线MC相交于C点,它所决定的有效价格和有效供求数量分别另为p^*和Q^*。对该运输服务的总意愿支付是需求曲线以下的部分,即图6-5上$OBCQ^*$所包围的面积。提供该服务的边际成本总额实际应该由两部分组成,但其中只有一部分能在图6-4中显示出来,即边际成本曲线以下被$OACQ^*$所包围的面积,该面积没有包括运输的固定成本。显然固定成本也应该被考虑到效率原则中来,因此,它也应该加到面积$OACQ^*$之上以便用总成本进行分析。

第四节　智慧运输

伴随物联网、云计算、大数据等新一代信息技术的日趋成熟,全覆盖、广连接的智慧物流体系正在迅速形成,作为物流两大基本职能之一的运输也步入智慧化时代。

一、车联网系统

1. 车联网的概念

关于车联网的概念迄今为止并无统一的定义。根据中国物联网校企联盟的定义,车联网(Internet of Vehicles,IOV)是由车辆位置、速度和路线等信息构成的巨大交互网络。通过GPS、RFID、传感器、摄像头图像处理等装置,车辆可以完成自身环境和状态信息的采集;通过互联网技术,所有的车辆可以将自身的各种信息传输汇聚到中央处理器;通过计算机技术,

这些大量车辆的信息可以被分析和处理，从而计算出不同车辆的最佳路线，及时汇报路况和安排信号灯周期。

2．车联网的结构

从网络结构看，车联网是由端、管、云三层体系构成的。

第一层（端系统）。它包括：汽车上安装的负责采集与获取车辆的智能信息、感知行车状态与环境的智能传感器；具有车内通信、车间通信、车网通信的泛在通信终端；使汽车具备IOV寻址和网络可信标识等能力的设备。

第二层（管系统）。它解决车与车（V2V）、车与路（V2R）、车与网（V2I）、车与人（V2H）等的互联互通，实现车辆自组网及多种异构网络之间的通信与漫游，在功能和性能上保障实时性、可服务性与网络泛在性，同时它是公网与专网的统一体。

第三层（云系统）。车联网是一个云架构的车辆运行信息平台，它的生态链包含了ITS、物流、客货运、危特车辆、汽修汽配、汽车租赁、企事业车辆管理、汽车制造商、4S店、车管、保险、紧急救援、移动互联网等，是多源海量信息的汇聚，因此需要虚拟化、安全认证、实时交互、海量存储等云计算功能。其应用系统也是围绕车辆的数据汇聚、计算、调度、监控、管理与应用的复合体系。

3．车联网的应用

对危险品运输方面的智慧化管理，国家有明确的规定。2010年7月，《国务院关于进一步加强企业安全生产工作的通知》要求，运输危险化学品、烟花爆竹、民用爆炸物品的道路专用车辆要安装使用具有行驶记录功能的卫星定位装置，于2年之内全部完成。2011年4月，《关于加强道路运输车辆动态监管工作的通知》要求，必须为"两客一危"车辆安装符合《道路运输车辆卫星定位系统车载终端技术要求》（JT/T 794—2011）的卫星定位装置，并接入全国重点营运车辆联网联控系统。

目前，车联网系统在货物运输领域的应用主要是通过车辆智能化与运输智能管理系统的结合实现车载互联。通过对整车位置、油耗、故障等行车数据的分析，实现物流监控、油耗管理、驾驶行为分析等功能，并通过车辆远程诊断与位置查询、车队管理与报表定制等有效提高车队运营管理效率。

未来，车道偏离报警系统（LDWS）、疲劳驾驶提醒、全景影像、盲点监测、智能语音识别、胎压监测等多种智能技术的应用，以及对车况、运营维保和行驶安全方面的大数据处理，还可进一步提升车辆运营舒适性和安全性。

二、无车承运人

1．"无车承运人"模式

2016年10月，我国正式启动"无车承运人"试点工作，随后"无车承运人"模式在行业内多点开花，迎来黄金发展期，逐渐成为拉动物流行业快速转型发展的新动力。2018年3月，交通运输部公布了全国29个省、市、区共283家无车承运试点企业。

"无车承运人"是指不拥有运输工具，以承运人身份与托运人签订运输合同，承担承运人的责任和义务，通过委托实际承运人完成运输任务的道路货物运输经营者。随着"互联网+物流平台"的高效运用,"无车承运人"依托移动互联网等技术搭建物流运力交易平台,创新管理和组织模式,整合并科学调度车辆、仓储、货源等零散物流资源,可有效提升运输效率,推动货运物流行业从分散走向集中。

2. 实例:中储智运

这里以中储南京智慧物流科技有限公司开发的"无车承运人"模式货运服务物流电商平台中储智运为例进行分析。中储智运拥有一个企业应用级的智慧物流大数据分析系统"智运棱镜系统",可为平台运营系统、客户运力需求规划等提供数据支撑,优化平台、人、车、货各要素之间的链接流程。具体而言,中储智运可以在收集海量车、货信息的同时,处理高维、多变、强随机性的动态业务数据,从而有效分析货主与司机的分布、货物流向、线路情况等各类数据,最终向货主、司机等物流客户提供包括分布数据、流向数据、线路热门货物货量等十分有价值的数据。

中储智运不是简单的物流信息发布平台,而是深度服务客户的平台,负责物流的对接、交易和运输,确保货物运输的安全、及时。2017年4月,中储智运将最新人工智能领域"动态人脸识别技术"引入原有实名认证机制,进一步保证货主、承运人信息的真实性。此外,保证金制度、货物运输保险、在途跟踪监控技术、会员信用评价体系等风险应对机制,构建起中储智运的安全保障体系,保障货物运输安全及承运双方利益,使中储智运成为一个安全、高效的物流运力交易平台。例如,中储智运平台可从源头防止货车超载问题的发生,因为从填写发货信息开始,货主即无法要求货车司机超出正常承载吨位进行运输。同时,平台还对货物运输进行全程在途监控,货主、货车司机均无法暗中进行货物加载。平台向货车司机结算运费时,也仅根据最初其确认发货时所填写的货物数量进行结算,超载部分将无法结算运费,这对货车司机也是一种约束。

为了给客户提供更加及时、周到与便捷的服务,中储智运的未来发展战略将分为核心业务和延伸业务,构建中储智运物流生态圈,为物流供应链上下游提供全产业链一站式服务。在主营货运业务基础上,将推出物流金融产品,以金融衍生产品为依托提升平台服务水平,打造智运平台的利润池产品和服务。

复习思考题

1. 运输系统的构成要素有哪些?
2. 各种运输服务方式的特点是什么?它们在应用上有哪些差别?
3. 多式联运的基本类型有哪些,各自呈现怎样的特点?
4. 运输合理化的影响因素有哪些?
5. 如何实现运输合理化?
6. 运输方式选择的方法有哪些?
7. 运输成本分哪几类?
8. 运输效率最大化的两个条件及其关系是什么?

9. 拟建一座仓库，以 D_1、D_2、D_3 为候选库址，仓库从 A_1、A_2、A_3 三地进货，向 B_1、B_2、B_3 三地送货，如图6-6所示。各地的运输流通量及运输成本如表6-10所示。试分析此选址方案。

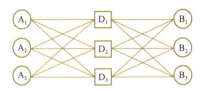

图6-6　仓库及进、送货位置示意图

表6-10　各地的运输流通量及运输成本

	A_1	A_2	A_3	B_1	B_2	B_3
D_1	20	30	35	50	50	40
D_2	20	20	30	30	40	30
D_3	35	30	10	40	50	45
流通量	300	350	450	200	250	300

10. 以下给出了物资平衡和单位运价，如表6-11所示。试用表上作业法求出最优解。

表6-11　物资平衡和单位运价

运价 \ 发点 \ 收点	B_1	B_2	B_3	B_4	供应量
A_1	10	5	6	7	25
A_2	8	2	7	6	25
A_3	9	3	4	8	50
需求量	15	20	30	35	100

案例　捷特公司加大创新力度减轻车辆空载

捷特公司是浙江玉环的一家物流企业。以前该公司的运输业务经常出现空载率较高的现象，这样不仅车辆利用率低，而且不利于节约成本。因此，随着公司业务网点的不断增多，相继在杭州、宁波等设立分公司或办事处，捷特公司开始应用空载率控制技术，减少回程车辆的空载现象。

捷特公司在玉环地区的许多客户，如凯迪、宏利、骏风、苏泊尔等，有许多从玉环运往杭州地区的汽车配件产品和电器产品。以凯迪公司为例，捷特公司将凯迪公司的产成品运到平湖卸货后，捷特公司车辆前往杭州，从杭州的环洲分公司把钢材拉回来，直接拉到玉环客户的公司里。在这一过程中，捷特公司与环洲公司采购部进行协调，落实具体的杭州客户信息和车辆需求信息。捷特公司管理人员再电话通知司机具体的装货地址（一般是杭钢装卸公司或者一些贸易公司的仓库）。捷特公司的车辆到杭州后，一般很少等待，当场即可装货，并将货物拉回玉环。具体运作流程图如图6-6所示。

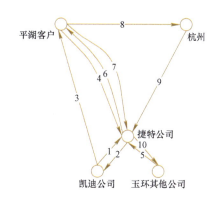

运作流程
1. 凯迪公司提出送货至平湖客户的请求
2. 捷特公司派司机至凯迪公司提货，告诉司机平湖客户到达时间要求
3. 司机送货至平湖客户
4. 司机实时返回车辆到达平湖的信息
5. 玉环其他公司告诉捷特公司从杭州拉货的要求
6. 捷特公司告诉司机前往杭州拉货的地点与时间
7. 司机到达平湖后，反馈捷特公司从平湖出发时间和车辆装载情况
8. 司机从平湖空车或者载货前往杭州
9. 司机从杭州反馈装车信息与预测到达时间
10. 捷特公司告诉玉环其他公司货物到达时间，双方结费

图6-6　捷特公司车载率控制模式及其运作流程示意图

　　捷特公司利用车辆的调度和时间资源的整合，取得了较大的收益。如果按照原有的做法，单程捷特空车从玉环至杭州，到达杭州运送钢材回玉环，收入一车7000元，付过路费及油费等大约6500元，营业利润大致有500元。而如果采用车辆空载率控制技术，从玉环到平湖运汽车配件一车大约3000元，平湖到杭州运钢材回玉环一车7000元，付过路费及油费8000元等，营业利润大致有2000元，比原有的营业利润增加了3倍，利润提升非常明显。目前，公司的所有外地的长途车辆都采取了这种减少空载模式，有效提升了企业的利润。

　　（资料来源：中国物流与采购联合会．物流行业企业管理现代化创新成果（2012—2013），2013年7月．）

第七章 物流信息系统

 ## 第一节 物流信息系统概述

一、物流信息的概念

物流中的信息流（Information Flow）是指信息供给方与需求方进行信息交换和交流而产生的信息流动。物流活动进行中必需的信息为物流信息（Logistics Information）。它表示品种、数量、时间、空间等各种物流信息在同一个物流系统内，在不同的物流环节中所处的具体位置。物流信息和运输、仓储等环节都有密切关系，在物流活动中起着神经系统的作用。

1. 物流信息的组成

一般说来，物流信息通常由以下两个部分组成：

（1）物流系统内信息。这是指伴随物流活动而发生的信息，包括物料流转信息、物流作业层信息、物流控制层信息和物流管理层信息。

（2）物流系统外信息。这是指在物流活动以外发生，但提供给物流活动使用的信息，包括供货人信息、客户信息、订货合同信息、交通运输信息、市场信息、政策信息以及来自企业内生产、财产等部门与物流有关的信息。

2. 物流信息的分类

按照不同的方式，物流信息可分为不同的类型。

（1）按信息所属的领域分，物流信息可分为物流活动所产生的信息和其他信息源产生的供物流使用的信息两类。

（2）按信息的作用不同分，物流信息可分为计划信息、控制及作业信息、统计信息和支持信息等几类。

（3）按信息的加工程度分，物流信息可分为原始信息和加工信息两类。

（4）按活动领域分，物流信息可分为运输信息、仓储信息、装卸信息等，甚至可细分为集装箱信息、托盘交换信息、库存量信息、火车运输信息、汽车运输信息等。

3. 物流信息的作用

物流系统是由多个子系统组成的复杂系统，物流系统中的相互衔接通过信息沟通，基本资源的调度也是通过信息的传递而实现的。因此，物流信息对提高企业经济效益起着非常重要的作用。

物流信息对交易、管理控制、决策分析以及战略计划起着强大的支持作用。

图7-1所示是一个快递公司基于EDI技术的配送信息传递模型。进行配送时信息的传递过程如下：

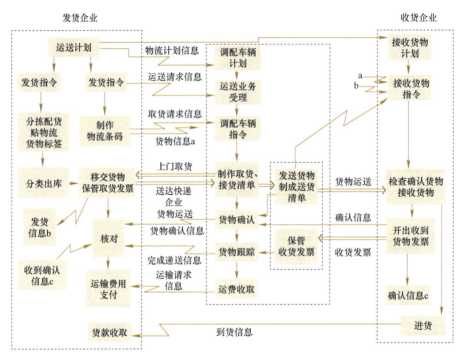

图7-1　基于EDI技术的配送信息传递模型

（1）发货企业将需递送的货物清单及运送时间安排等信息通过EDI发送给快递公司和客户（收货者），快递企业据此制订调配车辆计划或联络航空公司预订舱位。

（2）发货企业根据客户要求和货物运送计划下达发货指令、分拣配货、制作物流条码，同时将所运送货物的品种、数量、包装等信息通过EDI发给快递公司和客户，快递公司接到运送请求后着手进行配送。

（3）快递公司在到发货企业上门取货时，利用电子扫描枪读取货物的物流条码，并与先前收到的货物递送数据进行核对，确认运送货物。

（4）快递企业在物流中心对货物进行整理、集装，制成送货清单，并通过EDI向客户发送送货信息。在货物运送的同时进行货物跟踪管理，并在货物送达后，通过EDI向发货主发送完成业务的信息，随后可进行网上运费结算。

（5）客户在收到货物时，利用电子扫描枪读取货物的物流条码，并与先前收到的货物递送数据进行核对，开具发票，同时通过EDI向快递公司和发货企业确认收到货物。

二、物流信息系统的定义、作用与特点

物流活动建立在四个层次上：交易、管理控制、决策分析以及制订战略计划系统，物流信息系统是把各种物流活动连接在一起的通道。所谓物流信息系统（Logistic Information Systems，LIS），是指物流系统中进行物流信息处理的管理子系统。它利用计算机硬件、软件、网络通信设备及其他设备，进行物流信息的收集、传输、加工、存储、更新和维护，为企业提供信息分

析和决策支持，以支持物流管理人员和基层操作人员进行物流管理和运作的人机系统。它具有实时化、网络化、系统化、规模化、专业化、集成化、智能化等特点。物流信息系统以物流信息传递的标准化和实时化、存储的数字化、物流信息处理的计算机化等为基本内容。

物流信息系统是计算机管理信息系统在物流领域的应用。从广义上来说，物流信息系统应包括物流过程的各个领域（运输、仓储、配送、其他物流活动等）的信息系统，是一个由计算机、应用软件及其他高科技的设备通过网络连接起来动态互动的系统。而从狭义上说，物流信息系统只是管理信息系统在某一涉及物流的企业中的应用，即某一企业（物流企业或非物流企业）用于管理物流的系统。

1. 物流信息系统的作用与发展阶段

物流信息系统在以下几个方面对物流管理起到重要的作用：①配送中心仓储管理（仓储管理系统）；②运输与发货管理（运输管理系统）；③劳动力资源管理；④加快供应链的物流响应速度；⑤物流整合。

随着信息技术的发展，物流信息系统从早期的数据管理阶段，发展到现在的信息管理阶段，并正在向知识管理阶段发展。

数据管理阶段信息技术应用的特点表现在计算机被当作打印机、笔记本，只是做简单的事后数据记录。

信息管理阶段，物流信息系统的作用主要在于对信息的组织和利用，侧重于信息的搜索、分析、整理与传递以及企业业务流程控制等方面。

知识管理阶段则是对包括信息在内的所有智力资本进行综合决策并实施管理，其核心是强调知识创新。知识管理的功能已由对信息物理属性的管理转变为对符合战略要求的决策支持；由基于内部的管理演化为兼顾内部与外部的管理；由以物为本的管理转变为以人为本的管理。知识管理阶段是信息管理阶段在深度和广度上的进一步深化和拓展。知识管理的目标是力图能够将最恰当的知识在最恰当的时间传递给最恰当的人，以便使他们能够做出最佳决策。企业管理只有到达知识管理的阶段，才能充分发挥企业员工的聪明才智，从而极大地提高企业的核心竞争力。

2. 物流信息系统的特点

物流信息系统通常具有以下特点：

（1）管理性和服务性。物流信息系统的目的是辅助物流企业的管理者进行物流运作的管理和决策，提供与此相关的信息支持。因此，物流信息系统必须与物流企业的管理体制、方法和风格相结合，遵循管理与决策行为理论的一般规律。为适应管理物流活动的需要，物流信息系统必须具备处理大量物流数据和信息的能力，具备各种分析物流数据的分析方法，拥有各种数学和管理工程模型。

（2）适应性和可扩展性。物流信息系统应具有对环境的适应性，即当环境发生变化时，系统无须进行太大的变化就能适应新环境。一般认为，模块式的系统结构相对易于修改。当然，适应性强就意味着系统变化小，对客户来说自然方便可靠。

（3）集成化和模块化。集成化是指物流信息系统将相互连接的各个物流环境连接在一起，为物流企业进行集成化的信息处理工作提供一个平台。物流信息系统的各个子系统的设计，应按照模块化的设计方法，遵循统一的标准和规范，以便于系统内部信息共享。各子系统遵循统一的标准开发功能模块，各功能模块开发完成后，再按一定的规范进行集成。

（4）网络化。随着互联网技术的迅速发展，在物流信息系统的设计过程中也广泛应用了网络化技术，支持远程处理。通过互联网将分散在不同地理位置的物流分支机构、供应商、客户等联为一体，形成一个信息传递和共享的信息网络，从而提高了物流活动的运作效率。智能化是物流信息系统目前正在努力的另一发展方向。

三、物流信息系统的类型

物流信息系统根据分类方法的不同，可分成不同类型的系统（见图7-2）。

图7-2 物流信息系统的类型

四、物流信息系统的层次结构

处于物流信息系统中不同管理层次的物流部门或人员，需要不同类型的物流信息。因此，一个完善的物流信息系统，应包含以下四个层次：

（1）基层作业层。将收集、加工的物流信息以数据库的形式加以存储。

（2）数据处理层。对合同、票据、报表等业务表现方式进行日常处理。

（3）计划控制层。包括仓库作业计划、最优路线选择、控制与评价模型的建立，根据运行信息检测物流系统的状况。

（4）管理决策层。建立各种物流系统分析模型，辅助高层管理人员制定物流战略决策。

物流信息系统的层次结构是金字塔形，如图7-3所示。

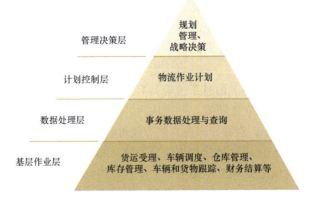

图7-3 物流信息系统的层次结构

第二节 物流信息系统的功能和功能模块

物流过程中,供应链(见图7-4)上不同的环节、部门所面对的物流功能都不尽相同。这就要求进行物流信息系统设计时,要根据物流企业在供应链上所处的位置来设计系统的功能。

```
                物流企业              物流企业              物流企业
配件制造商  ——→  集成制造商  ——→  批发、零售商  ——→  客户
```

图7-4 供应链上的物流过程

一、物流信息系统的功能

物流系统的不同阶段和不同层次之间通过信息流紧密地联系在一起,因而在物流系统中总存在着对物流信息进行采集、存储、处理、传输、显示和分析的物流信息系统。物流信息系统可以看成是把各个物流活动与供应链某个过程连接在一起的通道。其基本功能可以归纳为以下几个方面:

(1)信息采集。信息采集就是将某种方式记录下的物流信息系统内外的有关数据集中起来,并转化为系统能够接收的形式输入系统中。物流信息的采集是信息系统运行的起点,也是重要的一步。收集信息的质量(即真实性、可靠性、准确性、及时性)决定着信息时效价值的大小,是信息系统运行的基础。

(2)信息存储。数据进入系统之后,经过整理和加工,成为支持物流系统运行的物流信息。这些信息被暂时或永久存储,以供使用。

(3)信息传输。物流信息来自物流系统内外,又为不同的物流职能所用,因而克服空间障碍的信息传输是物流信息系统的基本功能之一。物流信息传输是指从信息源出发,经过一定的媒介和信息通道输送给接收者的过程。信息传递方式有如下几种:①从传递方向看,有单向信息传递方式和双向信息传递方式;②从传递层次看,有直接传递方式和间接传递方式;③从传递媒介看,有人工传递和非人工的其他媒介传递方式。

(4)信息处理。物流信息系统的最基本目标,就是将输入数据加工处理成物流信息。收集到的物流信息大都是零散的、形式各异的,对于这些不规范信息,要存储和检索,必须经过一定的整理加工程序。信息处理可以是简单的查询、排序,也可以是复杂的模型求解和预测。信息处理能力的强弱是衡量物流信息系统能力的一个重要方面。

(5)信息输出。物流信息系统的目的是为各级物流人员提供相关的物流信息。为了便于理解,系统输出的形式应力求易读易懂、直观醒目,它是评价物流信息系统的主要标准之一。

当前,物流信息系统正在向信息采集的在线化、信息存储的大型化、信息传输的网络化、信息处理的智能化以及信息输出的图形化方向发展。

属于第三方专业物流服务商的配送中心为了给客户提供一体化的物流服务,其信息系统更加强调与整个供应链上所有客户ERP系统的对接,强调与海关、金融、保险信息系统的对接。图7-5为这种信息系统的总体结构。系统包括业务管理系统(订单处理系统、物流可视化系统)、物流操作系统(仓库管理系统、运输配送管理系统)、业务支持与辅助决策系统(客户关系管理系统、内部事务管理系统、成本与财务结算系统及绩效评价分析系统)。

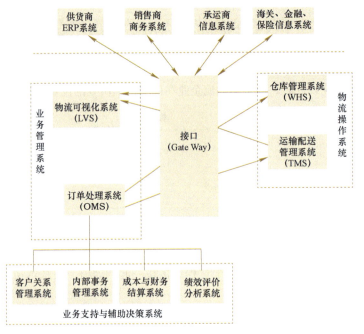

图7-5 第三方物流企业配送中心信息系统的总体结构

二、物流信息系统的业务功能模块

1. 进、销、存管理系统

进货、销售、存储管理是企业经营管理的核心环节，也是企业能否取得经济效益的关键。若能实现合理进货、及时销售、库存最小，则企业自然能取得最佳效益。进、销、存决策支持系统由三部分组成，分别用于物流活动的三个环节，如图7-6所示。

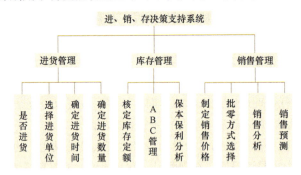

图7-6 进、销、存管理系统

2. 订单管理系统（OMS）

订单管理系统代替了传统的纸面配送。

（1）订单管理系统的主要功能包括：

1）网上下单，EDI接收电子订单，销售人员定期访问客户时下的订单。

2）订单的预处理。包括同一用户的多个订单合并以及由于库存不足对订单的拆分。

3）支持客户从网上对订单状态进行查询。

4）支持紧急插单。

（2）订单管理系统的设计要点包括：

1）输入数据包括客户资料、商品规格资料、商品数量等。

2）日期及订单号码、报价单号码由系统自动填写，但可修改。

3）具备按客户名称、客户编号、商品名称、商品编号、订单号码、订货日期、出货日期等查询订单内容的功能。

4）具备客户的多个出货地址记录，可根据不同交货地点开发票。

5）可查询客户信用度、库存数量、产能分配状况、设备工具使用状况及人力资源分配。

6）具备单一订购批次订单的打印功能。

7）报价系统具备由客户名称、客户编号、商品名称、商品编号、最近报价日期、最近订货数据等查询该客户的报价历史、订购出货状况和付款状况的资料，作为对客户进行购买力分析及信用评估的标准。

8）可由销售主管或该层主管随时修改客户信用额度。

9）具备相似产品、可替代产品资料，当库存不足无法出货时，可向客户推荐替代品以争取销售机会。

10）可查询未结订单资料，以利于出货作业的跟催。

3. 仓储管理系统（WMS）

仓储管理是现代物流的核心环节之一。随着客户要求的不断提高，仓储管理在整个物流管理中的地位越发重要。仓储管理系统一般包含如下几个功能模块：入库作业、存货管理、出库作业、查询报表、财务结算。

4. 运输配送管理系统（TMS）

运输配送管理系统习惯上是指汽车运输的信息管理系统。由于目前铁路运输还具有一定的封闭性，因此铁路运输对于物流公司而言，信息管理系统能够管理的信息有限。

（1）运输管理系统。运输管理系统的主要功能包括：①资源管理；②客户委托；③外包管理；④运输调度；⑤费用控制。

运输管理系统不仅仅是一个车辆调度系统，还包含运输计划、配载、资源分配等，在运输管理过程中，常常涉及货物跟踪、车辆管理、配车配载等功能。

（2）配送管理系统。配送管理系统的主要功能包括商品集中、分类、车辆调度、车辆配装、配送路线规划及配送途中的跟踪管理等功能。

配送管理系统还应具备配送途中数据传输及控制的功能，以跟踪货物动向、控制车辆及车上设备；在配送途中有意外情况发生时，还可通过通信系统取得新的配送途径，并告知配送人员，使配送工作能顺利完成。

车辆配送中遇到困难或其他不能完成任务的情况，也应返回系统中进行分析，避免下次车辆调派错误重新出现。当现有车辆不足以配发所有物品时，车辆调派系统还需具备估计所需车辆种类、台数的功能。TMS总体框架如图7-7所示。

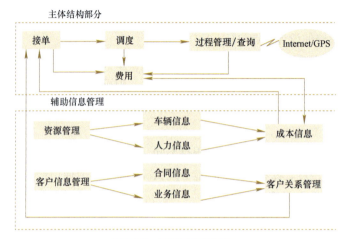

图7-7　TMS总体框架

5. 货代管理系统

1）空运管理系统。一般空运管理系统包含以下几个主要功能：①客户委托；②制单作业；③集货作业；④订舱；⑤预报；⑥POD（交付凭证）；⑦运价管理。

2）海运管理系统。海运管理系统与空运管理系统有相近的地方，但也存在着许多不同。一般海运管理系统的主要功能包括：①客户委托；②制单作业；③订舱；④调箱作业；⑤集装/拼箱作业。

6. 财务管理系统

财务信息管理系统是专注财务信息处理、监控的一种信息管理系统，能够处理应收、应付、成本、各项费用等，财务信息管理系统为企业的管理者提供了比较全面、详尽的财务信息。

财务管理系统主要包括下列功能：①总账管理；②应收账款管理；③应付账款管理；④财务预算管理；⑤固定资产管理；⑥财务分析管理；⑦客户化财务报表。

7. 结算管理系统

结算管理系统供公司财务部或结算中心使用。其主要结算内容有：合同客户运费收入及货物损失结算；零担客户货运收入及其他收入结算；代办托运运费收入及其他收入结算；承运费支出结算；承运人其他费用结算；托运费及其他支出结算等。

第三节　信息技术在物流中的应用

常见的物流信息技术包括物流识别技术（包括物流标签技术、物流条码技术）、地理信息系统技术、全球定位系统技术、电子数据交换技术、无线局域网以及物联网技术、云计算技术和大数据等技术。

一、物流标签技术

简单地讲，物流标签技术就是在物流对象上加一个标签，使物流对象容易被识别的技术。物流标签技术在物流信息技术领域里的历史悠久，发展也比较迅速，已经从传统的纸质标签发展成为当今先进的高速、长距RFID（无线射频识别）技术。

物流标签技术所完成的功能是进行物料的识别。物流标签技术的种类很多,包括传统标签技术、POS系统、电子标签系统、无线射频识别技术等。

1. 传统标签技术

传统的标签技术是将某一货位上的物品按照其所在的库位、货位等准确的物理空间位置来赋予标签,以表示物料的位置甚至数量。这种标签方法一般采用四号定位方法以确定物资的存储位置:第一位号码表示仓库或者货场编号,第二位号码表示货架或者货场内分区编号,第三位号码表示货架层次或者货场内分排编号,第四位号码表示货物位置或者货场垛位编号。

当进行货物分拣或者配货作业时,作业者根据配货清单,依照如上所示的标签,逐个货位进行物料分拣。这种方法成本较低,操作简单,但是分拣时需同时对照发货清单和物料清单,劳动强度较大,误发率较高。严格地讲,这种标签方法算不上是现代物流信息技术,但这一种仍然普遍使用的方法,特别适合于生产性企业的备品备件仓库。

2. POS系统

一般的POS系统有两种:一种是商业应用的POS(Point of Sales)系统,称为销售点实时系统,它是由电子收款机和计算机联机构成的商店前台网络系统;另一种是指银行应用的POS机或POS系统,称为销售点电子转账服务作业系统(Electronic Fund Transfer Point of Sales System)。它是由银行设置在商业网点或特约商户的信用卡授权终端机和银行计算机系统通过公用数据交换网联机构成的电子转账服务系统。它的功能是提供持卡人在销售点购物或消费,通过电子转账系统直接扣账或信用记账的服务。

3. 电子标签系统

电子标签系统是指装置于货架上的信号转换器、完成器、电子标签、订单显示器、现场操作计算机和服务器等一系列设备构成的网络化计算机辅助拣货系统。电子标签具有弹性控制拣货流程、即时现场控制、紧急订单处理功能,并能降低拣货错误率,加快拣货速度,免除表单作业,节省人力资源。

电子标签系统的主要功能可以归纳为:①拣货资料的上传与下载;②拣货资料即时监控;③硬件自我监测;④跳跃式拣货;⑤提早离开;⑥紧急插单功能;⑦货号与标签对应维护;⑧缺货通知;⑨查询作业;⑩报表作业。

电子标签系统的拣货流程如图7-8所示。

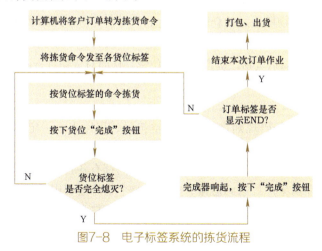

图7-8 电子标签系统的拣货流程

4. 无线射频识别技术

（1）无线射频识别技术简介。无线射频识别（Radio Frequency Identification，RFID）技术是自动识别技术的一种，也称为无线追踪系统，是从20世纪90年代兴起的一项自动识别技术。它利用无线射频方式进行非接触双向通信，以达到识别目的并交换数据。与磁卡、IC卡等接触式识别技术不同，RFID系统的电子标签和读写器之间无须物理接触即可完成识别，因此，它可实现多目标识别与运动目标识别，可在更广泛的场合中应用。

（2）RFID在物流标签技术上的应用。现代供应链管理的关键是供应链中产品、集装箱、车辆和人员的自动识别，识别得到的所有信息都应在企业MIS或者ERP系统中得到实时传递和反应。现在列举几个RFID技术在供应链上的应用案例。

1）煤气罐等危险物品的跟踪与管理。储气罐的跟踪管理包括煤气罐等危险物品容器的跟踪管理。在煤气罐的跟踪管理上，可以用特殊的环形标签来标示煤气罐，不管煤气罐是单个的、整车的还是用托盘运输的。煤气罐依靠RFID技术实施全过程管理，从气体灌装厂通过配送，送到用户手中，实行实时信息反馈管理。

在煤气罐的瓶颈处加装做成环形的RFID标签，实际上，新的煤气罐在制造时就可以内置RFID标签。在装运煤气罐的货车或者叉车出入口的顶部设置悬空读头，或者用RF手持机来实现煤气罐的长距离识别。读头和中心数据库相连，以实现煤气罐的信息处理。

2）集装箱跟踪管理。超高频RFID技术具有识别距离长、识别速度快、系统成本低等特点，因此成为利用集装箱和托盘跟踪的理想手段。

在集装箱的运输和使用过程中，最关键的环节就是集装箱的跟踪管理，以及如何防止集装箱的丢失、被盗和损坏，提高集装箱的周转率，从而提高资源的使用效率。为了实现以上目的，集装箱运营公司需要在整个供应链上对集装箱进行跟踪。

RFID技术在集装箱管理上的应用是将标签粘贴或者镶嵌在集装箱或者托盘上，伴随集装箱或者托盘走过集装箱的整个生命周期。通过入口处的悬空读头、安装在叉车上的读头或者RF手持机来读取标签，实时信息在显示器上被显示或者直接进入数据库。集装箱RFID技术可以同时识别40个托盘和80个塑料集装箱。

3）仓库管理。将RFID技术应用于智能仓库货物管理，能完全有效地解决仓库里与货物流动有关的信息的管理，不仅大大提高了仓库的货物处理能力，也提高了处理货物的信息量。

读头和天线设置在货物所通过的仓库大门边上，每个货物单元都贴有RFID标签，所有标签的信息都被存储在仓库的中心计算机里。管理中心可以实时地了解到已经生产了多少产品和发送了多少产品，并可自动识别货物，确定货物的位置，从而对货物进行跟踪管理。

二、物流条码技术

条码是由一组按一定编码规则排列的条、空符号，用以表示一定的字符、数字及符号组成的信息。条码系统是由条码符号设计、制作及条码阅读器组成的自动识别系统。条码阅读器通常有以下三种：光笔、CCD和激光扫描阅读器，它们都有各自的优缺点。物流条码是货运单元的唯一标识。在商品从生产厂家到运输、交换的整个物流过程中，都可以通过物流条码来实现数据共享，使信息的传递更加方便、快捷、准确，提高整个物流系统的经济效益。物流条码的码制是指条码符号的类型，每种类型的条码符号都是由符合特定编码规则的条和空组合而成的，都有固定的编码容量和条形码字符集。国际上常用的物流条码有EAN-13码、交叉二五码、EAN/UCC-128码以及39码。

条码的条或空采用四种宽度，每个条或空是1、2、3或4倍的单位元素宽度。如图7-9所示，每一组完整的条码由下列几部分组成：

图7-9　典型一维条码

（1）起始符。这是一组特定的条码，一般位于完整条码的头部。阅读时，首先扫过起始符，表示该组条码开始读入。起始符可以避免连续阅读时几组条码互相混淆，或由于阅读不当丢失前面的条码。

（2）终止符。它与起始符的作用类似，是条码终止的标志。

（3）数据码。紧接着起始符的是数据码，它用来表示一定的数据。它是条码的核心，是其所要传递的主要信息。

（4）校验码。数据码之后是校验码，它通过对数据字符的一种算术运算，对所译出的条码进行校验，以确认所阅读信息的正确性。

（5）头、尾空白区，也称静区。为了保证条码扫描器的光束到达第一个条纹之前，能够达到较稳定的速度，黑白相间条纹的头部与尾部画有一空白区域是必要的。条码一般可以双向阅读，因此，尾部空白区的作用与头部空白区相同。

随着现代高新技术的发展，要求条码技术做到在有限的几何空间内表示更多的信息，从而满足千变万化的信息需求。这其中二维条码就是一种充分利用一维条码在垂直方向上的冗余，向二维方向扩展而形成的新的条码技术。

二维条码用某种特定的几何图形按一定规律在平面（二维方向）上分布的条、空相间的图形来记录数据符号信息。它具有条码技术的共性，即每种码制有其特定字符集，每个字符占有一定的宽度，具有一定的校验功能等。二维条码分为层排式二维条码（Stacked Bar Code）和矩阵式二维条码（Dot Matrix Mode）两大类型。

二维条码属于高密度条码，在$1in^2$内记录多达2000个字符。二维条码本身就是一个完整的数据文件，它在水平方向和垂直方向都表示了信息，又称为便携式数据文件。二维条码是各种证件及卡片等大容量、高可靠性信息实现存储、携带并自动识读的理想方法，其应用水平和应用领域都比一维条码有很大的优越性。在二维条码中，美国Symbol公司于1991年正式推出的名为PDF417（Portable Date File便携数据文件）的二维条码，简称PDF417条码。它是一种层排式二维条码，是目前技术比较成熟、应用比较广泛的一种类型。

三、地理信息系统（GIS）技术

地理信息系统萌芽于20世纪60年代初，当计算机技术广泛应用于数据自动采集、数据分析和显示技术这些分支领域时，最终促成了GIS技术的产生。

○　$1in^2=6.4516\times10^{-4}m^2$。

1. GIS的定义

GIS可定义为由计算机系统、地理数据和用户组成，通过对地理数据的继承、存储检索、操作和分析，生成并输入各种地理信息，从而为土地利用、资源管理、环境监测、交通运输、经济建设、城市规划以及政府各部门行政管理提供新的知识，为工程设计和规划、决策服务；也可定义为用于采集、模拟、处理、检索、分析和表达地理空间数据的计算机信息系统。它是有关空间数据管理和空间信息分析的计算机系统。一个典型的GIS应包括三个部分：计算机系统（硬件、软件）、地理数据库系统、应用人员与组织机构。

2. GIS的分类与功能

GIS依照其应用领域，可分为土地信息系统、资源管理信息系统、地学信息系统等；依据其服务对象，可分为专题信息系统和区域信息系统；按照其使用的数据模型，可分为矢量、栅格和混合型信息系统。其主要功能可以分为：

1）数据采集、检验与编辑。
2）数据格式化、转换，通常称为数据操作。
3）数据的组织与存储。
4）查询、检索、统计、计算功能。
5）空间分析，是GIS的核心功能。GIS应用于物流信息系统，可以通过客户的邮编和详细地址字符串，自动确定客户的地理位置（经纬度）和客户所在的中心站和分站。通过基于GIS的查询、地图表现的辅助决策，实现对物流配送、投递路线的合理调度和安排客户投递排序。其工作顺序是按照客户地址定位、机构区域划分、站点选址、投递排序、投递路线来依次进行的。

四、全球定位系统（GPS）技术

全球定位系统（Global Positioning System，GPS）是利用卫星星座（通信卫星）、地面监控系统和信号接收设备，对对象进行动态定位的系统。GPS能对静态、动态对象进行动态空间信息的获取，快速、精度均匀、不受天气和时间限制的反馈空间信息。

GPS由三大部分组成：①空间部分——GPS卫星星座；②地面控制部分——地面监控系统；③用户设备部分——GPS信号接收设备。

移动数据库技术配合GPS技术，可以用于智能交通管理、大宗货运输管理。GPS车辆监控调度系统采用了全球定位系统技术和无限数据通信技术，可对移动中的车辆进行实时调控。

安装在车辆上的GPS设备可以随时获取车辆的位置信息，包括经纬度、速度、方向等。通过车辆无线数据通信系统，将车辆的定位信息以短消息的方式传送到指挥监控中心，并显示在电子地图上。同时，无线车载终端也可以将指挥中心的命令传送到移动的车辆上。

在运输方面，利用移动计算机与GPS/GIS车辆信息系统相连，使得整个运输车队的运行受到中央调度系统的控制。中央调度系统可以对车辆的位置、状况等进行实时监控。利用这些信息可以对运输车辆进行优化配置和调遣，极大地提高运输工作的效率，同时能够加强成本控制。另外，通过将车辆载货的情况以及到达目的地的时间预先通知下游单位配送中心或仓库等，有利于下游单位合理地配置资源、安排作业，从而提高运营效率，节约物流成本。

五、电子数据交换（EDI）技术

电子数据交换（Electronic Data Interchange，EDI）开始于20世纪60年代，是指根据商定的交易或电文数据的结构标准实施商业或行政交易从计算机到计算机的传输。由此可知，EDI具有以下几个特点：

（1）EDI是企业之间传输商业文件数据的一种形式，EDI的适用对象是有经常性业务联系的单位。

（2）EDI所传送的资料是业务资料，如发票，订单等，而不只是一般性的通知。

（3）传输的文件数据也是采用共同的标准和具有的固定格式，如联合国的EDI FACT标准。这也是它与一般电子邮件（E-mail）的区别。

（4）通过数据通信网络一般是由增值网和专用网来传输，由收送双方的计算机系统直接传送、交换资料，尽量避免人工的介入操作。

（5）EDI与传真或电子邮件（E-mail）是有区别的。这主要表现在：后者往往需要人工的阅读判断处理才能进入计算机系统，需要人工将资料重复输入计算机系统中，浪费人力资源，也容易发生错误。图7-10说明了EDI的工作流程。

图7-10　EDI的工作流程

六、无线局域网

无线局域网（Wireless Local Area Networks，WLAN）是一个灵活的数据通信系统，它能够取代或扩展有线局域网，以提供更多联网可能。无线局域网的信息载体是射频（Radio Frequency，RF）、微波（Microwave）或红外线（Infrared）。它是无须架设线缆，在一个有限地域范围内互联设备的通信系统。一个无线局域网可当作有线局域网的扩展来使用，也可以独立作为有线局域网的替代设施。因此，无线局域网提供了很强的组网灵活性。无线网络的物理结构可以实现物理层、数据链路层和网络层的功能，以满足局域、城域或广域通信所需的各项功能。无线局域网的结构如图7-11所示。

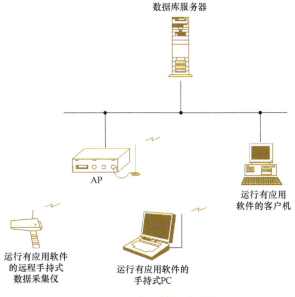

图7-11　无线局域网的结构

七、物联网技术

1. 物联网的概念与运行规律

物联网是指通过信息传感设备，按照约定的协议，把任何物品与互联网连接起来，进行信息交换和通信，以实现智能化识别、定位、跟踪、监控和管理的一种网络。它是在互联网基础上延伸和扩展的网络。物联网强调物与物的互联，被看作是一种通过各种信息传感设备使现实世界中的各种物件互相连通而形成的网络，使得所有物品都有数字化、网络化标识，方便识别、管理与共享。

物联网是在计算机、互联网与移动通信网之后的信息产业新方向，其价值在于通过感知技术实现人与物、物与物之间的沟通。从狭义的角度看，只要是物品之间通过传感介质连接而成的网络，不论是否接入互联网，都应算是物联网的范畴；而从广义的角度看，物联网不仅能实现于物与物之间的信息传递，还必将与现有的电信网实现无缝融合，最终形成物与物的信息交互。

物联网运行规律如图7-12所示。物联网通过信息采集过程，将实体的"物"转变为信息和数据，进入运行环境中。物联网运行过程中的核心是信息，有效信息在网络传输过程中遵循一定的标准和规范，最终传递到"人"，由人来进行相应的操作和处理，从而实现对"物"的集中控制。物联网将物、人和运行环境三个要素有机结合，保证了整个运行过程的自由周转。

图7-12 物联网运行规律

2. 物联网应用

在物流领域中，企业应用物联网完善业务，需要以提高效率、减少人为错误为目标，利用物联网技术对各类业务中的业务流程影响、物流感知信息采集、数据的自动化处理进行分析研究，从分析这些信息中获得收益，以做出更好的决策，对业务流程进行进一步优化。图7-13为物联网在物流企业中的应用。

图7-13 物联网在物流企业中的应用

（1）运输业务的物联网应用分析。利用物联网技术实施运输业务升级的物流企业，需要以深度覆盖所服务区域的运输网络平台为基础，提供快捷、准时、安全、优质的标准化服务。通过整合内外物流资源，提供"一站式"综合物流服务，以满足客户对运输业务的个性化需求。物联网技术将应用于优化运输业务的各个作业环节，以实现运输管理过程的信息化、智能化，并与上、下游业务进行物资资源整合和无缝连接。图7-14为物流企业智能运输流程。

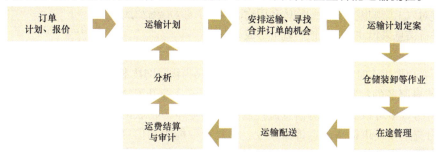

图7-14　物流企业智能运输流程

（2）仓储业务的物联网应用分析。将物联网技术应用于仓储物流业务中，可实现仓储物流管理中的货物自动分拣、智能化出入库管理、货物自动盘点及"虚拟仓库"管理，从而形成自动仓储业务。通过智能及自动化的仓储物流管理，可有效地降低物流成本，实现仓储物流作业的可视化和透明化管理，提高仓储物流服务水平，最终实现智能化、网络化、一体化的管理模式。图7-15为自动分拣系统示意图。

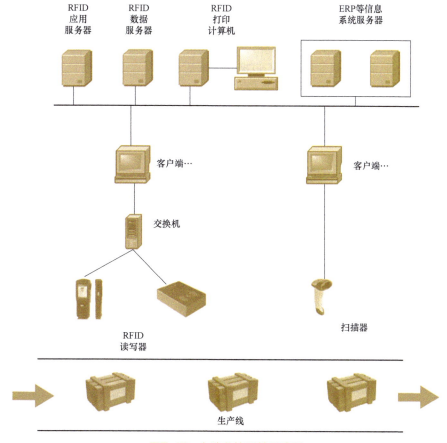

图7-15　自动分拣系统示意图

(3)配送业务的物联网应用分析。在传统的配送过程当中,交通条件、价格因素、用户数量及分布和用户需求等因素的变化会对配送方案、配送过程产生影响。物联网的引入很好地解决了这一问题。通过对以上影响因素涉及的物体利用物联网感知布点进行信息采集并有效反馈,就可形成动态的配送方案从而提高配送效率,提升服务质量。此外,还可为客户提供实时的配送状态信息服务。图7-16为物联网技术在物流配送中的应用。

图7-16 物联网技术在物流配送中的应用

(4)信息服务的物联网应用分析。信息流在物流企业开展物流业务中的作用尤为重要,物流企业之间的竞争可以归结为对信息流控制能力的竞争。物联网作为信息技术领域的第三次革命,可为物流企业提供提高信息传输速度、信息获取能力和信息处理能力,把控信息传输方向等方面的作用,实现物流企业的信息流活动升级,从而提高整个物流的反应速度和准确度,实现物流信息管理与控制的飞跃。各业务流程的信息交互、信息反馈控制、企业与外部信息传递都可以通过物联网技术进行优化,极大地提高物流的运转效率,提升物流企业的信息化水平和基于信息反馈的服务水平。

八、云计算技术

1. 云计算的概念

"云计算"概念最早由Google首席执行官埃里克·施密特(Eric Schmidt)在2006年的搜索引擎大会(SES San Jose 2006)上首次提出,随后微软、亚马逊、IBM、思科、惠普、甲骨文、EMC等众多巨头企业全部跟进。IT巨头们也把它看作是未来的"决战之地"。

云计算是一种基于互联网的超级计算模式。在远程数据中心里,成千上万台计算机和服务器连接成一片"云",用户可以通过计算机、笔记本、手机等方式接入数据中心,体验每秒超过10万亿次的运算能力。云计算系统的结构如图7-17所示。

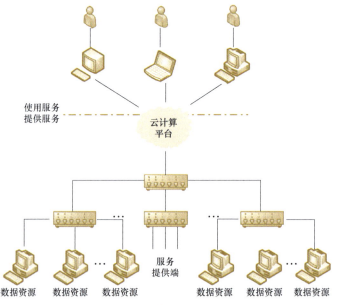

图7-17 云计算系统的结构

2. 云计算技术在现代物流中的应用

（1）基于云计算的物流信息平台的构建。基于云计算的上述多项优点，用云计算构建物流信息平台来服务物流企业自然成为物流企业的首选。云计算技术主要从云计算系统的设计思想和系统特性来理解，它主要包括云计算服务中的软硬件资源的所属角色和服务技术特征两个方面。在物流企业云计算的物流信息平台中，云服务集合根据划分层次不同，包括应用层、平台层、基础设施层和虚拟化层，如图7-18所示。

图7-18 基于云计算的物流信息平台

根据物流信息平台的服务功能，不同层次有着不同的分工：

1）应用层。在云计算信息平台的构建中，应用层主要提供物流企业的应用。物流企业根据云计算的物流信息平台，从自己的实际需要出发，考虑在运营过程中需要哪些软件的服务，然后按软件服务的时间和方式支付给计算服务提供商具体的费用，而不必另外购买、维护这些应用程序软件，即只应用，而软件的管理、维护交由服务提供商来解决。

2）平台层。在云计算信息平台的构建中，平台层用来提供服务的开发环境。服务器平台的软件和服务中所需要的硬件资源，通过平台层提供给物流企业；而物流企业在此平台层的基础上，通过自己建立的次级互联网服务系统为客户提供服务。

3）基础设施层。在云计算信息平台的基础设施层，将IT基础设施以服务形式提供给客户，包括服务器、存储设备和网络资源等。

4）虚拟化层。这个层次是云计算信息平台构建的关键，提供服务器集群及硬件检测等服务，以及负责硬件的维护管理。具体包括服务器的物理资源、服务器的虚拟化资源、服务平台的中间件管理部分和提供给物流企业连接的服务接口。

云计算的物流信息平台正是通过应用层、平台层、基础设施层和虚拟化层的层层构建和设置，搭建起一个信息化的物流服务平台，提供安全的服务环境，为物流企业快速、安全、可靠的信息服务做出贡献。

（2）应用模式

1）基于云计算模式的业务平台。物流企业利用经过分析处理的感知数据，通过Web浏览器为其客户提供丰富的特定应用与服务，包括监控型服务（物流监控、污染监控）、查询型服务（智能检索、信息查询）、扫描型服务（信息码扫描、物品的运输传递扫描）等。

2）基于云计算模式的数据存储中心。提供物流企业所需要的具体数据，包括数据的海量存储、查询、分析，实现资源完全共享、资源自动部署、分配和动态调整。

3）基于云计算模式的基础服务平台。在传统数据中心的基础上引入云计算模式，能够为物流企业提供各种互联网应用所需的服务器，这样物流企业便能在数据存储及网络资源利用方面具备优越性。云计算服务平台的服务价格更具优势，能够减少物流企业的经营成本；还可在应用时实现动态资源调配，自动安装部署，提供给用户按需响应、按使用收费和高质量的基础设施服务。

九、大数据技术

大数据技术就是从各种类型数据中快速获得有价值信息的技术。大数据领域已经涌现出了大量新技术，这些新技术正在成为大数据采集、存储、处理和呈现的有力武器。

大数据技术源于物流的直接需求，虽然它在各种领域都存在广泛的应用价值，但是物流领域是大数据的主要应用领域之一。这是因为随着条码等技术的发展，物流部门可以利用前端PC系统收集、存储大量的数据，以及进出历史记录、货物进出状况和服务记录等。物流业同其他数据密集型企业一样积累了大量的数据，这些数据正是大数据的基础。大数据技术有助于识别运输行为，发现配送新模式和趋势，改进运输效率，取得更大的核心竞争力，减少物流成本。

同时，我国物流企业已经开始摆脱简单的技术应用阶段，从单纯应用数据库系统和简单MIS发展到应用智能决策系统，从传统管理提高到依靠企业市场竞争力的战略角度来实施物流业信息化。然而，在这一过程中最缺乏的就是对数据的有效利用。所谓有效利用，是指对数据进行深层次的分析，然后将分析结果应用于经营活动。如果不对数据进行分析，它就只是一种简单的原始数据，无法生成可供企业分析、决策的信息。一般说来，大数据技术在物流业领域中的典型应用主要有以下几个方面：

（1）了解运输全局。通过分类信息，按货物种类、数量、地点日期等了解每天的运营和财务情况，对每一货物的运输成本、库存变化都要了如指掌。物流商在运输货物时，随时检查货物运输结构是否合理，如每类货物的配送比例是否大体相当。调整货物运输结构时，一定要考虑季节变化导致的需求变化、同行竞争对手的竞争策略等因素。

（2）优化库存。通过大数据系统，将运输数据和库存数据集中起来，通过数据分析，以决定对哪些货物先行发货，以确保正确的库存。大数据系统还可以将库存信息和货物预测信息通过电子数据交换（EDI）直接送到客户那里，这样可以定期增加或者减少库存，物流商也可减轻自身负担。

（3）市场和趋势分析。利用大数据工具和统计模型对数据库的数据进行仔细研究，分析客户的运输习惯和其他战略性信息。通过检索数据库中近年来的物流数据，可以对季节性运输量、货物品种和库存的趋势进行大数据分析，还可以确定风险货物，并对数量和运作做出决策。

（4）客户细分与用户画像。客户细分是将消费群体划分为若干小的细分群体，同属一个细分群体的客户彼此相似。客户细分可以使商家采取不同的方法区别对待处于不同细分群体中的客户，但这并不意味着服务与质量的差别，毕竟"顾客至上"是业界恪守的职业道德。例如，经济学中有一条"20/80"法则，即在企业的营运中，20%的客户往往能创造80%的营业额或80%

的利润，这就是经济学中著名的帕累托定律。如何区分"20"与"80"客户？只有通过深层次的大数据分析，才能帮助企业从众多客户中分类寻找到那些属于20%的客户。想想看，如果你知道就是这20%的客户在去年给你带来了60%的物流业务和80%的利润，那么这些信息对你意味着什么呢？目前比较流行的客户关系管理（CRM）就是在这一理论的基础上建立起来的。在客户细分的基础上进行用户画像，可以帮助企业了解客户的特征，提供个性化服务，提高效率，增加收益。

第四节 供应链协同技术

一、供应链协同的基本理论

1. 供应链协同的概念

供应链协同（Supply Chain Collaboration，SCC）是供应链中各节点企业实现协同运作的活动。它包括树立"共赢"思想，为实现共同目标而努力，建立公平公正的利益共享与风险分担的机制，在信任、承诺和弹性协议的基础上深入合作，搭建电子信息技术共享平台及时沟通，进行面向客户和协同运作的业务流程再造。

供应链协同有三层含义：组织层面的协同，由"合作-博弈"转变为彼此在供应链中更加明确的分工和责任，即"合作-整合"；业务流程层面的协同，在供应链层次即打破企业界限，围绕满足终端客户需求这一核心，进行流程的整合重组；信息层面的协同，通过互联网技术实现供应链伙伴成员之间信息系统的集成，实现运营数据、市场数据的实时共享和交流，从而实现伙伴之间更快、更好的协同响应。

只有在这三个层面上都实现了供应链协同，整条供应链才能够实现响应速度更快、更具有前向的预见性、更好地共同抵御各种风险，以最小的成本为客户提供最优的产品和服务。

2. 供应链协同的作用

SCC起源于20世纪80年代。1980年，美国俄亥俄州辛辛那提市的日用品制造商宝洁（Proctor & Gamble，P&G）接到密苏里州圣路易市一家超级市场的要求，说能不能自动补充架子上的Pamper牌尿布，不必每次再经过订货的手续，只要架子上一卖完，新货就到，可以每月付一张货款的支票。宝洁的经理杜安·威克斯（Duane Weeks）经过筹划，把两家公司的计算机连起来，做出一个自动补充纸尿布的系统雏形，结果试用良好，两家公司不必再为尿布发愁了。由此，自动化的供应链管理也就从此开始了。

1987年，宝洁副总裁拉尔夫·德雷亚（Ralph Drayer）把"尿布"系统扩大，向他们下游的经销商和日用品销售商推销这个系统，以让双方获利。当时，有两家大型百货零售连锁店试用，一家是沃尔玛（Wal-Mart），一家是凯马特（Kmart）。沃尔玛在1988年买了宝洁的"尿布"系统，然后充分运用该系统的特点，帮助企业发展到今天，已经成为全球最大的百货零售企业。而凯马特在试用了宝洁的系统以后，就没再继续使用，最终企业申请破产保护。现在，宝洁的产品占了沃尔玛商品的17%，而且还在继续增长，而宝洁这套系统理念也成了供应链管理的一项准则。

供应链管理打破了企业的边界，将供应链上的各个信息孤岛连接在一起，形成了完整的业务链；供应链协同则加强了企业之间的合作关系，建立了企业之间一种双赢的业务联盟，以共同追求利润的最大化。企业通过供应链协同，可以更清晰地发现客户价值，更有效地感知和创造客户价值，并延续客户价值，从而实现整个供应链的效益最大化。正如马丁·克里斯托弗（Martin Christopher）所言，未来的竞争一定是链与链的竞争。只有充分发挥协同效应，才能够在竞争中始终处于优势地位。

3. 供应链协同的范围

供应链协同在实现范围上由两个方面组成：企业内部协同和企业之间协同。

企业内部协同是为了企业内的各个职能部门、各个业务流程能够服从于企业的总目标，实现不同部门、不同层次、不同周期的计划和运营体系的协同。例如，采购、库存、生产、销售及财务之间的协同；战略、战术、执行层次之间的协同；长期、中期及短期规划之间的协同等。顺畅的工作流、信息流，合理的组织结构设计，动态的流程优化思考，是实现企业内部协同的有力保障。

供应链企业之间协同是指供应链上的企业成员在共享需求、库存、产能和销售等信息的基础上，根据供应链的供需情况，实时地调整计划和执行交付或获取某种产品或服务的过程。企业之间协同较企业内部协同要复杂得多。构建企业之间协同需要做到以下几个方面：

（1）必须在供应链层次共同构建一个共赢的供应链目标。

（2）建立企业之间亲密的伙伴关系，达成相当高的信任度。

（3）实现资源的有效整合与利用，相互开放业务信息，增强运营体系的透明度。

（4）从供应链的层次，以满足终端客户需求为核心，实现企业之间的流程重组。

集成企业之间的供应链管理信息系统，实现实时信息交互和共享，最终实现同步制订供应链计划和同步跟踪全供应链的计划执行状态和同步预警、应急反应和资源调度。

最终实现企业之间协同体现为预测协同、库存和销售信息协同、采购计划协同、订单的执行协同、生产制造协同、运输交货协同、产品设计协同。

供应链协同是一个复杂的体系，因而保障信息交流畅通的信息技术成为支持供应链协同和监控所有供应链环节的重要支柱。

4. 供应链协同设计框架

依据机制设计理论，供应链协同机制设计主要研究供应链协同的目标、规则、业务流程和组织等内容，以提高供应链的协同水平和协同效应。

（1）供应链协同目标。供应链协同目标是指供应链运作的目标体系，有供应链的总体目标，也有各项业务的子目标；有长期目标，也有短期目标。确立供应链协同目标，实际上是规定了供应链的发展方向、业务焦点和各节点企业的利益焦点。供应链协同目标主要包括：供应链业务协同的全球化、集成化、敏捷化、柔性化、网络化、知识化；供应链协同效应的最大化、成本最小化以及各节点企业的可实现利润等。确立供应链协同目标，应建立目标的协商和选择机制，让供应链参与企业充分地展示自己的信息，表达自己的意见，做出自己的选择。同时，还要建立目标实施的监督和评价机制，以确保供应链协同目标的实现。

（2）供应链协同规则。供应链协同规则是指供应链协同运作的准则和规范，或游戏规则，是供应链有效协同的保证。供应链协同规则，除法律规范以外，主要包括确认和选择的价值准则、诚信规范、技术质量标准、办事原则和程序，以及利益和风险分配规则等。协同规则是协同的一个重要方面，直接决定着供应链上的各企业能否协同，只有建立了合理的利润和风险分配机制，才能使得供应链各企业的协同状态长久保持下去。因此，供应链参与企业应共同建立供应链协同规则的制定、选择、执行和奖惩机制，确保规则的执行和落实。

（3）供应链协同的业务流程。供应链业务流程是从供应商到客户的一系列供应链管理活动。由于技术、市场、人员、管理等因素的不断变化，供应链业务流程需要进行不断的重组，因此，供应链协同管理显得更为重要。供应链业务流程重组是供应链价值增值的焦点。供应链参与企业应利用信息网络技术对业务流程进行重组，在采购、物流、产品设计开发、生产、配送与销售以及信息化管理等方面建立先进的业务流程，提高供应链运作效率。

（4）供应链协同组织。供应链协同组织主要包括协同组织和组织行为。协同组织强调建立科学的供应链协同的组织结构，明确供应链协同活动主体的目标、责任、权力和利益；组织行为强调供应链协同活动主体的价值观、行为意向、激励和工作行为等。供应链协同活动主体的价值取向、素质和能力、责任履行和形象展示直接关系到供应链协同活动的效果。因此，在供应链协同活动中，应吸收供应链参与企业的优秀文化，凝聚供应链管理文化，并形成无形资产和竞争优势。

5. 供应链协同技术的应用

供应链协同以合作竞争为指导思想，广泛采用各种协调理论分析工具和技术实现手段，通过协商、谈判、约定、协议、沟通、交互等协调方式来降低供应链的总成本、降低库存水平、增强信息共享、改善相互之间的交流、保持战略伙伴相互之间操作的一致性和建立供应链协同机制和协调渠道，进而达到同时改善和优化供应链整体绩效和成员企业个体绩效的目标。供应链协同技术与方法为供应链协同提供了有力支持，是供应链协同管理顺利实施的关键。对供应链协同技术与方法的研究已经成为供应链协同管理领域的重要问题。常见的供应链协同技术包括快速反应系统（Quick Response，QR）、有效客户反应系统（Efficient Consumer Response，ECR）、协同计划、预测与补货（Collaborative Planning Forecasting and Replenishment，CPFR）等。

二、快速反应系统（QR）

1. QR的概念

快速反应系统（QR）是指通过零售商和生产厂家建立良好的伙伴关系，利用EDI等信息技术，进行销售时点以及订货补充等经营信息的交换，用多频度、小批量配送方式连续补充商品，以此来实现销售额增长、客户服务最佳化以及库存量、商品缺货、商品风险和减价最小化目标的一个物流管理系统模式。

QR是20世纪70年代后期从美国纺织服装业发展起来的一种供应链管理方法，是美国零售商、服务制造商及纺织品供应商开发的整体业务概念，以减少原材料到销售点的时间和整个供应链上的库存、最大限度地提高供应链的动作效率为目的。从70年代后期开始，美国纺织服装进口急剧增加；到80年代初期，进口商品大约占到纺织服装行业总销售量的40%。针对这种情况，美国纺织服装企业一方面要求政府和国会采取措施阻止纺织品的大量进口，另一方面进行设备投资来提高企业的生产率。但是，即使这样，价廉的进口纺织品的市场占有率仍在不断上升，而本地生产纺织品的市场占有率却在持续下降。为此，一些主要经销商成立了"用国货为荣委员会"。一方面，通过媒体宣传国产纺织品的优点，采取共同的销售促进活动；另一方面，委托嘉思明咨询公司（Kurt Salmon）从事提高竞争力的调查。嘉思明咨询公司在经过了大量充分的调查后指出，纺织品产业供应链整体效率并不高。为此，嘉思明咨询公司建议零售业者和纺织服装生产厂家合作，共享信息资源，建立一个快速反应系统以实现销售额增长。

2. QR实现的条件

（1）必须改变传统的经营方式，革新企业的经营意识和组织结构。

（2）必须开发和应用现代信息处理技术，这是成功进行QR活动的前提条件。

（3）必须与供应链各方建立（战略）伙伴关系。

（4）必须改变传统的企业商业信息保密的做法，将销售信息、库存信息、成本信息等与合作伙伴交流分享，并在此基础上要求各方在一起发现问题、分析问题和解决问题。

（5）供应商必须缩短生产周期，降低商品库存。

企业在应用QR系统后，能够大幅度提升销售额，大幅度提高商品周转率，大大降低需求误差。随着竞争的全球化和企业经营的全球化，QR系统管理迅速在各国企业界扩展。目前，QR方法成为零售商实现竞争优势的工具。同时，随着零售商和供应商结成战略联盟，竞争方式也从企业与企业之间的竞争转变为战略联盟与战略联盟之间的竞争。

3. QR实施的六个步骤

实施QR需要经过六个步骤，如图7-19所示，每一步骤都需要以前一个步骤为基础，并比前一个步骤有更高的回报。

图7-19　QR实施步骤

（1）使用条码和EDI。零售商需安装条码（UPC码）、POS扫描和EDI系统等技术设备，以加快收款速度、获得更准确的销售数据并使信息沟通更加通畅。

（2）固定周期补货。QR使用自动补货，要求供应商更快、更频繁地配送商品，以保证店铺货源充足。自动补货基于过去和目前的销售数据，通过软件进行定期预测，同时考虑当前存货和其他因素，确定订货量。

（3）补货联盟。零售商和制造商联合起来检查销售数据，制订关于未来需求的计划和预测，在不断货的基础上降低库存。

（4）零售空间管理。根据每个店铺的需求模式来规定其经营商品的花色品种和补货业务，消费品制造商也可参与甚至制定决策。

（5）联合产品开发。对于服装等生命周期很短的商品，制造商和零售商联合开发新品，并进行试销。

（6）快速反应集成。通过重新设计业务流程，将前5步工作与企业的整体业务集成，支持企业的整体战略。

三、有效客户反应（ECR）

1. ECR系统的概念

ECR即有效客户反应，是1992年从美国食品杂货业发展起来的一种供应链管理策略。欧洲执行董事会对ECR的定义是:"ECR是一种通过制造商、批发商和零售商各自经济活动的整合,以最低的成本,最快、最好地实现客户需求的流通模式。"ECR强调供应商和零售商的合作,尤其在企业间竞争加剧和需求多样化发展的今天,产销之间迫切需要建立相互信赖、相互促进的协作关系,通过现代化的信息和手段,协调彼此的生产、经营和物流管理活动,进而在最短的时间内应对客户需求变化。

ECR的最终目标是建立一个具有高效反应能力和以客户需求为基础的系统,使零售商及供应商以业务伙伴方式合作,提高整个食品杂货业供应链的效率,从而大大降低整个系统的成本、库存和物资储备,同时为客户提供更好的服务。

根据欧洲供应链管理委员会的调查报告,接受调查的392家公司,其中制造商实施ECR后,预期销售额增加5.3%,制造费用减少2.3%,销售费用减少1.1%,仓储费用减少1.3%,总盈利增加5.5%。而批发商及零售商业也有相似的获益,销售额增加5.4%,毛利增加3.4%,仓储费用减少5.9%,平均库存减少13.1%,每平方米的销售额增加5.3%。并且,由于在流通环节中缩减了不必要的成本,零售商和批发商之间的价格差异也随之降低。这些节约的成本最终将使客户受益。

2. ECR的四个功能要素

(1)有效产品开发。通过采集和分享供应链伙伴之间时效性强的、更加准确的销售数据,提高新产品销售的成功率。

(2)有效商店管理。通过有效地利用店铺空间和店内布局,最大限度地提高商品的获利能力,如建立空间管理系统、有效的商品类别管理等。

(3)有效促销。通过简化分销商和供应商的贸易关系,使贸易和促销的系统效率最高,如消费者广告(优惠券、货架上标明促销)、贸易促销(远期购买、转移购买)等。

(4)有效补货。从生产线到收款台,通过EDI,以需求为导向的自动连续补货和计算机辅助订货等技术手段,使补货系统的时间和成本最优,从而降低商品的售价。

3. ECR的构建

ECR作为一个供应链管理系统,需要把市场营销、物流管理、信息技术和组织革新技术有机结合起来作为一个整体使用,以实现ECR的目标,如图7-20所示。

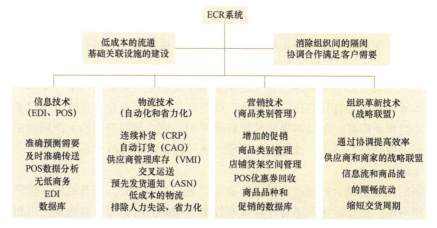

图7-20 ECR系统构建技术

(1)营销技术。在ECR系统中采用的营销技术主要是商品类别管理(Category Management)和店铺货架空间管理(Store Management)。

（2）物流技术。ECR系统要求及时配送和顺畅流动，实现这一要求的方法有连续补货（Continuous Replenishment Program，CRP）、自动订货（Computer Assisted Ordering，CAO）、预先发货通知（Advanced Shipping Notice，ASN）、供应商管理库存（Vendor Management Inventory，VMI）、交叉配送（Cross-Docking）、店铺直送（Direct Store Delivery，DSD）等。

（3）信息技术。ECR系统应用的主要信息技术有电子数据交换（Electronic Data Interchange，EDI）和销售时点系统（Point of Sale，POS）。

（4）组织革新技术。成功地应用ECR，需要企业的组织体系进行革新。在企业内部的组织革新方面，需要把采购、生产、物流、销售等按职能划分的组织形式改变为以商品流程为基本职能的一体化的组织形式。在组成供应链的企业之间需要建立双赢的合作伙伴关系。

四、协同式计划、预测与补货（CPFR）

1. CPFR的概念

CPFR是一种协同式供应链库存管理技术，它在降低销售商的存货量的同时，也增加了供应商的销售额。CPFR的形成始于沃尔玛所推动的CFAR（Collaborative Forecast And Replenishment），即利用互联网，通过零售企业与生产企业的合作，共同做出商品预测，并在此基础上实行连续补货的系统。

2. CPFR的基本思想

CPFR最大的优势是能及时、准确地预测由各项促销措施或异常变化带来的销售高峰和波动，从而使销售商和供应商都能做好充分的准备，赢得主动权。同时，CPFR采取双赢的原则，始终从全局的观点出发，制定统一的管理目标以及实施办法，以库存管理为核心，兼顾供应链上其他方面的管理。因此，CPFR能实现合作伙伴间更广泛深入的合作。它主要体现了以下几种思想：

（1）合作伙伴构成的框架及其运行规则主要基于客户需求和整个价值链的增值。由于供应链上各企业的运作过程、竞争能力、信息来源等不一致，在CFPR中就设计了若干运作方案供各合作方选择。一个企业可选择多个方案，各方案都确定了核心企业来承担产品的主要生产任务。

（2）供应链上企业的生产计划应基于同一销售预测报告。销售商和制造商对市场有不同的认识，在不泄露各自商业机密的前提下，销售商和制造商可彼此交换信息和数据，以改善自身的市场预测能力，使最终的预测报告更为准确、可信。供应链上的各企业则根据这份预测报告来制订各自的生产计划，从而使供应链的管理得到集成。

（3）消除供应过程的约束限制。这个约束限制主要就是企业的生产柔性不够。一般来说，销售商的订单所规定的交货日期比制造商生产这些产品的时间要短。在这种情况下，制造商不得不保持一定的产品库存，但是如果能延长订单周期，使之与制造商的生产周期相一致，那么生产商就可真正做到按订单生产及零库存管理。这样制造商就可减少甚至消除库存，大大提高企业的经济效益。

随着经济的发展、社会的进步，供应链也得到进一步的发展，原有的库存管理模式逐渐显示出其缺点和不足。在充分认识原有库存管理技术弊端的同时，有针对性地提出相关的改进措施，不断完善和改进供应链中的库存管理技术。

3. CPFR的主要特点

（1）协同。从CPFR的基本思想看，供应链上下游企业只有确立起共同的目标，才能使双方的绩效都得到提升，取得综合性效益。CPFR这种新型合作关系要求双方长期承诺公开沟通、信息分享，从而确立其协同性的经营战略，尽管这种战略的实施必须建立在信任和承诺的基础上，但是这是买卖双方取得长远发展和良好绩效的唯一途径。正是因为如此，协同的第一步就是保密协议的签署、纠纷机制的建立、供应链计分卡的确立以及共同激励目标的形成（如不仅包括销量，也同时确立双方的盈利率）。应当注意的是，在确立这种协同性目标时，不仅要建立起双方的效益目标，更要确立协同的盈利驱动性目标，只有这样，才能使协同性能体现在流程控制和价值创造的基础之上。

（2）规划。1995年，沃尔玛与Warner-Lambert公司的CFAR为消费品行业推动双赢的供应链管理奠定了基础。此后，当美国产业共同商务标准协会（VICS）定义项目公共标准时，认为需要在已有的结构上增加"P"，即合作规划（品类、品牌、分类、关键品种等）以及合作财务（销量、订单满足率、定价、库存、安全库存、毛利等）。此外，为了实现共同的目标，还需要双方协同制订促销计划、库存政策变化计划、产品导入和中止计划以及仓储分类计划。

（3）预测。任何一个企业或双方都能做出预测，但是CPFR强调，买卖双方必须做出最终的协同预测。像季节因素和趋势管理信息等，无论是对服装或相关品类的供应方还是销售方都是十分重要的，基于这类信息的共同预测能大大减少整个价值链体系的低效率、死库存，促进更好的产品销售，节约使用整个供应链的资源。与此同时，最终实现协同促销计划是实现预测精度提高的关键。CPFR所推动的协同预测还有一个特点是，它不仅关注供应链双方共同做出最终预测，同时也强调双方都应参与预测反馈信息的处理和预测模型的制定和修正，特别是如何处理预测数据的波动等问题，只有把数据集成、预测和处理的所有方面都考虑清楚，才有可能真正实现共同的目标，使协同预测落在实处。

（4）补货。销售预测必须利用时间序列预测和需求规划系统转化为订单预测，并且对于供应方约束条件，如订单处理周期、前置时间、订单最小量、商品单元以及零售方长期形成的购买习惯等，都需要供应链双方协商解决。根据VICS的CPFR指导原则，协同运输计划也被认为是补货的主要因素。此外，例外状况的出现也需要转化为存货的百分比、预测精度、安全库存水准、订单实现的比例、前置时间以及订单批准的比例。所有这些都需要在双方公认的计分卡基础上定期协同审核，潜在的分歧，如基本供应量、过度承诺等，双方应事先及时解决。

4. CPFR的供应链实施

在沃尔玛等优秀企业的倡导下，特别是美国VICS于1998年发布了CPFR指导准则以后，越来越多的企业开始采用CPFR来推动企业业绩的大幅提高，尤其是世界500强企业大多已开始实施、建立或研究CPFR。

（1）识别可比较的机遇。CPFR有赖于数据之间的比较，这既包括企业之间计划的比较，又包括一个组织内部新计划与旧计划以及计划与实际绩效之间的比较。这种比较越详细，CPFR的潜在收益就越大。

在识别可比较的机遇方面，关键在于：①订单预测的整合。CPFR为补货订单预测和促销订单提供了整合、比较的平台，CPFR参与者应该收集所有的数据资源和拥有者，寻求一对一的比较。②销售预测的协同。CPFR要求企业在周计划促销的基础上再做出客户销售预测，这样将这种预测与零售商的销售预测相对照，就可能有效地避免销售预测中没有考虑促销、季节因素等产生的误差。

CPFR的实施要求CPFR与其他供应和需求系统相整合。对于零售商而言，CPFR要求整合比较的资源有商品销售规划、分销系统、店铺运作系统；对于供应商而言，CPFR需要整合比较的资源有CRM、APS以及ERP。CPFR的资源整合和比较，不一定都要求CPFR系统与其他应用系统直接相连，但是，这种比较的基础至少是形成共同的企业数据库，即这种数据库是在不同企业计划系统进行时间整合以及共同数据处理的基础上形成的。

（2）数据资源整合。不同类型的企业由于自身利益的驱使，计划的关注点各不相同，造成信息的来源不同，而不同来源的信息常常产生不一致。CPFR要求协同团队寻求不同层面的信息，并确定可比较的层次。

CPFR系统在数据整合运用方面一个最大的突破在于，它对每一个产品进行追踪，直到店铺，并且销售报告以包含展示信息的形式反映。这样预测和订单的形式不再仅仅是需要多少产品，而且包含不同品类、颜色及形状等特定展示信息的东西。这样数据之间的比较不再是预测与实际绩效的比较，而是建立在单品基础上、包含商品展示信息的比较。

CPFR在整合利用数据资源时，非常强调时间段的统一。由于预测、计划等行为都是建立在一定时间段基础上，所以，如果交易双方对时间段的规定不统一，必然造成交易双方的计划和预测很难协调。供应链参与者需要就管理时间段的规定进行协商统一，如预测周期、计划起始时间、补货周期等。

（3）组织评判。一旦供应链参与方有了可比较的数据资源，就必须建立一个特定的组织框架体系以反映产品和地点层次、分销地区以及其他品类计划的特征。通常企业往往在现实中采用多种组织管理方法，CPFR能在清楚地界定组织管理框架后，支持多体系并存，并体现不同框架的映射关系。

（4）商业规则界定。当所有的业务规范和资源整合以及组织框架确立后，还需要决定供应链参与方的商业行为规则。这种规则主要表现在例外情况的界定和判断。

CPFR模式弥补了VMI和JMI的不足，成为新的库存管理技术。当然，CPFR模式也不是在任何场合都可以使用的，它的建立和运行离不开现代信息技术的支持。在具体实施方面，CPFR信息应用系统的形式有多种，但应遵循以下设计原则：现行的信息标准尽量不变；信息系统尽量做到具有可缩放性、安全性、开放性、易管理和维护性、容错性、鲁棒性等特点。

复习思考题

1. 简述物流信息系统的概念。物流信息系统的特征有哪些？
2. 简述物流信息系统的基本结构。什么是物流业务可视化？什么是物流业务自动化？
3. 面向第三方物流企业的物流管理信息系统有哪些特征？
4. 面向供应链中某一环节的企业的物流管理信息系统有什么特点？
5. 公共物流信息平台功能需求包括哪些方面？简述公共物流信息平台总体功能架构。
6. 简述未来信息技术的发展趋势及对物流的促进作用。
7. 分析物联网的技术特征及其网络结构。
8. 简述云计算的概念及其特征。
9. 简述大数据的特征及其关键技术。
10. 简述现代物流信息化新技术的应用前景。

11. 简述供应链协同的成因。
12. QR实现的条件有哪些？
13. 简述ECR系统的特点。
14. 简述CPFR的作用。

案例　重庆铁海联运项目的智慧供应链系统

重庆铁海联运项目是重庆市政府、中远物流与美国惠普公司自2010年以来共同实施的多式联运项目。其目的是将该公司在重庆生产基地所生产的产品，通过铁海联运的方式及时发往欧洲和世界其他地区。这是一个典型的国际多式联运供应链管理项目，也是典型的智慧供应链管理项目。重庆铁海联运国际大通道由集装箱中心站、铁路运输线、国内港口、国际海运航线和国外港口五大部分组成。其起点为重庆制造基地的多个代工厂，经团结村集装箱中心站装铁路班列，通过渝怀线、沪昆线、京广线、广九线、平盐铁路到达深圳盐田港站，再由深圳盐田等港口集装箱码头装船运往欧洲的几个地区，包括通过2013年以来开辟的希腊比雷埃夫斯港向东、南欧和地中海地区中转货，以及通过比雷埃夫斯港转欧洲铁路向欧洲内地中转集装箱，以及在比雷埃夫斯港完成的转拼（Cross Docking）业务。

中远物流在惠普亚欧多式联运供应链中扮演着整合物流服务商，或称物流总包商（LLP）的角色。该多式联运供应链的服务特点和模式可概括为以下几点：

（1）具有繁多且复杂的数据交换连接，对象包括分布在我国和亚欧各地众多的代工ODM制造厂商（其中富士康最大并有许多分布各地的分支机构，它在部分路径具有全程的货权）、许多物流分包商。而且，货主和制造商、分包商采用不同的EDI标准和通信模式，需要数据交换平台强大的适应能力。

（2）具有最全面的多式联运运输模式，包括公路、铁路、内河、支线驳运等。

（3）具有复杂的货权转移关系，需要根据货权转移设置更多、更准确的状态跟踪点。

（4）具有转拼操作（Cross Docking），即利用比雷埃夫斯港的仓储设施和服务作为中转枢纽，把不同地区和制造商运来的集装箱在必要时拆箱，并按照最后交付地/收货人（Pack ID）重新拼箱或直接装车转运。

该项目的实施需要满足以下智慧化需求：

（1）铁路与海运两种运输方式的信息无缝对接。
（2）与富士康等代工厂的配合，以及门对门的服务。
（3）为链主（惠普公司）提供高水平的数据对接和信息服务。
（4）全程货物运输透明化、可视化。
（5）严格的物流服务监控和非常事件处理能力。

全程供应链控制塔是近年来在许多跨国公司的全球供应链管理中提出的新需求和适应此需求而产生的新技术。供应链的链主（拥有者）往往要求负责其供应链管理的总包商（Lead Logistics Provider，LLP）负责提供整条供应链管理和监控的一站式信息服务。总包商又称为控制塔（Control Tower），其名称来自机场的控制塔台，有居高临下、统揽全局的意思。该技术的提出能更好地实现供应链各环节的操作动态数据资源整合，实现供应链各环节的可视化、可控制和可量化管理，实现全程供应链和运输链上各环节的密切协同，提高整个物流体系的效率。

其具体功能如下：

（1）可视化。这是指供应链全过程的透明化、可视化，每个环节的每个操作动态会及时从具体操作系统汇总到供应链管理总包商，并由总包商通过系统互联提交给作为链主的惠普公司。

（2）可控制。这是指在物流运作过程中，对可能发生的意外事件的及时处理，包括预警、提供应对预案、逐级报警等。

（3）可量化。这是指对整个供应链的物流全过程进行量化分析和指标考核，一发现问题及其症结，及时解决，提高物流服务质量，并向惠普公司提交日报表、周报表等。

本项目为满足跨国多式联运管理所建立的智慧物流信息化平台的主要功能模块和系统结构，如图7-21所示。

图7-21　系统功能示意图

此多式联运智慧供应链项目不仅能满足惠普公司重庆基地产品运输的国际物流需求，打通了我国中西部新制造中心向海外出口的铁海联运大通道，创造了"重庆—欧洲"的铁海联运物流通道效率高于从长三角海运至欧洲的奇迹，同时也支撑了我国物流企业走向国际，首次以物流服务总包商的身份承接大型跨国公司的全球供应链门到门服务，并将此服务逐步推广到其他跨国公司，进入国际多式联运供应链管理市场。

第八章
物流管理与控制

物流管理（Logistics Management）是指在社会的生产过程中，根据物质资料实体流动的规律，应用管理的基本原理和科学方法，对包括运输、仓储、装卸搬运、流通加工等物流活动进行计划、组织、指挥、协调、控制和监督，使各项物流活动实现最佳协调与配合，以降低物流成本，提高物流效率和经济效益。与物流工程不同，物流管理更侧重于对物流活动与物流过程的计划组织，以及服务过程的控制与反馈，与客户的交流也更多的是在物流管理中完成的。物流工程与物流管理共同构成了物流学科的基本内容，互相支持与配合，支持物流作为"第三利润源"目标的实现。现代物流管理的内容涉及面十分广泛，从管理职能角度看，它通常包括物流战略规划、物流客户管理、物流计划管理、物流质量管理、物流成本管理、物流需求量预测、运输调度规划、物料管理与控制、物流信息管理、物流绩效管理以及技术经济管理等。物流管理的组成如图8-1所示。本章将就其中的主要问题展开论述。

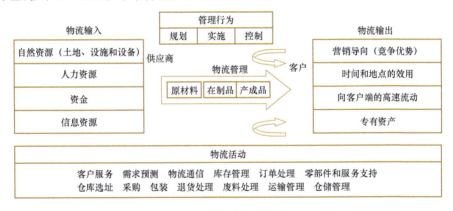

图8-1 物流管理的组成

第一节 物流客户服务管理

一、物流客户服务的内容

对不同的人群和企业，客户服务各不相同。从物流角度来讲，客户服务是一个发生在买家、卖家和第三方之间的过程。该过程能够增加产品或服务交换的价值。这种交换过程的增值从短期上可能是对一项单个交易，长期上可能是对一种合同关系。这种增值也是共享的，因为交易或者合同的任何一方在完成这项交易之后，都比交易发生之前的表现更加优秀。因此，以过程的观点来看：客户服务就是一个在成本有效的方式下为供应链提供显著的价值增值收益的过程。该定义能够准确地反映物流"Stop"（存储）和"Go"（运输）的本质。

由于物流系统能力的差异，物流服务的内容不尽相同。物流系统可提供功能性的或综合性的、环节性的或全过程的、标准的或个性化的物流服务，可替客户进行实际的物流运作，或为客户提供物流解决方案。但是，无论物流服务对象多么千差万别，也不管物流系统提供的服务内容多么复杂，都可以简要地将物流客户服务归结为传统物流服务和增值性物流服务两大类。物流系统应该考虑从这两个方面进行物流客户服务内容的设计。

传统物流服务包括运输、储存、装卸搬运、包装、流通加工和信息处理等基本物流活动，属于基本的、功能性的物流服务。这在前面已有所涉及，此处不再赘述。

而增值性物流服务是指根据客户需求，为客户提供的超出常规服务范围的服务，或者采用超出常规的服务方法提供的服务。创新、超出常规和满足客户需求是增值性物流服务的本质特征。

从增值性物流服务的起源来看，增值性服务一般是指在物流常规服务的基础上延伸出来的相关服务。有人将我国的现有增值性物流服务类型归为五大类：承运人型、仓储型、货运代理型、信息型和第四方物流增值服务型。例如，从仓储、运输、配送等常规服务的基础上延伸出来的增值性服务。仓储的延伸服务包括原料质检、库存查询、库存补充及各种形式的流通加工服务等；运输的延伸服务包括选择国际、国内运输方式、运输路线，安排货运计划，为客户选择承运人，确定配载方法，货物运输过程中的监控、跟踪，门到门综合运输，报关，代垫运费，运费谈判，货款回收与结算等；配送的延伸服务包括集货、分拣包装、配套装配、条码生成、贴标签、自动补货等。

此外，增值性物流服务可进一步深化：向上可以延伸到市场调查与预测、采购及订单处理等；向下可以延伸到配送、物流咨询、物流方案选择与规划、库存控制决策建议、货款回收与结算、教育与培训、物流系统设计与规划方案的制定等。物流企业还可以与金融企业合作，将物流增值服务延伸到金融领域，为中小企业提供金融担保服务。货物抵押融资可以增加企业的流动资金，为客户提供超出常规的服务。除了货物抵押融资外，保兑仓和融通仓等较为复杂的物流金融模式也越来越受到物流企业、银行和中小企业的青睐。

事实上，无论是海运、空运还是陆运，几乎所有与物流运输业有关的企业都在想方设法地提供增值服务。中外运敦豪（DHL）、联邦快递（FedEx）和联合包裹（UPS）等跨国快递公司都已经开始选择为客户提供一站式服务，它们的服务涵盖了一件产品从采购到制造、仓储入库、外包装、配送、回返及再循环的全过程。而由这些巨头们领跑的速递业已不再是简单的门到门、户到户的货件运送，而是集电子商务、物流、金融、保险、代理等于一体的综合性行业。

为了适应电子商务新的交易模式，需要发展增值性物流服务：①增加便利性的服务。一切能够简化手续、简化操作的服务都是增值性服务。在提供电子商务的物流服务时，推行一条龙的门到门服务、提供完备的操作或作业提示、免培训、免维护、省力化设计或安装、代办业务、一张面孔接待客户、24小时营业、自动订货、传递信息和转账（利用EOS、EDI、EFT）、物流全过程追踪等，都是对电子商务销售有用的增值性服务。②加快反应速度的服务。快速反应（Quick Response）已经成为物流发展的动力之一。通过优化电子商务系统的配送中心、物流中心网络，重新设计适合电子商务的流通渠道，以此来减少物流环节，简化物流过程，提高物流系统的快速反应性能。③降低成本的服务。发展电子商务物流，企业可以考虑的方案包括：

采取物流共同化计划，同时，如果具有一定的商务规模，例如亚马逊这样具有一定的销售量的电子商务企业，可以通过采用比较适用但投资较少的物流技术和设备，或推行物流管理技术，如运筹学中的管理技术、单品管理技术、条码技术和信息技术等，提高物流的效率和效益，降低物流成本。

二、物流客户服务要素

研究发现，物流客户服务的基本要素可以分为以下三个类别：订购或交易前要素，订单服务和质量或交易中要素，以及交易后要素。这其中包含关系服务和关系质量两个不同的要素集合。这些类别和它们的关联要素如图8-2所示。这些要素不可能涵盖所有能的物流客户服务要素，但是包含了研究和实践过程中出现频率较高的大部分要素。

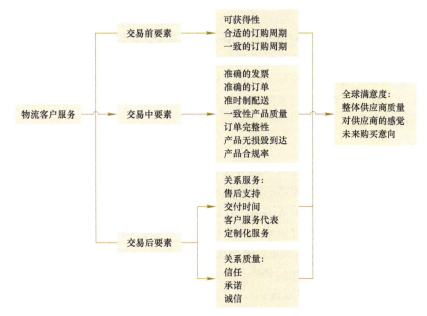

图8-2 物流客户服务要素

（1）交易前要素。订购/交易前要素是在订单命令发出之前，企业需要寻求的要素。由于这些要素必须由供应商提供给企业，所以它们有时被称为"订单资格要素"或者"保健因素"。可获得性是指企业以现有库存中满足订单的能力，即该产品是现货。在线上购物的背景下，满足订单的能力是一项十分重要的能力，因为它是客户实际体验的购买流程的唯一方面。研究表明，全球快消品零售商平均缺货（Out-Of-Stock，OOS）概率为8%，或者说平均货架产品可得率（On-Shelf Availability，OSA）为92%。消费者对OOS的反应有五种，分别为在其他商店中购买相同的产品（31%）、用其他品牌代替（26%）、用相同的品牌代替（19%）、推迟购买直到产品可得（15%）以及放弃购买（9%）。这些发现表明，消费者不会再在该家零售商店铺购买商品的概率为55%；与此同时，50%的消费者将购买替代品或放弃购买制造商的产品。

（2）交易中要素。订单服务和质量或交易中的基本要素是那些发生在从供应商到消费者的订单履行阶段的基本要素。这些基本要素能够区分不同的供应商，有时也被称为"订单赢得要素"，因为它们能够代表消费者的决策指标。准确的发票和订单能够衡量一个供应商实现订单以及发货给消费者的能力。准时制配送是指消费者要求的订单在承诺日期进行交付。一致性产品质量是指生产的产品能够满足每单中消费者对产品的质量要求，即当前订单的产品质量和上一个订单的产品质量是相同的。订单完整性表明订单中需要在后面补交的缺货情况。产品无损毁到达意味着所有的产品都能够被立刻使用或再次出售，而不需要任何再次订购或者补偿。产品合规率反映了供应商通过一系列协议的标准和条件进行生产的能力。

（3）交易后要素。交易后要素是指那些在订单已经被接收后发生作用的因素，并且与供应商和消费者二者持续维系直接相关。这些基本要素可以分成两个子集：关系服务以及关系质量。关系服务与供应商提供售后支持的实际交易后要素有关，包括基于不断变化基础上的订单实际交付时间，供应商是否指派了能提供有益帮助的客户服务代表，以及是否能够提供定制化服务等；关系质量体现的是不同主体之间关系的本质，即彼此之间是否存在信任、承诺以及诚信。

三、物流客户服务的衡量标准

物流客户服务水平是指客户对所获得的服务要素以及这类要素的构成形态的一种心理预期和期待。从客观上看，物流客户服务水平是对物流服务人员水平、物流服务质量水平、物流服务品牌战略、物流服务流程、物流服务时效、物流服务态度等的综合评判；从主观上看，物流服务客户水平又表现为物流客户的实际感受与其心理预期之间的差距。物流服务客户水平通常通过如下指标进行衡量：

1. 存货可得性

存货可得性是指当客户下订单时厂商所拥有的库存能力。目前，存货储备计划通常是建立在需求预测的基础上的，而对特定产品的储备还要考虑其是否畅销、该产品对整个产品线的重要性、收益率以及商品本身的价值等因素。存货可以分为基本库存和安全库存。存货可得性的一个重要方面就是厂商的安全库存策略，安全库存的存在是为了应付预测误差和需求等各方面的不稳定性。存货可得性的衡量指标主要表现在：

（1）缺货率。它是指缺货发生的概率。将全部产品所发生的缺货次数汇总起来，就可以反映一个厂商实现其基本服务承诺的状况；

（2）供应比率。它用来衡量需求被满足的程度。有时不仅要了解需求获得满足的次数，而且要了解有多少需求量得到了满足，而供应比率就是衡量需求量满足的概率。例如，一个客户订货50单位的货物，而只能得到47个单位，那么订货的供应比率为94%。

高水准的存货可得性需要进行大量的精心策划，而不仅仅是在销售量预测的基础上给各个仓库分配存货。例如，对存货实施ABC管理和对客户实施ABC管理，对存货可得性的提高具有重要作用。

2. 作业绩效

物流任务的完成可以通过以下几个方面来衡量：

（1）订货周期。订货周期是指从客户发出订单、提出购买产品或服务的要求到收到所订购产品或服务经过的时间，包括在客户收到订购货物所需经过时间内的发生的所有相关活动。一个订货周期包括的时间因素有订单传输时间、订单处理时间、生产时间、配送时间和送货时间。根据物流系统的设计不同，订货周期会有很大不同，即使在今天高水平的通信和运输技术条件下，订货周期可以短至几个小时，也可以长达几周。但总的来说，随着物流效率的提高，订货周期正在不断缩短。

（2）服务一致性。服务一致性是指厂商面对众多的订货周期而能按时递送的能力，是履行递送承诺的能力。虽然服务速度至关重要，但大多数物流经理更强调一致性。一致性是物流作业最基本的问题。如果厂商履行订单的速度如果缺乏一致性，并经常发生波动，那就会使客户摸不着头脑，使其在制订计划时发生困难。

（3）作业灵活性。作业灵活性是指处理异常客户服务需求的能力。厂商的物流能力直接关系到其处理意外事件的能力。厂商需要灵活作业的典型事件有：修改基本服务安排计划；支持独特的销售和营销方案；新产品引入；产品衰退；供给中断；产品回收；特殊市场的定制或客户的服务层次；在物流系统中履行产品的修订或定制，如定价、组合或包装等。

在许多情况下，物流优势的精髓就在于物流的作业灵活性。

（4）故障与修复能力。故障与修复能力是指厂商有能力预测服务过程中可能会发生的故障或服务中断，并有适当的应急计划来完成恢复任务。因为在物流作业中发生故障是在所难免的，因此故障的及时修复也很重要。

3. 服务可靠性

物流质量与物流服务可靠性密切相关。物流活动中最基本的质量问题就是如何实现已计划的可得性及作业完成能力。实现物流质量的关键是如何对物流活动进行评价。

四、物流客户服务水平评价

SERVQUAL理论是20世纪80年代末由美国市场营销学家帕拉苏拉曼（Parasuraman）、泽丝曼尔（Zeithaml）和贝里（Berry）依据全面质量管理（Total Quality Management，TQM）理论在服务行业中提出的一种新的服务质量评价体系。其理论核心是"服务质量差距模型"，即服务质量取决于用户所感知的服务水平与客户所期望的服务水平之间的差别程度（因此又称为期望-感知模型）。客户的期望是开展优质服务的先决条件，提供优质服务的关键就是要超过客户的期望值。其模型为SERVQUAL分数=实际感受分数−期望分数。SERVQUAL将服务质量分为五个层面：有形设施、可靠性、响应性、保障性和情感投入，每一层面又被细分为若干个问题，通过调查问卷的方式，让用户对每个问题的期望值、实际感受值及最低可接受值进行评分，并由其确立相关的22个具体因素来说明它。然后通过问卷调查、客户打分和综合计算得出服务质量的分数。SERVQUAL模型作为一种有效评价服务质量和提高服务质量行动的有效工具，已被管理者和学者广泛接受和采用。

物流活动作为一种服务，其服务质量取决于物流服务供应商，即专业的第三方物流企业或组织内部物流服务部门提供的物流配送是否能够满足客户的要求，其质量好坏是从客户角度进行评估的。简单地说，物流服务质量是指企业能在恰当的时间和正确的场合，以合适的价格和方式，为客户提供合适的产品和服务，使客户的个性化需求得到满足、价值得到提高的活动。

物流服务质量的特性值包括物理、感官、行为、时间、功能等。其中，①物流质量特性：机械、化学或生物特性；②感官质量特性：嗅觉、触觉、味觉、视觉、听觉；③行为质量特性：物流服务态度；④时间质量特性：物流服务准时性、可靠性等；⑤人体功效质量特性：生理特性或人身安全特性；⑥功能质量特性：汽车的技术速度、飞机的最高速度和高度等。

表8-1是参考SERVQUAL模型，结合物流企业客户服务的质量特性，建立的第三方物流客户服务评价指标体系，分别从可靠性、响应性、有形性、协作性、交互性和经济性六个维度对第

三方物流企业客户服务水平进行评价。每个维度具体分为相应的二级指标。根据这些指标，选择适当的评价方法对一个物流企业的客户服务满意度水平进行评价，并发现不足和改进方向。

表8-1 基于SERVQUAL的物流客户服务评价指标体系

维　度	测　量　项　目
可靠性	企业的外在形象与口碑
	货差、货损率低，安全指数高
	提供服务稳定性（如服务品质始终如一）
响应性	交货手续简便高效
	响应迅速，交付时间短
	监管有效、力度大
有形性	设备设施先进（如包裹完整度好）
	订单可追踪，信息提供翔实准确
协作性	主动及时帮助客户解决问题
	提供个性化服务（物流解决方案）
交互性	工作人员形象好、态度好
	服务人员专业水平高
	处理物流客户投诉快捷，答复令人满意
经济性	费用合理
	提供增值服务

五、物流客户服务战略制定

一个物流客户服务战略必须是从客户视角出发的，以确保满足他们的需要并达到客户满意。图8-3给出了一个物流客户服务战略框架。

框架的第一步是根据客户的要求或者需要，确定本企业所提供的物流服务以及这些物流服务对客户的相对重要程度。这一环节可以通过考察企业当前的客户服务政策和客户需求完成。这种方法要求企业按照营销理念所要求的那样，以客户为核心，通过与竞争者的比较确定企业自身适合的领域，最后决定企业的产品和服务概况。

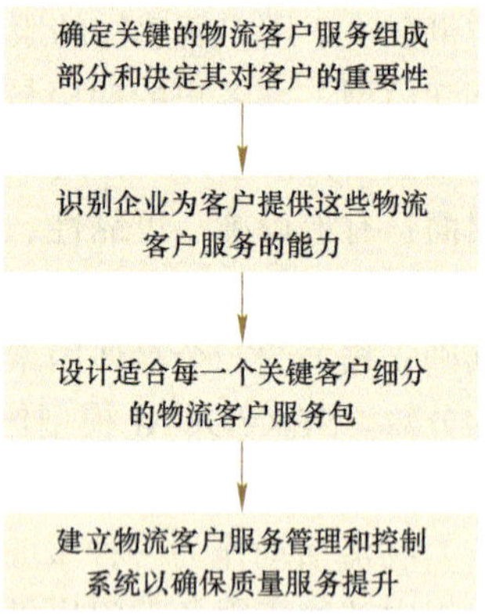

框架的第二步是识别企业在满足客户需要方面能够提供何种品质的服务。这一环节通过检查客户记录和投诉来确定，包括决定客户服务和成本之间的平衡点。这一环节可能包括关于企业提供的服务成本与产生的销售利润百分比之间的帕累托分析，也称为80/20分析。后文将会深入讨论成本权衡问题。

框架的第三步是引入服务需求市场细分的概念，根据服务偏好的相似性划分客户群。最后，第四步要求企业建立一个客户服务控制和管理体系，确保服务的一致性和质量。

一家企业实施和改善物流客户服务策略的方法包括主动和被动两种类型。企业如果只是对服务失效做出响应，那么采取的就是被动反应的方法。触发这种响应的原因可能来自负面的媒体报道，如经常性的飞机或火车延迟到达，对突然到来的客户投诉进行分析，以及源自心理学

图8-3 物流客户服务战略框架

的关键事件法（Critical Incident Technique，CIT）。

如果企业能够以满足客户需求为目标，积极主动地采取战略手段进行分析和设计，那么采取的就是主动方法。支撑企业主动实施策略的可能技术包括：

（1）标杆管理。对竞争对手的客户服务绩效开展对标研究。

（2）供应链运作参考模型（SCOR）。它提供了一个独特的框架，将业务流程、度量标准、最佳实践以及技术特点结合成为一个统一的结构，并根据计划、采购、制造、配送及回收五种要素分析内部流程。

（3）平衡计分卡（BSC）。它是用来制订战略性计划与管理系统的另一种方法，该方法主要用于组织根据自身战略调整商业活动，提升内部及外部的沟通能力，以及针对战略目标控制组织绩效。

（4）服务质量距离模型。通过检验企业为客户提供了什么样的服务和服务质量，发现企业存在的不足，并给出改进策略。

图8-4显示了主动和被动两种方法，并给出了每种方法能够采用的技术示例。

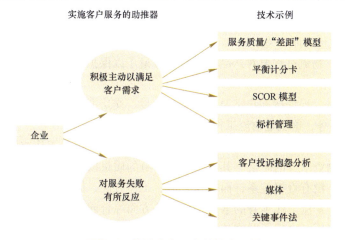

图8-4　物流客户服务的技术示例

第二节　物流质量管理

一、物流质量的概念

物流质量的概念既包含物流对象质量，又包含物流手段、物流方法的质量，还包含工作质量，因而是一种全面的质量观。

1. 物流质量包含的内容

（1）商品的质量保证及改善。物流的对象是具有一定的质量实体，即有合乎要求的等级、规格、性质、外观。这些质量是在生产过程中形成的，物流过程在于转移和保护这些质量，最终实现对客户的质量保证。

（2）物流的服务质量。整个物流的质量目标，就是其服务质量。服务质量因不同客户的要求各异。客户的要求主要包括以下几个方面：商品狭义质量的保持程度；流通加工对商品质量的提高程度；批量及数量的满足程度；配送额度、间隔期及交货期的保证程度；配送、运输方式的满足程度；成本水平及物流费用的满足程度；相关服务（如信息提供、索赔与纠纷处理等）的满足程度。

（3）物流工作质量。工作质量是指物流各环节、各工种、各岗位具体工作的质量。物流服务质量水平取决于各个工作质量的总和。所以，工作质量是物流服务质量的某种保证和基础，重点抓好工作质量，物流服务质量也就有了一定程度的保证。

（4）物流工程质量。物流质量不仅取决于工作质量，而且取决于工程质量。在物流过程中，将对产品质量发生影响的各因素（人的因素、体制因素、设备因素、工艺方法因素、计量与测试因素、环境因素等）统称为"工程"。提高物流工程质量是进行物流质量管理的基础工作，能提高工程质量，就能做到"预防为主"的质量管理。

2. 物流质量管理的任务

物流工作内涵复杂，从总体来看，其质量管理的直接任务包括以下三个方面：

（1）质量保证。产品质量指标的实现必须有原材料、工人操作方法、机器装备、环境条件等的共同保证。采购、供应及其他物流工作不仅要提供原材料的质量保证，而且也与提供机器装备、环境条件的质量保证有关。

（2）质量保护。物流过程要对产品的质量和数量予以保护，不使其发生（或尽量少发生）不利于客户需要的变化。

（3）为用户服务。保证按客户需要的质量、数量、交货期供货，为客户提供服务，并进一步提供维修、使用服务，这也是物流工作应担负的任务。

以上三个方面的任务能否很好地实现，取决于物流工作人员、工作方法、体制制度、设备条件、环境条件及物资本身的质量。其中，物资本身的质量取决于生产部门，对不包含流通加工的物流工作来讲，没有直接关系；而工作人员、工作方法、体制制度、设备条件及环境因素等诸影响因素反映了物流工作本身的素质，将这些方面综合起来，就是物流管理工程质量。物流管理工程质量的好坏，决定了对物流全面质量保证能力的高低。例如，不同的储存方式（反映了物流管理工程不同），对产品缺损变质的防护程度则不同；不同的产需衔接方式（也属于不同的物流管理工程），产品交货期的保证程度则不同，等等。所以，对物流工作实施质量管理，必须建立物流工程质量的观念。

物流管理工程比一般生产工程在技术上可能简单一些，但在组织方面却复杂得多。由于物流过程的跨度大并且不稳定，因此就不容易像生产工程一样，使对工程质量起决定作用的五大因素（人、原材料、设备、工作方法、环境条件）都稳定下来而进入所谓的"管理状态"。如何建立稳定有效的物流管理工程，如何判断物流工作是否处于"管理状态"，这是在物流工作中推行质量管理所需研究解决的课题之一。

所以，物流工作中的全面质量虽然具体体现在产品的质量保证、保护和服务三个方面，而其内涵却是工程及工作质量。因此，做好物流工作中的质量管理，主要着眼点还在于提高工程及工作质量，也即提高物流工作的素质。

二、物流质量管理的原则

由于物流工作涉及范围广泛，除上面论述的总体原则外，在实施质量管理时，组成物流工作的各项活动还有一定的特殊性。这里就物流过程的订货（购买）活动、运输活动、接货验收活动、仓库管理活动等所应遵循的原则简述如下。

1. 采购活动的质量管理原则

订货（购买）工作涉及交易双方，这项活动的质量管理也由双方协作进行，是跨部门的质量管理活动。采购活动的质量管理应遵循以下10项原则：

（1）订货的供、需双方要了解对方的质量管理活动，共同实施这一环节的质量管理。
（2）双方要保持本身的自主性，同时要尊重对方质量管理的自主性。
（3）要互相提供双方所需了解的事项，以使双方的质量管理协调一致。
（4）双方必须缔结合理的契约，以使质量管理建立在法律的基础上。
（5）供货方应保证产品具有满足使用要求的质量。
（6）在契约中应规定能满足双方要求的评价方法。
（7）在契约中要规定解决纠纷的办法和手续。
（8）双方要交换为实施质量管理的必要情报资料。
（9）双方应认真实施本企业的质量管理。
（10）双方在交易活动中必须认真考虑最终客户的利益。

这10项原则反映了全面质量管理应用于订货活动中的总精神。产品的质量不是靠买方在进货后检验得到的，而是在订货中"订"出来的。订货活动应当建立在充分了解对方质量系统的基础上，成功的订货活动对产品质量已起到保证作用，这也是"预防为主"在订货购买活动中的体现。

目前，一些企业在进货的检验上花费很大力气，而不大重视做好基础的择优订货工作，不大重视对供货企业质量管理系统的了解。其结果往往是事倍功半，使质量管理处于被动的状态。

2. 物流活动的质量管理原则

物流活动往往是跨地区、跨行业、跨企业协作进行的，因此，质量管理也必须协作实施才能取得成效。在物流活动中实施质量管理，应遵循以下协作原则：

（1）必须建立有效的物流质量管理的协作形式，明确主要责任部门和委托、分包等协作部门的质量管理责任。
（2）供、接货货主应了解物流部门或运输等提供物流基本服务的企业为了组织物流所提出的要求，并以此安排本身的工作。物流部门或运输等提供物流基本服务的企业应了解供、接货部门的要求，并以此安排工作。
（3）各方要共同防止质量不良的产品或包装进入物流过程。供、接货部门要使订货活动处于"管理状态"，对质量不良或包装不良的企业应不予订货；运输等物流企业要做好检查工作。
（4）各方面为保证物流质量并取得最好的经济效果，应共同推行包装、装卸、运输等的标准化和规格化，使物流系统的各个环节都有合乎要求的工程质量。为此，必须逐项推行条码标准、包装强度标准、尺寸模数标准、材料标准、重量标准及作业基准；共同建立保管的先入先出系统、产品标示制度和单位储存制度；实行运输和仓库的环境基准、输送规模、输送方式的标准化；制定装卸的作业标准以及各种规章及责任制度。

（5）保证使用者的利益，建立对客户的赔偿制度。赔偿制度应着眼于两方面：一是损坏赔偿；二是交货期延迟赔偿。目前，我国一般只重视对物资的损坏赔偿，而交货期延迟的赔偿，由于往往受"不可抗力"的影响，在执行上不太严格，这是一个较大缺陷。

3. 接货验收活动的质量管理原则

接货验收活动基本上由接货部门单独进行，有时也由双方共同进行。这一活动的质量管理主要由接货部门单独实施。在进行质量管理时，应遵循以下原则：

（1）接货验收的质量管理不以检验为唯一形式。接货部门在充分了解供货企业质量管理系统的基础上，如果对供货企业工程能力及质量管理系统有足够的信赖，或是对免检对象，则可以不进行产品本身的质量检查，而仅验收数量、包装损伤、交货期等项目。

（2）接货单位应该实行预防前移。应在订货活动中投入较大力量，以节省进货检查的时间、人力及费用。要树立"质量不是检查出来而是制造进去"的观点。

（3）在对进货质量和流通质量没有把握的情况下，要实施认真检查。

（4）检查严格按标准或合同规定的项目和方法进行。

4. 仓库活动的质量管理原则

仓库管理活动是物流工作的重要组成部分。在企业中，仓库管理还是生产的辅助管理活动。其质量管理原则如下：

（1）有关管理人员要充分了解生产的要求和订货与进货的可能性，并结合仓库管理的经济性，确定最优库存量和平均库存时间。

（2）应根据经性的原则来确定管理要求、存放条件和存放方式，进一步确定质量保证的程度。

（3）必须充分了解和掌握有关储存物的情报，在充分了解和掌握其性能、质量、变化条件和基础上确定保管方式。

（4）对产品的质量保护应从两个方面着手：一方面进行技术处理，如温度及湿度的控制、环境的创立；另一方面建立和健全仓库的收、发、存组织系统，设立"先入先出"流程，设有商品包装和储存位置的明确标志，建立有效的收、发、存流程和制度。这两个方面组成了仓库管理工程。必须明确，对产品质量的有效保护取决于仓库管理工作的高质量。

（5）推行储存单位、包装制度、标示制度、保管条件、维护方法、装卸搬运、堆码操作方法的标准化。

（6）应用信息化技术仓库管理精细化，不断提高仓库工作质量和工程质量。

5. 物流服务的质量管理原则

服务质量是物流领域重要的质量内容，这与物流活动的本质有关。很多学者认为，现代物流的本质是服务。物流企业所有的内部质量管理，最终都通过对客户的物流服务表现出来。客户总是希望用最低的代价取得最满意的服务，而物流企业总是希望在获取比较高的利益的同时又能够得到客户的满意。这是一个博弈的问题。博弈的结果有四种可能：客户更满意一些而物流服务企业难以取得满意的利益；企业更满意一些而客户不能实现所要求的服务水平；双方都感觉不满意；双方都取得有限程度的满意。其中，最后一种可能就是所谓的"双赢"的结局。事实上，"双赢"只能是有限程度的"赢"，双方都很难取得最大限度的满意。

物流服务的质量管理就是这种"双赢"的权衡。

三、评价物流质量的主要指标

衡量物流质量的主要指标是根据物流服务的最终目标确定的，即"目标质量"的具体构成内容。围绕着这些指标，在工作环节中，各项工程又可以制定一系列的实现"分目标"的质量指标，即形成一个物流质量指标体系，如表8-2所示。

表8-2 物流质量指标体系

物流服务目标质量指标	
工作质量指标	工程质量指标
信息工作质量指标、运输工作质量指标、装卸工作质量指标、仓库工作质量指标、流通加工工作质量指标、包装工作质量指标	信息工程质量指标、运输工程质量指标、装卸工程质量指标、仓库工程质量指标、流通加工工程质量指标、包装工程质量指标

1. 物流服务目标质量指标

物流服务目标质量指标包括以下几个方面：

（1）服务水平指标F=满足要求次数/客户要求次数，或者以缺货率Q=缺货次数/客户要求次数×100%表示。

（2）满足程度指标M=满足要求数量/客户要求数量。

（3）交货水平指标$J_水$=按交货期交货次数/总交货次数。

（4）交货期质量指标$J_天$=规定交货期−实际交货期，以实际交货期与规定交货期相差日（时）数表示。正号为提前交货，负号为延迟交货。

（5）商品完好率指标W=交货时完好商品量/物流商品总量×100%，或者以缺损率Q'=缺损商品量/物流商品总量×100%表示。

（6）物流吨费用指标C=物流费用/物流总量（元/t）。

2. 仓库质量指标

（1）仓库吞吐能力实现率T=期间实际吞吐量/仓库设计吞吐量×100%。

（2）商品收发正确率S=（某批吞吐量−出现差错吞吐量）/同批吞吐量×100%。

（3）商品完好率$W_库$=（某批商品库存量−出现缺损商品量）/某批商品库存量×100%。

（4）库存商品缺损率$Q_库'$=某批商品缺损量/该批商品总量×100%。以上是以客户为对象，确定每批商品的质量指标。如果是对仓库总工作质量的评定，其指示的计算，应将"某批次"改换为"期内"的数量。

（5）仓库面积利用率M=库房、货棚、货场占地面积之和/仓库总面积×100%。

（6）仓库利用率R=存储商品实际数量或容积/库存数量或容积×100%；仓储吨日成本$C_仓$=仓储费用/库存量[元/（t·d）]。

3. 运输环节质量指标

运输环节有许多指标和仓库相似，这里列举出一些具有特殊意义的质量指标。

（1）正点运输率Z=正点运输次数/运输总次数×100%。

（2）满载率$M_运$=车辆实际装载量/车辆装载能力×100%。

（3）运力利用率Y=实际吨公里数/[运力往返运输总能力（t·km）]×100%。

四、物流质量管理的统计分析方法

物流质量管理的统计分析方法主要有直方图、排列图、鱼刺图、控制图、相关图等方法，这里不做详细介绍，具体原理与方法可参考有关质量管理资料。

第三节 物流成本管理

物流成本是企业总成本的重要组成部分。在第一利润源泉（降低生产成本）与第二利润源泉（提高劳动生产率）已被充分挖掘之后，企业将目光转向第三利润源泉——物流成本。近代物流研究的核心也是围绕着物流成本展开的。所有物流合理化手段的最终目的，都是以最低的物流成本实现预期的服务水平，或者以一定的物流成本实现最高的物流服务水平。

一、物流成本的基本概念与特点

1. 物流成本的定义与物流成本的计算条件

物流成本或物流费用（Logistics Cost）是指物流活动中所消耗的物化劳动和活劳动的货币表现，物流各项活动的成本，是特殊的成本体系。现代物流将采购、生产、仓储、销售、运输、装卸、搬运、分拣、加工、配送、物流信息等各个环节所支出的人力、物力、财力有机地结合起来。物流成本就是完成各种物流活动所需的费用。

物流成本计算的条件是由物流范围、物流功能和会计科目范围决定的。这三个方面的范围选择决定了物流成本的大小。企业在制定物流成本计算条件时，应立足于企业实际情况来决定合理的物流成本计算范围。

（1）物流范围，即物流的起点和终点的长短。物流的范围是相当大的，包括原材料物流、工厂内物流、从工厂到仓库配送中心的物流、从配送中心到客户的物流等部分。从这些物流中选择不同范围，分别进行物流成本的计算，其成本的高低有明显的差异。

（2）物流功能范围，是指在运输、储存、装卸搬运、包装、信息等众多物流活动中，以哪种或哪些种物流活动作为物流成本计算对象的问题。以所有的物流活动为对象计算出来的物流成本，与只以其中的运输、储存等部分活动为对象计算出来的物流成本，当然是有差别的。

（3）成本计算会计科目的范围，是指在会计科目中，把其中的哪些科目列入计算对象的问题。在科目中，运费、保管费等企业外部支付的物流费，或人工费、折旧费、修缮费、燃料费等企业内部的费用支出，究竟其中哪些部分列入物流成本进行计算，将直接影响到物流成本的大小。

2. 物流成本的特征

作为企业成本的一个特殊的组成部分，物流成本除了具备一般成本所具有消耗性、可量化、可比较等特征外，更呈现出如下几个独有的特点：

（1）物流成本的隐含性。获得物流成本的困难在于，在目前的会计制度下，物流成本可能会被归类到一系列自然账户下面，而不是按照功能进行归集，以满足一般公认会计准则（GAAP）的要求，从而导致物流成本显著被低估。图8-5显示了目前各种物流变量两个传统会计报表之间的这种关系。

图8-5 物流与会计间的界面

日本早稻田大学的西泽修教授著名的"物流成本冰山理论"指出：传统企业财务会计中所计算的外部运输费和外部储存费只是巨大物流成本冰山的一角，而企业内部占压倒性多数的物流成本则混入其他费用中。如不把这些费用核算清楚，很难看出物流费用的全貌。并且，各企业物流成本的计算范围也不相同。因此，无法与其他企业进行比较，也很难计算行业的平均物流成本。委外物流成本是与企业向外委托的多少有关的，因此，航行在市场之海上的企业巨轮，如果看不到海面下物流成本的庞大躯体的话，那么最终很可能会遭到与"泰坦尼克号"同样的厄运。而一旦物流所发挥的巨大的作用被企业开发出来，它给企业带来的丰厚利润也将是有目共睹的，如图8-6所示。

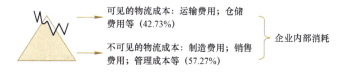

图8-6 物流成本冰山理论示意图

（2）物流成本的效益背反特征（Tradeoff）。物流成本的效益背反特征也称物流成本的交替损益性。所谓效益背反，是指改变物流系统中的任一要素都会影响到其他要素；系统中任一要素的增益都将对系统中的其他要素产生减损作用。物流系统的效益背反主要包括物流成本与物流服务水平的效益背反、物流各项功能活动的效益背反、库存成本与缺货成本之间存在的效益背反、运输方式之间的效益背反等。

物流管理的一个核心理念就是成本权衡，通过对物流成本的有效把握和成本权衡，利用物流要素之间的效益背反关系，科学合理地组织物流活动，"以尽可能低的成本为客户提供最好的服务"，从而达到降低物流总成本、提高企业和社会经济效益的目的。

1）物流成本与物流服务水平的效益背反。高水平的物流服务是由高物流成本来保证的，企业很难既提高了服务水平，同时又降低了物流成本，除非有较大的技术进步。一般来讲，提高物流服务，物流成本即上升，它们之间存在背反关系，并且物流服务水平与物流成本之间并非呈线性关系，如图8-7所示。物流服务处于低水平，追加成本Δx，服务水平即可上升到y，提升Δy；如物流服务处于高水平阶段，同样追加Δx，则服务水平就上升到y'，提升$\Delta y'$，且$\Delta y' < \Delta y$。

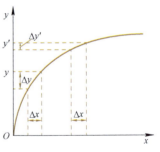

图8-7 物流服务与成本

这提醒人们，与处于竞争状态的其他企业相比，在处于相当高的物流服务水平下，要想超过竞争对手，提出并维持更高的服务标准，就需要更多的投入。因此，企业在做出这种决策时，必须仔细地考核和对比。

2）物流各项功能活动的效益背反。构成物流系统的各个环节（即活动之间）存在着"二律背反"状态。例如，就储存和运输两个环节而言，各自有自己的最佳方案，如果追求储存的合理性，则会牺牲运输的合理性，也就是说一方成本降低，而另一方成本增加，从而产生"成本二律背反"状态。

如图8-8所示，在考虑减少仓库数量时，显然是为了降低保管费用。但是，在减少仓库数量的同时，就会造成运输距离变长、运输次数增加等后果，从而导致运输费用增加。如果运输费用的增加部分超过了保管费用的减少部分，总的物流成本反而增加了，这样减少仓库数量这一措施就没有意义了。犹如从包装的角度考虑，经济效果较好的是简单包装，但简单包装在装卸和运输过程中容易损坏，从而降低了装运环节的经济效果。因此，在决策时，必须综合考虑，选择对包装、装卸搬运和运输都比较合理的包装方案，才能降低物流成本。

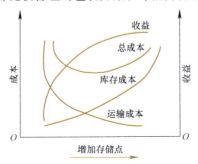

图8-8 确定仓库数量

物流系统各环节之间的这种"成本二律背反"状态很多，如果不把所有相关的物流成本放到同一场所和用"总成本"这一统一尺度来衡量其损益，就得不出正确的结论。

（3）物流成本的乘数效应。物流成本的降低可以显著增加企业效益。具体如下：假定产品销售额为5000万元，物流成本为500万元，如果通过合理化建议使得物流成本降低10%，相当于间接增加了500万元的收益（假设销售利润率为10%）。物流成本的乘数效应类似于物理学中的杠杆原理，物流成本的下降通过一定的支点，可以使销售额获得成倍增长。

二、物流成本构成

1. 物流成本的形成机制

销售部门和生产部门决定了物流总成本的一大半，因此，它们是物流成本的决定者。由于物流的结构在很大程度上受销售和生产部门的制约,而结构状态又是决定物流成本的最大因素,物流结构一经确定,物流成本就自行决定下来了。

2. 物流成本的构成

物流成本主要由以下几个部分构成:①从事物流工作人员的工资、奖金及各种形式的补贴等;②物流过程中的物质消耗,如包装材料、电力、燃料等消耗,固定资产的磨损等;③物资在运输、保管等物流过程中的合理损耗;④属于再分配项目的支出,如支付银行贷款的利息等;⑤在组织物流过程中发生的其他费用,如有关物流活动进行的差旅费、办公费等;⑥在生产过程中一切由物品空间运动(包括静止)引起的费用支出,如原材料、燃料、半成品、在制品、产成品等的运输、装卸搬运、储存等费用。

3. 物流成本的分类方式

目前企业对物流成本的分类主要是针对狭义物流成本的,根据不同的目的可以划分为不同的类别,如按经济内容分类、按物流功能分类、按物流范围分类、按作业类别分类、按物流支付性态分类、按是否可控分类等。下面主要介绍三种重要的物流成本分类方式。

(1)按物流功能分类。以物流活动为基础,对物流成本进行分类和归纳。这种方式的优点在于,可以清楚地显示构成整个物流活动的各个环节的成本费用情况,有利于安排物流资金,协调各物流环节的关系。它适用于综合性的物流部门。具体分类如图8-9所示。

图8-9 物流成本分类方式(一)

(2)按物流范围分类。以物流范围为基础,对物流成本进行分类与归纳。这种分类方式有利于分析各个物流阶段中物流成本的分布情况,对于综合性和专业性的物流部门都比较适用。具体分类如图8-10所示。

(3)按物流支付形态分类。以费用支付形式为基础,对物流成本进行分类和归纳。在这种分类方式下,物流成本大致可划分为运输费、保管费等向企业外部支付的费用和人工费、材料费等企业内部物流活动的费用。而企业内部物流成本又可以进一步划分为材料费、人工费、折旧费、管理费、维护保养费等不同类型。具体分类如图8-11所示。这种分类方式与财务会计的分类方式一致，适用于生产企业和专业物流部门。

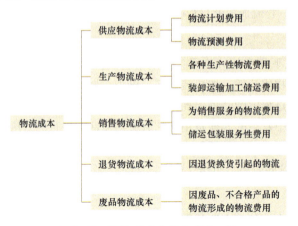

图8-10 物流成本分类方式（二）

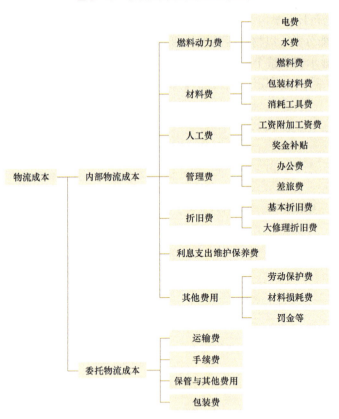

图8-11 物流成本分类方式（三）

三、物流作业成本管理

企业的产品成本由直接材料、直接人工和制造费用三个部分组成。传统的成本核算方法，不管是品种法、分批法还是分步法，对制造费用的处理采用的都是"数量基础成本计算"，成本计算中普遍采用与产量关联的分摊基础——直接工时、机器小时、材料耗用等。这背后通常暗含着一个假定：产量增加，投入的资源也增加。但制造费用中存在着大量与产量无关的固定性制造费用（如订货作业、设备调试准备、物料搬运等费用），这种情况下用与数量有关的成本动因（如直接工时）去分摊，将使产品成本发生扭曲。在间接费用在成本中所占比重较小、对成本管理要求不高的情况下，这种分摊简便可行；但在产品生产从大批大量模式转向多品种、小批量模式，产品的生命周期缩短，市场越来越细化，生产更加灵活，并且间接费用的比重与日俱增的情况下，这种分摊将使产品成本严重失真，进一步将会影响企业成本控制和经营决策。解决这种困境的一种方案就是作业成本法，它提供了一种获取相关和粒度化数据的技术。

作业成本（Activity-Based Costing，ABC）法能够识别并分配真正的职能性活动成本，越来越多地用作会计工具以及决策制定的催化剂。通过ABC法，企业能够以成本有效的方式实现更高的客户服务水平。

ABC概念背后的逻辑是产品和服务需要组织执行相关的作业，这反过来会产生成本。因此，成本应归结于成本对象，如产品、客户、服务和市场等，根据它们为服务客户所采取的所有作业以及它们在每项作业中所占的比例来计算。因此，应用ABC法分析和策划物流和供应链管理活动，正在成为总成本决策中明智的和让人心动的好选择。

ABC法被视为传统成本核算方法的适当替代方法。本质上，ABC法将资源分配到作业，然后再根据作业的消耗情况将其进一步分配给成本对象，这样就可以识别出成本对象和作业之间的因果关系。因此，ABC法是通过归总从制造产品到提供服务再到服务客户全过程的相关作业成本的方式，来确定成本对象的成本的。图8-12以"十字架"的形式详细描述了这些关系。在该结构中，作业位于十字架的中心，表明它们以中央节点的身份同向过程和成本对象汇报。十字架的纵轴是一条成本链，表示作业消耗的资源；反过来，成本对象又消耗作业。横轴上显示了各种商务过程，这些过程被视为能够为核心企业成本核算和绩效评估提供所需信息的作业网络。

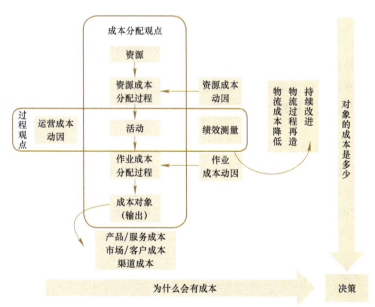

图8-12 作业成本法"十字架"

供应链环境下ABC法的基本实施步骤如图8-13所示。审视这些步骤可以发现，实施ABC法首先需要选择正确的执行团队。为了成功完成ABC项目，企业各部门中与了解、协调或执行消耗资源作业有关的所有人员，都需要被纳入ABC团队中，为ABC组织提供知识和经验支持。

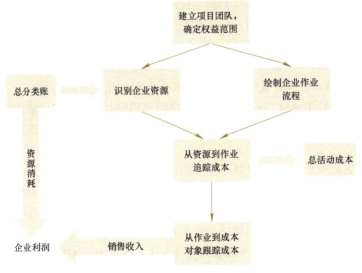

图8-13　ABC实施模型

此后，ABC团队需要对企业业务资源和绝大多数员工所执行的作业进行全面了解。组织需要细致地检查团队物流功能，以便对团队物流部门的主要过程进行分类。在确定了这些过程明确之后，组织需要识别每个过程中特定的消费资源作业，将这些过程分解成一个个良好定义的作业，以便更好地分析过程成本。

接下来，将资源耗费分配到作业。通过识别财务系统中的费用，并将这些费用分配到作业中，以揭示真正的成本。更细致的分析应该是将变动成本和固定成本分开，单独研究，以便组织能够清楚地了解为支持某个产品和服务的完成而投入的各项作业的成本构成。

最后，确定最恰当的成本动因非常重要。这些成本动因应该能够反映执行每项作业所发生的成本，以及资源消耗和作业执行之间的因果关系。这些动因虽然类型较少，但是却能够提供很多信息。它们通常可以分为单元级作业动因、批量级作业动因、产品级作业动因以及设施级作业动因。这种划分强化了资源及消耗资源的作业动因之间的因果关系，提高了透明度和对企业成本结构的理解。

所有上述数据都应该录入软件程序，并进行分类处理，以便形成所需的输出结果。一个简单的电子表格程序就能够满足这种要求，并且应该把工作簿数据表示成输入（资源分配给作业）和输出（单位作业或成本对象的成本）的形式，以便自动生成结果。当然，必要的复杂软件系统和服务，如ERP，还是具有相当优势的，对简单电子表格不能处理的大量财务数据，就可以借助这些系统来完成。

四、物流成本控制

1. 物流成本控制的概念

物流成本控制是指根据计划目标，对成本发生和形成过程以及影响成本的各种因素和条件施加主动的影响，以保证实现物流成本计划的一种行为。它通常包含事前、事中和事后对成本计划、执行监督、信息反馈、纠正偏差等全过程的系统控制，是实现物流成本最小化目标的基本条件和保证。

物流成本控制的基本内容有：

（1）运输成本控制。主要是加强运输的经济核算，防止运输过程中的差错事故，做到安全运输等。

（2）仓储成本的控制。主要是加强仓储各种费用的核算和管理，降低隐性成本。

（3）装卸搬运成本的控制。如合理选择装卸搬运设备，减少无效作业，合理规划装卸方式和专业作业过程，提高物料活性，减少装卸次数，缩短操作距离，提高被装卸物资的纯度等。

（4）包装成本的控制。如选择包装材料时要进行经济分析，运用成本计算或价值工程手段降低包装成本，做好包装物回收和再利用，实现包装尺寸的标准化、包装设备作业的机械化，有条件时组织散装物流等。

（5）流通加工成本的控制。如合理确定流通加工的方式、加工能力，加强流通加工的生产管理，制定反映流通加工特征的经济指标等。

通过成本控制，可以及时发现存在的问题，采取纠正措施，保证成本目标的实现。

2. 物流成本控制的因素

影响物流成本的因素主要有产品因素、竞争性因素以及环境因素、管理因素等。在制定成本控制策略时，必须考虑这些因素的影响。

（1）产品因素。产品的特性就是产品本身的属性。这些特征包括重量、体积、价值、易腐性、易燃性、可替代性等。不同的产品特性也会影响物流成本。例如，设定产品运价时要考虑多种因素，各种因素的基础就是货物的密度、积载能力、装卸的难易程度和运输责任的大小。具体来讲：①产品价值。随着产品价值的增加，物流成本增加。一般来说，产品价值越大，对所需要的运输工具要求就越高，仓储和库存成本也随着产品的价值而上升，并且高价值的产品对包装也会有较高的要求。②产品密度。产品的密度越大，每车装载的货物就越多，运输成本越低；同样，仓库中一定空间领域存放的货物也越多，降低了库存成本。③易损性。易损性对成本的影响是显而易见的。易损性高的产品对库存和运输都提出了较高的要求，这就增加了运输和库存成本，也就增加了企业的物流成本。④产品的可替代性。它体现的是竞争产品之间的差异化程度。可替代性强的产品竞争，意味着客户选择竞争品牌的可能性大，因而会导致供应商失销。在这种情况下，企业提供的物流服务水平对竞争具有重要影响。在产品的分拨计划中，需要考虑通过运输服务的选择、仓储服务的选择或两者兼用以降低此类产品的失销成本，保持现有客户群。⑤特殊搬运。某种产品对搬运提出了特殊的要求，如利用特殊尺寸的搬运工具，或在搬运过程需要加热或制冷等，都会增加物流成本。

（2）竞争性因素。客户服务水平直接决定了物流成本的高低，物流成本在很大程度上是由于客户服务水平的竞争越发激烈而不断提高的。这些因素主要体现在如下几个方面：①订货周期。高效的运营管理可以缩短企业的订货周期，降低库存水平，从而在降低库存成本的同时，提高客户服务水平，提高企业的竞争力。②库存水平。合理的库存应保持在使总成本最小的水平上。③运输方式。企业采用更快捷的运输方式，虽然会增加运输成本，但可以保证运输质量，缩短运输时间，甚至降低库存水平，进而降低库存持有成本，提高企业竞争力。

（3）环境因素。环境因素包括空间因素、地理位置及交通状况等。空间因素主要是物流系统中制造中心或仓库相对于目标市场或供货点的空间关系等。地理位置主要是指物流系统中制造中心或仓库、目标市场或供货地点的地理位置。交通状况主要是指物流系统中制造中心或仓库、目标市场或供货地点之间的交通方式及拥堵情况。若企业与多个目标市场有空间关联，且相互距离较远、交通状况较差，则必然会增加运输及包装等成本。若在目标市场建立或租用仓库，也会增加仓储及库存持有成本。因此，环境因素对物流成本的影响是很大的。

（4）管理因素。管理成本本身与企业的生产和流通没有直接的数量依存关系，但却直接影响着企业的物流成本的大小，如节约办公费、水电费、差旅费等管理成本。另外，企业利用贷款开展物流活动，必然要支付一定的利息（如果是自有资金，则存在机会成本问题），资金利用率的高低影响着利息支出的多少，从而也影响着物流成本的高低。

3．物流成本的控制策略

物流成本管理的对象是物流过程，因此，对物流成本的控制主要是通过对物流活动与物流和过程的合理控制来实现降低物流成本的目的，如表8-3所示。

表8-3　物流成本控制过程与策略

过程	主要管理指标	管理策略
销售过程中的物流成本控制	运输成本 仓储保管成本 订货处理成本 退货成本 计算机信息处理费用 人工的直接、间接费用	选择运输设备，库存的最佳规模和最佳空间布置；合理确定仓储，选择物流手段使其功能配套互补；减少交货点，并与客户协商简化交货约束条款；鼓励客户尽可能大批量订货；合理扩大运输和仓储规模；以劳动生产率为中心制定人事政策
生产过程中的物流成本控制	人工费用（工作日、工时、人数）、准备费 原材料、半成品和包装物品的丢失 分厂内和跨工序转运费 搬运、仓储费和生产设备维修费 燃料动力费 备件备品成本	生产手段自动化，经常进行生产投资，提高劳动生产率；以人工费最低为标准确定厂址，确定生产规模与质量；依靠工艺开发，技术创新，最大限度地提高各作业流程的效率；建立健全及时反映生产经营状态的会计活动和物流成本控制体系
采购供应过程中的物流成本控制	订货处理成本 原材料的验收、质检成本 搬运成本 运输成本 仓储成本 人工成本	以减少运输和搬运为目的，进行大批量订货供应；采购地点距离加工地点尽可能近；采购供应原材料、零部件标准化，方便工艺技术处理；为减少人工，采用供应自动化管理；给供应任务的承担者集中尽可能多的任务；强化对采购供应活动的基础工作（记录）控制
售后服务过程中的物流成本控制	维修人员费用 维修的网点和实施费 技术文件编印费 使用操作者培训费 维修工程师培训费 售后服务信息系统运作费	调整售后服务网点的数量和布局；调整售后服务工作的范围和水平；在产品设计定型时，引进售后服务预测成本的概念，以便形成售后服务经济规律；建立自动诊断、排除故障的电话、电传等客户服务系统；发展维修中的快速替换，把维修工作集中为批量后处理

例8-1　SAP软件帮助企业管理财务和物流问题

SAP公司成立于1972年，位于德国的瓦尔多夫。该公司成长迅速，如今已经成为全球企业软件供应商中的龙头企业。该公司的业务是向每个主要市场的所有类型企业提供协同化软件商务解决方案。2010年，SAP创造了125亿欧元销售额、18亿欧元利润。它在120多个国家拥有超过100000个客户，是世界上最大的软件公司和世界上第三大独立软件供应商。

SAP有两个最受欢迎的软件产品套件：一个是"mySAP ERP"，它包括会计、财务报告、绩效管理以及公司治理等方面的模块；另一个是"mySAP SCM"，它包括管理企业运营的计划和执行能力模块，以及协同和合作技术，支持企业运营向企业外部拓展。

SAP能够帮助特定产业部门获得收益的一个典型产品是石油和天然气会计套件。当英国BP公司、荷兰皇家壳牌石油公司和挪威国家石油公司（Norway's Statoil）等石油公司在北海地区勘探和开发石油储备资源时，这些企业倾向于采用合资或共享的方法进行成本和收入的管理。其中一个公司是管理合伙人，或者说是总包商，负责与生产、供应商、客户等方面相关的运营活动。在治理结构上，合资公司也存在相应的隐身合伙人，即油田所在地的国家政府，对石油和天然气生产收入以百分比的方式享有特许权使用费。管理合伙人也处理合资企业的所有财务事宜，包括成本和收入的分配，向其他合伙人支付和需要时收取费用，如油井维修或复工，以及向政府缴纳特许权使用费等。

石油和天然气行业的上游公司通过生产共享契约（Production-Sharing Contract，PSCs）参与合资公司，并在合资公司中各自拥有独立账户。为满足这些企业的需求，SAP开发了SAP PSA和SAP JVA两种软件。SAP PSA能够保证管理合伙人有效地管理PSCs、制订预算计划并完成项目预期的财务绩效。通过同时使用SAP PSA和JVA两个软件，保存在SAP JVA的会计分类账中的会计数据能够作为源成本数据为SAP PSA所用，从而提供一致的会计信息。

SAP PSA自动操作如下过程：成本的记录和分类，向政府和总承包商的分配生产，计算利润份额和权利，为合资企业的合作方和政府报告生成结果报告。

SAP RLM是SAP远程物流管理模块，通过远程物流与其他所有物流过程的无缝集成，实现了石油企业在北海的离岸生产设施持续得到供应。石油公司能够以陆上、离岸或者两者兼具的方式储存物料。SAP RLM能够自动将远程地点产生的库存转移请求转换成库存运输定点或者陆上工厂的订购需求。

除了这些服务于石油和天然气上游公司的产品套件外，SAP也为下游公司的商品销售、大宗运输和油气产品库存管理等经营活动，以及加油站的便利店零售、燃料管理、现场和总部管理、业务分析和报告等活动，提供相应的产品套件支持。

思考题：

其他物流功能能够从集成软件项目中获得哪些收益？

（资料来源：改编自SAP，www.sap.com/uk.）

第四节 生产物流的计划与控制

一、生产物流计划

生产物流计划的核心是生产作业计划的编制工作，即根据计划期内规定的出产产品的品种、数量、期限以及外部环境的变化，具体安排产品及部件在各工艺阶段的生产进度；与此同时，为其内部各生产环节安排短期生产任务协调，前后衔接关系。

生产物流计划的任务包括：

（1）保证生产计划的顺利完成。通过物流计划中的物流平衡以及计划执行过程中的调度、统计分析工作，来保证计划的完成。

（2）为均衡生产创造条件。均衡生产是指企业及企业内的车间、工段、工作地等生产环节，在相等的时间段内，完成等量或均衡数量的产品。均衡生产的要求：每个生产环节都要均衡地完成所承担的生产任务，而且要保证品种的均衡；不仅要做数量均衡，而且各阶段物流要保持一定的比例性；要尽可能缩短物料流动周期，同时保持一定的节奏性。

（3）加强在制品管理，缩短生产周期。保持在制品、半成品的合理储备，是保证生产物流连续进行的必要条件。对在制品的合理控制，既可减少在制品的占用量，又可使各生产环节衔接、协调，按物流作业计划有节奏、均衡地组织物流活动。

生产物流计划按生产方式可以分为大量生产方式物流计划、单件生产方式物流计划和成批生产方式物流计划。

二、生产物流控制

1. 生产物流控制的内容

生产物流控制是物流管理的重要内容，也是物流管理的重要职能。在实际生产物流系统中，由于受系统内外部各种因素的影响，计划与实际之间会产生偏离，为了保证计划的完成，必须对物流进行有效控制。

生产物流控制的内容主要包括：

（1）进度控制。物流控制的核心是进度控制的流入、流出控制以及物流量的控制。

（2）在制品控制。在生产过程中对在制品进行静态、动态控制以及占有量的控制。在制品控制包括在制品实物控制和信息控制。有效控制在制品对及时完成作业计划和减少在制品积压均有重要意义。

（3）偏差的测定和处理。在进行作业过程中，按预定时间和顺序检测执行计划的结果，掌握计划量和实际量的差距，根据发生差距的原因、差距的内容及严重程度，采取不同的处理方法。

与控制内容相适应，物流控制程序一般包括以下几个步骤：制定期量标准、制订计划、短期调整、长期调整。对于不同的生产方式，控制程序基本相同。

2. 生产物流系统控制方式

生产物流系统有两种基本的控制方式：反馈控制和前馈控制。

反馈控制是控制主体根据设立的目标发布控制指令,控制对象根据下达命令执行规定的动作,将系统状态信息传递到控制主体,经过与目标比较,确定调整量,通过控制对象来实施。反馈控制过程如图8-14所示。反馈控制的特点是根据当前状态决定下一步行动。由于从信息收集到调整实施有一定的时间滞后,在某些情况下可能影响目标的达成。反馈控制的另一特点是稳定性,其总趋势是保持系统的平衡状态。

前馈控制着眼于系统的未来状态预测,事先采取措施应对即将发生的情况。这种控制带有主动性。前馈控制过程如图8-15所示。从图上可以看出,除了缺少信息收集一块外,其他几乎与反馈控制过程相同。但前馈控制主体有预测状态的功能,对于一个较复杂的物流系统,它是依靠系统长期运行后加以总结得到的。实际上,对于一个较复杂的物流系统,可能有事先无法预测到的随机干扰,预测不可能完全正确。所以在实际生产物流过程中,很少存在单独的前馈过程,通常情况下,是由前馈控制和反馈控制两者结合构成的复合控制系统。

图8-14 反馈控制过程　　　　　图8-15 前馈控制过程

三、中小批量生产物流的主要模式

生产物流控制中存在两种基本控制原理:一种是以集中控制为特征,以ERP原理为工具和指导的推进模式;相对应地,另一种则是面向分散控制,从最后阶段开始,按照外部需求,从后向前按照JIT思想依次传递,直到最前端的零部件环节的拉动模式。继ERP和JIT之后,又出现了TOC、延迟制造等新的生产控制模式。这里将介绍其中的主要模式。

1. 以MRP、MRPⅡ、ERP原理为指导的生产物流运营方式

任何一种物料都是由于某种需要而存在的,一种物料的消耗量受另一种物料需求量的制约。购进原材料是为了加工成零件,而生产零件又是为了装配成产品。从大范围来讲,一个企业的产品可能是另一个企业的原料。这种相关需求不仅有品种、规格、性能、质量和数量的要求,而且有时间的要求。在不需要某种物料的时刻,要避免或减少过早地保留库存;相反,在真正需要的时刻,又必须有足够的库存满足需求。这就是以物料为中心的MRP系统计划与控制生产物流的基本出发点,体现了为客户服务、按需定产的思想(以设备为中心组织生产物流的模式则体现了以产定销的思想)。

图8-16展示的是用于运营和物流管理的多种计划方法的层级图。从MRP(物料需求计划)经过MRPⅡ(制造资源计划)和DRP(配送资源计划)再到ERP(企业资源计划)的推进过程,依赖于越来越多的信息系统集成。随着这些方法的应用,信息系统集成对供应网络的影响日益增强,已经跨越组织边界,向供应链上游和下游扩展,实现对整个供应链的计划和管理。

MRP能生成企业对内外部零件、组装件以及任何采购项的订单需求。MRP始于MPS和BOM,根据它们生成一个总的物料需求时间表,然后根据存货记录或库存水平,采购状态、在

制品（Work in Process）等情况，计算出净需求和详细采购计划。MRP的主要结果是物料供应计划和企业内部生产计划。

与传统的订货点法相比，MRP的特点有：

（1）它是面向未来的预测，而非仅仅是基于过去的趋势。

（2）考虑了补货过程的提前期，并引入时段的概念展开计划过程。

（3）考虑了零部件和组装件之间的相互关系。

（4）面向最终产品而不是部件，这样可以最大限度地优化可用产品。

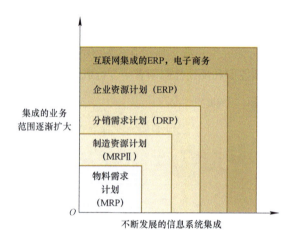

图8-16 从MRP到ERP

MRP有许多好处，特别是对与已知需求相关的存货管理问题。MRP的一个优势是它实现了从原本的物料计划到资源计划的扩展。理论上，它可以用来安排组织内的所有活动。MRP的思想很简单，但实践上必须要有大量计算和相连的系统。这种复杂性是其面临的主要难题，并且有可能导致以下几方面出现误差：

（1）不准确的MPS，通常由于预测偏差或临时的、计划外的资源再配置而形成的。

（2）不准确的库存记录。

（3）不可靠的供应商交货期。

（4）内部原因或者外部原因导致的提前期波动。

MRP的另一个缺点是缺少灵活性，这使得它对柔性制造缺乏足够的响应能力。因此，虽然MRP在一些情况下可以运转良好，但它不是为所有机构设计的通用工具，它只适用于某些特定类型的过程以及批量生产的情况。

MRPⅡ是MRP的延伸，它是一个组织内部跨越市场、财务、采购等相关职能的物料和资源集成计划，是ERP系统的前身。计算机技术的发展使MRPⅡ成为可能，它将这些不同的职能串联起来。通常，MRP和MRPⅡ都被认为是"推"系统。

DRP是在应对某些特殊情况时使用的方法，它适用于零售商或是其他诸如最终产品批发商一类的组织，这种组织没有加工或者生产需求。DRP提供了一个确定库存需求的计划，该计划根据预测或者实际需求以及MRP系统生成的某一时期产品接收信息来制订，以匹配需求并协调客户生成的购买计划。

ERP是一种包含了所有现代企业业务流程的信息系统。其核心思想是供应链管理，即在

MRPⅡ的基础上，通过前馈的物流和反馈的信息流和资金流，把客户需求和企业内部的生产活动以及供应商的制造资源整合在一起，体现完全按客户需求制造的一种供应链管理思想。它强调企业之间的合作，强调对市场需求快速反应、高度柔性的战略管理，以及降低风险成本实现高收益目标，从集成化角度管理供应链问题。这是一个软件驱动的系统，主要的软件供应商有SAP、Oracle、Infor Global Solutions以及Sage Group等。

ERP是从MRPⅡ发展而来的，以满足供应链管理的新需要。MRPⅡ和ERP的主要区别在于：MRPⅡ能够协同一个组织的信息系统，并提供了一种深刻理解MPS和物料计划的方法，但仅仅关注内部运营；而ERP还具有许多新功能，如质量管理、现场服务、人力资源、维修管理、配送管理、营销和供应商管理等。此外，ERP还是组织整个供应链的接口。从本质上讲，ERP是最新一代MRP/MRPⅡ系统，代表了MRP原理在供应链中的拓展应用。

除此之外，相对于MRPⅡ系统，ERP还具有以下几方面的优势：

（1）在生产方式管理方面，MRPⅡ系统把企业归类为几种典型的生产方式，如重复制造、批量生产、按订单生产、按订单装配、按库存生产等。针对某一种类型，都有一套管理标准。而ERP则能很好地支持和管理多品种小批量生产和看板生产，以及混合型制造环境，体现了精益生产、敏捷制造的思想，满足了企业多元化经营的需求。

（2）在管理功能方面，ERP除了MRPⅡ系统的制造、分销、财务管理功能外，还增加了支持整个供应链上物料流通体系中供、产、需各个环节之间的运输管理和仓库管理；支持生产保障体系的质量管理、实验室管理、设备维修和备品备件管理。

（3）在事务处理控制方面，MRPⅡ通过计划的及时滚动来控制整个生产过程。相对而言，它的实时性较差，一般只能实现事中控制。而ERP系统支持在线分析处理（Online Analytical Processing，OLAP）售后服务及质量反馈，强调企业的事前控制能力。它可以将设计、制造、销售、运输等通过集成并行地实施各种相关作业，为企业提供了对质量、适应变化、客户满意、绩效等关键问题的实施分析能力。此外，在MRPⅡ中，财务系统只是一个信息的归结者，它的功能是将供、产、销中的数量信息转变为价值信息，是物流的价值反映。而ERP系统则将财务计划功能和价值控制功能集成到整个供应链上，如在生产计划系统中，除了保留原有的主生产计划、物料需求计划和能力计划外，还扩展了销售执行计划和利润计划。

（4）在跨国（地区）经营事务处理方面，现代企业的发展使得企业内部各组织单元之间、企业与外部业务单元之间的协调变得越来越多、越来越重要。ERP系统运用完善的组织架构，可以支持跨国经营的多国家地区、多工厂、多语种、多币值的应用需求。

（5）在计算机信息处理方面，随着IT技术的飞速发展和网络通信技术的运用，ERP系统得以实现对整个供应链信息的集成管理。ERP系统采用客户服务器（C/S）体系结构和分布式数据处理技术，支持Internet/Intranet/Extranet电子商务、电子数据交换，此外，还能实现在不同平台上的互操作。

ERP依靠组织之间的信息共享与相互信任，然而ERP系统相当复杂，而且有许多实际应用方面的问题。图8-16显示的最后一个方法是基于网络平台的ERP、电子商务和外联网系统，这些系统使得信息流的组织非常容易，能够帮助克服上面这些缺点，并且还可以有效利用大型第三方、远程服务器，通过软件提供商提供的"云计算"服务获取可用数据。

图8-17总结了从MRP到互联网ERP（ERPⅡ）的功能扩展情况。

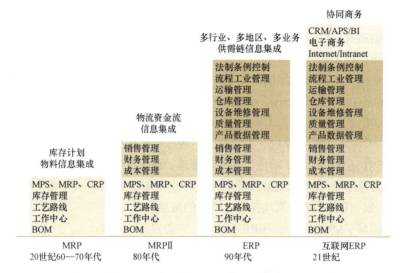

图8-17 从MRP到互联网ERP（ERPⅡ）的功能扩展

2. 以精益思想为宗旨的生产物流管理

任何一种产品从开始加工装配到成品都要消耗一定时间，通过比较下面两个关于生产物流的公式就可以得出以精益生产为宗旨的物流运作模式。

$$产品生产总时间=加工时间+物料储存时间+运送时间+等待时间+检验时间 \quad (8-1)$$

$$产品生产总时间=增值时间+非增值时间 \quad (8-2)$$

式中，增值时间为生产过程对产品的操作时间；非增值时间为储存、等待、运送和检验等时间。

按式（8-1）对企业进行调查，发现大多数企业的产品生产加工时间不足总时间的10%。其余时间均为运送、检验和等待等非生产时间，由此而产生的储存、保管、运送、毁损等浪费十分严重。从式（8-2）可发现非增值时间不增加价值，纯属浪费。如果每个工序只考虑自身，而不考虑下一道工序需要什么、需要多少、什么时候需要，那么就会多生产或少生产，导致不是提前生产就是滞后生产。这种浪费必然降低生产效率与效益。所以，必须对生产物流系统进行改进，不断消除非增值时间和非增值活动所产生的一切浪费，使生产周期等于对产品必要加工的增值时间。这就是以JIT为宗旨对生产物流进行控制的出发点。

一般来说，制造系统中的物流方向是从零件到组装再到总装，而精益生产却主张反方向看物流，即从装配到组装再到零件。当后一道工序需要运行时，才从前一道工序去拿取正好所需要的坯件或零部件，同时下达下一段时间的需求量。这就是JIT的基本思想：适时、适量、适度（对质量而言）生产。

对整个系统的总装线来说，精益生产的目标是彻底消除无效劳动和浪费。具体包括：①废品量最低（零废品）。JIT要求消除各种不合理的因素，在加工过程中，每一工序都要求达到最好水平。②库存量最低（零库存）。JIT认为，库存是生产系统设计不合理、生产过程不协调、生产操作不良的证明。③准备时间最短（零准备时间）。准备时间长短与批量选择相联系，如果准备时间趋于零，准备成本也趋于零，就有可能采用极小批量。④生产提前期最短。短的生产提前期与小批量相结合的系统应变能力强、柔性好。⑤减少零件搬运，搬运量低。零件搬运是非增值操作，如果能使零件和装配件运送量减少、搬运次数减少，就可以节约装配时间，减少装配中可能出现的问题。

为了达到上述目标，精益生产要求：①整个生产均衡化。人为地、平均地按照加工时间数量、品种进行合理的搭配和排序，使生产物流在各作业之间、工序之间、生产线之间、工厂之间均衡地流动。为达到均衡化，在品种和数量上应组织混流生产，并尽量采用成组技术与流程式生产。②尽量采用对象专业化布局。用以减少排队时间、运输时间和准备时间。在工厂一级采用基于对象专业化布局，以使各批工件能在各操作间和工作间顺利流动，减少通过时间。在流水线和工作中心一级采用微观对象专业化布局和JIT工作中心布局，可以减少通过时间。③从根源上强调全面质量管理。目标是从消除各环节的不合格品到消除可能引起不合格品的根源，并设法解决问题。通过产品的合理设计，使产品与市场需求相一致，并且易生产、易装配（如模块化设计，即设计的产品尽量使用通用件、标准件）；设计时还应考虑易实现生产自动化。

3. 以约束理论为依据的生产物流控制

如前所述，生产系统是将一定投入（生产要素）转化为特定输出（产品或服务）的有机整体，也是物流的输入—输出系统。系统的特征表明，在一定目标下，任何系统都可以想象成由一连串的环构成，环环相扣，并且存在着一个或者多个相互矛盾的约束关系。因此，要想提高系统产出，就必须尽可能打破各种约束找到整个系统中强度最弱的一环。这就是约束理论的出发点。

约束理论（Theory of Constraint，TOC）是以色列物理学家及企管顾问高德拉特（Eliyahu M. Goldratt）于20世纪70年代提出的，继MRP和JIT之后的又一项组织生产的新方式。TOC最初被称为最优生产时间表（Optimized Production Timetable），后改称为最优生产技术（Optimized Production Technology，OPT），进一步发展为约束理论，并在美国企业界得到很多应用，于20世纪90年代逐渐形成完善的管理体系。

约束理论把企业看作是一个完整的系统，认为任何一种体制至少都会有一个约束因素。它犹如一根链条，链条中最脆弱的一环决定着整根链条的作用，正是各种各样的制约（瓶颈）因素限制了企业出产产品的数量和利润的增长。因此，基于企业在实现其目标过程中现存的或潜伏的制约因素，通过逐个识别和消除这些约束，使得企业的改进方向和改进策略明确化，从而更有效地实现其"有效产出"目标，这才是最关键的。

为了达到这个目标，约束理论强调：首先，在能力管理和现场作业管理方面寻找约束因素，约束是多方面的，有市场、物料、能力、工作流程、资金、管理体制、员工行为等；其次，应该把重点放在瓶颈工序上，保证瓶颈工序不发生停工待料，提高瓶颈工作中心的利用率，从而得到最大的有效产出；最后，根据不同的产品结构类型、工艺流程和物料流动的总体情况，设定管理的控制点。

约束理论以"物流"为中心建立企业特征，根据不同类型物流的特点来对企业进行分类，从而为企业准确识别出各自的薄弱点，或者说为发现约束所在提供了帮助，并对其实施有针对性的计划和控制。

约束理论的基本思想是由九条具体原则来描述的，而有关生产物流计划和控制的算法和软件也是依据这九条原则提出和开发的。这些原则包括：①瓶颈控制了库存和有效产出；②非瓶颈资源的利用程度不由其本身决定，而是由系统约束决定的；③瓶颈上一个小时的损失是整个系统一个小时的损失；④非瓶颈资源节省了一个小时，无益于增加系统的有效产出；⑤资源的"利用"（Utilization）和"活力"（Activation）不是同义词；⑥编排作业计划时考虑系统资源约束，提前期是作业计划的结果，而不是预定值；⑦平衡物流，而不是平衡生产能力；⑧运输批量可以不等于（在很多时候应该不等于）加工批量；⑨批量大小应是可变的，而不是固定的。

第五节 物流系统绩效评估

绩效评估是物流与供应链管理中的重要工作，对衡量供应链目标的实现程度及提供经营决策支持都具有十分重要的意义。

一、物流系统绩效评估指标的选择

在绩效评估中，一个普遍的问题就是评估指标过多。有些企业甚至采用了几百个指标，过多的指标导致企业"分析疲劳"，且难以有效实施标杆管理。建立一个简洁有用的指标集对企业非常重要。基布勒和普兰克（Keebler&Plank）在对物流企业进行调查后，得出如表8-4所示企业的常用物流系统绩效评估指标，对帮助企业有效评估物流系统绩效具有重要的参考价值。

表8-4　企业常用的物流系统绩效评估指标（调查对象百分比）

与贸易伙伴相关的有效性指标	（%）
顾客抱怨	75.6
及时交付	78.6
过量/短缺/受损	72.3
回收和限额	69.1
订货周期	62.3
顾客整体满意度	60.8
应收账款周转天数	58.7
预测准确性	54.4
发票准确性	52.1
订单履行完成率	39.5
查询响应时间	29.6
平均值	59.4
内部有效性指标	**（%）**
库存盘点准确性	85.8
订单完成情况	80.8
缺货	70.5
项目完成情况	68.5
延期交货	64.4
库存报废	62.7
来料质量	61.6
加工精度	45.0
订货满足率	39.1
现金周转时间	32.2
平均值	61.1
效率指标	**（%）**
成本	
出厂运费	87.3
入站运费	68.9
库存持有成本	60.4
第三方存储成本	58.6
物流成本/单位/预算	52.4
服务成本	37.4
平均值	60.8
生产率	
成品库存周转	80.2
处理的订单数/以劳动力单位衡量	43.3
每单位仓库劳动力平均处理产品数	47.6
处理的产品数/以时间单位衡量	37.2
处理的订单数/以时间单位衡量	36.1
处理的产品数/以运输单位衡量	21.8
平均值	44.4
利用率	
空间利用率/能力	46.5
设备停机情况	46.0
设备利用率/能力	40.4
劳动力利用率/能力	35.8
平均值	42.2

克里斯·凯普莱斯（Chris Caplice）和尤西·谢菲（Yossi Sheffi）开发了一个如图8-18所示的有关物流活动评估的分类方法。该绩效评估体系从三个方面对物流活动绩效进行评估：利用率、生产率和有效性。

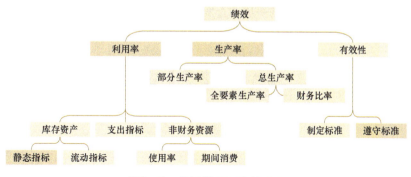

图8-18 物流绩效评估的分类

利用率评估是对投入变量的测量，通常表示为实际投入与预先设定的"标准"值之间的比率。例如，物流和供应链的投入可以是财务投入（如仓储成本利用率就是仓储成本与仓储总成本或物流总成本的比率）、资产投入（如货车利用率就是货车使用时间与包括维修在内总可用时间的比率）或者库存（如库存周转率）。

生产率评估是对转换效率的评估，通常用生产的实际产出除以消耗的实际投入的比值来表示。例如，财务比率里的投资回报率（ROI）就是扣除成本后的净利润与总资产的比率，以百分比方式表达。

有效性评估是对过程产出质量的测量，通常以实际达成的产出与预先设定的标准值之间的比率来表示。例如，在线零售商可以追踪客户设定的2h时间窗内实现送货的百分比，以评估送货上门服务的有效性。

所有这些类型的评估各有其优缺点，管理者在使用时需多加注意。库存类型决定存货周转率的大小。例如，易腐食品和家用电器，两种产品性质不同，周转率也不应该相同。投资回报率的大小则会受到（管理费用）分配方式的影响，因为管理费用分配方式对投资回报率的两个因素，即净收益（分子）以及总资产（分母）都会受到影响，这会导致企业的舞弊行为。最后，指定2小时内交付送货上门的服务可能受到外部因素如交通拥堵和天气的影响，这些外在因素在计算中可能不会纳入考虑的范围。总之，物流和供应链的评估需要具体问题具体分析。

二、物流绩效评估模型

传统意义上，绩效测评是面向财务指标的，如ROI、资本收益率或总利润。这些指标记录了组织过去的经营情况，但并不能反映未来。因此，虽然传统财务绩效测量方法发挥了很好的作用，现却难以满足企业努力追求技术和竞争力的需要。从20世纪80年代到20世纪90年代，学者们提出多种绩效评价模型，其中平衡计分卡和供应链运作参考模型（Supply Chain Operations Reference Model，SCOR模型）是物流领域常用的评估模型。

1. 平衡计分卡

平衡计分卡（Balanced Score Card）试图在绩效管理过程中增加整体的清晰度，消除模糊不清的问题。管理者可以站在快速且综合的视角从四个方面观察企业的业务，即财务、客户、内部业务以及学习与成长，如图8-19所示。该方法帮助管理者关注少数重要评价指标，这些指标与企业业务战略相吻合，既包含财务信息，也包含非财务信息。平衡计分卡的具体任务就是要把企业的愿景与战略转化为具体的目标，然后由具体的企业目标再进一步分解为具体的指标。由此平衡计分卡成为一种可以传播企业使命和战略的框架，企业据此制订绩效评价计划，激励企业员工的积极性。贝恩咨询公司的一项调查发现，来自五大洲的708家被调查企业中，有62%的企业使用平衡计分卡方法测量组织的绩效。

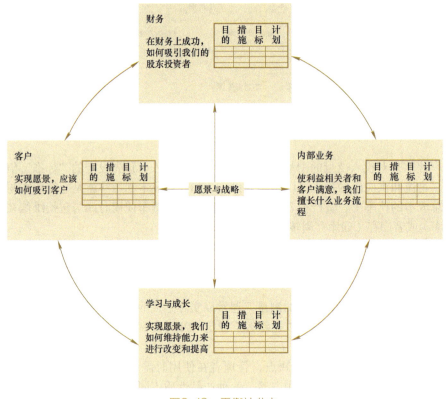

图8-19 平衡计分卡

例8-2 顺丰速运的平衡计分卡

顺丰速运（集团）有限公司（简称顺丰速运）是一家主要经营国际、国内速递及报关、报检等业务的民营速递企业，在国内包括香港、台湾地区建立了庞大的信息采集、市场开发、物流配送、快件收派等业务机构，为广大客户提供快速、准确、安全、经济、优质的专业物流服务。在国内速递企业中，顺丰速运的经营规模、网络覆盖和市场份额排名第二。

顺丰速运旨在借助平衡计分卡来实现加强员工与员工、管理者与员工之间的交流与沟通，继而提高企业凝聚力，按照是否关键进行指标分类，并进行平衡工作。顺丰速运在制定以平衡计分卡为主的绩效评价体系时，主要遵循六个原则：公开化明确化原则、定期化原则、客观考核原则、单核考核原则、差别原则和反馈原则。结合顺丰速运的背景分析，其组织结构相对而言较为简单，所以绩效评价的指标体系也不复杂。

1. 财务维度

企业的发展过程可以分为萌芽期、发展期、保持期和成熟期四个阶段。财务维度要求其各项指标必须与企业的发展阶段相适应。顺丰速运目前处于高速发展期，所以在该维度上主要考虑资金投入与经营策略之间的关系。顺丰速运的财务维度整体比重为25%，其财务指标涉及顺丰速运的资金运作、财务管理工作等内容，主要体现在盈利指标、资产营运、偿债能力和增长能力四个方面。

2. 客户维度

客户维度体现在客户和市场两个部分。顺丰速运的客户维度比重为30%，借助这一维度，旨在解决在客户和市场上应该实施何种战略，该种战略能够为顺丰速运带来多少企业价值等一系列问题。同时，客户满意度与客户保持度也是客户维度的重要组成部分。

（1）市场占有率。市场占有率是指企业组织在市场上所占有的业务比例。顺丰速运通过特定的客户群体来评估其占有的市场份额，衡量企业绩效。

（2）客户保持率。客户保持率具有两方面的含义：一是指留住现有的客户群体；二是指发现新的客户群体。就顺丰速运而言，前者的衡量标准是企业与客户的关系度，后者的计算标准是企业与新客户的交易量。

（3）客户满意度。客户满意度是客户对企业所提供服务的好坏评价程度。客户满意度是企业与客户关系、企业形象等多方面的集中体现，是顺丰速运对管理者以及员工的工作质量进行评价的重要指标。

3. 内部业务维度

平衡计分卡兼顾了企业内部与外部利益的要求。顺丰速运的内部业务维度比重为10%。顺丰速运从股东以及相关利益者的角度出发，对企业内部流程进行相应的设计，主要设计体现在价值链这一角度上，从价值链的角度出发进行思考和分析，再逐步扩展到企业营运、生产以及销售与服务等多个过程，对这些流程进行系统总结和归纳。

4. 学习与成长维度

学习与成长维度是指一个企业的后期发展潜力。顺丰速运的学习与成长维度比重为35%。顺丰速运自成立以来，以其创新与发展能力形成了集人员、信息、组织运作于一体的全面框架，是驱使其他三个维度获得卓越成果的动力。顺丰速运为了确保其技术与能力可以适应未来业务的发展，不断加大对企业学习与成长能力的资金与人力投入，力求实现员工能力、信息系统能力与人员激励、人员授权的相互配合。

（资料来源：王姝涵. 平衡计分卡在物流企业绩效评价中的应用[J]. 财税月刊，2017（12）.）

2. 供应链运作参考模型

供应链运作参考（Supply Chain Operations Reference，SCOR）模型由供应链协会（SCC）提出，它是一个过程参考模型，实现了业务流程、度量标准、最佳实践以及技术特点的有机集成，为开展供应链分析提供了一个独特框架。SCOR模型基于五个管理过程对企业业务流程进行分析（见图8-20）。

（1）计划：考虑总体需求、供应水平以及信息来源，以满足采购、生产和交付等需求。

（2）采购：考虑采购地点和产品以满足需求。

（3）生产：考虑生产地点和方法，将产品转变成最终产品以满足需求。

（4）配送：考虑渠道、库存调度以及提供最终产品满足需求的过程。

（5）回收：考虑与退货或者接收退货有关的地点和流程，并将这些过程扩展到产品交付后的客户支持环节。

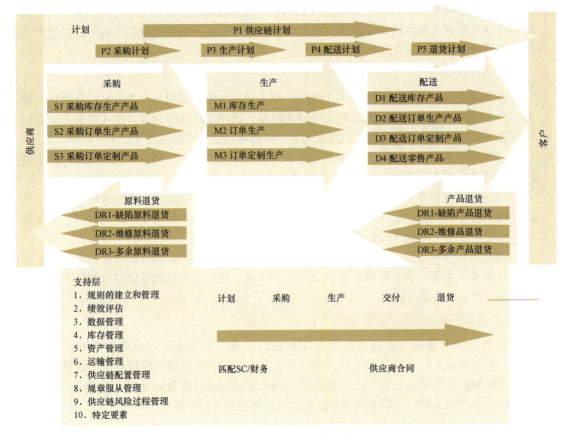

图8-20 供应链运作参考模型

与传统财务评级方法不同，SCOR模型是一种独立的、不以利润为唯一目标的工具，重点关注供应链系统和实践最新技术的运用和提升。它提供了一个框架，是分析、设计和评估企业客户服务能力和供应链运作的有用工具。图8-21即为一个基于SCOR模型的企业供应链评估指标示例。根据该框架，可以对企业供应链运作进行评估并实施改善。

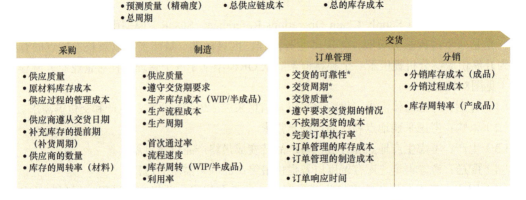

图8-21 基于SCOR模型的企业供应链评估指标示例

但是，SCC也指出SCOR模型并不适用于企业业务过程的所有方面。例如，销售和营销、需求创造以及交付后的过程支持就很难用SCOR模型进行分析，虽然它们也都是企业客户服务策略的重要组成内容。

复习思考题

1. 什么是物流管理？试阐述物流管理的内容有哪些。
2. 物流管理的原则有哪些？举例说明。
3. 试阐述物流控制系统的组成，并思考物流系统控制的两种方式的特点与区别。
4. 什么是物流成本？物流成本的分类方式及其适用范围是什么？
5. 什么是物流成本的效益背反规律？试举例说明。
6. 试说明物流绩效评价的主要方法与特点。
7. 请解释综合满意程度C_{ij}计算公式的含义。
8. 如何定义物流客户服务？你认为对物流客户服务来讲什么因素最重要？
9. 试描述基于作业成本法（ABC）的要素。
10. 什么是平衡计分卡？如何应用平衡计分卡对物流企业的绩效进行评价？

第九章
供应链与绿色物流

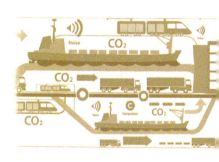

例9-1　京东物流的"价值供应链"

2018年6月，京东集团董事局主席兼首席执行官刘强东在接受央视采访时提到："以物流为载体的供应链服务是京东的战略重点，未来10年希望把这一套创新的供应链服务管理体系带到全世界，服务更多消费者。"基于此，京东物流在不断与商家展开合作，已开放全方位供应链服务，又称价值供应链服务。京东物流价值供应链总经理杨海峰强调，京东物流的整个供应链服务是广义的，不仅包含库存管理，也包括商品管理、门店管理等。所以现在京东物流把供应链定义为基于人、货、场全链条的综合供应链管理，这就是价值供应链。

京东物流正在与多个行业展开合作，包括服装、消费品、直销产品、医药企业等，输出自己的价值供应链能力。杨海峰说："我们希望把整个京东物流以前积累的经验和系统，能够在考虑合作伙伴实践场景的前提下——这个场景更多的可能是基于线下，或者是基于不同的渠道环节，包括批发与销售环节——把这些场景与京东过去十几年积累的很多不同的算法和模型进行匹配。京东Y事业部和AI事业部正在基于机器学习等开发中补充并拓展这些能力，从而进一步赋予合作伙伴。"

例如，在与服装企业的合作中，京东物流意识到整个传统的服务行业在发展运营的过程中都存在库存周转和预测需求等问题，而这正是京东物流供应链可以辅助解决的问题之一。京东的供应链依靠整合京东Y事业部、京东物流研发部、X事业部等研发力量提供技术支持，进一步把京东物流的整个链条全部打通，包括前、中、后台，以链条形式串在一起，可以帮助商家进行全链条的优化。

据杨海峰介绍，在2018年"6·18"期间，京东物流帮助合作伙伴（更多的是传统企业）基于其自身的用户去做供应链服务的优化，通过京东物流的系统能力和供应链能力（包括运货、预测等），更好地帮助商家采集用户信息，以及提升品牌度及用户忠诚度。

在大促期间，商家经常会有断货的可能，就会有很多投诉。京东物流可以在后端帮助商家预测，在"6·18"之前需要补多少货，把这些货放在哪个区域的哪个仓里。基于这些精准的布局，能够有效地满足更多用户的订单，同时保证时效性。这些都是基于供应链物流能力为合作伙伴赋能。杨海峰透露，除了这些，目前京东物流也在与服装企业、制造企业探索价值供应链方面的合作。他解释到，供应链管理是两种方式：一种是推动，另一种是拉动。很多传统企业喜欢推动方式，以生产带动消费，导致区域销售或者某些品种销售的不平衡。京东完全基于拉式管理供应链，从用户需求出发，拉动上游企业进行有效的补货。

同时，京东物流在与企业合作的时候发现一个问题：如果不了解生产，不了解原材料，就无法降低整个环节的供应链成本。因此，京东物流计划将拉动式供应链与推动式供应链相结合，使供应链管理具有柔性，并进一步尝试对接某些企业的生产系统，实现产销联动，更好地将最终用户信息快速准确地传达到上游供应链的各个环节，实现有效的价值供应链管理。

思考题：从此例中，你如何理解京东物流的价值供应链的服务内涵？

第一节 供应链管理概述

一、供应链管理理论产生的背景

20世纪90年代以来，由于科学技术的不断进步和经济的不断发展，全球化信息网络和全球化市场的形成及技术变革的加速，围绕新产品的市场竞争也日趋激烈。技术进步和需求的多样化使得产品生命周期不断缩短，企业面临着缩短交货期、提高产品质量、降低成本和改进服务的压力。所有这些都要求企业能对不断变化的市场做出快速反应，源源不断地开发出满足用户需求的、定制的"个性化产品"去占领市场以赢得竞争，市场竞争也主要围绕新产品的竞争而展开。

21世纪经济社会环境具有以下几个方面的特点：

1. 信息爆炸的压力

大量信息的飞速产生和通信技术的发展迫使企业把工作重心从如何迅速获得信息转到如何准确地过滤和有效地利用各种信息上来。随着互联网的发展，大数据时代随之而来，企业需要新的模式才能具有更强的决策力、洞察力和流程优化能力来处理海量、高增长率和多样化的信息资产。为了更好地应对大数据的趋势，如EMC Greenplum统一分析平台等大数据分析平台应运而生，可以实现数据团队和分析团队在该平台上无缝地共享信息、协作分析，没必要在不同的孤岛上工作，或者在不同的孤岛之间转移数据。

2. 技术进步越来越快

新技术、新产品的不断涌现，一方面使企业受到前所未有的压力，另一方面也使每个企业员工受到巨大的挑战。企业员工必须不断地学习新技术，否则将面临由于掌握的技能过时而遭淘汰的压力。例如，现在越来越多的企业引进ERP技术，可以实现企业供应链的整合，达到降库存、降成本的目标。但ERP的运用也对企业员工提出了新的要求，要求他们学习信息技术，以更好地适应企业发展的要求。

3. 高新技术的使用范围越来越广

以计算机及其他高新技术为基础的新的生产技术在企业中的应用是21世纪的主要特色之一。例如，计算机辅助设计、计算机辅助制造、柔性制造系统、自动存储和分拣系统、自动条码识别系统等，在世界各国尤其是工业发达国家的生产和服务中得到广泛应用。虽然应用高新技术的初始投资巨大，但它会带来许多竞争上的优势。以自动存储和分拣系统为例，虽然其初试投资往往需要几十万元到几百万元不等，但其可以减少人工劳动成本，提高分拣效率。

4. 新商业的模式不断产生

随着移动互联网的蓬勃发展，大数据、云计算等新一代信息技术的异军突起，正以千军万马、惊涛拍岸之势深刻影响着传统产业，并催生出更多新产业、新业态、新模式，培育出不少新经济增长点。O2O商业模式、共享经济在这种形势下以一种新型商业模式、创新的发展理念迅猛发展。整合大量闲散社会交通资源的O2O出行平台"滴滴出行"即为现代共享经济的典型新模式之一。

5. 新产品研制开发的难度越来越大

越来越多的企业认识到开发新产品对企业创造收益的重要性，因此，许多企业不惜加大投资力度，但是资金利用率和投入产出比却往往不尽如人意。原因之一就是产品研制开发的难度越来越大，特别是那些大型、结构复杂、技术含量高的产品，在研制中一般都需要各种先进的设计技术、制造技术、质量保证技术等，不仅涉及的学科多，而且大都是多学科交叉的产物。因此，如何成功地解决产品开发问题是摆在企业面前的首要问题。有数据显示，2013年以前，新品往往能给母品牌带来8%的销售增长；但到2013年，这一贡献下降到了6%。厂商们越来越难通过推出新产品来增加母品牌的总体销量。

6. 可持续发展的要求

如今，国际社会维持生态平衡和环境保护的呼声越来越高。在全球制造和国际化经营趋势越来越明显的今天，各国政府将环保问题纳入发展战略，相继制定出各种各样的政策法规，以约束本国及外国企业的经营行为。在市场需求变化莫测、制造资源日益短缺的情况下，企业如何取得长久的经济效益，是企业制定发展战略时必须考虑的问题。以家电行业为例，以海尔为代表的家电生产商通过"以旧换新"等方式来回收废旧产品，同时推动新产品的销售，以达到保护环境、节约资源的同时促进销售的目的。

7. 全球性技术支持和售后服务

赢得用户信赖是企业保持长盛不衰的竞争力的重要因素之一。赢得用户信赖不仅要靠具有吸引力的产品质量，而且要靠售后的技术支持和服务。许多世界知名企业在全球拥有健全而有效的服务网就是最好的证明。

8. 用户的要求越来越高

随着时代的发展，大众知识水平的提高和激烈的竞争带给市场的产品越来越多、越来越好，用户的要求和期望越来越高，消费者的价值观发生了显著变化，需求结构普遍向高层次发展。以iPhone为例，iPhone 7以前的型号初试存储容量为16GB，iPhone 7的初试存储容量为32GB，而最新的iPhone X的初试存储容量为64GB。这一变化的一个重要的原因在于用户对手机的功能要求越来越多，同时苹果的服务业务不断增多，导致原有的容量已经无法满足用户的需求。

与此同时，21世纪的产品与服务市场也出现明显的变化，诸如产品开发周期日益缩短，产品品种呈现指数倍增长，以及对交货期等服务水平的期望越来越高。由此，影响着21世纪企业管理模式发生根本性的转变，即从传统的"纵向一体化"（Vertical Integration）管理模式转向"横向一体化"（Horizontal Integration）模式。

企业从把产品设计、计划、财务、会计、生产、人事、管理信息、设备维修等工作看作必不可少的业务工作，转型为利用企业外部资源快速响应市场需求，本企业只抓最核心的东西：产品方向和市场。至于生产，只抓关键零部件的制造，甚至全部委托其他企业加工。例如，福特汽车公司的Fiesta系列汽车就是由美国人设计，由日本的马自达公司生产发动机，由韩国的制造厂生产其他零件和装配，最后再在美国市场上销售。制造商把零部件生产和整车装配都放在了企业外部，这样做的目的是利用其他企业的资源促使产品快速上马，避免自己投资带来的基建周期长等问题，使产品凭借低成本、高质量、早上市等方面赢得竞争优势。

二、供应链管理的概念

供应链（Supply Chain）由直接或间接地履行客户需求的各方组成，不仅包括制造商和供应商，而且包括运输商、仓储商、零售商，甚至包括客户本身。在每一个组织中，供应链包括接受并满足客户需求的全部功能。这些功能包括但不限于以下功能：新产品开发、市场营销、生产运作、分销、财务和客户服务。

图9-1所示是一条非常典型的完整供应链。它从供货商向制造工厂供货开始。每个工厂负责不同的部分，即不同区域的工厂生产的是不同型号的产品，或者生产产品里面的某一个部分，最后汇集到制造总部。制造总部完成之后，转给行销总部，行销总部把产品送到分公司，分公司经过经销商再卖给客户。例如，顾客到商店买鞋，而商店货架上的鞋是通过成品仓库或分销商通过第三方供应的，而鞋的制造商为分销商供货。鞋的制造商从各种供应商那里购买原材料，如鞋盒、皮料等，而鞋盒供应商又由更低层的供应商供货，如纸制造商。纸制造商由木材供应商提供原料。

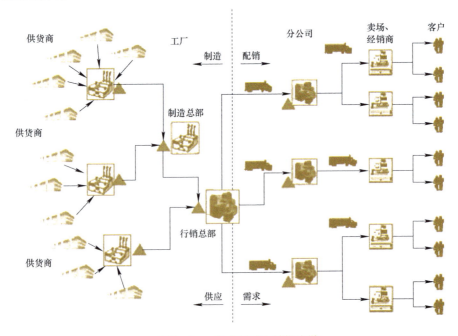

图9-1 一条典型的完整供应链

《物流术语》（GB/T 18354—2006）对供应链的定义：供应链是生产及流通过程中，涉及将产品或服务提供给最终用户所形成的网链结构。

对供应链定义的第一种理解：供应链是指产品生产和流通过程中所涉及的原材料供应商、生产商、分销商、零售商以及最终消费者等成员通过与上游、下游成员的连接（Linkage）组成的网络结构，即由物料获取、物料加工、将成品送到用户手中这一过程所涉及的企业和企业部门组成的一个网络。它把供应链描绘成一棵枝叶茂盛的大树：生产企业构成树根；独家代理商则是主干；分销商是树枝和树梢；满树的绿叶红花是最终用户；树根与主干、树枝与主干的节点处，蕴藏着一次次流通，遍体相通的脉络便是信息管理系统。

对供应链定义的第二种理解：供应链是指围绕核心企业，通过对信息流、物流、资金流的控制，从采购原材料开始，制成中间产品以及最终产品，最后由销售网络把产品送到消费者手中的将供应商、制造商、分销商、零售商、最终用户连成一个整体的功能网链结构模式。它是范围更广的企业结构模式，包含所有加盟的节点企业，从原材料的供应开始，经过链中不同企业的制造加工、组装、分销等过程直到最终用户。它不仅是一条连接供应商到用户的物料链、信息链、资金链，而且是一条增值链，物料在供应链上因加工、包装、运输等过程而增加其价值，给企业带来收益。

综上所述，理解供应链管理的定义应把握以下几个方面：

（1）供应链管理把对成本有影响和在产品满足客户需求的过程中起作用的每一个因素都考虑在内，包括从供应商和制造商经过储运商到批发商、零售商以及商店。

（2）每一条供应链的目的都应当是供应链整体价值最大化。在评估供应链价值时，可用供应链剩余来衡量。所谓供应链剩余（Supply Chain Surplus），是指来自客户的收入与供应链的总成本之间的差额。供应链剩余是供应链所有环节与中间商所共享的总利润。供应商剩余越高，供应链就越成功。对于大多数以盈利为目的的供应链来说，供应链剩余与利润之间存在很强的关联性。供应链是否成功应当由供应链总剩余而不是单个环节的利润来衡量。

（3）供应链管理围绕着把供应商、制造商、分销商（批发商和零售商）有效率地结合成一体，因此它包含公司许多层次上的活动，从战略层到战术层一直到作业层。与此同时，在供应链的运营过程中应当考虑供应链各环节之间的协调问题。如果供应链中的各个环节只是追求自身目标最优化，而不考虑对整个供应链的影响，会导致供应链的失调，从而使得供应链的总利润低于协调时能够得到的利润。

供应链管理主要涉及四个主要领域：供应（Supply）、生产计划（Schedule Plan）、物流（Logistics）和需求（Demand）。供应链管理是以同步化、集成化生产计划为指导，以各种技术为支持，尤其以Internet/Intranet为依托，围绕供应、生产作业、物流（主要指制造过程）、满足需求来实施的。供应链管理主要包括计划、合作、控制从供应商到用户的物料（零部件和成品等）和信息。供应链管理的目标在于提高用户服务水平和降低总的交易成本，并寻找两个目标之间的平衡（这两个目标往往有冲突）。在以上四个领域的基础上，可以将供应链管理细分为职能领域和辅助领域。职能领域主要包括产品工程、产品技术保证、采购、生产控制、库存控制、仓储管理、分销管理等；而辅助领域主要包括客户服务、制造、设计工程、会计核算、人力资源、市场营销等。

供应链管理就是指在满足一定客户服务水平的条件下，为了使整个供应链系统成本达到最小而把供应商、制造商、仓库、配送中心和渠道商等有效地组织在一起来进行的产品制造、转运、分销及销售的管理方法。供应链管理包括计划、采购、制造、配送、退货五大基本内容。

（1）计划。它是供应链管理的策略性部分。需要有一个策略来管理所有的资源，以满足客户对产品的需求。好的计划是建立一系列的方法监控供应链，使它能够有效地、低成本地为客户递送高质量和高价值的产品或服务。

（2）采购。它是购买产品和服务所需进行的一系列业务流程。管理者首先必须决定每一项任务是由具有响应能力的供应源完成，还是由具有效率的供应源完成；然后要决定是由企业内部完成还是外包给第三方完成。

（3）制造。它是安排生产、测试、打包和准备送货所需的活动，是供应链中测量内容最多的部分，包括对质量水平、产品产量和工人生产效率等的测量。

（4）配送。它是调整客户订单收据、建立仓库网络、派递送人员提货并送货到客户手中、建立货品计价系统、接收付款等的活动。在竞争激烈的市场中，提高服务质量成为各个商家提高市场占有率的重要手段。服务质量主要体现在物流配送效率和产品供给能力等方面。构建物流配送网络能够提高产品的流通速度，使产品能够及时地送达客户手中，提升客户体验。

（5）退货。它是供应链中的问题处理部分。建立网络接收客户退回的次品和多余产品，并在客户应用产品出问题时提供技术支持。

三、供应链结构模型与流程

任何一条供应链的主要目的都是满足客户的需求，并在满足客户需求的过程中为企业创造利润。由此，供应链是产品或原材料从供应商到制造商到分销商再到零售商直至客户这一链条移动的过程，可以简单地归纳为如图9-2所示的模型。

图9-2　供应链结构模型

从图9-2中可以看出，供应链由所有加盟的节点企业组成，一般有一个核心企业，可以是产品制造企业，如美国的戴尔公司；也可以是大型零售企业，如美国的沃尔玛公司，节点企业在需求信息的驱动下，通过供应链的职能分工与合作（生产、分销、零售等），以资金流、物流或服务流为媒介实现整个供应链的不断增值（见图9-3）。

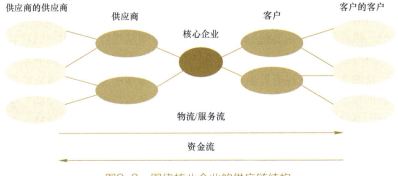

图9-3　围绕核心企业的供应链结构

1. 供应链的四个流

供应链是动态的，包括不同环节之间的物流、商流、信息流、资金流四个流。四个流有各自不同的功能以及不同的流通方向。

（1）物流。物流是物资（商品）的流通过程，是一个发送货物的程序。该流程的方向是由供货商经由厂家、批发与物流、零售商等指向消费者。由于长期以来企业理论都是围绕产品实物展开的，目前物流被人们广泛重视。许多物流理论都涉及物资流通过程中如何在短时间内以低成本将货物送出去。

（2）商流。商流是买卖的流通过程，是接受订货、签订合同等的商业流程，是货物所有权的转移过程。该流的方向是在供应商与客户之间双向流动的。目前，商业流通形式趋于多元化，既有传统的店铺销售、上门销售、邮购等方式，又有通过互联网等新兴媒体进行购物的电子商务形式。

（3）信息流。信息流是商品及交易信息的流程。该流的方向也是在供应商与客户之间双向流动的。过去人们往往把重点放在看得到的实物上，因而信息流一直被忽视。现代物流的快速发展是对信息流的把握与获取，信息流代替物流是实现对市场需求快速反应的必然保证。

（4）资金流。资金流就是货币的流通。为了保障企业的正常运作，必须确保资金的及时回收，否则企业就无法建立完善的经营体系。该流的方向是由消费者经由零售商、批发与物流、厂家等指向供货商。

例如，美国沃尔玛公司不仅提供商品，实现商品的客户满意与所有权的转移，而且为客户提供定价和可获得性方面的信息。客户付款给沃尔玛公司，沃尔玛公司把销售信息和补充订单信息传达给仓库或分销商，仓库或分销商把补充订单所需要的货品送到商店。补货后沃尔玛公司付款给分销商，分销商也为沃尔玛公司提供定价信息，递交发货日程计划，沃尔玛公司还可以回收包装材料用于再循环。由此构成供应链间的物流、商流、信息流和资金流。

又如，当客户在线购买戴尔计算机时，供应链包括客户、戴尔销售网站、戴尔装配商以及包括所有戴尔供应商和供应商的供应商。网站为客户提供定价、产品种类和产品信息。选择产品后，客户输入订单信息并付款。随后，客户可以返回网站来检查订单履行的状态。这个过程涉及供应链环节的信息流、商流、物流和资金流。

2. 供应链的流程循环

如图9-4所示，结合供应链运作流程的五个阶段，所有供应链流程都可以分解为四个流程的循环，即客户订购循环、补货循环、制造循环和采购循环，每个循环都发生在供应链两个相邻环节之间的界面上。

（1）客户订购循环。客户订购环节发生在客户与零售商之间，包括接受和满足客户订购所直接涉及的所有过程。①客户抵达是指客户到达一个便于选择并做出购买决定的特定地点。②客户订单递交是指客户告知零售商他们需要的产品，随后零售商将产品送达客户手中的过程。③在客户订单完成过程中，客户的订购需求得到满足，货物被送至客户处。④在客户订货接收过程中，客户接收所订购产品并成为物主；商家更新收据记录，启动现金支付。

（2）补充库存循环。补充库存环节发生在零售商与分销商之间，包括补充零售商品库存清单所涉及的所有过程：①零售订货发起；②零售订单递交；③零售订单完成；④零售订货接收。

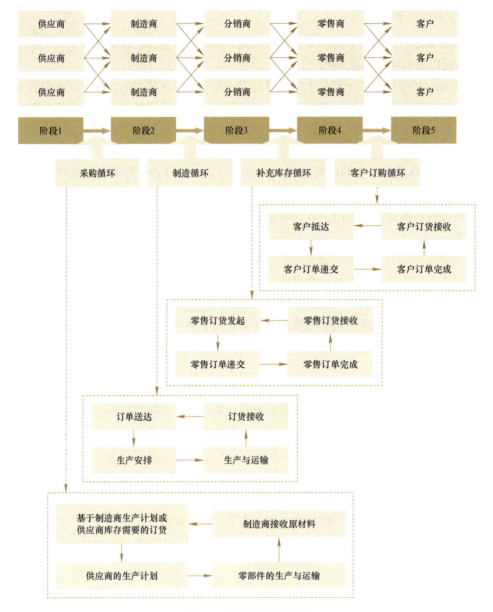

图9-4 供应链流程循环

(3) 制造循环。典型的生产制造环节发生在分销商与制造商（或者零售商与制造商）之间，包括与更新分销商（或零售商）库存有关的所有过程。生产环节由客户订单（如戴尔的例子）、零售商或分销商补充库存订单（如沃尔玛在宝洁公司的订单）引发，或者由客户需求预测与厂家产成品仓库中既有产品数量之间的差额启动。其过程包括：①订单送达；②生产安排；③生产与运输；④订货接收。

(4) 采购循环。原料采购环节发生在制造商与供应商之间，包括与确保原料获取相关的所有过程。在原料获取环节中，制造商从供应商那里订购原料，以补充原料库存。

零售商向分销商订货由不确定的客户需求引发，而制造商在生产安排方面一旦做出决定，原料需求量就可以精确地计算出来。原料订单取决于生产安排，因此，将供应商与制造商的生产计划联系起来至关重要。如果供应商的原料生产必须比制造商的货物生产提前很多,则只能依据预测进行生产。

3. 供应链的推/拉动模式

根据对最终客户需求的执行时间,供应链中的所有流程可分为两种类型:推动模式和拉动模式。推动模式中,订单的执行是依据对客户需求的预测,客户订货需求是未知的,必须进行预测,具有投机性(或预测性)而不是实际需求,是一种投机流程;而拉动模式中,订单的执行依据客户需求,客户需求是已知的、确定的,是对客户订货需求的反应,是一种反应流程。

(1)推动模式供应链。在推动模式中,企业通常根据历史的销售情况,预测未来的需求情况,并根据市场预测和公司的发展目标,制订有关生产和分销的计划。根据长期预测组织产品生产的供应链系统,而预测的基础是从零售商处接到的订单,如图9-5所示。

图9-5 推动模式供应链

推动模式的优点在于,能够稳定供应链的生产负荷,提高机器设备的利用率,缩短商品的交货周期,增加商品交货的可靠性等。其缺点在于:①通常需要储备较多的原材料、在制品和成品库存,其中库存占用大量的流动资金;②对市场变化的反应比较迟钝,不能及时满足变化的需求;③当某些产品的需求消失时,会使供应链产生大量过时的库存;④由于市场需求变化和临时的紧急转产或送货,会导致生产成本、运输成本和库存的增加。

在推动模式供应链中,生产和分销的决策都是根据长期预测的结果做出的。准确地说,制造商利用从零售商处获得的订单进行需求预测。事实上,企业从零售商和仓库那里获取订单的变动性要比客户实际需求的变动大得多,这就是通常所说的"牛鞭效应"。这种现象会使企业的计划和管理工作变得很困难。

(2)拉动模式供应链。在拉动模式中,生产和分销是由市场需求驱动的,而不是根据需求预测确定的,所以企业通常不需要持有很高的库存。在拉动模式供应链中,供应链必须具有快速的信息传递能力和反应能力。供应链各成员企业可以及时获取客户的需求信息,并通过相互合作与协调,快速满足客户需求。使用快速的信息流机制把客户需求信息传递给制造商,如POS系统,如图9-6所示。

图9-6 拉动模式

拉动模式供应链的优点在于,大大降低了各类库存,减少了流动资金的占用,从而降低了库存变质和失效的风险。其缺点是将面对能够及时获取资源和及时交货以满足市场需求的问题。当提前期不太可能缩短时,拉动模式供应链是很难实现的。此外,在拉动模式中,也比较难以实现生产和运输的规模优势。

从供应链的角度来看,拉动模式供应链的驱动力产生于最终客户,产品生产是受需求驱动的。生产是根据实际客户需求而不是预测需求进行协调的。在拉动模式供应链中,需求的不确定性很高,周期较短,主要的生产战略是按订单生产、按订单组装和按订单配置。整个供应链要求集成度较高,信息交换迅速,可以根据最终用户的需求实现定制化服务,如图9-7所示。

图9-7　拉动模式供应链

因此,拉动模式供应链运用的条件为:①必须有快速的信息传递机制,能够将顾客的需求信息(如销售点数据POS)及时传递给不同的供应链参与企业;②能够通过各种途径缩短提前期。如果提前期不能随着需求信息缩短,则拉动模式是很难实现的。

(3)推/拉动模式供应链组合战略。在推/拉动模式组合战略中,供应链的某些环节以推动模式运行,其余环节则采用拉动模式。推动与拉动的交界处称为推拉边界,如图9-8所示。在推/拉动模式供应链中,推/拉边界位于从原材料采购开始到将产品交付给客户的时间段中的某一点,即拉动模式与推动模式之间的分离点,也称为延迟策略中的客户需求切入点(Customer Order Postponement Decoupling Point,CODP)。

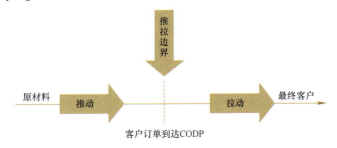

图9-8　推/拉动模式供应链组合战略

推/拉动模式供应链组合战略结合了推动和拉动模式的优点,并同时规避了两种模式可能面临的风险,如表9-1所示。一方面,供应链的推动环节的不确定性相对较小,服务水平不是主要问题,因此,重点应当放到成本控制上;另一方面,供应链的拉动环节具有较高的不确定性,因此,管理的重点是提高服务水平。

表9-1　供应链推/拉动环节的特点

内　　容	推动环节	拉动环节
目标	成本最小化	服务水平最大化
复杂程度	高	低
重点	资源配置	快速反应
提前期	长	短
关键流程	供应链计划	订单履行

如按照订单生产的戴尔公司,其制造公司不是通过零售商或分销商销售商品,而是直接面向客户的;需求不是通过成品库来满足,而是通过制造过程实现的。客户订单引发了产品的生产,因此制造循环成为客户订单循环中的一部分。戴尔公司供应链中有效的循环有客户订单循环、制造循环和采购循环。客户订单循环和制造循环中的所有流程都是在客户订单到达后开始的,是拉动流程;而戴尔的零部件订单不是由客户订单决定的,其库存补货时是建立在对客户

需求预测的基础上进行的，所以采购循环是推式流程。如戴尔这种采取推/拉动模式组合战略的企业，既可以按照低成本、高效率以及规模经济的要求组织采购、生产或分销，又可以按照客户要求提高反应速度。

4. 供应链管理中的关键问题

事实上，供应链管理是一个复杂的系统，涉及众多目标不同的企业，牵扯企业的方方面面。因此，实施供应链管理必须确保理清思路、分清主次，抓住关键问题。

（1）配送网络的重构。配送网络重构是指采用一个或几个制造工厂生产的产品来服务一组或几组在地理位置上分散的渠道商时，当原有的需求模式发生改变或外在条件发生变化后引起需要，而对配送网络进行的调整。这可能是现有的几个仓库租赁合同终止或渠道商的数量发生增减变化等原因引起的。此外，需求模式的改变可能需要改变工厂的产量、新供应商的选择，以及货物在配送网络中的流动方式。因此，会产生一个复杂的优化问题，即如何选择仓库的位置和容量，确定每个厂商的生产批量，并设定设施之间的运输流，包括从工厂到仓库和仓库到零售商等所有生产、库存和运输成本最小化的有效控制并满足必要服务水平的优化问题。

（2）配送战略问题。在供应链管理中，配送战略也非常关键。采用直接转运战略、经典配送战略还是直接运输战略，需要多少个转运点，哪种战略更适合供应链中大多数的节点企业等问题，都要经过商讨确定。

直接转运（Cross Docking）战略是指在这个战略中，终端渠道由中央仓库供应货物，中央仓库充当供应过程的调节者和来自外部供应商的订货转运站，而其本身并不保留库存。经典配送战略则是指在中央仓库中保留有库存。直接运输战略相对较为简单，是指把货物直接从供应商运往终端渠道的一种配送战略。

（3）供应链集成与战略伙伴。由于供应链本身的动态性以及不同节点企业之间存在着相互冲突的目标，因此对供应链进行集成是相当困难的。但实践表明，对供应链集成不仅是可行的，而且能够对节点企业的销售业绩和市场份额产生显著的影响。显然，什么信息应该共享、如何共享、信息如何影响供应链的设计和作业，在不同节点企业之间实施什么层次的集成，可以实施哪些类型的伙伴关系等，就成了最为关键的问题。

（4）库存控制问题。库存控制问题包括终端渠道对特定产品应该持有多少库存，终端渠道的订货量应该大于、小于还是等于需求的预测值，终端渠道应该采用多大的库存周转率等。终端渠道的目标在于决定在什么水平上再订购一批产品，以及为了最小化库存订购和保管成本，应订购多少产品等。

（5）产品设计。有效的产品设计在供应链管理中起着多方面的关键作用。那么什么时候对产品进行设计来减少物流成本或缩短供应链的周期，产品设计是否可以弥补顾客需求的不确定性，为了利用新产品设计，对供应链应该做什么样的修改等问题就变得非常重要。

（6）信息技术和决策支持系统。信息技术是促成有效供应链管理的关键因素。供应链管理的基本问题在于应该传递什么数据，如何进行数据的分析和利用，互联网对供应链管理的影响，电子商务的作用，信息技术和决策支持系统能否作为企业获得市场竞争优势的主要工具等。

（7）客户价值的衡量。客户价值是衡量一个企业对于其顾客的贡献大小的指标。这一指标是根据企业提供的全部货物、服务以及无形影响来衡量的。近年来，这个指标已经取代了质量和客户满意度等指标。

（8）生产采购。在许多行业中，需要均衡运输成本与制造成本之间的矛盾。少品种大批量的生产能有效地降低生产成本，而可能导致运输成本增加；降低运输成本通常需要每个工厂的生产具有柔性，即具有生产多数甚至全部产品的能力，这就导致小批量生产，进而增加了生产成本。

（9）供应合同。在传统的供应链战略中，链上的每一方只关注自身利润，供需双方的关系是通过定价、数量折扣、交货提前期、质量、退货等条款的供应合同确定的。而在当今考虑优化整个供应链绩效之际，做出决策时要考虑供应链上每个伙伴的利益与影响，即数量折扣与收入分配合同对供应链绩效的影响，供应商是否可以采取有利于需求方的政策，激励需求方在一定时期内购买更多的产品，这样供需双方的利润都能有所提高。

（10）外包与离岸化策略。供应链战略中的各个企业不仅要关注自身核心竞争力的提升，同时还要考虑将自己不擅长的业务活动外包的问题。而哪些外包、哪些自营以及外包的风险都是在协调供应链内不同活动的同时必须面对的问题，即产品和部件是否需要从外部供应商那里购买，供应商能否按时供应货物，怎样将外包的风险降到最低，如何应对两个供应源等问题；即使企业不外包，也要考虑如何将生产转移到成本更低的地区，离岸化对库存水平和资本成本将产生怎样的影响等。

（11）智能定价策略。许多制造商、零售商和承运商都采用不同的技术和手段来提高供应链绩效，包括通过整合定价和库存控制来影响市场需求并提高财务绩效。例如：收益管理策略、回购策略将对供应链绩效产生什么样的影响？如何基于这些影响制定有效的供应链决策？在新经济环境中，面对个性化需求，智能定价与管理对供应链的协同优化十分重要。

第二节 逆向物流

一、逆向物流概述

1. 逆向物流的产生背景及概念

由于资源和处置能力是有限的，回收利用的产品和材料是支持日益增长的人口和消费水平的关键。近年来，各国对环保的重视程度越来越高，如何减少工业污染与废物排放是目前工业发展的一个关键问题。因此，物质循环的概念正逐渐取代经济的"单向"观念。此外，随着科技进步和人们生活水平的提高，消费者对产品多样化和个性化的要求越来越高，由此导致废旧产品也越来越多。与此同时，人们的环保意识不断增强，环保法规日益完善，许多国家开始要求生产企业对产品生命周期全过程负责，产生了生产商延伸责任制（Extended Producer Responsibility，EPR）。它最早是瑞典隆德大学（Lund University）的托马斯·林赫斯特（Thomas Lindhqvist）在1988年提交给瑞典环境部的报告中提出的。报告认为，生产者的责任应该延伸到整个产品的生命周期。欧盟把生产者延伸责任定义为生产者必须承担产品使用完毕后的回收、再生和处理的责任，其策略是将产品废弃阶段的责任完全归于生产者。目前大多数国家采用欧盟的定义并实行了环境立法。

从物流的角度看，产品回收将导致从消费地向生产地的物流，这个与传统正向物流（Forward Logistics）相反的物流就是逆向物流（Reverse Logistics）。许多学者对逆向物流的定义和内涵都提出了自己的看法。综合这些学者的表述，逆向物流是指物资从产品消费点（包括最终客户和供应链上客户）到产品来源点的物理性流动。尽管逆向物流主要是指物资的逆向流动，但同时又伴随着信息流、资金流、价值流、商务流，它与常规物流（顺向物流）无缝对接，成为整个物流系统的有机组成部分。

《物流术语》（GB/T 18354—2006）对逆向物流的定义是：逆向物流也称为反向物流，是指物品从供应链下游向上游的运动所引发的物流活动。

2. 逆向物流的特点

逆向物流作为企业价值链中特殊的一环，与正向物流相比，既有共同点，又有各自不同的特点。二者的共同点在于都具有包装、装卸、运输、储存、加工等物流功能。但是，逆向物流与正向物流相比，又具有其鲜明的特殊性。

（1）分散性。换言之，逆向物流产生的地点、时间、质量和数量都是难以预见的。废旧物资流可能产生于生产领域、流通领域或生活消费领域，涉及任何领域、任何部门、任何个人，在社会的每个角落都在日夜不停地发生。正是这种多元性使其具有分散性。而正向物流则不然，按量、准时和指定发货点是其基本要求。这是由于逆向物流发生的原因通常与产品的质量或数量的异常有关。

（2）缓慢性。人们发现，开始的时候逆向物流数量少、种类多，只有在不断汇集的情况下才能形成较大的流动规模。废旧物资的产生也往往不能立即满足人们的某些需要，它需要经过加工、改制等环节，甚至只能作为原料回收使用，这一系列过程的时间较长。同时，废旧物资的收集和整理也是一个较复杂的过程。这一切都决定了废旧物资的缓慢性特点。

（3）混杂性。回收的产品在进入逆向物流系统时往往难以划分为产品，因为不同种类、不同状况的废旧物资常常是混杂在一起的。当回收产品经过检查、分类后，逆向物流的混杂性随着废旧物资的产生而逐渐衰退。

（4）多变性。由于逆向物流的分散性及消费者对退货、产品召回等回收政策的滥用，有的企业很难控制产品的回收时间与空间，这就导致了多变性。其主要表现在以下四个方面：①逆向物流具有极大的不确定性；②逆向物流的处理系统与方式复杂多样；③逆向物流技术具有一定的特殊性；④相对高昂的成本。

3. 逆向物流的类型

为了对逆向物流进行细致而有效的分析，有必要将逆向物流分类。下面从不同角度对逆向物流进行了分类：

（1）按回收物品的特点分。按照回收物品的特点，逆向物流可分为退货逆向物流和回收逆向物流两部分。其中，退货逆向物流是指下游客户将不符合订单要求的产品退回上游供应商，其流程与常规产品的流向正好相反。回收逆向物流是指将最终客户所持有的废旧物品回收到供应链上各节点企业的物流活动中。

（2）按材料的物理属性分。按照材料的物理属性，逆向物流可分为钢铁和有色金属制品逆向物流、橡胶制品逆向物流、木制品逆向物流、玻璃制品逆向物流等。

（3）按成因、途径和处置方式及产业形态来分。按成因、途径和处置方式及产业形态的不同，逆向物流可分为投诉退货、终端使用退回、商业退回、维修退回、生产报废与副品以及包装回收六大类别。

二、逆向物流模式

逆向流物包括退货逆向物流和回收逆向物流两部分。退货逆向物流是指下游客户将不符合订单要求的产品退回给上游供应商，其流程与常规产品流向正好相反。回收逆向物流是指将最终客户所持有的废旧物品回收到供应链上各节点企业。它包括五种物资流：直接再售产品流（回收→检验→配送）、再加工产品流（回收→检验→再加工）、再加工零部件流（回收→检验→分拆→再加工）、报废产品流（回收→检验→处理）和报废零部件流（回收→检验→分拆→处理），如图9-9所示。

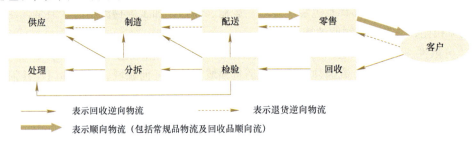

图9-9 逆向物流网络

回收逆向物流由回收物流和废弃物流构成。回收逆向物流的物资中，一部分可回收再利用，成为再生资源，形成回收物流；另一部分在循环利用过程中，基本或完全丧失了使用价值，形成无法利用的最终排泄物，即废弃物，废弃物经过处理后，返回自然界，形成废弃物流，如图9-10所示。

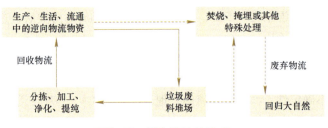

图9-10 逆向物流的构成

其中，关于废旧产品的再处理过程，蒂埃利（Thierry）（1995）提出了废旧产品的四种再处理方式：修理（Repair）、拆卸（Cannibalization）、再循环（Recycling）、再制造（Remanufacturing）。20世纪90年代，美国提出了"3R"体系（Reuse、Recycle、Remanufacture）；日本从环保角度建立了"3R"体系（Reduce、Reuse、Recycle）。2004年，中国工程院徐匡迪提出了我国发展循环经济应遵循"4R"原则，即Reduce（减量化）、Reuse（再利用）、Recycle（再循环）、Remanufacture（再制造）。

归结起来，废旧产品的再处理过程可分为四种方式：

（1）再利用（Reuse）：经过简单修理即可重新投入市场（退货产品）。

（2）再制造（Remanufacture）：损坏不严重，拆卸后部分零部件无损或通过修理即可恢复到"新产品"状态。

（3）再循环（Recycle）：损坏严重，彻底破坏产品结构，回收高价值原材料并循环再利用。

（4）处理（Disposal）：无法回收原材料的剩余部分进行焚烧、填埋等处理。

三、逆向物流中的关键问题

企业在着手进行逆向物流回收处理过程中，主要面临五个问题：回收的产品是什么？建立什么样的回收渠道回收产品？回收渠道中要实现的功能是什么以及在何处实现？与谁合作一起完成要实现的功能？如何借助信息技术支持逆向物流处理活动？

1. 逆向物流的运营模式选择

制造企业逆向物流管理的驱动因素有多种，如政府立法限制、企业降低成本和满足客户绿色消费观念等。不管制造企业因为何种原因从事逆向物流处理活动，选择和决策以何种逆向物流回收模式来完成逆向物流回收处理工作都是一项复杂的工作。逆向物流的主要产品回收模式有三种，分别是逆向物流的自营模式、逆向物流的外包模式和逆向物流的联合运营模式。另外还有两种模式，即政府公共服务系统模式和绿色协会环保人士自发组织模式。

以索尼公司为例，其在不同的区域、公司发展的不同阶段，对不同的产品、不同回收目的的逆向物流实施不同的回收策略。2006年3月，索尼公司通过零售商回收了65万台阴极管电视机。2007年，索尼公司与美国废物处理公司下属的子公司"循环美国"合作，消费者可将废旧的索尼品牌产品送至"循环美国"在全美范围内的回收站。2008年9月，索尼公司宣布启动一项涉及43.8万台VAIO笔记本电脑的自愿召回计划，原因是这些笔记本电脑存在潜在的隐患。自2011年开始，索尼公司在美国18个州开放了75个回收站，这些回收站由Waste Management公司负责运营。

2. 逆向物流产品回收管理

原始制造企业对自己产品的回收修复、再处理承担起相应的责任，这意味着物料流应该就近到达主供应链。这一新的管理领域，称为产品回收管理（Product Recovery Management，PRM），可描述为"按照法律、合同要求或者生产企业的责任和义务，生产企业对所有弃置产品、零部件和材料的管理"。

在当前的买方市场中，有许多企业不得不面对弃置产品或回收品，同时许多全新的管理问题也由此产生，有待解决。其中包括制造企业回收再利用管理问题、制造企业回收再制造管理问题、流通企业的退货管理问题、废弃物管理问题等。

3. 逆向物流网络优化问题

逆向物流网络是产品回收循环的载体。在逆向供应链中，无论采用什么样的回收分类方法，都必须基于一个良好的逆向物流网络，逆向物流网络是整个逆向供应链系统的基础。在逆向物流网络中经常涉及的一个基本问题就是合适的物流结构，物流网络设计通常被认为是策略性的重要问题。

目前，很多企业和研究学者从成本最低或者效益最优这一单因素出发考虑逆向物流网络问题，追求的是如何用最小的经济成本换取最大的经济效益，很少考虑外部环境的代价。事实上，逆向物流对环境的影响也不可忽视。逆向物流在收集、分选和再加工过程中，需要消耗能量、水等资源，产生出粉尘、大气排放物、水体排放物等对环境不利的物质，也会带来明显的环境影响。如果一味追求高再利用率或者低废弃率，可能会造成环境的二次污染。许多国家出于环境保护，着手管理一些特定的逆向物流，如电子电器逆向物流。但在现实中，环境保护和企业成本之间很难实现双赢。一般来说，环境保护意味着成本的增加，而企业关心的重要问题之一就是运作成本，企业一般会在政府法律法规的要求下降低产品的环境影响，但倾向采用费用最低的物流网络结构,因而在保护环境和降低成本两者之间进行折中权衡。对于政府来讲同样如此,在立法时也需要兼顾环境保护和成本。

第三节 闭环供应链

一、闭环供应链的背景及概念

20世纪70年代初,对"增长极限"的承认使人们越来越意识到需要保护自然界,避免资源的过度利用和废物不受控制的排放。因此,许多国家出台了大量新法律来应对环境问题,引导社会走向环保。尽管自20世纪70年代以来已取得了一定进展,但如今越来越有必要有意识地将减排阶段纳入经济体系,以便通过将废物转向回收概念,尽可能地关闭物资流。这样一个可持续的经济需要所有参与者合作实现封闭的物质循环。在德国,1996年制定了《循环经济法》,它使参与开发、制造和分销产品的每一个人都负责实现这样的经济目标,即产品生产和使用最大限度地减少废物的存在,同时还要求在产品生命周期结束时对生态环境进行有益的废物利用和处置。

基于此,一种新的物流运作模式——闭环供应链(Closed Loop Supply Chains, CLSC)在2003年被提出。闭环供应链是指企业从采购到最终销售的完整供应链循环,包括产品回收与生命周期支持的逆向物流。它的目的是对物料的流动进行封闭处理,减少污染排放和剩余废物,同时以较低的成本为客户提供服务。总体结构如图9-11所示。因此,闭环供应链除了传统供应链的内容,还对可持续发展具有重要意义,所以传统的供应链设计原则也适用于闭环供应链。如今,闭环供应链在企业中的应用越来越多,市场需求不断增加,成为物流与供应链管理的一个新的发展趋势。

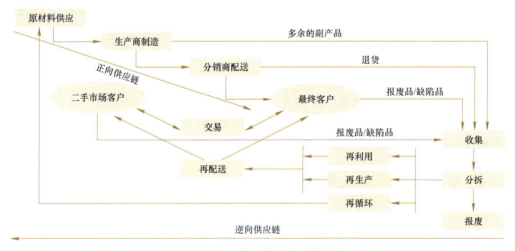

图9-11 闭环供应链及其总体结构

二、闭环供应链的模式

闭环供应链的运作模式与循环经济的思想一致,满足3R原则,即减量化(Reduce)、再利用（Reuse）和再循环（Recycle）。闭环供应链要求在产品设计阶段就充分考虑到产品的回收和再利用，产品部件设计遵循模块化、标准化原则，产品运行过程满足低能源、低污染、低消耗原则。

1. 按功能分类

按功能分类，闭环供应链有四种基本模式：再利用闭环供应链、再制造闭环供应链、再循环闭环供应链以及商业退货闭环供应链。

（1）再利用闭环供应链。它适用于不需要经过复杂的设备处理就可直接再利用的废弃物，如各类包装。其功能主要是收集、运输和存储等。

（2）再制造闭环供应链。它适用于价值较高的产品，如发动机、机电设备、复印机等。该模式通过对回收物品进行增值性修复获取经济效益，是应用和研究颇为广泛的一类供应链。目前，再制造过程大多是在前向供应链基础上进行扩展，形成多级闭环供应链网络。

（3）再循环闭环供应链。它适用于价值较低的废弃物，如废钢、废玻璃、废纸、沙子、塑料等。回收这类产品一般需要先进的处理技术和专用设备，投资成本较高，因此要求回收处理设施集中，从而进行批量处理，获得规模经济效应。这种供应链结构相对简单，其逆向物流过程直接由终端客户到生产厂商。

（4）商业退货闭环供应链。它适用于客户因购买的商品不符合需求或因质量问题而将产品退给零售商。电子商务交易的实施使得这种退货现象极为频繁。福布斯对40个电子商务企业调查显示，在线销售的退货率高达30%。因此，设计一个高效、合理的闭环供应链结构能够将这种因退货而导致的损失降至最低。

2. 按渠道分类

按渠道分类，闭环供应链中渠道参与者包括生产商（Manufacturer）、零售商（Retailer）、客户（Customer）以及专门从事逆向物流的第三方（Third Party），由他们中的全部或部分可以组成5种常见的渠道模式。为方便起见，渠道模式的名称用渠道参与者的英文首字母组成。

（1）MRCRM。该渠道模式是指零售商从生产商取得商品后进行销售，并且负责回收客户退回的商品并转交生产商进行处理。

（2）MRCTM。该渠道模式是指零售商从生产商取得商品后进行销售，第三方负责回收客户退回的商品并转交生产商进行处理。

（3）MRCM。该渠道模式是指零售商从生产商取得商品后进行销售，生产商直接负责回收客户退回的商品并进行处理。

（4）MCTM。该渠道模式是指生产商直接进行销售，第三方负责回收客户退回的商品并转交生产商进行处理。

（5）MCM。该渠道模式是指生产商直接销售产品，并负责回收客户退回的商品。

三、闭环供应链的关键问题

1. 闭环供应链网络设计问题

闭环供应链网络设计问题是闭环供应链管理研究领域的重要问题之一。闭环供应链的网络结构直接影响着闭环供应链系统运作模式。

构建一个完整的闭环供应链管理网络，在设计上应该考虑几个因素：速度、可变性、可视化、有声、价值、环保等。在这些因素基础上,还要注意闭环供应链的成员构成,其是否具有再生和再制造功能,产品的整个生命周期的长短,是否具有可持续性发展;此外,还要统筹考虑如何把正向物流与逆向物流整合起来以达到更好的效用。因此,在构建整个闭环供应链网络结构时,应重点考虑设计战略、战术以及运作决策,同时还应关注新市场的开拓、未来所要面对的不确定因素以及再循环能力的提高等。

2. 闭环供应链对逆向物流的回收与利用

由于人们环境意识的增强以及近年来国家和政府的政策支持,闭环供应链的逆向物流回收与二次利用变得备受重视。现有的回收和二次利用模式有直接清洗再次利用、修理、再生以及再制造几种类型。例如,瓶子、集装箱可以经过清洗或简约维护就可以再次利用,边角料、工厂机器中的金属可以进行再生,还可以通过检修、拆卸以及部件更替来实现再生。现有对闭环供应链回收利用的研究突出体现在电子产品和汽车产业当中,目前,大量的制造商以及零售商已经针对产品的回收、再次销售以及零部件的回收管理工作展开了深入研究。

3. 闭环供应链系统库存管理问题

不同于传统的供应链库存管理问题,考虑到整个闭环供应链系统,需要集成化、系统化的库存管理理念,将正向供应链系统和逆向供应链系统整合在一起进行库存管理研究。再制造闭环供应链系统库存可以分为在制品库存、制造品库存、市场库存和回收库存。闭环供应链的库存管理中,商家面临的不仅是传统库存控制中新品订购量订购周期的确定问题,也要制定合理的退货价格,获得最优收益。

第四节 绿色物流

例9-2 菜鸟绿色联盟公益基金

2017年3月17日,我国首个物流环保公益基金——菜鸟绿色联盟公益基金在北京成立。该基金专注于解决日趋严重的物流业污染现状,推动快递包装创新改良,促进快递车辆使用清洁能源,引导运用大数据技术减少资源浪费,更好地保护生态环境。

该基金由菜鸟网络、阿里巴巴公益基金会、中华环境保护基金会发起,圆通速递、中通快递、申通快递、韵达速递、百世快递、天天快递六家快递公司共同出资成立。未来,基金计划投入3亿元,用于开展绿色物流、绿色消费、绿色供应链等方面的研究、倡导和推动。

其实,菜鸟网络自2016年6月就联合32家物流合作伙伴启动"绿动计划",提出到2020年争取行业总体碳排放量减少362万t,50%的电商包裹包装替换为100%可降解绿色包装。

实际上,配送包装成了企业整改的试验田,绿色包裹推行之后也相继出现一些新的包装理念,如共享快递盒、回收纸盒等,而阿里云的大数据则催化了解决方案的诞生和升级。

环保部副部长赵英民在当时表示,目前我国已经成为网络购物最发达的国家,但是在生产、流通、仓储、消费和回收等环节还存在着大量的资源能源消耗、浪费现象。推行绿色供应链管理,推进绿色包装、绿色采购、绿色物流、绿色回收、大幅减少生产和流通过程中的资源消耗和污染物排放已经显得尤为紧迫和重要。

紧接着他又追述道，菜鸟网络、"三通一达"、百世、天天、阿里巴巴公益基金会与中华环境保护基金会合作，以行业联合的形式，推动物流行业转型发展、开发绿色供应链和循环发展、低碳发展公益宣传活动，是一次非常有益的尝试。

与此同时，还有许多新的绿色物流方式与改革正在进行。例如，2017年5月22日，在全球智慧物流峰会上，菜鸟网络发布了"ACE"未来绿色智慧物流汽车计划，联合上汽、东风、瑞驰等知名车企共同打造百万台新型智慧物流汽车，努力实现物流仓配、分拣、快递末端等物流硬件和软件设备需要智能升级，以及配送员、车、仓库、城市末端等物流运输过程的全智能绿色覆盖。

（资料来源：http://jjckb.xinhuanet.com/2017-03/20/c_136140778.htm.）

思考题：我国近年来为什么如此关注绿色物流发展？

一、绿色物流的背景及概念

随着世界经济的不断发展，人类的生存环境不断恶化，具体表现为能源危机、资源枯竭、臭氧层空洞扩大、环境遭受污染、生态系统失衡等。以环境污染为例，全球20多个特大城市的空气污染超过世界卫生组织规定的标准。人类的认识往往滞后于客观自然界的发展，当前生态环境保护的意义正逐渐被人类所认识。20世纪60年代以来，人类环境保护意识开始觉醒，十分关心和重视环境问题，认识到地球只有一个，不能破坏人类的家园。因此，绿色消费运动在世界各国兴起。消费者不仅关心自身的安全和健康，还关心地球环境的改善，拒绝接受不利于环境保护的产品、服务及相应的消费方式，进而促进了绿色物流的发展。

世界经济论坛和埃森哲估计，物流约占全球温室气体（GHG）排放量的5.5%，并指出这种情况如何在货运模式和"物流建筑物"之间划分。尽管与减少温室气体排放、运输尤其是货运的大多数其他部门不同，物流的温室气体"足迹"可能看起来相对温和一些，但它们一直在增加这些气体的产量。在一切照常的基础上，趋势预计会持续下去。2000—2050年，货运公里预计将以每年2.3%的速度增长，部分是作为生产和消费扩张的一个功能，但也由于运输每个货运单位的平均距离增加而加强。全球化正在延长供应线，从而增加世界经济的货运强度。随着更多的碳密集型运输模式，特别是空运和货车运输在货运市场占有更大的份额，每吨公里货运流量排放的二氧化碳量似乎也在增加。对仓储和物料搬运业务二氧化碳排放量的变化没有单独的预测，尽管它们可能与货运的二氧化碳排放密切相关。因此，为物流部门制定并实施切实可行且具有成本效益的碳减排策略将构成重大挑战。

绿色物流是一种有效的方式，所谓绿色物流，是指在采购、运输、储存、保管、包装、装卸、流通加工、产品销售和回收等一系列物流活动中，利用绿色物流管理理念和先进物流技术对物流进行科学化的管理，以降低对环境的污染，减少对资源的消耗。需要强调的是，绿色物流包括逆向物流和正向物流中的绿色物流活动。由上面对绿色物流动的讨论可以看出，绿色物流的行为主体是企业（专业物流企业和其他企业）、消费者和社会管理者（相关政府组织）。其中，消费者利用其身份和特殊权力，倡导绿色消费，对其他两个行为主体施以绿色物流的舆论压力；社会管理者也即政府组织则利用其对企业的宏观管理权力，制定相关法律和政策来促进企业的绿色物流行为；企业是绿色物流的具体实施者，是最为关键的行为主体，绿色物流实施的状况和水平由企业的具体操作决定。

二、绿色物流模式

1. 绿色物流的构成

从生命周期不同阶段的角度分析,绿色物流可以分为绿色供应物流、绿色生产物流、逆向物流、和其他物流形式等。

(1) 绿色供应物流。供应物流处于整个企业物流活动中的上游。作为一个可持续发展的物流企业,不仅自身要能够做到保护环境、节约资源,而且要具备在源头上拒绝或者减少环境污染的意识。影响绿色供应物流的因素主要由两方面构成,分别是对绿色供应商的选择和对绿色材料的选择。供应商的成本绩效和运行状况对企业的经济活动有着显著影响,因而企业在选择供应商时就要考虑环境绩效等因素。例如,惠普公司评估供应商的六大标准中有一项是环境绩效,即要求开发商能够保护环境、有效利用资源。企业与供应商参与双方的企业活动,能够大幅度提高双方的环境绩效。企业可以帮助供应商改进原材料,从而提高企业自身活动的绿色度,而且企业和供应商可以根据对环境的友好程度安排双方之间的物流。绿色材料选择也是影响绿色物流的重要方面,材料的选择要符合资源的有效利用和减少对环境的危害两个原则。例如,可再生、少能耗和可循环使用的材料就满足了资源使用的可持续性,低污染、可降解的材料也满足了保护环境的要求。因此,绿色供应物流作为企业绿色物流开端,影响着企业下游的一系列物流活动,对提高企业的环境绩效和综合竞争力有着重要的意义。

(2) 绿色生产物流。生产物流是原材料、零部件、半成品等根据生产工艺的要求在企业各生产部门之间流转的过程。绿色生产物流开始于产品的设计阶段,很多产品的包装和产品本身都是可以回收利用或者可降解的。例如,现在很多购物袋已弃用塑料袋而采用纸质袋,可降解的饭盒也得到广泛使用。设计是针对产品本身的,而生产工艺却与产品的生产过程紧密相关。许多产品生产过程中会产生大量废气、废渣,甚至大量有毒物质,有些还消耗了过多的资源。绿色工艺就是在传统工艺的基础上,根据生产系统的实际情况,重新调整或设计工艺路线,使得生产过程中消耗的资源减少,对环境的危害降低,企业生产的安全度得到大幅提高等。生产物流的绿色化降低了企业生产过程中的物耗、能耗,提高了企业的自身形象和综合竞争力。

(3) 逆向物流。逆向物流是指物品在原有流通渠道中的反向传递过程,即从产品消费地(包括最终客户和供应链上的客户)到产品来源地的反向流动过程。企业通过这一过程中的物料再利用、再循环,在环境管理方面更有成效。逆向物流的研究和实践囊括了从使用产品的收集,对产品的加工到产品的最终处理,材料的回收利用,零部件、产品的再制造,废弃物的处理。逆向物流是绿色物流的重要组成部分,可以和传统的正向物流相协调,形成一个闭环的物流体系,对企业未来发展有着重要的战略意义。

(4) 其他物流形式。绿色物流还包括废弃物物流、绿色分销物流等。废弃物物流是指在现有的经济和技术条件下无法回收利用最终排放物的过程。废弃物物流将伴随着产品的整个生命周期,一般最终采取焚烧、掩埋、堆放等方式处理。而绿色分销物流体现在分销系统考虑减排与减少对环境污染等方面。

2. 绿色物流的运作模式

(1) 基于供应链的循环运作模式。绿色物流系统的构筑,不仅要考虑单个企业的物流系统,还必须与供应链上的各环节关联协同起来,从整个供应链的视角来组织物流,最终建立起包括生产商、批发商、零售商和客户在内的生产—流通—消费—再利用的循环物流系统。

（2）基于行为主体的绿色物流运作模式。政府、企业以及代表社会的广大公众构成了绿色物流系统运行过程中的行为主体，它们是绿色物流战略实施和发展的推动力量。具体包括：

1）公众及其绿色行为。清洁的环境给公众带来的是新鲜的空气、洁净的水源、畅通的交通、舒适的工作和生活环境。各种环境污染的直接受害者是公众，公众的环境意识及其相应行为对环境保护计划的全面展开具有特别的重要意义，对绿色物流战略的实施同样具有不可替代的推动作用。

2）企业及其物流的绿色化。企业物流的绿色化是企业环境战略的重要组成，它不仅能改善企业本身经营活动对环境的影响，而且能推动企业产品所在的供应链的绿色化，进而推动全社会物流系统的绿色化。因此，企业是绿色物流的直接实施者，是可持续发展战略核心的行为主体。

3）政府及其环境监管作用。在绿色物流方面，政府可通过立法和制定行政法规，将节约能源、保护环境的要求制度化。一方面，可利用税收手段及市场机制，对道路资源、不可再生能源、不可再生包装材料的使用收取附加费，对噪声污染、废弃污染行为加以惩罚和限制，对包装废弃物、产品废弃物的处置进行严格的限制，制定废弃物回收法、循环利用法等；另一方面，以基金或补贴的形式，对物流过程中节约资源、降低污染的行为予以鼓励和资助；还应该利用产业政策，直接限制资源浪费型和环境污染性的产业发展。政策的限制、法规的约束是企业实施绿色物流战略的外部驱动力。

3. 绿色物流的关键问题

（1）物流活动中的环境影响问题。国内外很多学者通过大量调查与分析，研究物流的不合理对环境造成的负面影响。很多物流环节都会带来环境问题。例如，大量的公路运输消耗的能源，加重了废气污染和城市噪声污染，加剧了城市交通的堵塞；商品包装的一次性、豪华性，甚至采用不可降解的包装材料，不仅造成资源的极大浪费，而且是城市垃圾的重要组成部分，还会严重污染环境。此外，流通加工过程的不合理也会造成资源的浪费和废弃物污染。

（2）环境保护与物流管理的关系。环境状况与物流的发展相辅相成。一方面，不合理的物流模式会产生严重的环境问题，环境问题也将影响供应链上的物流决策，如原料的获取、供应物流和销售物流的规划等；另一方面，环境资源的恶化也会阻碍现代物流业的发展，同时，有效的物流管理和决策对环境保护产生积极的作用，是环境管理的重要组成。

（3）企业绿色物流管理。既然环境问题会影响企业的物流决策，那么，企业应该采取哪些绿色物流策略来应对环境问题？不同类型或不同特征的企业在实施绿色物流策略时会有不同的选择，但主要可从原材料/零部件的回收重用、环境资源的经济账目审核、舆论宣传、人员培训、企业间的合作、对供应商的环境意识评价、政府法规等方面制定策略。

（4）物流绿色化标准体系。面向环境的绿色物流，不仅需要企业的努力，还需要政府对现代物流体制的规制，制定系统的标准和法规。由于缺乏物流安全标准、噪声标准、排气标准、车速标准、废弃物回收等方面的具体规定，监管控制不力，这也是物流影响环境的重要原因之一。另外，制定各环节统一的标准，便于各环节的协调，还能促使运输包装容器直接重用，从而减少固体废弃物，节约资源。因此，从可持续发展和环境保护的角度分析，迫切需要制定物流绿色化标准。

（5）绿色物流的评价。要使环境管理具有可操作性，就必须有一套评价和测度绿色物流系统的方法。绿色物流是经济效益与社会效益、环境效益和生态效益的统一，因此，对绿色物流系统的评价也应该从多个方面进行。绿色物流的评价研究就是对绿色物流系统评价的原则、绿色化指标、评价标准及评价方法等进行探讨。

（6）绿色物流的政策环境。为推动社会物流绿色化，不能完全依靠市场机制实现，需要政府的干预。政府通过法规、政策、制度、教育等手段，对物流绿色化发展起到限制、干预、引导、激励的作用。政府怎样使用上述工具最有效，这是需要从宏观上进行探索的。

（7）城市物流的绿色化。城市物流不同于企业物流，也不同于社会宏观物流，有其独特性。物流的无序发展对城市环境污染问题负有不可推卸的责任，因此，需要对城市物流绿色化进行研究。

第五节 实施绿色物流的建议

一、我国绿色物流的发展现状

1. 政府对绿色物流理念的推进

我国正处于国民经济快速增长的发展时期。一方面，我国面临着提高社会生产力、增强综合国力和提高人民生活水平的发展任务；另一方面，又面临着严峻的环境问题和困难。长期以来，由于技术水平不高，加上粗放型经济增长方式，资源利用效率较低，对资源的开发强度不断加大。同时，人口的持续增长和人民日益增长的物质文化需求，对经济建设以及资源、环境造成了巨大的压力。为此，我国政府提出将可持续发展战略定为我国的基本国策。

在国家总体战略的指导下，各级地方政府纷纷提出实施绿色工程的具体方案，促进了企业有关绿色管理策略的实施。2009年，国务院颁布了《物流业调整和振兴规划》，提出"鼓励和支持物流业节能减排，发展绿色物流"。2012年，国务院相继印发《节能减排"十二五"规划》和《"十二五"循环经济发展规划》，也提出要推进交通运输节能，实施绿色交通等要求。2014年，国务院发布了《物流业发展中长期规划》（2014—2020年），提出"到2020年，基本建立布局合理、技术先进、便捷高效、绿色环保、安全有序的现代物流服务体系"的发展目标，并将"节能减排，绿色环保"作为物流业发展的主要原则之一。"大力发展绿色物流"也是其中提出的七项主要任务之一。可见，政府已经将发展绿色物流提升至国家战略层面。

例如，北京市非常重视商品流通过程中的环境问题，曾将其作为社会科学研究项目进行立项研究。项目研究小组通过调查分析发现，商品流通实际上构成了北京市环境污染源的一个重要方面，商品流通领域内的一些经济活动，如过度包装、一次性包装、不合理运输等，直接导致并加重了城市的"垃圾围城""白色污染"等固体废弃物污染和大气污染等环境问题。因此，首都的可持续发展仅仅靠强调清洁生产、适度消费是远远不够的，由绿色商流和绿色物流构成的绿色流通应该成为北京市可持续发展必不可少的组成部分。

2. 企业实施绿色物流的现状

在国家可持续发展原则引导下，许多企业的社会责任意识已开始形成。不少企业已具有环境意识，将生产绿色产品作为企业经营的宗旨和竞争的法宝；一些企业已按环境标准实行清洁生产。例如，海尔集团已建立起环境管理体系，并获得ISO 14001标准认证。绿色产品生产和绿色消费的意识已得到企业和公众的普遍认可。

但是，在物流方面，由于我国物流业起步较晚，企业对现代物流重要性的认识才刚刚开始，企业物流系统的构建主要还是以降低成本、提高效益和效率为目标。虽然一些企业已开始认识到物流中的环境问题，但对绿色物流的认识还非常有限。国内在绿色物流的服务水平和研究方面还处于起步阶段，尤其是缺乏对资源环境的价值分析和成本估算，对环境污染、交通拥挤的代价尚未以成本的形式引入企业的成本核算体系中。因此，实施绿色物流任重道远。

二、我国绿色物流的实施策略意见

当今，我国经济在世界经济中的地位非常重要，发展低碳经济势在必行。我国物流企业必须遵循低碳经济要求，加快物流的绿色化建设，迅速转变观念，加快产业结构调整和资源整合，通过绿色物流使我国经济获得新的竞争能力。在低碳经济导向下，发展绿色物流应从以下几个方面着手：

（1）转变经营观念，树立绿色意识。低碳经济下的绿色物流是一种全新的物流理念，它主张企业着眼于长远利益，实现可持续发展。这就要求企业领导与员工转变经营观念，树立全员绿色意识，运用绿色理念来指导和规划物流项目，改造物流作业流程，实施"绿色物流工程"，推行"绿色物流服务"，培育"绿色物流消费"。

（2）实现绿色运输。交通运输工具本身会产生较高的碳排放量，造成严重的环境污染。因此，发展低碳节能型运输工具如电动汽车，就成为绿色运输的首要目标。此外，运输的货物也有可能对环境造成损害，要有针对性地加强对运输货物的防护措施，切实保护生态环境。物流企业可以实行多环节、多区段、多运输工具相互衔接的运输方式，不断提高运输效率，有效保护生态环境。

（3）实现绿色仓储。要消除货物保管过程中的非绿色因素，合理使用化学方法进行养护，减少杀虫剂、杀菌剂等污染环境的化学制剂的使用。此外，要切实采取保障措施，防止易燃、易爆物品及化学危险品对周围环境造成破坏和污染。

（4）实现绿色流通加工。要消除流通加工过程中的非绿色因素，杜绝资源的浪费或过度消耗，按照低碳要求处理流通加工产生的废气、废水和废物，实现低碳加工。

（5）推行绿色配送。在配送过程中，要尽可能采用最短路径，实现满载配送，减少配送车辆的碳排放量；要科学规划配送线路，开展共同配送，缩短配送时间，提高配送效率，减少对生态环境的污染。

（6）推行绿色包装。绿色物流包装的发展趋势是有利于循环经济的发展，实现低碳效益，要选用低碳材料作为包装材料，减少包装物对环境的污染，并防止过度包装或重复包装造成的资源浪费。

（7）推行绿色装卸。要消除装卸过程中的非绿色因素，防止因装卸不当造成的货物损失，合理利用装卸搬运设备，减少装卸造成的资源浪费和废弃。

（8）加强对绿色物流人才的培养。绿色物流对物流从业人员的素质要求很高，不仅要求他们具有绿色经营与服务理念，还要具有扎实的物流专业知识，更要熟练掌握绿色物流技术。开设物流专业的高等院校应当制定绿色物流人才培养方案，为社会输送更多应用型绿色物流人才。这些院校还可以与物流企业及有关科研院所开展产学研合作，使绿色物流研究成果尽快转化为物流生产力。

（9）完善法律法规。我国物流业正处于快速发展和转型升级的重要阶段，发展绿色物流是实现我国物流业可持续发展的必然要求。应结合自身的发展实际，借鉴国际上的先进经验，完善我国的绿色物流政策与法律，推动和保障我国绿色物流的发展。首先，制定实施纲领性政策，总体上规划和引导绿色物流发展；其次，建立目标明确、措施具体、操作性强的绿色物流政策体系；再次，加强绿色物流立法，建立约束和激励相结合的绿色物流法律体系；最后，建立绿色物流政策与法律的跟踪评估和动态调整机制。

三、企业绿色物流策略建议

正如前面所讨论的，物流活动虽然是经济和社会发展的组成部分，但却在多个方面对环境产生了负面影响。绿色物流的目标是减轻物流相关活动对环境的影响。

随着政府和企业加大对绿色物流的关注，许多"最佳活动"和框架已被提出。然而，正如前文所述，在以下五个主要物流变量的组合下，推动物流的环境影响：

（1）距离。产品移动的距离有多远？在哪里装卸？
（2）运输方式。正在使用哪种运输方式？
（3）设备。物流操作使用什么样的设备？使用什么样的燃料以及消耗多少燃料？
（4）装载。运输工具中装载了多少产品？它如何有效地进行装载？
（5）操作。驾驶员在操作车辆时有多熟练？物流计划的优化程度如何？

以上每一个变量都可以用于设计更环保的物流系统：减少距离，转换运输方式，采用更环保的设备、更好的装载计划，以及卓越的运营。

所有商业决策都是在战略、战术或运营层面进行的，可以通过展示五个绿色物流要素中的一个或多个以缓解物流对环境的影响，如表9-2所示。

表9-2　企业绿色物流战略

	战略	战术	运营
减少距离	将环境影响纳入网络设计	灵活的地区/服务合同可以提高提货密度/交付网络	优化车辆路线，包括拥堵、燃料消耗模型和灵活的时间窗口
	本地采购	确定跨行业合作伙伴关系，以减少空载	
模式转变	评估联合设施和多式联运的网络设计	与客户/供应商协作调整订单数量，库存水平、交货期和服务水平，以实现运输中的多种模式	按路径定义清晰的首选模式——层次结构
	设计网络以支持灵活的库存和服务级别，支持各种网络速度	开发多式联运第三方物流提供商	通过在多种模式下选择路径，发展多模式运营
清洁设备	对清洁技术的联合投资，包括促进设备创新的早期试验	激励资本投资定期升级/更换老化设备	跟踪设备性能（燃料消耗、排放、噪声）
		试点新技术以获得"真正的"运营环境绩效	制订环保意识的预防性维护计划
转载计划	重新设计产品包装以提高运输利用率	将环境指标添加到物流计划报告中	跟踪并报告每一步行动对环境的影响
		在装载计划中查看"绿色方案"	使用分析方法优化运输装载（OR）
卓越运营	开发环保意识的物流文化	基准环境操作性能	开发运行环境仪表板（如燃料消耗、空载）
		定期表彰优秀环境表现者	建立目标和激励措施

表9-2显示了三个决策层的五个要素中每一个绿色物流策略的非详尽列表。这些战略需要将物流业务和分析方法结合起来。其中一些策略可能显得过于简单或显而易见，但它们在实践中很重要。例如，每个人都意识到空载车辆会产生不必要地燃料消耗。根据美国环保局SmartWay

计划，货车和机车发动机长时间空载每年消耗10多亿gal①柴油，排放1100万t二氧化碳、20万t氮氧化物、5000t颗粒物，以及提高噪声水平。但是，只有当管理层承诺减少这些影响时，才会采取所需的措施，即使它们在经济上合理。例如，沃尔玛为其7000辆货车车队配备了辅助动力装置（Auxiliary Power Units，APU）。除了得到相关的环境效益之外，沃尔玛还通过节省燃油和发动机磨损获得相应的经济效应，该项目预计投资回收期为18个月。

 复习思考题

1. 简述供应链管理的概念。
2. 请分别从宏观和微观的角度阐述如何实现绿色物流。
3. 请结合实际说明你对逆向物流的认识。
4. 闭环供应链的模式有哪些？

案例1 UPS为MBS提供的图书退货逆向物流服务

MBS是一家规模庞大的教材交易公司，旗下有一家经营网上虚拟书店的分公司，该书店向附近地区的培训机构、高校及中学提供教材及教辅资料。为支持其日益增长的业务，该公司利用UPS的专业服务以提升客户服务管理和退货管理水平。

1. 来自客户的挑战

MBS直销在线书店允许学生购买某门课程所需的新书、旧书或学习资料；一旦该课程学习结束，学生还可以将这些书再卖给MBS直销书店。因此，其退货业务与销售业务同样频繁。该公司创立于1992年，现已发展壮大成为一家经营范围涉及250000门课程、服务对象超过130万名学生，以及遍布美国、加拿大、波多黎各的大型企业。面对仍在继续发展的业务，MBS面临着更大的挑战，即如何进行图书跟踪、退货管理和资产管理，如何处理跨国的图书资料双向物流。为此，MBS将其整个物流服务活动外包给UPS，利用UPS的专业化服务来提高客户服务水平、降低退货处理成本，更有效地进行资产管理。

2. UPS的解决方案

为提高图书退货处理的效率，UPS开发了一套基于Web的UPS回收管理系统，为准备退书的学生提供一个网络入口。在课程即将结束的前几周，MBS直销店会给那些购买过书的学生发一封电子邮件，将UPS服务入口的链接提供给这些学生。学生可以点击链接，浏览MBS的退书报价。如果决定接受报价，只需再点击就可创建一个UPS退货标签，学生可将该标签贴在他们的退书包裹上。另外，学生还可根据网络上的说明，安排UPS的收货计划。贴有标签的包裹可以送交UPS的任何一名司机或任何一处服务网点。这使得学生的退货非常方便。打印的标签含有MBS编制的条码，其中包含了报价信息、一套客户服务信息、国内账号、目录清单等信息。MBS一旦收到UPS送来的退货，通过扫描标签，系统将自动通知MBS的会计部门处理支票兑付问题，学生也会很快收到通知，告之其退书已经收到，书款已经付出等。

---

① 1USgal=3.78541dm³。

3. 成效

UPS的专业服务帮助MBS直销书店大大提高了客户服务满意度和退货管理水平。项目实施4个月，新的系统就处理了110000个退货标签，比上一年同期增加300%。另外，MBS直销书店预测，新的系统将帮助企业取得年15%的业务增长率。

（资料来源：许良，赵小鹏，宋新. 国际物流管理[M]. 北京：机械工业出版社，2014. ）

思考题：

1. 分析说明MBS开展图书资料退货服务的原因是什么。
2. MBS为什么要利用UPS提供的逆向物流服务？
3. 从UPS的解决方案分析现代技术在逆向物流中的作用。

案例2　联邦快递：全球减排增速的践行者

世界快递巨头联邦快递（FedEx）在发展自身业务的同时，致力于节能和环保事业，在多个国家和地区获得了诸多环保奖项。联邦快递在节能和环保领域的探索，在为联邦快递节约大量成本的同时，也树立了联邦快递为公众利益负责的良好形象。

当前，联邦快递每天向世界220多个国家和地区发送850多万个包裹，飞行里程约50万km，行驶近120万mile。假设在这一过程中忽略了节能和环保，那么这一系列的高强度物流活动将会对气候和环境造成严重的污染和破坏。

联邦快递在节能和环保领域进行的积极探索，取得了一系列令人瞩目的成果，如大规模采用高效飞机、提倡建立轻型车辆运输系统，增加对电力的使用，减少对石油的依赖；开发新技术，使系统、交通工具和线路效率更好等。这些贡献既体现了联邦快递在保护环境、提高人类生存质量方面的社会责任，更在行业内树立了标杆，为其他企业在此方面做出了榜样。

1. 大规模采用高效飞机

近些年来，联邦快递注意到现代飞机技术发展日新月异、新型飞机层出不穷、飞机燃油效率不断提高的现实和趋势，开始引入一些新机型，如波音777F和波音757。新机型拥有更高的燃油效率和更大的载货量，能够显著降低货运燃料消耗。如波音777F就比先前的MD-11载货更多、耗油更省、飞行更远，大幅减少了每一运输单位的成本和废气排放。经计算，777F可直飞5800多海里（n mile），比MD-11扩大了1900海里的范围；能运载17.8万lb的货物，比MD-11多1.4万lb的载货量；但777F消耗的燃料却要比MD-11减少18%，同时每吨货物减少18%的废气排放量。

鉴于777F的巨大优势，联邦快递又购置了6架777F型飞机，使波音777F的架数增至12架，并借此开通了孟菲斯至韩国和中国东南部的777F直达航班。根据当前采购方案和约定，在2020年前，联邦快递将扩充777F的机队规模，将波音777F增至45架。

在大量购置777F的同时，联邦快递也加快了用新型飞机替换旧有飞机的速度，如开始使用757替换了727，进而使每磅载货量的燃料消耗降低了47%，并减少了维护费用。在飞机更换一项上，就为联邦快递节约了大量的燃油，减少了大笔经营成本。

2. 使用电动汽车

电动汽车是指以车载电源为动力，用电机驱动车轮行驶的车辆。混合动力电动汽车是指车上装有两个以上动力源,包括有电机驱动的汽车,车载动力源有多种:蓄电池、燃料电池、太阳能电池、内燃机车的发电机组。这两种汽车能显著降低汽油的使用,进而减少碳排放。

联邦快递在过去的几年中加大了对电动汽车和混合动力电动汽车的购置力度,新能源汽车在车队中的比重不断提高。在2011财年年末之前,联邦快递全球的电动汽车和混合动力电动汽车总数增至408辆,增长近20%;新能源汽车车队行驶里程近950万mile,几乎是往返月球的20倍,节约了大约27.6万gal的燃油,减少了近2800t的二氧化碳排放。

3. 降低燃油消耗

尽管联邦快递大量采用了电动汽车和混合动力电动汽车,但是在公司车队当中仍有大量的燃油汽车。针对这种情况,联邦快递致力于汽车燃油效率的提高,通过新技术来改善燃油效率。在过去的几年中,联邦快递车队的燃油效率已经从2006财年的5.4%上升到2010财年的15.1%。未来几年中,联邦快递还将继续着力于汽车燃油效率的提高,目标是在2020年将公司车队的燃油效率提高20%。

除了提高汽车燃油效率,联邦快递还从细节入手来减少燃油消耗。就如何使用送货车来说,联邦快递通过试验和经验积累,清楚地知道驾驶时有三种情况会影响能源消耗:开什么车、到哪里和谁来开。因此,联邦快递每年都会选用一批更高效的车辆上路,每天都会根据交通情况的变化通过技术改变线路。此外,联邦快递还会不断向团队成员传授最优驾驶方法。

联邦快递在亚太地区推行一项名为节能驾驶(Eco-Driving)的项目。这个项目旨在通过改变日常驾驶习惯,减少对环境的影响。一位日本的联邦快递代理商就是该项目的数百名团队成员之一,当时他作为速递员加入联邦快递,现在为所有日本驾驶员管理燃料消耗。这位代理商清楚地知道驾驶对环境的影响,因此他一直致力于降低燃油消耗。现在他每天总是先浏览东京街道的堵塞情况之后再去上班,从而为送货车提供最佳的行车路线。其他为数众多的联邦快递成员也在为改善环境质量而不懈努力。

联邦快递还与五十铃汽车公司(以下简称五十铃)合作制定了节能驾驶方法。五十铃对日本的速递员的驾驶情况进行了详细的统计,发现日本的速递员有大约70%的时间待在车里,每天驾驶大约60mile,停车30次。根据五十铃的调查结果,联邦快递团队发现了20种行为可以减少车辆废气排放,其中包括缓慢加速、匀速、提前加速、慎用空调和减少空转时间等。联邦快递认为,减少废气排放的责任首先落在驾驶员身上,若驾驶员了解和传授新的习惯,则计划很容易完成。因此,联邦快递将节能驾驶提示放在车内明显的地方,而驾驶员用的钥匙链上也标记着节能驾驶五项原则。结果卓有成效,实施该计划仅18个月,在日本拥有150条线路的最大操作站,其燃油效率提高了14%。

目前,联邦快递还在社区内指导节能驾驶,为所有有条件实施计划的操作站里的团队成员举办节能驾驶讲座,并邀请社区人士参与,为整个地区的节能降耗做出了贡献。

(资料来源:https://www.xzbu.com/3/view-1391037.htm。)

思考题:如何看待联邦快递的一系列减排行为?

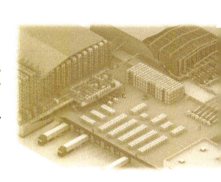

第十章
物流配送中心设计

 ## 第一节　物流配送中心概述

物流配送中心是现代物流系统的重要组成部分,是第三方物流的基本环节。所谓物流配送中心,是指对上游厂商运来的多品种货物进行分拣和动态存储,同时接受并处理下游客户的订货信息,根据客户订货要求进行拣选、加工、储备等作业,并进行送货的设施和经营实体组织。它通常不以储存仓库这种单一的形式出现,而是发挥配送职能的流通(动态存储)仓库。简言之,物流配送中心是物流活动的枢纽,也是各种物流设施(含现代信息系统)无缝集成的聚合中心。

一、物流配送中心的基本功能及作业范围

1. 物流配送中心的基本功能

物流配送中心的基本功能分为采购、进货、进货检验、入库、存放、拣取、包装、分类、出货检查、装货、配送、订货等,其管理活动包括营业管理、库存管理、采购管理、账务管理、进货管理、储运管理及出货管理等。

物流配送中心的基本功能还可细化为由向上游厂商订货开始、货物到达及接收、卸货、检核、保管、接受订货、拣货、检核、流通加工、分类、检核、装载,至派车及配送为止。每个过程都经由物流信息系统进行监控与管理。

2. 物流配送中心的作业范围

物流配送中心的作业范围如表10-1所示。其中,横向为系统作业机能,分别为订货处理、进货作业、库存管理、拣货作业、销货管理及退货管理六大机能;纵向则为系统架构面,包含物流策略、硬件设施、信息系统及控制活动四项。

表10-1　物流配送中心的作业范围

作　业	订货处理	进货作业	库存管理	拣货作业	销货管理	退货管理
物流策略	采购时机、货流规划、订单处理原则、供应商评估商品属性、商品开发、订购数量、议价程序、账单处理方式	进货方式、收货规划、流量分析、商品特征分类、货品编码方式、进货品检制度、搬运设备购置原则	存货单位选用、补货时机、储区规划原则、盘点作业方法、通道布局、搬运设备购置原则	拣货单位选用、拣取原则、拣货方式、理货合流方式、流通加工与包装范围、搬运设备购置原则	销货成本分析、装车、出货品检制度、通道分析、配送法则、搬运设备购置原则	退货处理原则、售后服务

（续）

作　业	订货处理	进货作业	库存管理	拣货作业	销货管理	退货管理
硬件设施	EOS/POS硬件导入、EDI标准格式制定FAX/HT/VAN传输网络建构	栈板规格配置、车辆配置、搬运系统、检核系统、动态绘画条码硬件导入	仓储设备配置、存储容器配置、入库作业搬运系统、动态规划	动态管理储位区分、拣货容器配置、搬运系统、流通加工与包装系统、理货系统、动态规划	车辆配置、查核系统、搬运系统、动态规划	分级判断合格品归库作业、瑕疵品再加工作业、废品销毁作业
信息系统	EOS/POS系统、订单处理系统、采购系统、账单处理系统	条码系统、进厂流程、产品登录系统	储位规划、产品资料、日期管理、盘点系统	拣货资料、理货信息、拣货流程	销货信息配送路线分派系统	库账补正系统
控制活动	人力资源管理	绩效管理	营运管理	作业指标	设备维护	信息更新

3. 物流配送中心的作业流程

（1）基本作业流程。在物流配送中心的作业活动中，由于极少生产制造形态的作业，不常进行制造程序规划，因此有关进出货、仓储配合作业（如移仓调拨、容器回收流通、废弃物回收处理）、订单拣取、配送作业等便成为物流配送中心里的主要活动。部分物流配送中心尚须处理流通加工、贴标、包装等作业，而当退货发生时也须处理退货品的分类、保管及退回等动作。一般物流配送中心的常见流程如图10-1所示。物流配送中心的简化流程如图10-2所示。

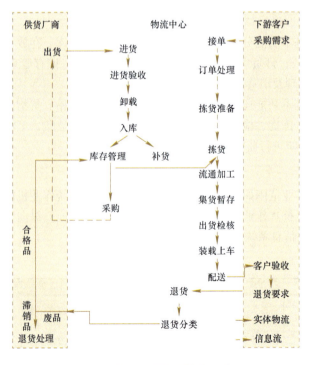

图10-1　物流配送中心的常见流程

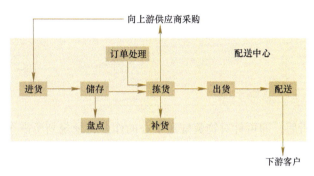

图10-2 物流配送中心的简化流程

（2）作业流程分析。

1）作业流程分析的原则。在一般生产工厂中，作业流程分析的原则是以产品流程为主轴，制定相关的搬运、储存等程序。而在物流配送中心中，作业流程分析的原则则是以物品储运单元的转换为主轴，物品储运单元可依储运物品为栈板、箱、包装盒或单品等特征来分类，一个物流配送中心中可能有多种类型储运单元的出货形态。

2）作业流程的基本分析。物流作业流程的分析程序可利用作业流程图来进行，逐步将操作、检验、搬运、暂存、储存等不同性质的工作加以分类，并将各作业阶段的储运单元及作业数量加以整理统计，标示该作业所在区域，即可得知各项物流作业量大小。以进货作业流程为例进行分析，如图10-3所示。

3）作业流程的合理化分析。经由各项作业流程的基本分析后，即可进行作业流程的合理化分析，找出作业中不合理及不必要的作业，加以简化、合并、去除或更换次序。

项次	作业程序	作业性质					储运单位	作业数量	作业内容说明	作业所在区域
1	进货	●	⇒	D	□	▽	整栈	5	进货放置于码头平台	码头
2	搬运	○	⇒	D	□	▽	整栈	5	用堆高机搬运至暂存区	进货暂存区
3	理货	●	⇒	D	□	▽	整栈	5	卸货、拆箱	进货暂存区
4	检验	○	⇒	D	■	▽	每盒	120	数量质量检验	进货暂存区
5	搬运	○	⇒	D	□	▽	每盒	100	由输送机运送至加工区	搬运区
6	加工	●	⇒	D	□	▽	每盒	100	进行流通加工作业	流程加工作业区
7	包装	●	⇒	D	□	▽	整箱	10	重新包装	流程加工作业区
8	搬运	○	⇒	D	□	▽	整箱	10	由输送机运送至储存区	搬运区
9	储存	○	⇒	D	□	▼	整箱	10	入库储存	库存区

● 操作　　⇒ 搬运　　■ 检验　　▽ 储存

图10-3 物流配送中心进货作业流程分析

若能尽量简化在物流配送中心可能出现的计算、处理单位，则可以提升物流配送中心实际作业与运转的效率，减少重复堆叠、搬运、翻堆、暂存等作业。

如果储运单元过多而不易规划，可将各作业单元予以归纳合并，避免内部作业过程中储运单元过多的转换。此外，通过单元负载化的观念，也可达到储运单元简化的目的；以栈板或储运箱为容器，将体积、外形差异较大的物品归纳为相同标准的储运单元，可以简化物流配送中心内需处理的物品形式。

二、物流配送中心作业区域分类

经过作业流程分析后，即可针对物流配送中心的作业特征规划所需作业区域，包括物流作业区及周边辅助活动区。物流作业区通常具有流程性的前后关系，而周边辅助活动区（如办公室等）则与各区域有作业上的关联性关系，可逐一建立其活动关联分析。

1. 物流作业区

物流配送中心的种类很多，无论哪一种，其作业区的组成一般包括以下部分：

（1）接货区。在这个作业区内，须完成货物接收、货物入库以及拣选之前的准备工作，包括入库登记和验货操作。因货物在接货区停留的时间不长，并且处于流动状态，故面积相对来说不需太大。它的主要设施有卸货站台和验货厂区。在卸货站台区域的设计上，要考虑便于卸货的设施。通常情况下，采用升降式卸货平台（俗称渡板），并设置叉车的回转空间。

（2）储存区。在这个作业区内存储或分类存储着经过检验的货物。由于所进货物需要在这个区域内停留一段时间，并且要占据一定的位置，因此相对而言，储存区所占的面积比较大。这里往往建有专用仓库或立体仓库，并且配备各种货架、叉车和吊车等储存、搬运设备。

（3）理货区。这是物流配送中心的工作人员进行拣货和配货作业的场所。其面积大小因物流配送中心的种类不同而异。一般而言，分拣和配货工作量较大，即多客户、少批量、多批次的物流配送中心，其理货区域的面积比较大；但机械化程度较高的物流配送中心，其理货区域的面积比较小。理货区主要有手推载货车、重力式货架、回转式货架、传送装置及自动分拣设备等。

（4）配装区。由于种种原因，一些分拣出来并配备好的货物不能做到立即装车发送，而是需要集中在某一场所等待统一发运，这种放置和处理待发货物的场地就是配装区。因货物在该区域内停留时间不长，所以该区域面积往往不大。通常将该区域与理货区合并在一起。在这个区域内除了配置计算机和小型装卸设备、运输工具外，没有大型的特殊设备。

（5）发货区。发货区是工作人员将组配好的货物装车外运的作业区域。从布局和结构上看，发货区和进货区类似，所不同的是，发货区位于整个作业区的末端，而进货区则位于整个作业区的始端。

（6）配送加工区。对于配送中心，还应根据可能的加工业务设置配送加工区。在这个区域里，可以配备不同类型的加工设备，也可以仅仅作为手工加工的作业区域。该部分面积会因加工类型的不同而差异很大，应根据具体情况进行具体分析。

（7）退货物流作业区。由于这样或那样的原因，常常会有一些配送货物破损、变质或污染而被验出或被店铺退货。这部分货物往往要等厂商送货时退还给厂商验证，因此应该专门划出一块区域，用于临时堆放这些货物。

（8）容器回收堆放区。由于在作业中，总有一些周转或者待维修保养用的托盘、料箱、专用货箱等，因此应根据作业特点设置专门堆放的场地。

（9）废料处理区。如果在配送中有拆零的，则会有一些包装箱、袋以及打包带等，如果在作业中有这些情况发生，也要有一块区域应对，这些废弃物往往可以回收加以利用。

2. 周边辅助活动区

（1）厂房使用配合作业区域。如变电室、配电室、空调机房、动力间、空压机房、设备维修间、工具间、器材室、物料存放间、主要通道、辅助通道、电梯间、楼梯间、搬运设备停放区等。

（2）办公事务区域。如主管办公室、一般办公室、资料室、收发室、计算机作业室、档案室等。

（3）劳务性质活动区域。如盥洗室、休息室、吸烟室、康乐室、驾驶员休息室、餐厅、厨房等。

（4）厂区相关活动区域。如警卫室、一般停车场、厂区大门、厂区通道、厂区出入大门、厂区扩充区域、环境美化绿化区。

三、物流配送中心的客户分类

（1）消费者，是指最终的使用者，其特征会因生活形态及购买行为而不同。最近兴起的住宅配送物流配送中心即是为消费者服务的。

（2）零售商，是指买方将产品二次销售于个人或家庭用途，而从事零售业务的厂商。

（3）批发商，是指不接受消费者零星购买，专门提供产品或服务给其他中间商或组织型用户，而从事地区性批发业务的厂商。

（4）经销商，是指从事地区性批发业务，但受到上游供应商的约束，彼此约定销售品种与销售地区的限制，以及销售和转售价格的限制。

（5）发货中心，是指储存货物以满足地区性消费者需求的设施，消费者可直接至发货中心提领货物，或由发货中心配送至消费者处。

（6）共同配送中心，是指企业机构通过采用后勤结盟的策略，来处理企业营运中有关物品流通的物流配送中心。

第二节 物流配送中心系统化规划

一、SLP法用于物流配送中心规划

1. 物流配送中心的规划要素

物流配送中心的规划要素就是影响物流配送中心系统规划的基础数据和背景资料。其主要包括如下几个方面：配送对象或客户——E（Entry）；配送货品的种类——I（Item）；配送货品的数量或库存量——Q（Quantity）；物流通路——R（Route）；物流服务水平——S（Service）；物流交货时间——T（Time）；配送货品的价值或建造的预算——C（Cost）。

（1）配送对象或客户（E）。物流配送中心的服务对象或客户不同，物流配送中心的订单形态和出货形态就会有很大不同。例如，为生产线提供JIT配送服务的物流配送中心和为分销商提供服务的物流配送中心，其分拣作业的计划、订单传输方式、配送过程的组织会有很大区别；

而同是销售领域的物流配送中心，面向批发商的配送和面向零售商的配送，其出货量多少和出货形态也有很大不同。

表10-2为零售商型配送中心的配送对象分析。零售商型的配送中心，其配送对象可能是批发店、超市及便利商店。批发店的订货单位通常为托盘或箱；超市的订货单位通常为箱（占60%）；而便利店的订货单位多数为单品（占70%）。因此，在规划前首先应该分析配送对象的情况，以便决定物流配送中心的出货形态和特征。

表10-2 零售商型物流配送中心的配送对象分析

	批 发 店	超 市	便 利 店
P→P	40%	10%	
P→C	60%	60%	30%
C→B		30%	70%

注：P为托盘（Pallet）；C为箱（Case）；B为单品（Board Case）。

（2）配送货品的种类（I）。在物流配送中心所处理的货品种类差异非常大，多则上万种甚至更多，如书籍、医药及汽车零件等物流配送中心；少则数百种甚至数十种，如制造商型的物流配送中心。由于货品种类不同，其复杂性与难度也有所不同，其货品储放的储位安排也完全不同。

另外，在物流配送中心所处理的货品种类不同，其特性也完全不同，物流配送中心的厂房硬件及物流设备的选择也完全不同。

（3）配送货品的数量或库存量（Q）。这里Q包含两个方面的含义：一是物流配送中心的出货数量；二是物流配送中心的库存量。

出货数量的多少和随时间的变化趋势会直接影响到物流配送中心的作业能力和设备配置；物流配送中心的库存量和库存周期将影响到物流配送中心的面积和空间的需求。因此，应对库存量和库存周期进行详细的分析。一般进口商型的物流配送中心因进口船期的原因，必须拥有较长时间的库存量（约2个月以上）；而流通型的物流配送中心则完全不需要考虑库存量，但必须注意分货的空间及效率。

（4）物流通路（R）。物流通路与物流配送中心的规划也有很大的关系。常见的几种通路模式如下：

1）工厂—物流配送中心—经销商—零售商—消费者。
2）工厂—经销商—物流配送中心—零售商—消费者。
3）工厂—物流配送中心—零售店—消费者。
4）工厂—物流配送中心—消费者。

因此，规划物流配送中心之前首先必须了解物流通路的类型，然后根据物流配送中心在物流通路中的位置和上下游客户的特点进行规划。

（5）物流服务水平（S）。一般企业建设物流配送中心的一个重要的目的就是提高企业的物流服务水平，但物流服务水平的高低与物流成本成正比，也就是物流服务品质越高，则其成本也越高。物流服务水平的主要指标包括订货交货时间、货品缺货率、增值服务能力等。应该针对客户的需求，制定一个合理的服务水准。

（6）物流交货时间（T）。在物流服务品质中，物流的交货时间非常重要。从客户下订单开始，经订单处理、库存检查、理货、流通加工、装车及货车配送到达客户手上的这一段时间，称为物流的交货时间。物流的交货时间依厂商服务水准的不同，可分为2h、12h、24h、2天、3天、1周送达等几种。一般物流交货时间越短，则其成本也会越高，因此最好的水准为12～24h，即比竞争对手稍好一点，但成本又不会增加。

（7）配送货品的价值或建造的预算（C）。在物流配送中心规划时，除了考虑以上的基本要素外，还应该注意研究配送货品的价值和建造预算。

首先，配送货品的价值与物流成本有很密切的关系，因为在物流的成本计算方法中，往往会计算它所占货品的比例。因此，如果货品的单价高，则其百分比会相对较低，则客户比较能够负担得起；如果货品的单价低，则其百分比会相对较高，则客户感觉负担比较高。

其次，物流配送中心的建造费用预算也会直接影响到物流配送中心的规模和自动化水准。没有足够的建设投资，所有理想的规划都是无法实现的。

2. 规划资料的分析

（1）货品特性分析。货品特性是货物分类的参考因素。例如，按储存保管特性可分为干货区、冷冻区及冷藏区；按货物重量可分为重物区、轻物区；按货物价值可分为贵重货品区及一般货品区等。因此，物流配送中心进行规划时，首先需要对货物进行货品特性分析，以划分不同的储存和作业区域。

（2）储运单位分析。储运单位分析就是考察物流配送中心各个主要作业（进货、拣货、出货）环节的基本储运单位。一般物流配送中心的储运单位包括P（托盘）、C（箱子）和B（单品），而不同的储运单位，其配备的储存和搬运设备也不同。因此掌握物流过程中的单位转换相当重要，需要对这些包装单位（P、C、B）进行分析，即所谓的PCB分析。

常见的例子为，企业的订单资料中同时含有各种出货类型，包括订单中整箱与零散两种类型同时出货，以及订单中仅有整箱出货或仅有零星出货。为使仓储区与拣货区得到合理的规划，必须将订单资料按出货单位类型加以分析，以正确计算各区实际的需求。物流配送中心储运单位组合形式如表10-3所示。

表10-3 物流配送中心储运单位组合形式

入库单位	储存单位	拣货单位
P	P	P
P	P、C	P、C
P	P、C、B	P、C、B
P、C	P、C	C
P、C	P、C、B	C、B
C、B	C、B	B

注：P——托盘；C——箱；B——单品。

3. 物流配送中心发展前景对规划的影响

如果物流配送中心的业务发展前景非常看好，则仅靠扩大库房规模是远远不够的，还要考虑采用机械化、自动化设备进行货物的存取、搬运、分拣甚至包装等作业，以提高工作效率。

当然，并非发展前景看好的企业在建设时就一定同时要投资自动化设备。由于采用这类方案初期投资大、对人员素质要求高，尤其是对要经过若干年后才能有所发展的情况尤为如此。在这种情况下，应该在物流规划时充分考虑这些设施的作业流程，而在建设实施时，预留出足够的发展空间，以便今后具备条件时再实施。

二、SLP法的改进（EIQ分析法）

1. 物流配送中心的特点

缪瑟（Muther）的SLP法（Systematic Layout Planning），强调以PQ分析作为物流量分析的基本工具。PQ分析是以产品与数量的分布关系作为规划布局的参考依据，是一种生产导向的规划分析理念，也即传统设施规划中重点考虑的是产品特征和流程特征，并未将客户需求列为"直接"考虑重点。

一般设施规划中产品项目种类比物流配送中心单纯，客户订单也较少变化；同时，制造设施多为推式生产供应系统，即生产后等待终端客户购买提领。

物流配送中心则多为拉式生产供应系统，其作业必须完全反映客户需求变化。因此，若是将设施类型限定为物流配送中心时，则必须加入客户订单需求变化，而形成EIQ分析法。其中，E为客户订单（Entry），IQ分析则与PQ分析相似。一般设施规划中较少使用较复杂的EIQ分析法，以免造成管理人员不必要的负担。

2. 物流配送中心规划的三个重要界面

产品特征、流程特征和客户特征等对设施投资成本及作业效益两者有极显著的影响。有关产品特征、作业流程、客户需求及设施规划决策必须形成一信息回馈系统，以建立整体的生产系统规划。

3. 物流配送中心规划与产品特征的关系

一般设施规划过程中，有关产品特征界面的考虑要素包含"要生产哪些产品"以及"产品的局部特征"两项。若设施类型限定为物流配送中心，大都不具备生产的功能，因此有关产品特征界面的考虑要素也转为以产品仓储作业绩效为主。

（1）物流配送中心与传统仓库的主要差别。物流配送中心与以储存保管为重点的传统仓库之间的重要差别在于针对物料产品所提供的服务内容有极大不同。

物流配送中心提供入库、保管、拣货、流通加工、检验、装载、出库、配送等实体作业机能，以及订单、采购、储位规划、营运管理、绩效评估等信息作业机能；而传统仓库则仅提供部分实体作业机能（如入库、保管、检验、装载、出库、配送等），极少涉及信息作业机能。物流配送中心的物品保管期较短，库存量较少，且出货频率较高；而传统仓库则正好相反。物流配送中心的产品订单资料中时常同时含有各类出货形态，包括订单中整箱与零散两种类型同时出货，以及订单中仅有整箱出货或仅有零星出货，必须将订单资料依出货单位类型加以分割，以便适当规划仓储区与拣货区。

（2）产品特征原则。将物流配送中心的产品依常见特征分类，如表10-4所示。

表10-4 产品特征

特 征	资 料 项 目	资 料 内 容
物料性质	1. 物态	气体、液体、半液体、固体
	2. 气味	中性、散发气味、吸收气味
	3. 储存保管特征	干货、冷藏、冷冻
	4. 温湿度需求特征	（单位）
	5. 内容物特征	坚硬、易碎、松软
	6. 装填特征	规则或不规则
	7. 可压缩性	可或否
	8. 有无磁性	有或无
单品规格	1. 外观	方形、长条形、圆筒形、其他
	2. 重量	（单位）
	3. 体积	（单位）
	4. 外部尺寸	长×宽×高（单位）
	5. 物品基本单位	个、包、条、瓶、其他
基本包装单位规格	1. 重量	（单位）
	2. 体积	（单位）
	3. 外部尺寸	长×宽×高（单位）
	4. 基本包装单位	箱、包、盒、捆、其他
	5. 包装单位个数	个/包装单位
	6. 包装材料	纸箱、捆包、金属容器、塑胶容器、袋及其他
外包装单位规格	1. 重量	（单位）
	2. 体积	（单位）
	3. 外部尺寸	长×宽×高（单位）
	4. 基本包装单位	栈板、箱、包、其他
	5. 包装单位个数	个/包装单位
	6. 包装材料	包装膜、金属容器、塑胶容器、袋及其他

（3）仓储作业原则。在产品的仓储保管作业方面，物流配送中心经常遵循以下几种原则：

1）先进先出。

2）零数先出。进行出货作业时，可考虑以零数或是已经拆箱的产品优先出货。

3）重下轻上。

（4）ABC分类布局。在产品规划布局上，应依畅销程度排行，将产品按照A、B、C分类摆设。图10-4即为产品ABC分类曲线。在平面布局时，把周转率最高的A类产品规划靠近门口或走道旁，把周转率最低的C类产品规划在角落或是离门口较远的地方，而B类产品则居于A类与C类产品之间。

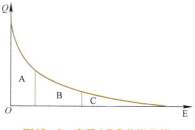

图10-4 产品ABC分类曲线

（5）特征群组储放。应将特征相同的产品储放在一起。因为每一种产品的特征大都不一样，若把会散发气味与会吸收气味的产品储放在一起，则会使产品的质量产生异变，造成退货的情形，因此不可掉以轻心。

4. 物流配送中心规划与流程特征的关系

一般设施规划过程中，有关流程特征界面的考虑要素，包含"生产方法的决定""机器设备的选择"和"流程的规划"三大项。若将设施类型限定为物流配送中心，则有关物流配送中心规划与流程特征的关系，可从三方面加以探讨：一是物流配送中心的特定作业流程内容；二是前述作业流程所产生的空间区域分配；三是利用质量功能展开（QFD）法将客户需求融入物流配送中心规划的流程设计之中。物流配送中心的特定作业流程内容和空间区域分配前面已做了介绍，以下主要介绍QFD法。

（1）QFD法在物流配送中心规划的运用。QFD法是一种管理计划技巧，通过使用者与规划者的群体讨论，探讨如何将客户需求反应融入产品设计特征或流程设计特征之中。对于整体设施规划而言，客户也许是产品的最终客户，但在物流配送中心内部，客户可能是物流中的下一部门。QFD法的发展由确定客户及其需求开始，例如客户是谁、做什么、在何时、在哪里、为什么，以及客户会如何使用这产品或流程等。QFD法将客户对物流服务质量的要求融入物流作业程序设计之中，以改善物流服务绩效。

（2）QFD法的步骤。

1）确定客户及其需求。规划者首先可利用下述问题界定客户所要求的服务：

① 做什么（What）。如物流配送中心的功能。

② 在何时（When）。如接单及出货的频率。

③ 在哪里（Where）。如储位的规划设计。

④ 为什么（Why）。如物流配送中心在渠道中的角色。

⑤ 如何做（How）。如物流配送中心如何达到客户满意度。

2）分析作业流程，列出与流程相关的作业资料，绘制鱼骨图。一个物流配送中心的基本作业流程包含进货、储存、拣货、补货、分货/集货、流通加工、出货、配送、退货等实体作业和相关信息作业。绘制鱼骨图，如图10-5所示，并据此规划一个可提升客户满意的物流配送中心。

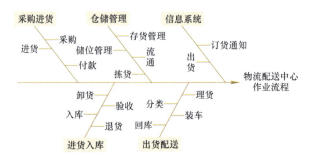

图10-5 物流配送中心作业流程鱼骨图

3）将客户意见转换为设计属性并且制作QFD图表——质量屋（HOQ）。此图表为二元矩阵图，显示出客户需求与如何完成这些需求的设计特征提议的关系。然而在输入需求之前，对原始陈述必须加以评估，若需求相同但用语不同，仍应合并成一个逻辑叙述，以避免同一需求特征在图表中重复。

4）决定物流配送中心作业流程最需要包含哪些设计特征。可将客户的每项需求赋予一个主观的权数，计算每项作业流程设计特征的比重，再挑选其中比重较大的作业项目进行改善，以提升物流配送中心作业绩效。

5. 物流配送中心规划与客户特征的关系（EIQ分析法）

一般设施规划过程中，客户特征界面的考虑要素主要从营销和退货两种信息源来分析客户特征。将设施类型限定为物流配送中心时，规划过程与客户特征的关系，首先应探讨物流配送中心的客户形态（前面已做介绍），接着再探讨如何应用EIQ法分析客户需求特征。

（1）EIQ分析法概述。在以终端客户及下游渠道需求为主的物流配送中心流通环境中，订单需求是零星且多变的，以生产为导向的PQ分析法已不能满足设施规划的需要，必须采用需求导向的规划方法才能符合实际需求。因此，"订单品种数量分析法"（EIQ）即被用于进行物流配送中心的系统规划，即从客户的订单、品种、数量三项主要资料出发分析出货的形态变化。EIQ代表物流订单系统的三大元素，即Entry of order（接收订单）、Item（品种）和Quantity（数量）。

"E"代表每一笔接收的订单具有同时进行拣货且同时配送至同一地点的特征。因此，只要在订单截止时间内，数笔追加的订单均可合并成单一订单，在物流作业过程视作同一订单；反之，在同一批量的订单下，要求以不同时间或不同地点配送货品，应视为多个订单，必须进行订单分割。

"I"即SKU，代表商品种类，只要是不同质、量、包装单位、包装形式等的产品，都视作不同的品种。若上游供应商的商品条码作业维护不够彻底，物流配送中心必须加以分辨修正，否则将造成品种资料错误。

"Q"代表每一笔订单之中每一品种所订购的数量资料，它成为订单与品种的桥梁，以显现物流配送中心的订单与品种之间的数量分布状态。

（2）EIQ分析法的步骤。EIQ分析法可在多种限制条件下，归纳出特征不同的群组，各群组内条件相似。可依限制条件来设计最经济有效的作业模式，并在以后特征改变时迅速做出调整，使系统的扩充或调整更有效率。EIQ分析法步骤如下：

1）订单出货资料的取样。先就单日的出货数量进行初步分析，找出可能的作业周期及波动幅度；若各周期内出货量大致相似，则可针对一较短周期内的资料进行分析；若各周期内趋势相近，但作业量仍有很大差异，则应对资料做适当分组，再于各群组中找出代表性资料分析。

2）订单出货资料分解。首先考虑时间的范围与单位，在以某一工作天为单位的分析数据中，主要的订单出货资料可分解展开为EQ、EN、IQ、IK四个类别的群组以提供不同信息：①订单量（EQ）分析，即单张订单出货数量的分析；②订货品种数（EN）分析，即单张订单出货品种数分析；③品种数量（IQ）分析，即每单一品种出货总数量分析；④品种受订次数（IK）分析，即每单一品种出货次数分析。

表10-5给出了两种各有特点的IQ曲线及分析结果。

3）资料统计分析。

EIQ法以量化分析为主，并可和以下分析方法综合使用：

① 帕累托分析。在一般物流配送中心的作业中，如将订单或单品种出货量经排序后绘图，并将其累积量以曲线表示出来，经由帕累托分析可协助观察其曲线变化。

② 次数分布。绘出EQ、IQ等帕累托分布图后，若想进一步了解产品出货量的分布情形，可将出货量范围做适当的分组，并计算各产品出货量出现于各分组范围内的次数。

③ ABC管理。将帕累托分析得到的一特定百分比内的主要订单或产品找出，作为进一步分析及管理重点。通常先以出货量排序，以占前20%及50%的订单件数（或品种数），计算所占出货量的百分比，并作为重点分类的依据。若出货量集中在少数订单（或产品），则可针对此一产品群体做进一步分析规划。出货量很少而产品种类很多的产品组群，在规划过程可先不考虑或以分类分区规划方式处理。

表10-5　IQ曲线变动趋势分析及应用

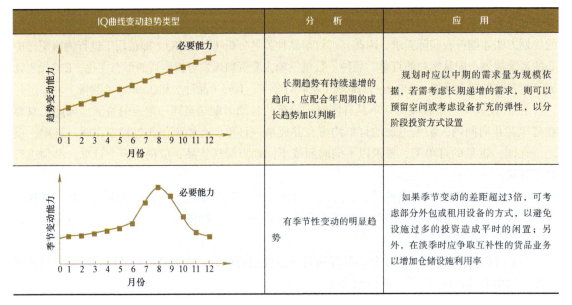

4）交叉分析。就ABC分类进行组合式的交叉分析，如以单日别及年别的资料进行组合分析，或其他如EQ与EN、IQ与IK等项目均可进行交叉分析。其步骤为：先将两组分析资料经ABC分类后分为三个等级，经由交叉组合后产生3×3的9组资料分类，再逐一就各资料分类分析，找出分组资料中的意义及其代表的产品组群。

EIQ分析法所需要的资料完全是以实际作业的订单统计分析为主，资料来源及收集上并不困难，但需要较长时间的分析执行，庞大的资料常使管理人员感到吃力，因而宁可相信个人经验或直觉判断，作为决策依据。其实，EIQ分析法作为一种引导分析的工具，更能方便规划者系统掌握物流特征，并获得较完整的信息。

三、物流配送中心系统化规划的总流程

物流配送中心系统化规划的总流程如图10-6所示。

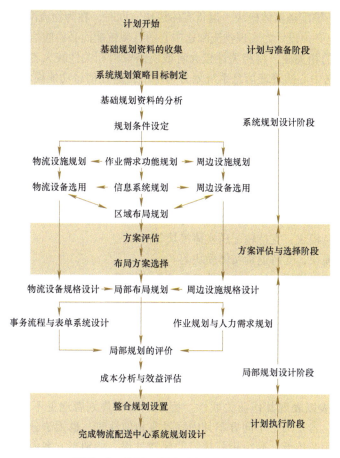

图10-6 物流配送中心规划的总流程

第三节 物流配送中心模块化作业系统

一、概述

1. 模块分析法的引出

在现行设施规划过程中,时常由于缺乏系统推理和辩证分析,导致规划结果过度依赖个人经验或直接引用其他现行案例的规划内容,却无法针对个案提供合适解答,因而产生负面影响,特别是方案复杂程度较大时,其负面影响将更为深远。为协助规划者迅速掌握物流配送中心作业系统的本质,避免其为作业表面差异所困惑,或是每次方案规划都要从零开始,无法累积经验,导致时间与成本的浪费,就需要发展模块分析法以取代传统分析方法。

2. 模块相关性分组

将物流配送中心的作业系统分为实体作业和信息作业两大部分。

实体作业划分成九个普遍性实体功能模块(Generic Physical Operation Modules),包含进货实体模块、储存实体模块、拣货实体模块、补货实体模块、分货/集货实体模块、流通加工实体模块、出货实体模块、输配送实体模块、退货实体模块。同时，在为物流配送中心的实体作业内容进行完整规划时，也必须设计为实现物流配送中心的各项机能而必备的信息作业模块。

依据作业内容的相关性，将相关性较大者或所需资料相关性较大者划分为同一个信息功能模块。可将物流配送中心的管理信息系统划分为十个普遍性信息功能模块（Generic Information Operation Modules），其与实体功能模块的相关性如下：

（1）订单信息模块，支持拣货实体模块、分货/集货实体模块、流通加工实体模块、退货实体模块等。

（2）采购信息模块，支持进货实体模块等。

（3）进货信息模块，支持进货实体模块、退货实体模块等。

（4）库存储位信息模块，支持储存实体模块、拣货实体模块、补货实体模块等。

（5）出货信息模块，支持出货实体模块等。

（6）输配送信息模块，支持输配送实体模块等。

（7）退货信息模块，支持退货实体模块等。

（8）设备管理信息模块，针对整体信息系统作业而设立。

（9）财务会计信息模块，针对整体信息系统作业而设立。

（10）营运绩效信息模块，针对整体信息系统作业而设立。

3. 模块概念与其他流程分析方法的差异

传统设施规划的流程分析方法大多依赖图表，如流程图、相互关系表等。实施过程包含拆解产品的组装工序、制定个别零部件的制造规程、安排组合制造程序、形成作业系统等步骤，分别选择合适的图表以表现其作业关联性。因此，每当规划者遇见不同方案时，便要从零开始，实施上述步骤；若是两个不同方案其内容具有相似性时，也无法分辨其相似程度大小，无法通过相似经验累积及传承，减少重复执行的规划过程。特别当方案内容趋于复杂、范围趋于庞大时，重复执行上述分析过程将消耗大量人力和物力。

以往模块化分析法在设施规划中的应用，仅限于物料搬运系统或储存系统的设备模块化，而尚未将模块化概念应用于作业流程分析。其原因有二：一是传统设施规划未限定其设施类别，不同类型设施的相似性不大，不易找出作业模块；二是传统设施规划大多应用于制造业的设施，其产品变化程度较大，不易界定模块范围。将设施类型限定为物流配送中心，其以提供产品服务为主，较少提供实体产品制造。因此，可以发展模块化作业系统，以弥补传统方法的不足。

二、模块的特性（建立模块的要求）

1. 物流配送中心作业模块必须满足一定的条件

（1）划分半独立模块（Semi-Independent Modules）。绝大多数的物流配送中心作业具有相似本质，可依照其作业特征划分为半独立模块（Semi-Independent Modules）。

"独立"是指同一作业不可同时出现在好几个模块里，也必须避免单一模块表达的作业中有间断的情形，使每一个模块恰好可完整表达某一时段的作业内涵。因此，不同模块的作业可保持独立、互不从属。

"半独立性"是指不同模块可能在同一个空间范围内并行作业（如拣货模块与储存模块，即拣货的物品与储存的物品都存放于同一储区）。不同模块可能在同一个时间范围内同时作业（如拣货实体模块与分货/集货实体模块，即一边拣货一边分货），而其使用的设备也可能重复

（如拣货模块与补货模块的设备重复），即模块是半独立的。

（2）完整性。划分后的模块组合必须具有完整性，能够包含各类形态的物流配送中心及其作业内容，以期模块能作为完整表达物流配送中心作业的工具。

（3）关联性。由于物流配送中心的作业是由实体作业与信息作业所组成的，因而将物流配送中心功能模块划分为实体功能模块与信息功能模块后，不同模块之间的关联性必须被表达出来。

（4）组合性。各功能模块可组合为物流配送中心所呈现的整体作业现象，应用模块组合以呈现整体作业，不致有遗漏部分设施作业的顾虑，继而可以较准确地估算其空间需求和设备需求，形成设计方案。

（5）一致性。论及物流配送中心作业流程时，所用的名词应一致，同一个名词所涵盖的作业范围应相同。为此，在撰写各个模块内容时，应明确规定各模块包含的重点因素、作业类型和方法，避免含糊不清。

（6）弹性。模块系统虽完整包含各模块的重点因素、类型和方法，但在应用方案时，其实际作业情况可能只包含模块内容的一部分，而不必是全部。例如，进货实体模块也包含检验作业在内，但是实际方案的进货作业可能不必都实施物品检验。如认证后可不必检验或实施越库作业，物品进货后直接出货，也不必实施检验等作业。

2. 不能独立形成实体模块的作业

（1）盘点。盘点作业并不涉及实体货品的移动，其作业目的只在于检查货品数目的正确性，故未将其独立为一模块，而是包含在库存储位信息模块之中。

（2）检验。进货、出货检验作业并未独立作为一个模块，因其属于进货模块或出货模块的一部分，如将其独立为一模块，则会破坏模块的独立性，使进货模块或出货模块无法完整表达某一时间区段的作业。

（3）搬运。在所有实体作业的进行中，可发觉只要牵涉货品的流动作业，其间的过程就少不了搬运的动作。换言之，搬运作业将重复出现在各个实体功能模块之间的转换过程和各个模块的内部作业中。因此，若将搬运作业单独划分为一个实体功能模块，那么搬运模块将会多次重复出现，且会破坏其他模块的内部完整性，故把搬运作业当成一个特殊作业讨论。

3. 归纳成个别实体模块的物流作业

（1）补货。补货实体模块和拣货实体模块的主要差异为：拣货作业的目的在于使用有效的方法来满足客户订单的需求；而补货作业的目的在于改善物流配送中心本身的作业效率，使拣货作业不至于因数量不足而中断，其与拣货实体模块的作业对象不同，故本书将其独立为一模块。

（2）分货/集货。分货/集货作业是在一单独时段中进行的，且使用单独空间。

（3）退货。退货作业包含货物由客户端送返至物流配送中心，或是物流配送中心将货物退回至制造厂商。退货作业为进货作业的反向作业，故将其独立为一模块。

三、信息模块概述

1. 信息模块的导向功能

（1）管理导向功能。其包括营销及促销活动涉及的品种数量的提供、服务形态的提供、每日订单处理的频率、订单数量的限制、产品退回的规定限制等。

（2）实体作业导向功能。其包括：①仓储及物流活动。这些活动在物流配送中心设施的内部执行完成，如码头使用分配、储存空间分配、订单拣货策略、补货方式、分货/集货方法、退回品的处理等。②运输及配送活动。这些活动在物流配送中心设施的外部执行完成，如长距离运输、短距离配送、配送频率的决定、拼车方式等。

（3）信息导向功能。信息管理活动是为支持上述三种活动所需相关信息的处理而产生的活动，即为支持营销及促销活动、仓储及物流活动、运输及配送活动等不同属性的信息管理需求所设立的信息模块。

2. 信息模块的层次结构

物流配送中心信息模块可分为四层结构，如图10-7所示。

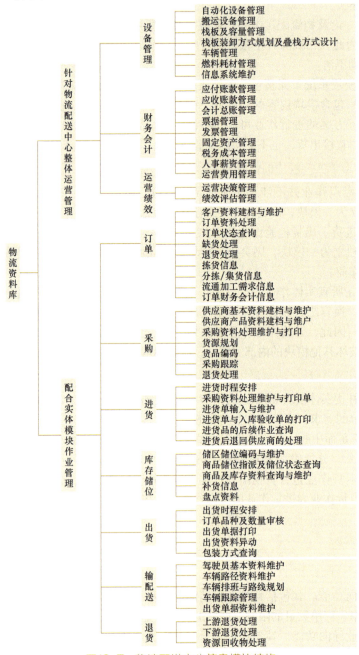

图10-7 物流配送中心信息模块结构

1）第一层是建立物流资料库。各信息模块是为了达成某些特定目的，而在物流资料库上所建立起来的应用软件。

2）第二层则将所有信息模块分成两个主要的群组：第一个群组以配合实体模块作业管理为其服务目的；第二个群组则是以针对物流配送中心整体运营管理为服务目的。

3）在第三层中，第一个群组包含七个信息模块，其中订单信息模块、采购信息模块及进货信息模块是为了支持货物进入物流配送中心时和之前的实体活动的执行；库存储位信息模块是为了支持货物在物流配送中心内部的处理及转换等实体活动的执行；出货信息模块、输配送信息模块及退货信息模块是为了支持货物在物流配送中心外部的处理及转换等实体活动的执行。第二个群组包含三个信息模块，即设备管理信息模块、财务会计信息模块及运营绩效信息模块，都是为支持整体系统管理而设立的。

4）第四层是为界定各信息模块的子系统而设立的，以具体描绘出每个信息模块所包含的内容（将在本章第四节中举例说明）。

3. 物流配送中心信息模块的功能结构

为了满足业务功能与流程要求，信息模块的总体功能结构如图10-8所示。物流配送中心的信息系统是经营ERP系统的一个重要执行系统，要求与ERP系统无缝对接。而物流配送中心内部配备了AS/RS系统、电子标签数字拣选系统、RF系统。为了满足订单处理业务需要，WMS系统由订单处理系统、库存查询与报表系统、作业系统、决策支持系统、管理系统及接口系统组成。

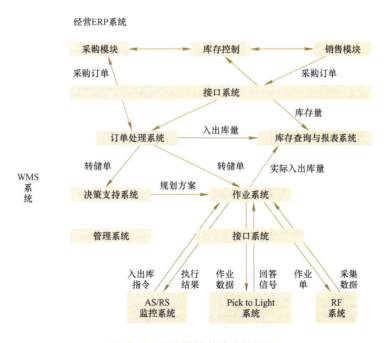

图10-8　信息模块总体功能结构

物流配送中心信息系统功能模块组成如表10-6所示。

表10-6 物流配送中心信息系统功能模块

子系统	模块	功能
订单处理系统	采购订单	接收经营ERP系统的采购计划,生成采购订单
	出库发货	接收经营ERP系统的销售订单,发货出库
	退货处理	协助经营ERP系统,实现无障碍退货
库存查询与报表系统	库存查询系统	向经营ERP系统相关子模块提供库存查询功能,包括储位查询、库存货物品项查询、订单查询等
	报表打印模块	按货物品项、按储位、按订单序号、按日期等各种方式打印报表
作业系统	接货模块	交验送货单据,查验入库计划
	入库模块	理货、分类、码盘、入库等环节信息采集,控制完成各个储存区域的入库操作
	补货模块	根据补货策略,自动补货
	分拣模块	根据拣选策略,控制拣选作业
	流通加工模块	根据流通加工流程,配置零部件品项、数量
	打包、集货模块	装箱单打印、出库清单打印
	出货模块	根据销售订单,控制出库
	装车模块	根据配送路线,控制装车顺序
	配送模块	按照配送顺序打印配送清单
	盘点模块	生成盘点清单、盘盈/盘亏处理、盘点报表输出
	X-Docking模块	处理直接分拨作业
决策支持系统	入库计划模块	根据经营ERP采购计划,生成入库计划
	码盘策略规划模块	根据货物形态,规划货物码盘方案
	储位规划模块	根据货物周转速度,动态分配储位
	补货策略规划模块	根据分拣区货物储量以及货物周转速度,制定补货策略
	流程规划模块	制定流通加工流程
	配送策略规划模块	配车、配载、装车、配送路线优化
管理系统	货物管理模块	货物数据、形态记录、查询
	搬运设备管理模块	搬运设备管理
	托盘管理模块	托盘管理
	人员管理模块	人员管理
	运输车辆管理模块	运输车辆管理
	入库单据管理模块	入库单据统计、查询
	出库单据管理模块	出库单据统计、查询
	退货单据管理	退货单据统计、查询
接口系统	经营ERP接口模块	本系统采用中间件构成接口系统,实现与经营ERP系统的无缝对接
	AS/RS接口模块	与AS/RS系统的接口
	Pick to Light接口模块	与Pick to Light系统的接口
	RF接口模块	与RF系统的接口

4. 物流配送中心计算机网络结构

物流配送中心计算机网络结构与其功能、服务客户、内部区域设置、设备系统类型、部门组织结构、操作流程等因素密切相关。图10-9给出了一个IT产品分销企业的网络系统结构图。它具有自动化物流系统、采用信息导引技术和数字分拣系统，并与上位ERP系统对接。

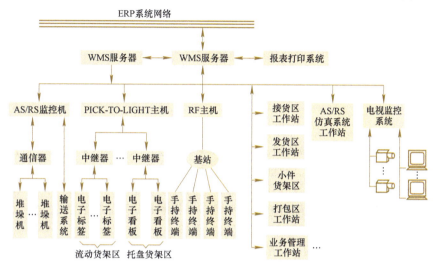

图10-9　物流配送中心计算机网络结构

第四节　典型信息模块介绍

一、订单信息模块

1. 概述

（1）定义及目的。设立订单信息模块的目的为处理物流配送中心从接到客户订单到完成客户订单的需求之间，所有有关客户与订单的资料集结、查核、分析、维护、单据处理等工作。提供订单拣取、客户服务查询及异常处理等服务，使客户可以适时、适地、适量、准确地收到货品，并对客户提供订购货品的即时信息。此外，当缺货时，也可以按指定原则调货、分货，并对缺货的订单进行处理，使客户的损失降到最低。

（2）订单交易形态与处理方式。物流配送中心在面对众多的交易形态时，依不同的客户、订单品种、订单数量而有不同的处理方式，这将会影响其后续的订单拣取。

2. 作业内容

订单信息模块的主要作业内容包括如下几个方面：

（1）客户资料建档与维护。除了客户的基本资料建档之外，为配合配送作业需要，应将客户资料进行分类。需取得的基本资料包含客户形态、客户信用等级、负责人、统一编号、联络地址与电话、交易限额、付款方式、发票与送货地址、上期结欠、销售业绩与备注、配送区域分类、收货时段、建档与交易日期等。

（2）订单资料处理。执行订单的集结、查核，如有问题，应记载于订单处理异常明细内。订单资料处理主要进行的工作包含信用查核、订单出货优先顺序排定、需求品种数确认、订单出货日期确认、订单价格确认、存货查询及依订单分配存货、拣货指派、流通加工需求指派、交货形态及点交货方式等。

（3）订单状态查询。提供客户服务人员在线查询订单的处理状态，如正在拣货、缺货、已完成出货等不同状态信息。

（4）缺货处理。缺货的情况有两种，说明如下：

1）物流配送中心动管区库存不足，必须从保管区进行补货。因此，现场作业人员将所欠缺的货品种类及数量的信息传送至保管区，保管区再依指示进行补货，此情况应交由库存储位信息模块处理。

2）物流配送中心已无此货，即保管区也无存货，故无法出货。因此，在订单资料与库存资料比对后，对于缺货的商品与订单资料，应上传至采购信息模块，再由采购人员进行采购作业。

当物流配送中心库存不足时，只能出货库存现有的数量，并应于出货单中注明缺货品种与数量，以便进行存货的控管与计算，并说明如何进行补交货品。此外，缺货的订单应先通知客户，且应按客户的要求处理。应随时追踪采购货品进货的时间及品种数量，防止欲出货时才发现货品还没进货或进货量不足，以致无法满足客户需求。

（5）退货处理。如已出货的商品遭客户退回，应将其退货资料传回物流配送中心，并依状况做订单的修正或补送商品，且将此信息传回退货信息模块。

（6）拣货信息。首先适应各公司的作业方式，将订单资料加以整合及分析，决定采用何种拣货方式，再将此信息传送给拣货实体模块，以进行商品拣货作业，展开后续的物流作业。其信息输出包含打印拣货单据（或出库单）或输出拣货信息至拣货实体模块。

拣货资料的类型需配合物流配送中心的拣货策略及拣货作业方式进行设计，提供详细且有效的拣货信息，以便于拣货的进行。

（7）分货/集货信息。拣货作业完毕后，再按照订单信息中的客户或配送路线做后续的分货、集货作业，并打印分货/集货单，以利于分货/集货实体模块的执行。

（8）流通加工需求信息。客户对商品是否有特殊的包装、分装或贴标等要求，或是对赠品的包装等资料都需详细确认，并将资料传送至流通加工实体模块执行。

（9）订单财务会计信息。在处理订单的同时，也要与财务会计信息模块联结，以免公司产生呆账。

（10）模块关联性。订单信息模块与其他信息模块的关联性如图10-10所示。订单信息模块在收到订单后，同时分别发出拣货信息、分货/集货信息、流通加工信息，以支持实体作业；而后出货经客户退货的信息传给退货信息模块；订单完成后，发出应收账款信息给财务会计信息模块；若是发生货品库存短缺情形，则应通知采购信息模块，进行采购作业。

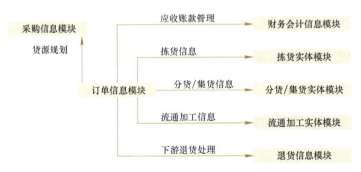

图10-10　订单信息模块与其他信息模块的关联性

3. 订单信息模块的系统设计原则

（1）利用EDI，使得客户订单能直接转换为计算机资料，不用重新输入。

（2）订单资料应能与库存资料自动比对，以便立即得知缺货信息，并尽快通知客户。

（3）拣货信息的产生应依照拣货策略及拣货作业方式而设计，以增加拣货速度及降低拣货错误率。为进行有效的库存管理与拣货运作，货架的排放、编码与表单之间的配合是相当重要的。在收到订单后，依拣取方式的不同而做各种不同的处理，并可依客户要求设定参数，如拣取的方法、时间、批次、数量、单位等都可以弹性处理，以配合客户多变的要求。

（4）客户的出货地址常因其具备多个仓库或销售点而有多个交货地点，故需具备多个出货地址记录的功能，并可依据不同交货地点开立发票。

（5）订单处理系统应能查询进行中订单的状态，以利于出货作业跟踪，特别需要具备优先处理订单及交货日期延误订单的查询功能。

（6）系统需具备相似产品或可替代产品的资料档案，当库存数不足时，可由此资料查询替代品向客户推荐。

（7）系统应具备打印单一订单或批次订单的功能。

二、进货信息模块

1. 定义及目的

设立进货信息模块的目的主要为处理两种作业内容：一是预定入库资料的处理；二是实际入库的资料处理。预定入库资料处理一般都用来作为入库平台排序、入库人力资源分配、机器设备分配时的参考。

实际入库资料处理包括厂商交货时，输入采购单号，比对数量、型号、商品名称、内容是否相符，以确定是否入库。而后由仓管人员进行清点验收工作，一方面修正采购单资料，另一方面调整库存资料。因此，进货信息模块主要是联结采购系统与库存系统，进行资料的联结与调整。

进货是实体货物来源的起始点，因此，进货系统的运作正确性将影响物流配送中心其他作业的进行。进货信息模块的目的在于充分掌握产品的信息，使货物能有效且准确地被处理，并能有效追踪货物的数量与状态。

2. 作业内容

进货信息模块的主要作业内容如下：

（1）进货单输入与维护。"进货"是指产品实际进入仓库，在采购单上需详细注明进货日期，而进货单则应记载对应的采购单号，以便对照采购与进货的状况。进货单上的信息必须为能辅助进货系统的资料，包含进货日期与进货单号、仓库代号、厂商编号、操作人员、交易类别与科目、每一类型货品/包装/容器的数量、进货货品的一般特征、进货品名称与单价、进货前存量、进货品包装/容器/单位负载等的尺寸。

（2）进货单与入库验收单打印。进货单据打印后，可作为验收人员签证的凭据，并可与采购信息模块比对采购数量，验收后打印入库验收单，供库存管理对照使用。

（3）货品编码。如物流配送中心使用的货品编码方式与供应商不同时，进货验收后，需要将货品自行编码，以便利物流配送中心的货品管理、提高拣货速度。

（4）进货时程安排。在排定进货月台使用表时，进货单是相当重要的依据，并可根据下列因素，综合考虑进货月台和辅助设备的分配状况：

1）每一时段内（小时、天、星期、月）的进货批次与进货量大小。

2）进货品种与数量。

3）码头大小与数量。

4）卸货方式、所需时间、空间与设备。

5）进货检查的需求与方法。

（5）进货品之后续作业查询。进货作业完成后，须与订单信息模块配合，确认下一步骤的作业内容，如进行储存、越库出货或流通加工等作业，以减少重复动作的发生。

（6）进货后退回供应商的处理。在进货作业中，可能会发生货品不符或有坏货的情形，此时，要将此信息传送到采购信息模块处理完后，再将信息传给退货信息模块，等待供应商下次送货时，便将可退回的货品退还给供应商，当货品上车时，再将信息传回修正退货信息模块内。

（7）模块关联性。进货信息模块与其他信息模块的关联性如图10-11所示。

图10-11　进货信息模块与其他信息模块的关联性

3．货品编码

（1）货品编码的步骤。

1）确立目标。依物流配送中心的客观环境特征需要，采取适合的措施。

2）设立分类编号小组。由物管及商品企划人员组成，商品企划人员提供产品的种类与规格，物管人员依编号的目标与原则进行分类编号。

3）收集资料。参考同业的资料，进行货号的比较、整理、分类和合并。

4）拟定分类系统及编号方式。

5）拟订计划及审核资料，并考虑是否符合业务单位需求。

6）拟定编号草案。

7）决议颁行，公布实施。

8）编印手册。

（2）货品编码的原则。

1）简易性。应将货品化繁为简，以便于货品活动的处理。

2）完全性。要使每一项货品都有一种编号代表。

3）单一性。每一个编号只能代表一项货品。

4）一贯性。编号要统一而有连贯性。

5）充足性。所采用的文字、记号或数字，必须有足够的数量给每一项货品一个编号。

6）扩充性。为未来货品的扩展及产品规格的增加预留位置，使其可因需要而自由延伸，或随时从中插入。

7）组织性。编号应有组织，以便于存档或查知账卡及相关资料。

8）易记性。应选择易于记忆的文字、符号或数字，或富于暗示及联想性。

9）分类展开性。若货品过于复杂使得编号扩大，则应使用层次渐进分类的方式做层次式的编号。

10）应用机械性。管理计算机化为目前的趋势，因而编号应考虑与事务性机器或计算机的配合。

（3）货品编码的方式。货品编码的方式可分为流水号编号法、数字分段法、分组编号法、实际意义编号法及暗示编号法等。

三、退货信息模块

1. 定义及目的

物流配送中心的退货作业内容因退货需求产生来源的不同可分成下游退货与上游退货两种。

（1）下游退货，是指配送人员所运送的商品因损坏、滞销、瑕疵、地点或数量送错，或资源回收，而从客户处将货品取回送至物流配送中心进行进一步处理，如销毁、报废、再利用及再进货等。

（2）上游退货，是指供应商在将货品送达物流配送中心经过检验后或是货品在进入物流配送中心后才发现货品有瑕疵或不符合物流配送中心需求的情况发生时，将货品退还给供应商或直接进行销毁。

设立退货信息模块的目的为：

（1）配合厂商要求，处理退货物品。

（2）提高客户满意度。

（3）做好环境保护工作，提高公司声誉。

2. 作业内容

退货信息模块的主要作业内容如下：

（1）下游退货处理。这是指下游客户在收到货品后，经过检验发现货品有瑕疵或不符合需求，而对物流配送中心进行退货的动作。退回的货品会先由车辆送至物流配送中心出货区，退货信息先由输配送信息模块传至订单信息模块，再由订单信息模块将客户退货信息回传至退货信息模块；此时退货区也将客户所退回的货品分类后，区分为合格品与不合格品两种。具体说明如下：

1）合格品的处理。将合格品送至仓库，并更正退货信息模块的退货信息，而合格品信息传送至库存储位信息模块，以更正库存信息。

2）不合格品的处理。不合格品（即确定物流配送中心不能使用的商品）可分为可退回给供应商的与不能退回给供应商的两种。不能退回的直接由物流配送中心进行销毁或掩埋等处理；可退回的商品则等供应商送货货车来时，将退货商品送至进货区，由货车直接运回给供应商，待商品上车后，将信息送回给退货信息模块更正信息。

（2）上游退货处理。这是指货品由供应商送达物流配送中心后，经过检验或货品在进入物流配送中心后才发现货品有瑕疵或不符合物流配送中心需求的情况发生时，将货品退还给供应商或直接进行销毁。其过程是先将退货信息传至采购信息模块更新采购信息，再传回至退货信息模块，之后的流程与下游退货处理相同。若货品已进入仓库才发现货品不是物流配送中心所需要的，则需先更正库存储位信息模块内的库存信息，并将信息传至采购信息模块更新采购信息，而采购信息模块再将信息传至退货信息模块，此时要退的货品送至退货区，接下来的流程与下游退货处理相同。

（3）资源回收物品处理。如今环保意识不断增强，资源回收物品的处理也越来越受重视，而资源回收品的处理不外乎是再利用、再循环、堆肥及能源回收。物流配送中心应视物品性质作不同的处理，从顾客处将货品取回送至物流配送中心进行下一步处理，如销毁、报废、再利用及再进货。但若需退回原厂，就属于上游退货的范围。

（4）模块关联性。退货信息模块与其他信息模块的关联性如图10-12所示。

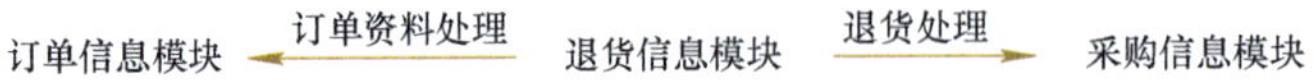

订单信息模块 ←——订单资料处理—— 退货信息模块 ——退货处理—→ 采购信息模块

图10-12　退货信息模块与其他信息模块的关联性

复习思考题

1. 简述物流配送中心基本功能及作业范围。
2. 简述物流配送中心的基本作业流程。
3. 物流配送中心的作业区一般包括哪几个部分？各有什么功能？
4. 解释SLP法和EIQ分析法的关键区别。
5. 简述物流配送中心系统化规划的总流程。
6. 简述物流配送中心信息模块的功能结构。
7. 订单信息模块的系统设计原则有哪些？
8. 进货信息模块的作业内容有哪些？

第十一章
智慧物流系统

 第一节　智慧物流的产生

一、智慧物流的起源

智慧物流的产生是物流业发展的必然结果。智慧物流理念的出现顺应了历史潮流，也符合现代物流业发展的自动化、网络化、可视化、实时化跟踪和智能监控的发展新趋势，符合物联网、大数据、互联网和云计算等发展的趋势。智慧物流是在物联网、大数据、互联网和云计算等新一代信息技术快速发展的背景下，满足物流业自身发展的内在要求而产生的物流智慧化结果。智慧物流本身的形成与现代物流的发展有着密不可分的渊源，从现代物流发展的角度来看，智慧物流的起源可概括为以下五个阶段：粗放型物流—系统化物流—电子化物流—智能物流—智慧物流。粗放型物流属于现代物流的雏形阶段，系统化物流是现代物流的初级发展阶段，电子化物流是现代物流的成熟阶段，而现代物流的未来发展趋势是由智能物流向智慧物流发展。

1. 粗放型物流

粗放型物流的黄金时期是20世纪50—70年代。第二次世界大战后，世界经济迅速复苏，以美国为代表的发达资本主义国家进入了经济发展的黄金时期。以制造业为核心的经济发展模式给西方等发达资本主义国家带来大量的财富，刺激消费大规模增长，大量生产、大量消费成为这个时代的标志。随着大量产品进入市场，大型百货商店和超级市场如雨后春笋一般出现。在大规模生产和消费的初始阶段，由于经济的快速增长，市场需求旺盛，企业的重心放在生产上，对流通领域中的物流关注度不高，普遍认为产量最大化会导致利润最大化，因此造成大量库存。

粗放型物流时期的特点是专业型物流企业很少，大部分企业都是自成体系，没有行业协作和大物流的意识，而盲目扩张生产很快便不能维持下去，迫使企业放弃原来的大规模生产消费型经营模式，寻找更适合的物流经营模式，如降低成本等。

2. 系统化物流

从20世纪70年代末到80年代初，世界经济出现国际化趋势，物流行业也逐渐从分散、粗放式的管理阶段进入到系统管理阶段。系统化物流得益于企业对物流行业重要性的认识，以及新技术和新模式的出现。在这一时期，企业已经把物流作为一门综合性的科学来看待，同时，企业的经营决策和发展战略也开始注重物流的成本和效益。这一时期的物流行业关注削减库存以降低运营成本，并引入了物流总成本的概念。新型物流技术的应用也迎合了这股潮流，如准时生产系统（Just in Time，JIT）和集装箱运输等。另外，新兴物流业务的出现也丰富了物流行业的服务模式。这些新兴的思想、技术、服务成为物流行业变革的契机和动力。值得一提的是，尽管这个时期信息技术革命尚在襁褓之中，但计算机辅助管理、模拟仿真系统、线性规划技术等开始被大量运用到物流系统中。

系统化物流时期的特点是新技术和新模式的出现，企业对物流的理解从简单分散的运输、保管、库存管理等具体功能，上升到原料采购到产品销售整个过程的统一管理，开始在物流成本和效益方面做文章。

3. 电子化物流

从20世纪90年代中后期以来，由于计算机技术的出现及大规模应用，以互联网在经济活动中的应用为主要表现形式的电子商务取得了快速发展。在客户需求的拉动、技术进步的推动及物流产业自身发展需要的驱动等多方面力量的作用下，现代物流业迎来了一个新的发展阶段——电子化物流时期。在这个时期，信息技术开始为物流行业助力，并成为持续推动物流行业飞速发展的最关键动力。最为典型的两项信息化技术是20世纪70年代诞生的条码技术和80年代的EDI技术。特别是互联网的出现，基于EDI可以提供一套统一的标准进行数据交互和处理的特点，使得EDI的应用范围可以覆盖物流的各主要环节，如在线订货、库存管理、发送货管理、报关、支付等。

电子化物流时期的特点主要包括三点：①电子化物流需要借助互联网来开展业务运作；②电子化物流体系以满足客户对物流服务的需求为导向，让客户通过互联网参与物流运作过程，以更好地实现以客户为中心的物流服务发展目标；③电子化物流注重追求供应链整体的物流效果，供应链合作伙伴之间通过互联网建立起密切的业务联系，共同为提高供应链物流的效率和效益以及降低物流运作的总体成本和时间而努力，强调共存共荣、互惠互利、同舟共济。

4. 智能物流

21世纪是智能化的世纪，随着智能技术的发展，物流也自然朝着智能化方向发展。特别是随着智能标签、无线射频识别技术、电子数据交换技术、全球定位系统、地理信息系统、智能交通系统等应用的日益成熟，相应地出现了一些智能物流应用的雏形，包括智能仓储物流管理、智能冷链物流管理、智能集装箱运输管理、智能危险品物流管理、智能电子商务物流等，智能物流慢慢地被人们所了解。基于以上背景，结合现代物流的发展过程，考虑到物流业是最早实现作业智能化、网络化和自动化的行业，2008年，德国不来梅大学物流动态（Log Dynamics）实验室的迪特（Dieter Uckelmann）归纳总结了智能物流的基本特征。

智能物流时期的物流运营呈现精准化、智能化、协同化的特点。精准化物流要求成本最小化和零浪费；物流系统需要智能化地采集实时信息，并利用物联网进行系统处理，为最终用户提供优质的信息和咨询服务，为物流企业提供最佳策略支持；协同化，是利用物联网平台协助，实现物流企业上下游之间的无缝连接。

5. 智慧物流

2009年12月，中国物流技术协会信息中心、华夏物联网、《物流技术与应用》编辑部联合提出与智能物流极其相似的"智慧物流"的概念。它们指出，智慧物流是利用集成智能化技术，使物流系统能模仿人的智能，具有思维、感知、学习、推理判断和自行解决物流中某些问题的能力。它包含了智能运输、智能仓储、智能配送、智能包装、智能装卸及智能信息的获取、加工和处理等多项基本活动，为供方提供最大化利润，为需方提供最佳服务，同时也应消耗最少的自然资源和社会资源，最大限度地保护生态环境，从而形成完备的智慧社会物流管理体系。在这之后，许多专家学者也提出了自己对智慧物流的见解。

智慧物流时期的特点是智能化、一体化、柔性化、社会化。智慧物流的时代已经到来并且还在继续，随着技术的不断进步和应用的成熟，智慧物流将更加完善。

二、智慧物流的产生

物联网被称为继计算机、互联网之后，世界信息产业的第三次浪潮。

2005年，在突尼斯举行的信息社会世界峰会（World Summit on the Information Society, WSIS）上，国际电信联盟（International Telecommunication Union，ITU)发布了《互联网报告2005：物联网》一文，正式提出了物联网的概念。射频识别技术（RFID）、传感器技术将是其中的关键技术。

2008年年底，IBM首席执行官彭明盛在物联网概念的基础上，首次抛出"智慧地球"这一概念。2009年2月24日，IBM中国公司在北京发布了"智慧地球"战略，通过将下一代IT技术应用在各行各业中，以应对经济危机、能源危机、环境恶化，从而打造一个"智慧地球"。其战略的主要内容为：IT产业下一阶段的任务是把新一代IT技术充分运用到各行各业之中，即把感应器装备到电网、铁路、桥梁、隧道、公路、建筑、供水系统、大坝、油气管道等各种物体中，并且普遍连接，形成所谓的"物联网"，并通过超级计算机和"云计算"将"物联网"整合起来，实现人类社会与物理系统的整合。在此基础上，人类可以以更加精细和动态的方式管理生产和生活，从而达到"智慧"状态。为了实施这一全新战略，IBM已经推出了各种"智慧"的解决方案，如智慧医疗、智慧电网、智慧油田、智慧城市、智慧企业等。美国政府将"智慧地球"当作经济振兴计划的一个核心环节，奥巴马提出它是"美国在21世纪保持和夺回竞争优势的方式"之一。

2009年物联网热潮席卷全球，在此背景下，许多学者探讨了物联网在物流领域的应用，再一次掀起了智能物流的研究热潮。在发表的诸多学术论文中，有的学者沿用了"智能物流"这个术语，而有的学者则使用了"智慧物流"这个新术语。

三、智慧物流产生的必然性

智慧物流是社会经济发展的必然要求，同时，科学技术的进步又为其实现提供了现实基础。

1. 供应链发展的要求

随着全球经济一体化进程的加快和市场竞争激烈程度的加剧，现代企业面临的形势已发生巨大变化。在激烈的市场竞争中，企业更直接地感受到来自多方面的压力，如全球市场的激烈竞争、品种的多样化、产品周期的缩短及客户要求的提高，企业深知依靠自身力量与对手竞争已经不能满足客户需求。随着企业与企业之间的依赖性不断加深，它们必须与所在供应链上的企业进行合作，通过信息共享实现优势互补、降低总成本等措施增强供应链的竞争力。市场竞争的实质已经发生了巨大变化，正如英国著名经济学家克里斯多夫（Christopher）所说："真正的竞争不是企业与企业之间的竞争，而是供应链与供应链之间的竞争。"

供应链是由许多具有不同功能的节点企业构成的网链，每个节点都要实现特定的功能，这些业务实体负责完成从原材料的订购到产品生产，再将产品运送到最终客户手中的任务。这个过程包含了物流、资金流和信息流的流动，横跨不同的企业和区域。在供应链竞争环境中，供应链参与方之间由过去单纯的竞争关系转变为既竞争又合作的联盟伙伴关系。因此，建立成员企业之间的紧密合作对于提升供应链整体竞争力尤为重要。而物流是连接供应链内各个主体的最重要桥梁，是供应链活动的主要内容，因此供应链成员企业之间的紧密合作离不开物流信息的共享与可视化。例如JIT，为实现"零库存"，需要供应商及时准确交货，并且要求供应商能够对订货的变化做出快速反应，实现与生产商的信息共享；要求高效率、低成本的物流运输装卸方式；生产商能够与零售商进行信息共享，提高市场预测的准确程度。JIT不仅要求整条供应链的物流系统的信息获取和传递具有比较高的实时性，而且还要求对信息进行快速处理，以便及时为供应链管理者提供辅助决策支持，如市场预测、运输优化、库存控制等，而这些功能依靠传统的物流系统是无法实现的。

通过引入智能物流，应用信息技术、智能技术及系统集成技术，一方面可以大大提高供应链各成员企业之间信息的共享性、可视性，另一方面也为信息处理提供了新的解决方案，可以提高供应链决策的科学水平和效率。

2. 电子商务发展的要求

电子商务的发展带来了巨大的物流需求，同时也对物流企业提出了新的要求，如能够及时、准确进行物流信息的获取和传递，为客户提供实时的货物和订单状态信息，对订单进行及时、准确的处理，对运输车辆进行实时优化调度，准确预测货物的销售，优化库存，对供应商进行优化选择等。并且，随着电子商务的不断发展，其对物流的要求将会越来越高。而要满足这些要求，实现电子商务的高效运转，高效、畅通、智能化的物流系统是必不可少的。

3. 我国现实国情的要求

一方面，由于物流产业在国民经济中的基础作用，物流信息化已成为我国信息化战略的重要内容。然而，国外物流信息化已发展了半个多世纪，信息化水平目前已发展到相当高的程度，如果仍旧按照它们的轨迹去发展我国物流产业的话，我国与发达国家之间在物流领域的"数字鸿沟"不仅不会缩小，反而会日益加大，也会导致我国物流企业在同国外企业的竞争中依旧无任何优势可言。因此必须充分利用后发优势，从更高的层次着手发展现代物流，利用信息化技术和智能化技术改造传统物流产业，以实现我国传统物流产业的跨越式发展，在未来的国际竞争中立于不败之地。

另一方面，我国传统物流产业走的是一条物质和能量高投入、高消耗的路。显然，在可持续发展的今天，这种发展模式越来越不适应社会经济对物流产业的要求。因此，寻求避免物质和能量的高投入、高消耗，充分利用和挖掘现有基础设施的物流能力，满足社会日益复杂的物流要求，实现物流产业可持续发展的有效途径，是我国物流领域目前所面临的一个重要问题。智能物流无疑是解决这一问题的有效途径，它通过提高物流经营管理的决策水平及物流作业的自动化水平，能够在很大程度上合理配置资源，提高物流效率和服务水平，节约大量的物流成本，产生巨大的社会经济效益。

4. 物流自身发展的内在要求

任何事物发展都有其内在的规律性，都是从简单向复杂、从低级向高级螺旋上升的过程。物流的发展也不例外，经历了由简单的储存物流、储运物流向复杂的一体化物流、供应链物流、电子物流的发展过程，物流信息化则经历了由简单粗放型、计算机简单应用型向信息管理系统化、整体化发展的过程。物流智能化是物流信息化和自动化的高级形态。随着全球经济一体化和知识经济时代的来临，现代物流所面临的问题日趋复杂，外界环境的不确定性程度越来越高，简单的信息化和自动化将越来越不能适应这些要求，因此需要发展具有解决复杂问题能力的智慧物流系统，以有效地解决这些问题。可以说，智慧物流是物流发展的必然产物。

5. 智慧物流是智慧地球的重要组成部分

随着"智慧地球"概念的提出，物联网的应用也深入到各行各业，形成了垂直产业链，包括智慧电网、智慧交通、智慧物流、智慧工业、智慧农业、智慧安防、智慧医疗、智慧环保、智慧家居等。其中，物流业是最早接触物联网的行业之一，也是最早应用物联网技术，实现物流作业智能化、网络化和自动化的行业。智慧物流供应链标志着信息化在整合网络和管控流程中进入了一个动态、实时进行选择和控制的管理新阶段。

6. 物联网等技术在物流行业应用的产物

近年来，物联网、移动通信、云计算、大数据等先进信息技术及人工智能技术得到了迅猛发展，人们不断将这些技术应用于物流领域，开发了许多智慧物流应用产品。智慧物流是物联网等先进技术在物流领域应用所带来的必然产物。

第二节 智慧物流系统的结构与智能机理

一、智慧物流系统的结构

智慧物流系统是智能物流系统的一种高级形态，其结构与智能物流系统的结构基本类似。由于物联网、云计算、大数据等先进信息技术的发展带来了智慧物流，所以站在信息采集、信息传递、信息处理、信息利用的角度，参考物联网的结构，智慧物流系统的结构如图11-1所示。

智能的网络也称为"神经网"，可分为功能简单的"末梢"、功能复杂的"中枢"和连接两端的网络三部分。其中，"末梢"相当于传感器、RFID等采集信息的网络；"中枢"相当于集中式数据处理和服务的中心，把采集的信息经过复杂的深加工，再反馈到系统的各部分，做出协调、优化的应对措施。这是基于网络的智能发展趋势。这样的智能不同于"傻瓜相机"式的独立智能解决方案，而一定要基于网络和集中的数据处理和服务中心（简称数据中心），这应该是物联网时代的智能化最重要的特征。

图11-1 智慧物流系统的结构

1. 感知层

感知层是智慧物流系统的"神经末梢",通过RFID、条码识别货物、托盘、集装箱及运输车辆的身份,通过传感器采集温度、湿度等环境信息,通过车载终端及OBD采集车辆的位置、车况信息,通过视频采集仓库、道路、闸口、车辆的动态图像信息。这些数据通过信息网络传递给信息处理与应用系统。

2. 网络层

网络层用于连接智慧物流系统的"神经末梢"与"神经中枢",并实现多个"神经中枢"之间的交互。智慧物流离不开通信基础网络的支撑。通信基础网络由互联网、电信网络和广播电视网络所组成,即3G,它主要解决的是文字、语音、图像、视频等信息传递的问题。以互联网为例,它解决的是一个基本的通信通道问题,只要符合其通信标准,就可以传递文字、图像、视频、语音,但其对所传递的信息内容没有要求,没有标准。可以使用通信基础网络实现感知层数据向应用层信息处理应用系统的传递。

然而,对于物流行业许多应用信息系统而言,需要进行业务信息的传递和交换,以开展业务往来。如果直接通过通信基础网络进行信息的交换,其成本高、效率低,并且难以解决一些跨部门、跨行业的信息交换与整合需求。

这时，就须建立专门的智慧物流信息网络，以实现应用信息系统之间的业务信息传递和交换。该网络建立在互联网等通信网络的基础之上，针对各种业务制定相应的信息交换标准，规范所交换的信息内容。应用信息系统接入该信息网络后，可以实现与其他应用信息系统之间的信息传递与交换，即智慧物流信息网络主要用于实现"神经中枢"之间的信息交换。

3. 应用层

应用层是智慧物流系统的"神经中枢"。物流信息处理与应用系统通过获取感知层的物流动态数据，以及通过智慧物流信息网络与其他物流信息处理与应用系统之间互联互通，实现物流作业、物流管理与控制、物流决策支持三个功能。

（1）物流作业：通过物流感知，实现物流自动化作业，如自动化立体仓库的货物自动分拣、仓库自动通风等。

（2）物流管理与控制：通过物流感知，以及与其他信息应用系统之间的互联，实现物流的可视化跟踪与预警，实现物流全过程的有效管控。

（3）物流决策支持：通过数据的集聚，建立数据中心，运用大数据处理技术，对物流进行优化、预测、诊断、评价、分类、聚类、影响分析、关联规则分析、回归分析等，为物流运营提供决策支持。

二、智慧物流系统的智能机理

下面从信息的智能获取、智能传递、智能处理、智能利用来分析智慧物流系统的智能机理。

1. 智能获取

智能获取技术主要有条码技术、传感器技术、射频识别技术、卫星定位技术（GPS、北斗）、视频技术、图像识别技术、文字识别技术、语音识别技术、机器人视觉技术等。这些技术目前已在智慧物流系统中得到广泛应用。智能获取技术能够使物流从被动走向主动，实现物流过程中的主动获取信息，主动监控车辆与货物，主动分析信息，使商品从源头开始被实时跟踪与管理，实现信息流快于实物流。

2. 智能传递

智能传递技术应用于企业内部、外部的数据传递。智慧物流的发展趋势是实现整个供应链管理的一体化、柔性化，这离不开数据的交换与传递。智慧物流系统的智能传递技术主要体现在通信基础网络和智慧物流信息网络两个方面。通信基础网络的智能传递技术主要是智能网技术、智能化网络管理与控制技术及智能网络信息搜索技术等智能通信技术，采用智能Agent技术及计算智能技术（如神经网络、遗传算法、蚁群算法等）以进行网络的优化管理与实时控制，如QoS路由优化等。在SOA架构技术环境下，智慧物流信息网络的智能传递技术主要是基于Web Service的物流信息服务搜索与发现技术、物流信息服务组合技术、消息中间件技术等。

3. 智能处理

智慧物流系统的智能化水平在很大程度上取决于它代替或部分代替人进行决策的能力。而智能处理技术是智能物流系统进行"决策"的核心技术，即通过对大数据进行分析与处理，建立优化、预测、评价、诊断、数据挖掘模型，为企业和政府的物流决策提供支持。这方面的技术主要有系统优化、系统预测、系统诊断、大数据技术、专家系统、数据挖掘、智能决策支持系统、计算智能技术、智能体技术等。

4. 智能利用

智能利用主要体现在以下两个方面：

1）智慧物流系统是一个人机系统。人是智慧物流系统的重要组成部分，在智能处理的基础上，物流管理人员基于决策支持信息，作用于物流系统，体现的是人的智能。

2）物流自动控制。智能控制技术是将智能理论应用于控制技术而不断发展起来的一种新型控制技术，它主要用来解决那些用传统的方法难以解决的复杂系统的控制问题。这些控制问题通常具有复杂性、随机性、模糊性等特点，利用数学方法难以精确描述。智能控制技术目前主要有模糊控制技术、神经网络控制技术、学习控制技术、专家控制技术等。目前，智能控制技术在智慧物流系统中的应用还比较少。艾伦（Allen）和黑尔费里希（Helferich）的研究表明，在人工智能在物流领域的105项应用中，只有5个与控制有关。虽然目前应用偏少，但随着社会经济的发展，物流系统中的控制问题，如物流作业领域中的物流设备的监控、自动搬运机器人、自动分拣机器人、自动化仓库的计算机控制等将变得越来越复杂，并且这些问题解决得好坏将极大地影响系统的效率和反应速度。

第三节 智慧物流系统架构

一、智慧物流系统的物理架构

智慧物流系统由能够完成商品的出/入库、货物配送、货物跟踪、客户关系管理等功能模块组成，涉及物流、信息流和资金流，能够实现快速、方便、经济、安全的系统运行目标。通过与各种信息技术相配合，形成智慧物流系统网络，对货物的流动进行跟踪，实现对货物在整个流动过程中的实时监控。

以货物追踪系统为例，其智慧物流系统的物理架构如图11-2所示。

下面仅就RFID的识读系统，RFID、GPS、GIS货物跟踪系统，仓储管理子系统几个方面做简要介绍。

1. RFID的识读系统

该系统由电子标签、天线、远距离识读设备、数据交换系统组成。硬件系统设置在货物通行的地方，当货物通过时，识读设备接收货物电子标签发出的信号，对货物电子标签和数据交换系统进行更新和改写。

系统构建时要考虑的是RFID标签的标准化问题，不同的厂商生产的RFID标签都有自己的标准。目前RFID的标准分别是ISO标准体系、EPCglobal标准体系和Ubiquitous ID标准体系、AMI标准体系和LP-X标准体系。而RFID不像条码，虽有共同的频率，但厂商在生产时还是可以自行改变的。因此，在选择标签时要充分考虑与识读设备衔接的问题。

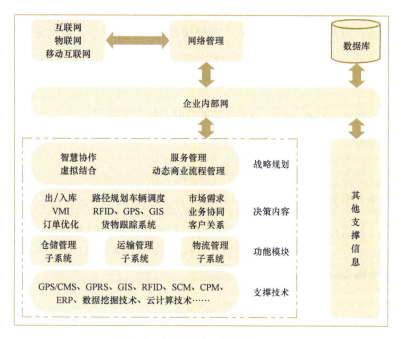

图11-2 智慧物流系统的物理架构

2. RFID、GPS、GIS货物跟踪系统

该系统由RFID、GPS、GIS和监控系统组成。GPS能够对在途货物进行定位，GIS通过遥感技术实现对路径的规划，并将数据传输至监控系统，对在途货物实现实时跟踪定位。三种技术结合构建智能交通物流网络的原理是：GIS能够对识读器获得的道路标签的编码信息进行处理，并与电子地图信息库中的具体位置点对照，实现物理位置和电子地图上的显示点之间的对应；GPS在卫星能够覆盖的地区定位简单、经济实惠，可以实现对大多数路面的定位，但是在卫星的盲区，如高楼密集区、立交桥、高架桥、大型地下停车场等区域可以采用RFID进行定位，在这些地区先进行道路标签的铺设。实现的方法就是将车载终端进行简单改造，将GPS终端和阅读器集成在一起，实现城市道路交通的全程全目标监控。系统构建时要考虑在公共交通繁忙和重要的网络中，能不能进行射频标签的铺设，这应该是政府行为，并且具有导向性，不可能单独由交通管理部门（简称交管部门）和道路使用部门完成。

3. 仓储管理子系统

仓储管理子系统负责货物的出/入库，货物盘点，供应商管理库存，货区、货位管理及订单管理。此部分使用到的硬件技术有RFID、条码、无线传感、立体仓库、AGV等，软件技术有仓储管理信息系统、订货系统、POS系统等。系统应具备如下功能：

（1）订单管理。通过订单管理系统对客户订单进行收集、整理、分类，下载给出/入库管理人员。

（2）入库管理。对入库货物的名称、种类、等级、时间、存放位置、来源地等信息进行登记，然后贴条码，在RFID标签写入相关信息，入库。

（3）出库管理。对出库货物的名称、数量、种类、货位、时间进行系统登记，系统具备审核功能，如果发现问题会及时报警，提示管理人员进行复核。

（4）库存管理。对在库货物进行盘点，与供应商进行数据共享，使供应商管理库存，对货位进行整理。

（5）查询与统计。对物品出/入库状态、进/销/存账目、货位利用情况进行审核、查询与统计。

（6）仓储数据交换。与各分销中心或总部进行网上数据传输。

同时，仓储管理子系统还应具有客户服务功能、市场协调功能和关联单位的业务协同功能。

二、智慧物流系统的业务架构

智慧物流系统是对传统物流系统的改良，是对传统信息平台的更新换代，在技术定位上，采用云计算、物联网、三网融合等新一代技术，打造的智慧物流体系的物流平台。

传统物流业务体系架构如图11-3所示。

图11-3 传统物流业务体系架构

基于物联网的智慧物流业务体系架构如图11-4所示。

从物流业务体系架构可以看出智慧物流与传统物流的区别，智慧物流通过在各个业务层次运用先进的信息化技术、设备并进行有效的物流信息获取、传递、处理、控制和展示，提高了整个系统的智能化，从而提高了整个系统的运行效率。下面简单介绍智慧物流业务体系架构中的物流感知层和增值业务层。

图11-4　基于物联网的智慧物流业务体系架构

1. 物流感知层

射频识别（RFID）技术、传感器技术、纳米技术、智能嵌入技术为感知层的关键技术。射频识别系统通常由电子标签和阅读器组成。电子标签内存有一定格式的标示物体信息的电子数据，是未来几年代替条码走进物联网时代的关键技术之一。该技术具有一定的优势：能够轻易嵌入或附着，并对所附着的物体进行追踪定位；读取距离更远，存取数据时间更短；标签的数据存取有密码保护，安全性更高。RFID目前有很多频段，集中在13.56MHz频段和900MHz频段的无源射频识别标签的应用最为常见。短距离应用方面通常采用13.56MHz频段；900MHz频段多用于远距离识别，如车辆管理、产品防伪等领域。阅读器与电子标签可按通信协议互传信息，即阅读器向电子标签发送命令，电子标签根据命令将内存的标志性数据回传给阅读器。

RFID技术与互联网、通信等技术相结合，可实现全球范围内的物品跟踪与信息共享。但其在技术发展过程中也遇到了一些问题，主要是芯片成本问题，其他的如RFID防碰撞、防冲突、RFID天线研究、工作频率的选择及安全隐私等问题，都在一定程度上制约了该技术的发展。

传感技术、计算机技术与通信技术被称为信息技术的三大支柱。传感技术是主要研究从自然信源获取信息，并对其进行处理（变换）和识别的一门多学科交叉的现代科学与工程技术。传感技术的核心即传感器，它是负责实现物联网中物与物、物与人信息交互的必要组成部分。目前，无线传感器网络的大部分应用集中在简单、低复杂度信息的获取上，只能获取和处理物理世界的标量信息。然而，这些标量信息无法刻画丰富多彩的物理世界，难以实现真正意义上的人与物理世界的沟通。为了克服这一缺陷，既能获取标量信息，又能获取视频、音频和图像等矢量信息的无线多媒体传感器网络应运而生。作为一种全新的信息获取和处理技术，利用压缩、识别、融合和重建等多种方法来处理信息，以满足无线多媒体传感器网络多样化应用的需求。

嵌入式系统是以应用为中心，以计算机技术为基础，并且软硬件可裁剪，适用于应用系统对功能、可靠性、成本、体积、功耗有严格要求的专用计算机系统。它一般由嵌入式微处理器、外围硬件设备、嵌入式操作系统及用户的应用程序四个部分组成，用于实现对其他设备的控制、监视或管理等功能。

2. 核心业务层

（1）智能运输。智能运输是指根据物联网感知到的货物信息、物流环境信息、基础设施信息、设备信息确定运输路线和运输时间的运输方式。智能运输在物流中的应用主要集中在运输管理和车/货集中动态控制两方面，实现实时运输路线追踪、货物在途状态控制和自动缴费等功能。智能运输用到的主要技术有移动信息技术、车辆定位技术、车辆识别技术、通信与网络技术等。

（2）自动仓储。自动仓储是指利用物联网技术实现自动存储和取出物料。由感知货架、智能托盘、自动搬运机构、堆垛机的自动控制和自动仓库管理系统等部分构成，通过物联网提供的货物信息进行仓库存货战略的确定。仓储业务中的货物验收、入库、定期盘点和出库等环节可实现自动化及实时监控货物状态。

（3）动态配送。动态配送即利用物联网技术及时获得并分析交通条件、价格因素、客户数量及分布和客户需求等因素的变化，制定动态的配送方案，在提高配送效率的同时提高服务品质。

（4）信息控制。物联网对物流信息的全面感知、安全传输和智能控制可实现物流信息管理到物流信息控制的飞跃。物联网可利用其技术优势通过信息集成实现物对物的控制，信息控制的应用可进一步提高整个物流的反应速度和准确度。

第四节 智慧物流信息平台系统

我国物流信息平台的研发与建设缺乏统一设计，系统功能重复建设，没有统一标准的数据格式，且各地区、各企业各自为政，导致物流信息无法互联互通，难以实现信息共享。同时，物流行业的快速发展对物流信息化服务提出了更高要求，只有推进物流信息化建设，才能实现物流行业的系统化和现代化。

物流信息平台是提供和支持物流服务供需信息进行交互的网站。随着智慧物流的快速发展，传统的物流信息平台已不能满足智慧物流智能化、快速化的要求。智慧物流信息平台的提出和发展很好地解决了这一问题。智慧物流信息平台是沟通物流活动各环节的桥梁，借助集成化技术，利用大数据、物联网、云计算及先进的信息技术将各层面的物流信息进行整合，可引导供应链结构的变动和物流布局的优化，实现物流各业务运行及服务质量的管理控制，协调商物结构，促进商物供需平衡，从而协调人、财、物等物流资源的配置，促进物流资源的整合和合理利用。

本节基于我国智慧物流的实际情况和发展需求，利用大数据技术及先进的信息技术，通过将各参与机构的信息及物流服务进行整合，构建包括智慧物流商物管理平台、智慧物流供应链管理平台及智慧物流业务综合管控平台在内的智慧物流信息平台。该平台可为物流实体经济提供有力支撑，可解决长期存在的物流业务彼此独立运作、缺乏整合、物流业务之间难以无缝连接的问题，从而达到降低物流成本、提高效率、提升管理和服务水平、带动区域经济发展的目的。

一、智慧物流信息平台设计原则与目标

1. 智慧物流信息平台设计原则

智慧物流信息平台是一个庞大而复杂的系统，因此在平台建设上要采用先进的建设思想，不仅要能够满足用户当前的需求，而且要能够随着需求的增加而扩展。平台设计采取的技术路线是：采用成熟的软硬件技术，努力开拓建设智慧物流信息平台的新技术。因此，平台在保证经济实用的前提下，还要遵循如下原则：

（1）规范性。智慧物流信息平台必须支持各种开放的标准，不论是操作系统、数据库管理系统、开发工具、应用开发平台等系统软件，还是工作站、服务器、网络等硬件，都要符合当前主流的国家标准、行业标准和计算机软硬件标准。

（2）先进性。在平台构建过程中应尽可能地利用一些成熟的、先进的技术手段，使系统具有更强的生命力。

（3）可扩展性。智慧物流信息平台的规划设计在充分考虑与现有系统无缝对接的基础上，还要考虑未来新技术的发展对平台的影响，保证平台改造与升级的便利性，以适应新技术与新应用功能的要求。

（4）开放性。智慧物流信息平台应充分考虑与外界信息系统之间的信息交换，因为它是一个开放的系统，需要通过接口与外界的其他平台或系统相连接。因此，智慧物流信息平台的规划设计要充分考虑平台与外界系统的信息交换。

（5）安全可靠性。智慧物流信息平台的业务系统直接面向广大用户，在业务系统上流动的信息直接关系到用户的经济利益，并且这些信息都是高度共享的。因此，只有保证系统的高度安全，才能保证信息传输的安全性，才能为用户的利益提供保障。

（6）合作性。智慧物流信息平台需要整合不同部门的信息，需要政府、企业、商家和信息系统开发商等多方参与系统的开发、维护和使用。只有各方统一规则、通力合作、积极参与，才会取得良好的效益。

2. 智慧物流信息平台设计目标

智慧物流信息平台将智慧物流理念贯穿于整个平台的规划和运营中，通过大数据、云计算、物联网等新技术，建立开放、透明、共享的物流信息平台，为物流企业、电子商务企业、仓储企业、第三方第四方物流服务商、供应链服务商等各类企业提供一体化的物流服务解决方案，从而达到物流服务一体化、物流过程可视化、物流交易电子化、物流资源集成化、物流运作标准化、客户服务个性化的目标。

（1）物流服务一体化。智慧物流信息平台对主要物流业务进行整合，消除物流业务之间不

能无缝对接的情况，提高不同业务的协同和整合能力，从而提高物流服务整体效率。

（2）物流过程可视化。智慧物流信息平台通过应用大数据技术、物联网技术、云计算技术、全球卫星定位系统等技术，使物流活动的整个过程透明、可追溯，对物流运营进行全面管控和规范化管理，从而提高物流运作效率。

（3）物流交易电子化。智慧物流信息平台的物流电子商务功能提升了物流服务交易效率，提高了客户和物流企业的互动效率，降低了物流服务的搜寻和交易成本，提高了客户满意度。

（4）物流资源集成化。智慧物流信息平台通过整合各类物流资源，对其进行合理化分类管理和调度，将更有效地调度更多的社会物流资源，实现物流活动的智慧化。

（5）物流运作标准化。智慧物流信息平台对物流运作方案实行全面标准化管理，实现标准化信息管理和物流业务运作，提高管理效率和防范风险能力。

（6）客户服务个性化。智慧物流信息平台以客户需求为目标，能满足不同客户的多样化需求，为客户提供更加专业、细致、多样化的个性化智慧物流服务，提升企业服务水平及服务效率，从而提高客户满意度。

二、智慧物流信息平台业务及功能体系设计

1. 智慧物流信息平台业务体系设计

本节中的智慧物流信息平台业务主要是指智慧物流商物管理、智慧物流供应链管理及智慧物流业务综合管控三个层面的物流业务。智慧物流商物管理业务主要是对商物的品类、流量流向、供需及商物协同等方面的管理；智慧物流供应链管理从供应链的角度出发，主要对采购物流、生产物流、销售物流等业务进行管理；智慧物流业务综合管控以仓储、配送、运输为核心业务，除此之外，还包括货物信息发布、物流过程控制等一些增值业务。

从宏观的物流商物管理到中观的物流供应链管理，再到微观的物流业务综合管控，各层面的物流业务有所不同。针对我国智慧物流的发展现状及相关企业对智慧物流信息平台的需求，智慧物流信息平台根据各层面的业务特点，将其合理科学地按一定层次组织在一起，形成了智慧物流信息平台业务体系。智慧物流信息平台从宏观物流、中观物流和微观物流三个角度出发，分别对智慧物流商物管理、智慧物流供应链管理、智慧物流业务综合管控三个层面的业务进行了详细设计。具体如图11-5所示。

（1）智慧物流商物管理。智慧物流商物管理是按照商品类别、货物性质、产品类型等不同分类标准和规则，将商物分为不同品类。在物品分类的基础上，根据不同商物品类的特点、性质对商物进行相关业务管理，主要包括商物品类管理、商物流量流向管理、商物供需管理、商物协同管理，从而满足客户的多样化需求，提高企业服务水平。

（2）智慧物流供应链管理。智慧物流供应链管理是从供应链角度出发，对整个供应链过程进行管理监督。主要包括采购物流管理、生产物流管理、销售物流管理及一体化物流管理等业务；通过对供应链相关业务的管理监控，实现供应链的协同一体化。

（3）智慧物流业务综合管控。智慧物流业务综合管控主要是对仓储、配送、运输等物流核心业务进行管理。主要包括自动仓储、动态配送、智能运输、物流过程控制、分析优化决策、货物信息发布及增值服务等业务。通过对物流各业务过程的管理，实现物流业务操作的可视化及智能化。

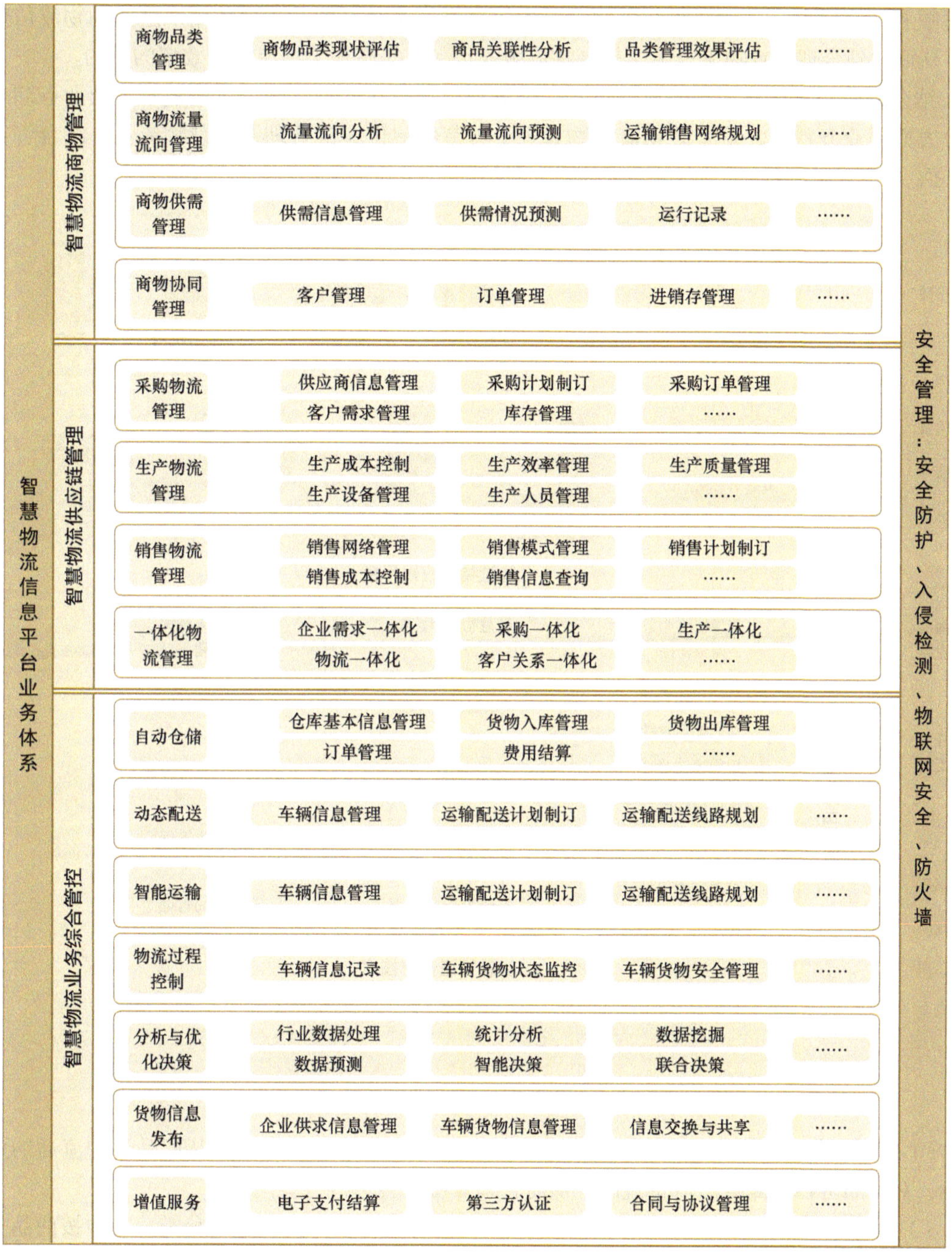

第十一章 智慧物流系统

图11-5　智慧物流信息平台业务体系

2. 智慧物流信息平台功能体系设计

物流信息平台可实现对物流各业务的管理监控、物流各业务信息的交互共享，从而方便相关企业的物流工作，提高企业的服务质量及客户的满意度。本节中智慧物流信息平台的主要功能是针对智慧物流商物管理、智慧物流供应链管理及智慧物流业务综合管控这三个层面的物流业务，根据智慧物流的发展现状，对智慧物流各层面的相关业务进行管理监督，使得各项业务能够顺利、快速地完成,同时对各物流业务信息进行实时更新,实现各用户之间的物流信息共享,从而达到合理配置物流资源、提高物流服务水平、提高整个物流系统效率的目的。

结合智慧物流信息平台的业务体系,依据智慧物流在商物管理、供应链管理及业务综合管控等方面的业务特点,从智慧物流商物管理、智慧物流供应链管理及智慧物流业务综合管控三个层面设计智慧物流信息平台的功能体系。具体如图11-6所示。

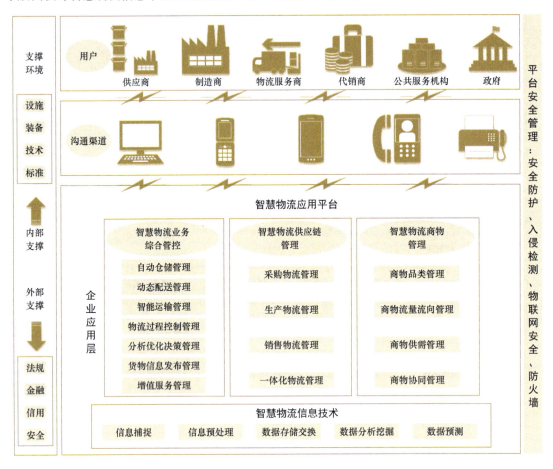

图11-6 智慧物流平台的功能体系

(1)智慧物流商物管理信息平台功能。智慧物流商物管理信息平台从商品货物流通的角度出发,对商品货物的品类、流量流向、供需管理及协同管理进行智能管控。

1)商物品类管理。商物品类管理是指按照不同分类标准对商物进行分类。其中按商品类别不同,可将商物分为食品类、五金类、化工类等;按货物性质不同,可将商物分为普通货物和特殊货物;按产品类型不同,可将商物分为农产品和工业品等。智慧物流商物管理信息平台在商物分类的基础上,利用大数据及其智能处理技术,系统地收集、存储货物品类信息、进出历史记录、货物进出状况、生产地及消费地等数据,掌握客户对不同商品的消费情况,利用历史数据对客户需求进行预测,从而向客户提供超值的产品或服务来提高企业的营运效果。

2)商物流量流向管理。智慧物流商物管理信息平台可对不同商物流通过程中的流量、流向进行量化处理,根据某类商品在不同区域的生产消费结构和客户需求,科学合理地规划商品销售网络，从而实现社会资源的合理配置，提高资源的利用水平。

3）商物供需管理。智慧物流商物管理信息平台利用大数据捕捉、处理、分析、预测等技术，通过对各种商品货物供需数据的收集及分析，可掌握商品在不同区域的供需情况。根据商物实际供需情况，对商物的供需市场进行调节，从而实现商物的供需平衡。

4）商物协同管理。智慧物流商物管理信息平台可对不同品类商品的采购、生产、销售整个过程进行协同管理，从而实现商品流通过程的可视化、智慧化监管，优化企业商物综合管理体系，节省人力资源开支，提高企业运营效率。同时，商物协同管理还可对商物的核心节点和主要通道进行管理控制，保证商物在整个运输网络中的顺畅流通。

（2）智慧物流供应链管理信息平台功能。基于大数据所形成的智慧物流供应链强调供应链的数据智慧性、网络协同化、决策系统化。智慧物流供应链管理信息平台利用大数据等先进技术，从供应链角度出发，可实现对整个供应链管理业务的智能监控管理。

销售物流的管控服务通过大数据和信息技术等对销售量、销售对象、销售品类、销售流向等信息的捕捉、分析、处理和预测，充分考虑相关因素，可以指导采购和生产计划的决策，预测未来发展趋势，有效优化流程和规避风险。

客户信息管控服务通过对客户类型、消费品类、流量流向、时间分布和地域分布等相关数据的捕捉和分析，预测客户未来需求趋势，规划、调整、指导供求平衡，满足不同客户对不同货物的服务需求。

1）采购物流管理。采购物流是指包括原材料等一切生产物资的采购、进货运输、仓储、库存管理、用料管理和供应管理。智慧物流供应链管理信息平台可对采购物流整个过程中涉及的供应商、库存情况、采购计划、采购渠道、采购订单、客户需求等进行管理，对采购过程进行严密的跟踪、监督，从而实现企业对采购活动执行过程的科学智能管理。

2）生产物流管理。生产物流是指在生产工艺中的物流活动，是指从原材料购进开始直到产成品发送为止的物流活动全过程。智慧物流供应链管理信息平台可对企业生产物流全过程进行全程监管跟踪，科学管理生产物料及生产设备、有效控制生产成本，从而使企业可以全面、快速、有效地控制整个生产过程。

3）销售物流管理。销售物流是指生产企业、流通企业在出售商品时，物品在供方与需方之间的实体流动，是企业物流系统的最后一个环节。智慧物流供应链管理信息平台可对企业销售物流业务进行综合管控，对商品的包装、储存、运输配送、流通加工等整个销售过程进行管理，同时可对企业销售物流网络进行规划与设计，实现企业销售过程的自动化、可视化和智能化。

4）一体化物流管理。智慧物流供应链管理信息平台以一体化机制为前提，以一体化技术为支撑，以信息共享为基础，从系统的全局观出发，通过整合供应链上下游各个企业的信息，通过高质量的信息传递与共享，实现供应链节点企业的战略协同、技术协同和信息协同。

（3）智慧物流业务综合管控信息平台功能。智慧物流业务综合管控信息平台从物流的基本业务角度出发，对货物的仓储、运输、配送等基本物流业务进行管控。

1）自动仓储管理。智慧物流业务综合管控信息平台可利用大数据相关技术对企业货物仓储、出入库、客户统计等活动进行全方位管理，提高仓储效率，降低仓储成本。

2）动态配送管理。智慧物流业务综合管控信息平台在利用调度优化模型生成智能配送计划的基础上，采用多种先进技术对物流配送过程进行智能化管理，可有效降低物流配送的管理成本，提高配送过程中的服务质量，保障车辆和货品的安全，并对物流配送环节进行可视化管理。

3）智能运输管理。智慧物流业务综合管控信息平台通过综合考虑货物种类、数量、特点，制订合理的货物运输计划，智能生成运输路线，对货物运输过程进行全程监管，以保证货物在安全、快速送达目的地的同时，节省运输资源，提高运输质量及运输效率。

4）物流过程控制管理。以运输过程为例，智慧物流业务综合管控信息平台可利用物联网技术对在途车辆及货物进行实时跟踪监控，当发现车辆或货物存在安全隐患时，及时向车辆及驾驶员发出警告，以保证车辆和货物在运输配送过程中的安全，实现货物运输配送过程的可视化监管。

5）分析优化决策管理。智慧物流业务综合管控信息平台可利用物流过程中产生的各种数据，通过大数据分析预测技术，对海量数据进行处理分析，挖掘客户与物流规律，为企业决策者做出正确的决策提供依据。

6）货物信息发布管理。智慧物流业务综合管控信息平台可对生产企业、物流企业、商贸企业的各类货物信息、物流资源进行整合分类，通过信息交换技术实现各企业之间的信息共享，保证货运相关信息的实时发布，从而帮助企业获得更多的行业动态信息，提高企业的运营效率。

7）增值服务管理。智慧物流业务综合管控信息平台除了提供一些基本物流服务外，还可为用户提供包括电子支付结算、第三方认证、合同与协议管理和违约处理等各种延伸增值服务，从而提高企业的服务质量及运营管理效率。

第五节　智慧物流系统解决方案与应用

一、智慧物流系统解决方案

以仓储监控为例，智能物流系统依靠比较成熟的RFID技术，采用远距离识别方式，利用网络信息技术对出/入库及在库商品进行智能化、信息化管理，实现自动记录货品出/入库信息、智能盘点、记录及发布货品的状态信息、车辆配载、卸货盘点等功能。其活动过程如图11-7所示。

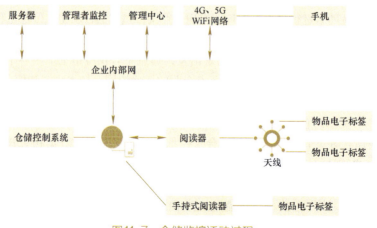

图11-7　仓储监控活动过程

从图11-7中可以看出，系统集成了RFID技术、无线通信技术、网络技术及计算机技术。硬件部分有各种阅读器、天线、无线阅读器、电子标签等。阅读器接收通过天线传递的电子标签信息，然后通过局域网将其传到信息管理系统，对数据库数据进行处理。

系统正常工作的前提是仓库的自动识别系统能够有效地识读物品电子标签，并对电子标签内存储的数据安全识读，保证信息的准确性。因此，在构建系统时，要充分考虑标签与通信系统的标准化问题，考虑信息加密技术的可行性问题，还要考虑与GPS、BC等系统的配合问题。

二、智慧物流系统应用

1. 产品智慧可追溯系统

目前，产品智慧可追溯系统在食品、钢铁、农产品、医药、烟草等行业领域，在产品的追踪、识别、查询、信息采集与管理等方面发挥了巨大作用，强化了生产经营者的安全责任意识，为消费者提供尽可能全面的信息，已有很多成功应用。产品智慧可追溯系统可实现产品从原料、加工到成品运输等全过程的追溯，通过RFID技术，对标签卡实现了读/写内部数据信息的功能；通过无线电波将产品状态和定位信息实时传输到产品的智慧可追溯系统，使用户可以通过登录系统查找相应的产品安全追溯信息。食品安全生产管理者通过登录系统，能够在出现产品安全问题时迅速召回问题产品，防止问题产品的快速流散，从而通过产品智慧可追溯系统解决生活中的产品质量安全问题，增强消费者信心。

2. 可视化智慧物流调度管理系统

可视化智慧物流调度管理系统基于计算机、网络、GPS、GIS、RFID等多种技术和智慧物流理念，结合有效的管理方式，在物流过程中实现车辆定位、运输物品监控、车辆实时调度、可视化监控管理等功能，使整个物流供应链更加透明，实现对物流资源的有效配置，从而提供高效、准确的物流服务。物流公司在每辆配送车辆上安装GPS或带独立系统电源的RFID钢质电子锁，在每件货物的包装中嵌入RFID芯片。因此，物流公司和客户都能通过登录可视化智慧物流调度管理系统，了解车辆和货物所处的位置和环境。在运输过程中，可根据客户的要求，对货物进行及时调整和调配，实现货物的全程实时监控，防止货物遗失、误送等。利用系统积累的数据，通过建立物流业务的数学模型，对历史数据进行分析、挖掘，为客户在评估货物配送方案、预估货物配送时间、优化物流运输路线、缩短中间环节、减少运输时间等方面提供决策支持。通过货物上的RFID芯片，货物在装卸时自动收集货物装卸信息，实现货物的自动放置，缩短物流作业时间，提高物流运营效率，降低物流成本。

3. 智慧物流配送中心

智慧物流配送中心采用先进的计算机通信技术、RFID技术、GPS技术、GIS技术等，通过科学化、合理化的科学管理制度，采用现代化的管理方法和手段，借助配送中心智能控制、自动化操作的网络，基本实现机器自动堆垛、货物自动搬运、产品自动分拣、堆垛机自动出/入库等功能，从而实现整个物流作业与生产制造的自动化、智能化与网络化，并实现物流配送功能集成化、配送作业规范化、配送服务系列化、配送目标系统化、配送手段现代化、配送组织网络化、配送经营市场化、配送管理法制化。智慧物流配送中心实现整个物流配送过程的实时监控和实时决策,实现商流、物流、信息流、资金流的全面协同,充分发挥其基本功能,保障相关企业和客户整体效益的实现。

复习思考题

1. 简述智慧物流的概念以及智慧物流的发展历程。
2. 智慧物流系统的智能机理是什么?
3. 智慧物流系统架构可以简单分为哪两类?请分别阐述其特点。
4. 在智慧物流信息平台设计原则和目标下,结合自己的理解,试分析智慧物流信息平台业务及功能体系设计还可以从哪些方面去完善。
5. 结合本章给出的智慧物流系统应用案例,试再举出智慧物流应用场景的例子。

案例1 顺丰速运快递管理方案

一、背景概述

顺丰速运(集团)有限公司(简称顺丰速运)成立于1993年,作为一家主要从事国际、国内快递业务的企业,为广大客户提供便捷、安全和专业的快递服务。为了向客户提供更好的服务,顺丰速运一直致力于提高员工的业务技能、质量意识和服务意识,并持续加强公司的基础设施,以提高设备和系统的科技含量。

顺丰速运发展非常快,自1993年成立后,连续16年年均增长超过50%。高速膨胀的业务量也暴露了传统物流企业效率低、人力成本高、管理混乱等缺点,为解决这些问题顺丰速运开始了企业的升级与转型。

二、解决方案

为了实现企业的持续发展,顺丰速运非常重视基础设施的建设,并且全部采用自建、自营的方式建立自己的速运网络。自2002年集团总部成立以来,更是致力于统一全国各个网点的经营理念、大力推行工作流程标准化、提高硬件设备和系统软件的技术含量。而在信息系统建设方面,顺丰速运更是不遗余力。早在2001年之前,顺丰速运就引入了简单的物流系统,并开始了信息化建设。长期以来,顺丰速运投入大量资金加强信息建设,并与IBM、Oracle等国际知名企业合作,学习它们为联邦快递等知名物流企业做项目的经验。

信息系统建设告一段落后,顺丰速运开始为快递人员装配手持终端。据了解,顺丰速运使用的第一代手持终端于2003年推出,由爱立信手机加一个扫描头组成,故障多、问题多,不稳定,也不好用,进行过一些推广后停用。这是一个PDA终端失败的案例。2007年,顺丰速运开始推广第二代手持终端,这种终端是扫描头和终端为一体的,内置天线,不再借用手机传送无线信号,功能也比之前的强大,但体积比较大。由于这一代产品性能较差,很快就无法满足每日庞大交易量的处理要求。到2008年年初,顺丰速运开始部署新一代专业移动手持终端,也就是第三代手持终端,俗称HHT,体积小、功能强。2009年2月之前HHT还只能进行条码处理、上传数据、全国黑客户查询、费率换算、计算器、违禁品查询等功能;到了同年3月,经过升级,新一代终端就成功替代了原先人手一本的服务手册,增加了查询全网络收送范围,从本地发往各地的快件种类、保价与重量的计算等功能。

在实现了信息系统和终端设备的结合后,快递人员的收件和派件工作实现了信息化操作。其中,收件系统分为有订单收件和无订单收件两种情况,派件系统分为正常派件和非正常派件两种。在此系统中,PDA处理的订单数据或派件数据可以通过网络传送至服务器,在服务器端可以查询每一笔订单的具体状况和货物的去向。此外,工作人员也可以通过服务器端下订单,客户端会接收、查询这笔订单并进行操作。快递人员可以通过PDA端查询与统计当天所处理的订单与未处理的订单。顺丰速运PDA系统流程如图11-8所示。

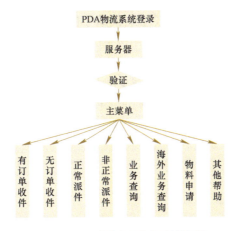

图11-8　顺丰速运PDA系统流程

如图所示,顺丰速运PDA系统以快递人员需求为导向,集成了多种日常快递收发功能,极大地方便了工作人员。其主要包括如下三种功能:

(1)收件系统。当接到客户的订单后,快递人员携带手持终端前去收件,用终端扫描客户已经确认的单据条码,并且将客户所填写的信息输入手持终端中,由终端通过GPRS将信息传输至服务器中。

(2)派件系统。快递员在手持终端上输入单据信息,就可以通过GPRS从服务器上取得相关信息,并且能跟踪该货物的具体去向;当货物交接完毕后,也会及时反馈到服务器中。

(3)信息反馈系统。以前跟踪快件产生的数据主要是由各环节的工作人员手工输入的,不仅时效性差、误差较大,且不能及时发现快件运送过程中的问题。采用终端信息系统后,货物的状态信息将实时、准确地反映在信息反馈系统中,并且可以通过该系统查询任意货物的物流状态。

通过这些系统的协调工作,物流企业可以实现速运服务移动化。具体表现为:

(1)无线实时传送。信息可以快速、正确地通过GPRS机制传输到服务器端。无线传输不受地域限制,即使没有网络或在移动中,也可以随时上传、下载数据。

（2）便捷、有效的输入数据方式。通过手持终端可以批量读取快件上的电子标签，不仅免去了枯燥、浪费人力的人工校对，而且能用准确率更高的机器校对取而代之。

（3）降低成本，减少人力。手持终端可以基本实现无纸化办公，工作人员不必再频繁地抄写、查询快递信息，并且可以缩短物流过程中的信息反馈时间，提高派送速度，减少库房空间的占用，极大地减少预算、提高效率。

（4）标准作业步骤提示。通过设计标准的作业步骤与程序，无论员工拥有何种受教育背景、是否有相关工作经验，都可在系统的辅助下逐步完成作业。

三、方案效果

此信息系统在顺丰速运取得了如下良好的应用效果：

（1）提高了反馈速度，节约了纸张成本，提高了工作人员的工作效率，协助企业推行工作流程的标准化。

（2）加强了快件的安全性，提高了物件清算盘点的准确性，减少了快件遗漏、快件丢失、快件中含有违法物品等事件，通过快件的编号和标签即可实时查询快件的物流状态。

（3）便于数据挖掘和决策支持。应用该系统，公司总部可以及时知道快递人员何时、何地、收到何物，并且能够随时监控物流运转状况，以便及时处理紧急状况。移动手持终端为送货人员省掉了手持笔录的时间，减少了人工记录的错误率，大大减轻了送货人员的工作量，提高了其工作效率，可以第一时间上传货物数据，提高服务质量。该手持终端解决方案为快递行业提供了方便可行的货物管理解决方案。

（资料来源：赵惟，张文瀛.智慧物流与感知技术[M].北京：电子工业出版社，2016.）

案例2　中国电子口岸

一、概述

1993年，国务院提出实施金关工程。金关工程的核心有两块：一是海关内部的通关系统；二是外部口岸电子执法系统，即电子口岸。我国电子口岸又称口岸电子执法系统，简称电子口岸。它是一个公众数据中心和数据交换平台，依托国家电信公网，实现工商、税务、海关、外汇、外贸、质检、银行等部门，以及进出口企业、加工贸易企业、外贸中介服务企业、外贸货主单位的联网，将进出口管理流信息、资金流信息、货物流信息集中存放在一个集中式的数据库中心，随时提供国家各行政管理部门进行跨部门、跨行业、跨地区的数据交换和联网核查，并向企业提供网上办理报关、结付汇核销、出口退税、网上支付等实时在线服务。同时，企业利用电子口岸向各政府管理部门办理进出口手续，提高贸易效率，降低贸易成本。

电子口岸系统和海关通关系统，尤其是H2000通关系统连接起来后，构成了覆盖全国的进出口贸易服务和管理的信息网络系统。

进出口企业在其办公室使用一台计算机、一张IC卡，通过电子口岸特别服务号95199上网，就可以向海关及国家各有关部委办理与进出口贸易有关的各种手续，即进出口企业通过报关单申报子系统向海关通关系统发送电子数据报关单，海关通关系统对电子数据报关单进行处理，并将结果反馈给企业。

第十一章 智慧物流系统

海关及与进出口贸易有关的国家其他各有关部委也能在网上对进出口贸易进行有效管理，如图11-9～图11-11所示。

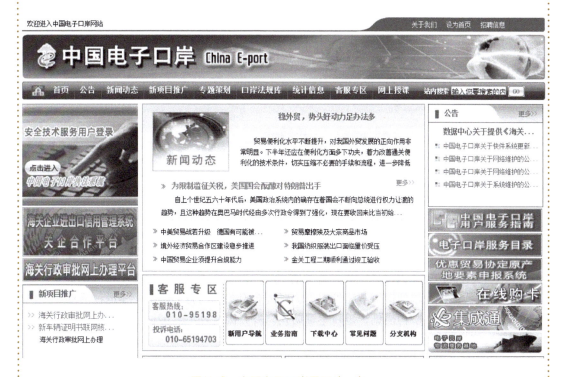

图11-9 中国电子口岸界面（一）

图11-10 中国电子口岸界面（二）

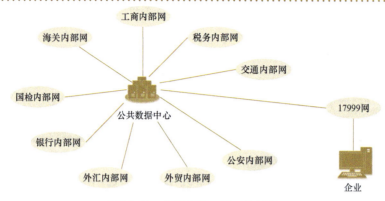

图11-11 中国电子口岸网络结构

二、中国电子口岸的产生背景

20世纪90年代中期,利用假单证、假批文、假印章进行的"三假"走私、骗汇、骗税违法犯罪活动十分猖獗。据不完全统计,1997年全国海关共查获"三假"走私案案值为人民币15亿元,1998年达到21亿元。"三假"走私骗汇、骗税对国家经济造成了严重损害。

实际上,1998年国家外汇大量流失的主要原因是,不法分子根本没有进口货物,而是通过制造假的报关单到银行骗购外汇。为了配合有关部门打击骗汇、骗退税活动,全国海关曾经采取了许多防伪措施,进行单证防伪,并且配合外汇、国税和银行对进出口报关单进行"二次核对"。

1998年,海关总署和外汇管理局按照国务院关于要加快银行、外汇管理局、海关之间的计算机联网,加强对报关单和外汇进出口核销工作的管理,从源头上防止骗汇、逃汇违法活动的发生的指示精神,联合开发了"进口付汇报关单联网核查系统"。该系统通过海关与外汇部门的联网核查来鉴别进出口付汇报关单的真伪,改变了靠书面单证防伪的做法,自1999年1月1日该系统在全国推广使用,并立刻收到了明显的效果。"口岸电子执法系统"采用"电子底账+联网核查"的管理模式,使有关部门之间可以通过计算机网络直接核查对方的执法电子数据,从根本上防止了不法分子的造假机会。

三、中国电子口岸的主要功能

1. 数据交换功能

通过中国电子口岸平台,政府与政府部门、政府部门与企业之间可实现数据交换和共享。数据交换对象包括国家行政管理机关、社会团体、事业单位、国内外企业、驻华使领馆、个体工商户等;连接方法有PSTN、ISDN、ADSL、DDN、FR、ATM等有线,或者GPRS、CDMA等无线接入方式;交换格式包括EDIFACT、XML、HTML、WML、SWIFT等。

2. 事务处理功能

中国电子口岸可为政府部门和企业办理核销单审批、加工贸易合同审批、减免税重批、报关单申报、进出口许可证件和外汇核销单的申领、结付汇核销、保税区合账申请、ATA单证申请等提供实时在线服务。

3. 身份认证功能

中国电子口岸入网用户都要经过工商、税务、质检、外贸、海关、外汇六个部门严格的入网资格审查,才能取得入网IC卡开展网上业务,从而有效解决了网上业务信任关系和法律责任问题。身份认证包括:对工商、税务、海关、外汇、外贸、技术监督局等政府部门的身份认证;对进出口企业、加工贸易企业、外贸工业服务企业、外贸附属企业的身份认证;对个体工商户的身份认证。

4. 存证举证功能

根据国家行政管理机关的授权及中国电子口岸数据中心与各用户单位之间签订的协议,中国电子口岸数据中心针对部分联网应用项目承担存证举证的责任,电子数据存证期为20年。

5. 标准转换功能

按照国家行政管理机关各部门及企业用户的需要,由中国电子口岸数据中心对交换数据进行代码转换,如组织机构代码转换、业务单证代码转换、参数数据代码转换。

6. 查询统计功能

根据提供共享业务数据主管部门或单位的授权,有控制地开放数据查询和统计服务。共享数据包括进出口报关单数据、企业经济户口档案数据、外汇核销单数据、海陆空铁邮及快件等货运数据、知识产权数据等。

7. 网上支付功能

针对用户支付税费和货款的需求,由中国银行、工商银行、农业银行、交通银行、招商银行等商业银行在中国电子口岸设立网上银行,为用户开设电子账户,提供资金支付、信用担保、账务管理等多种金融服务。

8. 网络隔离功能

企业及个人与政府部门的联网通过电子口岸实现"一点接入",使电子口岸成为政府网关,并实现政府网与互联网的逻辑隔离,从而确保政府网络的安全性。

四、中国电子口岸联网应用项目

1999年1月1日中国电子口岸的第一个项目"进口付汇报关单联网核查系统",到2004年年底,31个口岸电子执法系统在线运行,包括身份认证管理系统、网上税费支付系统、加工贸易联网监管系统、电子口岸预录入系统、进口付汇报关单联网核查系统、出口收汇联网核查系统、报关单联网报关系统、出口退税系统、"ATA"单证册通关系统、ATA索赔管理系统、质检通关单系统、进出口快件通关系统、数据对账系统、进口汽车证明书系统、业务统计系统、分中心热线查询项目、舱单系统、铁路口岸信息平台系统、进口增值税联网核查系统、深圳陆路口岸快速通关系统、香港和澳门原产地证明(CEPA)系统、"ATA"单证册通关系统(海外版)等。

电子执法系统初步实现与海关总署、外汇总局、税务总局、质检总局、工商总局、商务部、公安部、铁道部、中国国际贸易促进委员会、香港工业贸易署、澳门经济局等部委和单位,以及与中国银行、中国工商银行、中国农业银行、交通银行、招商银行等13家商业银行的互联互通和信息共享,入网企业近19万家,每日处理电子单证数量达50万笔,中国电子口岸门户网站日点击率超过430万次。

(资料来源:于胜英,郭剑彪.智慧物流信息网络[M].北京:电子工业出版社,2016.)

参 考 文 献

[1] 齐二石，周刚. 物流工程[M]. 天津：天津大学出版社，2002.
[2] 林立千. 物流中心规划与设计[M]. 北京：清华大学出版社，2003.
[3] 方庆琯，王转. 现代物流设施与规划[M]. 北京：机械工业出版社，2004.
[4] 朱耀祥，朱立强. 设施规划与物流[M]. 北京：机械工业出版社，2004.
[5] 齐二石，霍艳芳. 物流工程与管理[M]. 北京：科学出版社，2016.
[6] 格兰特. 物流管理[M]. 霍艳芳，等译. 北京：中国人民大学出版社，2016.
[7] 王爱虎. 物流与供应链管理的国内外发展现状评述[J]. 华南理工大学学报（社会科学版），2009，11（2）：36-42.
[8] 汪智勇. 现代供应链管理与物流管理的关系探讨[J]. 经贸实践，2017（3）：218-219.
[9] 曾祥强. 供应链运作参考模型[J]. 企业管理，2013（9）：60-61.
[10] 黎继子，刘春玲，张念. "互联网+"下众包供应链运作模式分析：以海尔和苏宁为案例[J]. 科技进步与对策，2016，33（21）：24-31.
[11] 王念新，贾昱，葛世伦，等. 企业多层次信息技术与业务匹配的动态性：基于海尔的案例研究[J]. 管理评论，2016，28（7）：261-272.
[12] 李汉卿，姜彩良. 大数据时代的智慧物流[M]. 北京：人民交通出版社股份有限公司，2018.
[13] 王家善，吴清一，周佳平. 设施规划与设计：2001年版[M]. 北京：机械工业出版社，2001.
[14] 冯耕中，刘伟华. 物流与供应链管理[M]. 北京：中国人民大学出版社，2010.
[15] MEYERS F E, STEPHENS M P. 制造设施设计和物料搬运：第2版[M]. 蔡临宁，译. 北京：清华大学出版社，2002.
[16] 宋伟刚. 物流工程及其应用[M]. 北京：机械工业出版社，2003.
[17] 刘志学. 现代物流手册[M]. 北京：中国物资出版社，2002.
[18] 王永升，齐二石. 从精益生产到精益设计[J]. 现代管理科学，2010（3）：6-7.
[19] 李辉. 离散制造型企业精益设计的理论方法及绩效评价研究[D]. 天津：天津大学，2012.
[20] 齐二石，张洪亮. 工厂精益设计的框架及实施方法[J]. 科学学与科学技术管理，2009，30（9）：167-171.
[21] 毛保华. 综合运输体系规划理念与顶层设计方法[J]. 2014，14（3）：1-8.
[22] 孙家庆，徐奇，靳志宏. 中国综合运输发展现状分析与政策建议[J]. 世界海运，2014（4）：1-8.
[23] 周颖，周林峰. 基于AHP的物流运输方式选择[J]. 技术与市场. 2010，17（6）：34-35.
[24] BALLOU R H. 企业物流管理：供应链的规划、组织和控制[M]. 王晓东，胡瑞娟，译. 北京：机械工业出版社，2002.
[25] 闫子刚. 物流运输管理实务[M]. 北京：高等教育出版社，2006.
[26] 冯耕中，刘伟华. 物流与供应链管理[M]. 2版. 北京：中国人民大学出版社，2014.
[27] 王喜富，沈喜生. 现代物流信息化技术[M]. 北京：北京交通大学出版社，2015.
[28] 王道平，王熙. 现代物流信息化技术[M]. 北京：北京大学出版社，2015.
[29] 王晓平. 物流信息技术[M]. 北京：清华大学出版社，2015.
[30] 王喜富，高泽. 智慧物流物联化关键技术[M]. 北京：电子工业出版社，2016.
[31] 于胜英，郭剑彪. 智慧物流信息网络[M]. 北京：电子工业出版社，2016.

[32] 王喜富. 大数据与智慧物流[M]. 北京：北京交通大学出版社，2016.

[33] 赵惟，张文瀛. 智慧物流与感知技术[M]. 北京：电子工业出版社，2016.

[34] 罗人述. 智慧物流信息平台的构建[J]. 物流工程与管理，2014（1）：80-81.

[35] 马祖军，代颖. 产品回收逆向物流网络优化设计模型[J]. 管理工程学报，2005，19（4）：115-117.

[36] 谢霞，王宾，温秉权，等. 我国逆向物流现状及实施[J]. 物流科技，2010（6）：4-6.

[37] 姚卫新，陈梅梅. 闭环供应链渠道模式的比较研究[J]. 商业研究，2007（357）：52-54.

[38] 邱若臻，黄小原. 闭环供应链结构问题研究进展[J]. 运作管理，2007，17（1）：49-55.

[39] BLANCO E E，SHEFFI Y. Green logistics [M] //Bouchery，Corbett，Fransoo，Tan. Sustainable supply chains. Berlin：Springer，2017.

[40] 李颖. 企业绿色物流运行模式研究：以M集团为例[D]. 重庆：重庆交通大学，2012.

[41] 常香云. 企业逆向物流回收处理若干关键问题研究[D]. 上海：同济大学，2007.

[42] 高泉. 论我国绿色物流政策与法律的完善[J]. 法制与社会，2016（25）：17-19.

[43] 布隆伯格. 逆向物流与闭环供应链流程管理[M]. 刘彦平，译. 天津：南开大学出版社，2005.

[44] 甘卫华. 逆向物流[M]. 北京：北京大学出版社，2012.

[45] 乔普拉，等. 供应链管理：战略、计划和运作 第5版[M]. 吴秀云，等译. 北京：清华大学出版社，2014.

[46] 李琰. 再制造供应链的契约协调与优化[M]. 北京：科技出版社，2013.

[47] 哈里森，等. 物流管理与战略：通过供应链竞争 第3版[M]. 任建标，杜娟，译. 北京：中国人民大学出版社，2010.

[48] 崔璐，王美英. 基于顾客需求的物流企业服务质量管理研究[J]. 物流科技，2018（5）.

[49] 周正嵩，施国洪. 基于SERVQUAL和LSQ模型的物流企业服务质量评价研究[J]. 科技管理研究，2012，32（6）：27-29.

[50] 易华，李伊松. 物流成本管理[M]. 3版. 北京：机械工业出版社，2014.

[51] 吉亮. 物流成本实务[M]. 北京：北京大学出版社，2016.

[52] 高萍，黄培清，张存禄. 基于SCOR模型的供应链绩效评价与衡量指标选取[J]. 工业工程与管理，2004，9（3）：49-52.

[53] 杨明雯. 供应链绩效评价[D]. 上海：上海交通大学，2013.

[54] FLEISCHMANN. Quantitative models for reverse logistics[J]. European Journal of Operational Research，1997，103（1）：1-17.

[55] GOVINDAN K，BOUZON M. From a literature review to a multi-perspective framework for reverse logistics barriers and drivers[J]. Journal of Cleaner Production，2018，187：318-337.

[56] HAN X H，WU H Y，YANG Q X，et al. Reverse channel selection under remanufacturing risks：balancing profitability and robustness[J]. Int. J. Production Economics，2016，182：63-72.

[57] QIU Y Z，NI M，WANG L，et al. Production routing problems with reverse logistics and remanufacturing[J]. Transportation Research Part E：Logistics and Transportation Review，2018，111：87-100.

[58] MCKINNON A. Green logistics：the carbon agenda[J]. Electronic Science Journal of Logistics，2010，6（3）.

[59] KRUMWIEDE D W，SHEU C. A model for reverse logistics entry by third-party providers[J]. Omega，2002，30：325-333.

[60] SPENGLER T，STÖLTING W，PLOOG M. Supply chain management and reverse logistics[M]. Berlin：Springer，2004.

[61] CHANG Y S，CHANG H O. Green logistics management[J]. Unique Radio Innovation for the 21st Century，2010：353-365.

[62] FLEISCLUNANN M，BLOEMHOF-RUWAARD J M，DEKKER R，et al．Quantitative models for reverse logistics：a review[J]．European Journal of Operational Research，1997，103（16）：1-17．

[63] BRAS B，MCINTOSH M W．Product，process，and organizational design for remanufacture：an overview of research[J]．Robotics and Computer-Integrated Manufacturing，1999，15（3）：167-178．

[64] THIERRY M，SALOMON M，VAN NUNEN J，et al．Strategic issues in product recovery management[J]．California Management Review，1995，37（2）：114-135．

[65] 全国物流标准化技术委员会．物流术语：GB/T 18354—2006[S]．北京：中国标准出版社，2007．

[66] 霍艳芳，齐二石．智慧物流与智慧供应链[M]．北京：清华大学出版社，2020．

[67] 刘亮，陈永刚．复杂系统仿真的Anylogic实践[M]．北京：清华大学出版社，2019．

[68] 刘亮．物流系统仿真：从理论到实践[M]．北京：电子工业出版社，2010．

[69] 王国华．我国物流行业的发展特点与趋势[J]．经济，2018（8）：102-103．

[70] 高举红．供应链管理[M]．北京：北京大学出版社，2012．

[71] 马士华，林勇．供应链管理[M]．5版．北京：机械工业出版社，2016．

[72] 乔普拉，迈因德尔．供应链管理 第6版[M]．陈荣秋，译．北京：中国人民大学出版社，2017．

[73] 缪瑟．系统布置设计[M]．柳惠庆，周室屏，译．北京：机械工业出版社，1988．

[74] 樊信俊．以天津JF新工厂为例分析系统布置设计（SLP）方法在新厂房规划中的应用[D]．杭州：浙江工业大学，2019．

[75] 刘洋，祁文军，孙文磊．SLP法在某汽车厂总体布局设计中的应用[J]．宁夏大学学报（自然版），2014（2）：144-148．

[76] BALLOU R H．企业物流管理：供应链的规划、组织和控制 第2版[M]．王晓东，胡瑞娟，等译．北京：机械工业出版社，2006．

[77] 王先庆，李征坤，刘劳栋，等．物联网+物流："互联网"时代，下一个千亿级"风口"[M]．北京：人民邮电出版社，2015．

[78] 王效俐，沈四林．物流运输与配送管理[M]．北京：清华大学出版社，2012．

[79] 李岩．运输与配送管理[M]．2版．北京：科学出版社，2017．

[80] 中国仓储与配送协会．智慧仓储是发展方向[N]．国际商报，2016-06-03（A06）．

[81] 李果．低碳经济下绿色供应链管理[M]．北京：科学出版社，2019．

[82] 章竞，汝宜红．绿色物流[M]．2版．北京：北京交通大学出版社，2018．

[83] 查普曼，阿诺德，盖特伍德，等．物料管理入门：第8版[M]．范海滨，译．北京：清华大学出版社，2018．

[84] 莱桑斯，法林顿．采购与供应链管理：原书第9版[M]．胡海清，译．北京：机械工业出版社，2018．

[85] 贾争现，冯丽帆．物流配送中心规划与设计[M]．4版．北京：机械工业出版社，2019．

[86] 青岛英谷教育科技股份有限公司．物流配送中心规划与运作管理[M]．西安：西安电子科技大学出版社，2016．

[87] 王继祥．智慧物流概念、技术架构与发展演进方向[EB/OL]．（2018-05-31）．https://www.sohu.com/a/233697060_473276．

[88] 王继祥．智慧物流三大核心系统及发展趋势[EB/OL]．（2017-09-25）．https://www.sohu.com/a/194326983_757817．

[89] 张宇．智慧物流与供应链[M]．北京：电子工业出版社，2016．

[90] 王献美．基于大数据的智慧云物流理论、方法及其应用研究[D]．杭州：浙江理工大学，2015．

[91] 章合杰．智慧物流的基本内涵和实施框架研究[J]．商场现代化，2011（21）：44-46．

[92] 于山山，王斯锋．基于物联网的智能物流系统分析与设计[J]．软件，2012（5）：6-8．

[93] 学术堂．智能物流的主要支撑技术[EB/OL]．（2014-12-13）．http://www.educity.cn/wulianwang/435535.html．

[94] 孙佳然．智慧物流公共服务平台规划研究[D]．南京：东南大学，2016．

[95] 秦璐．智慧物流构架和发展趋势[EB/OL]．（2016-05-17）．http://iot.ofweek.com/2016- 05/ART-132216-812029097246_4.html．

[96] FOGLIATTO F S，TORTORELLA G L，ANZANELLO M J，et al．Lean-Oriented layout design of a health care facility[J]．Quality Management in Healthcare，2019，28（1）：25-32．

[97] LARSON P D，HALLDORSSON A．What is SCM？And，where is it？[J]．Journal of Purchasing and Supply Chain Management，2002，38（4）：36-44．

[98] LARGE R O，KRAMER N，HARTMANN R K．Procurement of logistics services and sustainable development in Europe：Fields of activity and empirical results[J]．Journal of Purchasing & Supply Management，2013，19（3）：122-133．

[99] MCFARLANE D，GIANNIKAS V，LU W．Intelligent logistics：Involving the customer[J]．Computers in Industry，2016，81：105-115．

[100] ZHENG M X，FU C C，YANG M G．The application used RFID in third party logistics[J]．Physics Procedia．2012，25：2045-2049．

[101] PRASANNA K R，HEMALATHA M．RFID GPS and GSM based logistics vehicle load balancing and tracking mechanism[J]．Procedia Engineering．2012，30（23）：726-729．

[102] POON T C，CHOY K L，CHOW H K H，et al．A RFID case-based logistics resource management system for managing order-picking operations in warehouses[J]．Expert systems with applications，2009，36（4）：8277-8301．

[103] FERREIRA P，MARTINHO R，DOMINGOS D．IoT-aware business processes for logistics：limitations of current approaches[J]．2010，23（6）：611-622．

[104] WISNER J．Principles of supply chain management：a balanced approach[J]．Cengage Learning Emea，2015，159（1-2）：123-153．

[105] OUNNAR F，PUJO P，MEKAOUCHE L，et al．Customer–supplier relationship management in an intelligent supply chain network[J]．Production Planning & Control，2007，18（5）：377-387．

[106] HÜLSMANN M，WINDT K．Understanding autonomous cooperation and control in logistics：the impact of autonomy on management，information，communication and material flow[M]．Berlin：Springer，2007．

[107] KEEBLER J S，PLANK R E．Logistics performance measurement in the supply chain: a benchmark[J]．Benchmarking An International Journal，2009，16（6）：785-798．

[108] SANCHEZ-RODRIGUES V，POTTER A，NAIM M M．Evaluating the causes of uncertainty in logistics operations[J]．International Journal of Logistics Management，2010，21（1）：45-64．

[109] LARGE R O，KRAMER N，HARTMANN R K．Procurement of logistics services and sustainable development in Europe：Fields of activity and empirical results[J]．Journal of Purchasing & Supply Management，2013，19（3）：122-133．

[110] MCFARLANE D，GIANNIKAS V，LU W．Intelligent logistics：involving the customer[J]．Computers in Industry，2016，81：105-115．

[111] DE KOSTER R B M，LE-DUC T，ROODBERGEN K J．Design and control of warehouse order picking：a literature review[J]．European Journal of Operational Research，2007，182（2）：481-501．